미국 외교의 대전략

"우리는 적을 만났다. 그 적은 바로 우리 자신이다."

월트 켈리(Walt Kelly)

Stephen M. Walt
미국 외교의 대전략
자유주의 패권의 연장인가, 역외균형으로의 복귀인가
스티븐 M. 월트 지음 | 김성훈 옮김
THE HELL OF GOOD INTENTIONS
김앤김북스
Arctic Ocean
Greenland Sea
Jan Mayen (NORWAY)
Ellesmere Island
QUEEN ELIZABETH ISLANDS
Barrow
Prudhoe Bay
Beafort Sea
Banks Island
Baffin Bay
Pond Inlet
Denmark Strait
Davis Strait
Gulf of Alaska
Labrador Sea
Boston
Hartford
New York
Virginia Beach
San Francisco
Tijuana
Gulf of Mexico
Matamoros
Havana
Cancun
Tampico
Bahia de Campeche
Veracruz
Islas Revillagigedo (MEXICO)
BELIZE
Belmopan
Acapulco
San Salvador
Nassáu

THE HELL OF GOOD INTENTIONS
America's Foreign Policy Elite and the Decline of U.S. Primacy

미국 외교의 대전략

자유주의 패권의 연장인가, 역외균형으로의 복귀인가

초판 1쇄 발행 2021년 8월 9일
2쇄 발행 2021년 9월 8일

지은이 스티븐 M. 월트
옮긴이 김성훈
펴낸이 김건수
디자인 이재호 디자인

펴낸곳 김앤김북스
출판등록 2001년 2월 9일(제12302호)
주소 서울시 마포구 월드컵로42길 40, 326호
전화 (02)773-5133 | **팩스** (02)773-5134
Email apprro@naver.com
ISBN 978-89-89566-85-4 (03340)

차례

| 한국어판 서문 |

『미국 외교의 대전략The Hell of Good Intentions』의 한국어판 출간을 매우 기쁘게 생각한다. 이번 한국어판 출간은 이 책의 한국에 대한 함의를 알릴 수 있는 이상적인 기회라고 본다.

나는 미국의 외교정책이 냉전 종식 이후 어떻게 그리고 왜 길을 잃었는지 설명하고 더 나은 대전략(grand strategy)이 과연 무엇인지 파악해보려고 이 책을 썼다. 이 주제는 미국인뿐만 아니라 미국인이 아닌 다른 모든 사람에게도 너무나 중요한 문제이다. 미국은 여전히 세계에서 가장 강력하며, 미국이 선택한 외교정책이 다른 나라들에 막대한 영향을 주기 때문이다.

오늘날 미국의 경제는 여전히 세계에서 가장 크고 복잡하다. 또한 미국이 국가안보에 투입하는 예산은 차순위 8개국의 국방 예산을 전부 합친 것보다도 크다. 미국은 전 세계 거의 모든 지역에 군사력을 투사할 수 있는 유일한 국가이다. 또한 미국은 유럽, 아시아, 그리고 중동에 긴밀한 동맹국들이 있고, 미국의 접경지역에는 적이라고 부를 만한 세력이 존재하지 않는다. 이런 특성 덕택에 미국은 이례적으로 강력하면서도 현저하게 안전한 국가가 되었다. 그래서 미국 지도자들은 외교정책을 실행하는 데 상당한 자유를 누리고 있다. 만약 필요하다면 멀리 떨어진 곳에도 개입할 수 있지만, 막상 미 본토가 직접 위협받는 경우는 거의 없고 시급한 안보 위협도 거의 존재하지 않는다.

미국은 20세기 초 강대국으로 부상한 이래 대체로 역외균형자(offshore balancer)로서 활동해왔다. 1900년이 되자 미국은 서반구에서 다른 열강들을 모두 다 몰아냈고 세계에서 유일한 지역 패권국(regional hegemon)

으로 등극했다. 미국 지도자들은 어떠한 세력도 독자적으로 유럽이나 아시아를 장악하지 못하게 막아왔다. 어떤 국가가 지역 패권국이 된다면 미국만큼 강력해질 수 있고 서반구를 비롯해서 다른 지역에도 개입할 수 있게 되기 때문이다.

따라서 미국은 자국 안보를 최대한 보장하고자 유럽과 아시아에서 세력균형(balance of power)을 유지하려고 했다. 역내 국가끼리 서로 견제하도록 하고, 역내 세력균형이 무너질 때만 해당 지역에 개입했다. 그리하여 미국은 독일이 영국과 프랑스를 파멸시키는 상황을 막고자 제1차 세계대전에 개입했고, 독일의 유럽 패권 장악과 일본의 아시아 패권 장악을 저지하기 위해 제2차 세계대전에 개입했다. 또한 소련에 맞서기에는 지역 국가들이 너무나 약했기 때문에 냉전기에 유럽과 아시아에서 강력한 동맹을 구축해서 동맹국들을 이끌었고, 미군을 이 두 지역에 파견해서 소련의 팽창을 봉쇄했다.

하지만 1992년에 소련이 붕괴했을 때 승리를 거둔 미국은 자만심에 빠져 근본적으로 다른 대전략을 채택했다. 미국 지도자들은 일부 핵심 지역에서 세력균형을 유지하는 대신 미국이 지향하는 모습대로 세계의 많은 지역을 개조하려고 했다. 이러한 "자유주의 패권(liberal hegemony)" 전략은 자유주의에 진정으로 부합하는 세계질서를 구축하려는 목표 하에 민주주의, 시장경제, 인권, 그리고 기타 자유주의 원칙들을 널리 확산시키려고 했다. 이상주의적 비전으로 말미암아 NATO가 제한 없이 확대되었고, 세계무역기구(WTO)가 탄생했으며, 글로벌 금융시장이 확대되는 한편, 아프가니스탄과 이라크를 비롯한 다른 여러 지역에서 정권 교체와 민주주의 증진 시도가 되풀이되었다.

하지만 불행히도 이 전략은 거의 실패로 점철되었다. NATO가 확대되면서 러시아와의 관계가 악화되었고 중유럽에서 안보 도전이 새롭게 대두되었다. 아프가니스탄, 이라크, 리비아, 예멘과 여타 지역에서의 정권교체가 민주주의로 이어지지 않았고 실패 국가들(failed states), 무력봉기, 엄청난 대가를 치러야만 하는 군사적 점령으로 귀결되었다. 많은 지역에서 민주주의가 후퇴했고, 급속한 세계화로 인해 수많은 국가에서 경제적 불평등이 심화되었으며, 2008년의 세계 금융위기에서 보았던 것처럼 세계 금융질서가 더욱 취약해졌다.

왜 미국의 정책 입안자들은 이처럼 잘못된 전략을 채택했고, 심지어 실패가 누적되고 있음에도 불구하고 계속 이런 전략을 추구했을까? 나는 부분적으로는 미국이 너무나 강력하고 안전하기 때문에, 그리고 부분적으로는 핵심 공직자들이 비용이 크게 들지 않고 실행하기도 용이하다고 확신했기 때문에 미국이 자유주의 패권을 받아들인 것이라고 보지만, 주된 이유는 외교정책 엘리트들과 민주당과 공화당 양측의 핵심 이익집단들이 자유주의 패권에 대한 의지가 아주 강했고 자유주의 패권을 자신들의 지위와 정치적 권력을 강화하는 방편으로 보았기 때문이라고 주장하고자 한다.

또한 외교정책 분야에서 실패가 반복됨에 따라 2016년에는 도널드 트럼프가 기회를 잡았다. 그는 미국의 외교정책을 "총체적 재난(a complete and total disaster)"이라고 비난하면서 대통령 선거에 출마했다. 제6장에서 구체적으로 설명한 바와 같이, 트럼프가 외교정책을 무능하게 다루자 상황이 더욱 악화되었다. 미국은 여전히 유럽에 지나치게 개입하고 있고, 대중동지역(the Greater Middle East, 이집트로부터 이란에 이르는 전통적인 중동지역을 넘어 북부 아프리카와 아프가니스탄, 파키스탄까지 아우르는 포괄적인 지역—옮긴이)에서 끝없는 전쟁에서 헤어나지 못하고 있다. 또한 유럽과 아시아 동맹국들과의 관계도 악화되었다. 트럼프가 취임한 이래 미국의 리더십에 대한 신뢰가 지속적으로 실추되었고, "미국 외교정책에서 녹을 털어내겠다."라는 그의 대선 공약은 실현되지 않았다.

미국의 대전략은 장차 어떻게 전개될 것이며, 한국을 비롯한 아시아 내 여타 미국의 동맹국에 대해서는 어떤 함의가 있을까? 중국의 부상은 "단극체제 시대(unipolar moment)"에 종언을 고하고 있으며, 강대국 간의 경쟁이 다시 한 번 국제정치에서 주요한 의제가 될 것이다. 국제체제에서 가장 강력한 두 국가는 항상 서로를 경계의 눈빛으로 바라보고 있으며, 미국과 중국은 앞으로 상당 기간 동안 치열한 안보 경쟁에 돌입하게 될 것이다. 결과적으로 우리에게 익숙한 역외균형이라는 논거가 다시 한 번 미국 대전략의 지적 토대가 될 것이다.

한때 일본과 구 소련에 대해 그랬듯이, 미국은 이제 중국이 아시아에서 지역 패권국이 되지 못하게 막으려고 할 것이다. 중국이 영토정복이라는 공세적 전략에 착수할 것이기 때문에 위험해졌다는 말은 아니다. 중국이 이웃 국가들로 하여금 미국과 거리를 두고 중국의 권위에 굴종하게 만들어 결과적으로 중국의 지역 패권을 받아들이도록 압박할 것이기 때문이다. 중국이 지역 패권을 달성한다면 중국의 안보가 극대화될 것이고, 중국이 서반구를 비롯해서 다른 지역으로 영향력을 투사하기가 수월해질 것이다. 상황이 이렇게 전개된다면 미국의 안보가 상당히 불안해질 것이기 때문에 미국은 중국이 이런 목표를 달성하지 못하게 막는 데 사활적 이익(vital interest)을 갖고 있다.

좋은 소식은 중국이 지역 패권국이 되려고 한다면 만만치 않은 장애물에 봉착할 것이라는 점이다. 미국과 달리 중국은 강력한 국가들과 국경을 맞대고 있고, 몇몇 국가의 군사력은 상당히 막강하다. 미국은 서반구에서 유일한 핵무장국인 반면, 중국은 국경을 맞대고 있는 핵무장국이 4개국(러시아, 인도, 파키스탄, 북한—옮긴이)에 달하며, 근처에 있는 몇몇 국가들은 마음만 먹으면 순식간에 핵무장을 할 수도 있다. 또한 중국의 인접국들은 미국이 중국의 아시아 지배를 저지하는 데 사활적 이익을 갖고 있기 때문에 세계 최강국인 미국의 강력한 지원을 기대할 수 있다.

나쁜 소식은 아시아에서 강력한 균형 연합(balancing coalition)을 유지하기가 쉽지 않을 것이라는 점이다. 아시아는 방대하기 때문에 일부 아시아 국가들은 심각한 위기가 자신들의 영토에서 멀리 떨어진 곳에서 발생하면 초연하게 행동하려는 유혹을 받게 된다. 그리고 아시아 국가들은 중국과 경제관계가 밀접하게 얽혀 있기 때문에 중국을 겨냥한 안보 파트너십을 구축함으로써 중국과의 경제관계를 위태롭게 만드는 상황을 꺼릴 것이다. 더욱이 한국과 일본을 포함한 일부 아시아 국가들은 서로 불편한 관계에 있기 때문에 미래를 위한 안보협력을 추구하기가 특별히 어려울 수 있다. 또한 아시아에서의 균형 연합은 비용분담이라는 익숙한 문제에 직면할 것이다. 즉, 개별 국가들은 서로에게 집단안보 부담을 더 많이 떠넘기려 할 것이다.

이러한 우려로 인해 강력한 동맹 리더십이 명백하게 필요해지며, 미국이야말로 이런 리더십을 발휘할 수 있는 최적임자이다. 물론 최근에 실책이 있기는 했지만 미국의 전략적 관심은 결국 아시아로 이동하고 있다.(바이든 행정부는 커트 캠벨 전 국무부 동아태 차관보를 국가안전보장회의 인도-태평양 조정관으로 임명했다—옮긴이) 미국은 인도와 안보협력을 확대하고 있고, 베트남과 더욱 긴밀한 관계를 발전시키고 있으며, 일본, 호주 등과 기존 파트너십을 강화하면서 이 지역으로 군사력을 전환하고 있다. 전 세계적인 "테러와의 전쟁"과 이라크 및 아프가니스탄 전쟁이라는 수렁에 빠져서 이런 변화가 지연되었지만, 아시아는 필연적으로 향후 몇 년 동안 미국의 중요한 전략적 관심의 대상이 될 것이다.

트럼프 행정부는 이러한 도전을 다루면서 몇 가지 심각한 실수를 저질렀다. 2017년에 환태평양경제동반자협정(TPP)을 포기한 것은 큰 실수였으며, 북한의 핵 프로그램에 대한 트럼프의 순진한 접근방식은 트럼프 행정부가 과연 이 중요한 문제에 대해 일관성 있고 현실적인 정책을 수립할 능력이 있는지에 대한 의구심을 불러일으켰다. 중국의 약탈적 무역 관행을 문제 삼은 것은 옳았지만, 미국의 가장 가까운 일부 동맹국들과 불필요한 무역 분쟁을 벌이기보다는 광범위한 다자 연합체를 조직해서 중국에 맞서는 게 보다 현명했을 것이다.

이 모든 것들이 한국에게 시사하는 바는 무엇일까? 내가 앞서 제시했던 것처럼 중국의 부상과 강대국 간의 경쟁이 재등장하는 상황은 미국으로 하여금 자유주의 패권이라는 목표를 점차적으로 포기하고 지난 세기 대부분 동안 미국의 외교안보정책을 이끌었던 보다 현실주의적인 접근방식으로 복귀하도록 압박하고 있다. 자유주의 패권 옹호론자들이 여전히 워싱턴에서 공고한 입지를 구축하고 있기 때문에 이런 변화가 일어나기까지는 좀 더 시간이 걸릴 것이다. 그러나 변화의 바람은 갈수록 뚜렷해지고 있고, 역외균형으로의 점진적인 전환은 아마도 불가피할 것이다.

중국과의 안보 경쟁이 심화됨에 따라 한국과 미국 간 안보 파트너십의 가치는 분명 더욱더 커질 것이다. 미국은 중국의 지역패권 장악을 막기 위해 아시아에서 믿음직한 동맹국들을 필요로 할 것이다. 또한 중국의 힘의 그늘에 있는 국가들, 특히 예측불허한 북한 정권으로부터의 위험에 직면한 국가들로서는 미국의 지원이 더욱 절실할 것이다. 미국과 거리를 두고 중국을 포용함으로써 중국과의 경제관계를 보호하려는 유혹을 느낄 수도 있겠지만, 그렇게 할수록 중국의 변덕에 놀아날 위험이 점점 더 커지고 있다. 미국이 한국(그리고 다른 아시아의 파트너들)을 지원하겠다는 의지를 갖고 있는 한, 한미 간의 양자 동맹은 한국의 안보정책에서 핵심축(linchpin)으로 남아 있어야만 한다.

확실히 미국과 한국, 그리고 미국의 다른 아시아 동맹국들은 동맹관계 유지를 위한 통상적인 이슈를 다뤄야 한다. (예를 들면 방위비 분담금, 통상, 군사훈련, 주둔군 기지 권리, 통상협정, 대북정책 등이 있다.) 그러나 이러한 이슈들은 익숙한 문제이며, 인내심과 진정성 있는 외교로 해결되어야 한다. 머지않은 장래에 한미 양국은 지속적인 협력관계를 통해 많은 이익을 얻을 것이며, 파트너십이 악화된다면 막대한 손실을 입을 것이다.

윈스턴 처칠Winston Churchill 영국 총리는 "모든 대안을 소진한 후에야 미국이 올바른 선택을 하리라고 기대할 수 있다."라고 말한 적이 있다.

『미국 외교의 대전략』은 강력하면서도 거칠 것이 없었던 미국이 1989년 이래 외교정책에서 왜 그리 많은 과오를 범했는지를 설명한다. 이런 과오로 인해 미국 자신에게, 그리고 특히 다른 국가에게 불행한 결과가 초래되었다. 다행스럽게도 최근의 실책들은 그 어느 것도 치명적이지 않았으며, 다른 모든 대안들이 다 시도되었다. 그리고 가까운 장래에 미국이 다시 올바른 선택을 하리라고 믿을 만한 이유가 있다. 이는 미국인들에게도 기쁜 소식이지만, 장기적 안목을 지닌 미국의 리더십에 의존하는 다른 국가들에도 좋은 소식이 될 것이다. 나는 미국이 향후 몇 년 내에 올바른 선택을 하도록 돕고자 이 책을 썼으며, 궁극적으로 그렇게 되리라고 확신하고 있다. 이런 이유로 한국의 독자들이 이 책을 모국어로 공부할 수 있게 되어서 특히 기쁘게 생각한다.

스티븐 M. 월트

매사추세츠주 브루클라인에서

| 서문 |

2013년 3월, 미 국무부 정책기획실 관계자가 나를 국무부 강연에 초빙해서 "도발적"인 내용으로 강연해달라고 요청했다. 나는 기쁜 마음으로 이 제안을 수락하면서 "왜 미국 외교정책이 계속 실패하는가?"라고 강연 제목을 잡았다. 활기차고 호의적인 토론이 이어졌다. 이 당시의 강연을 기초로 짧은 책을 쓸 수 있겠다는 생각이 나중에 문득 들었다. 대략 1년 정도면 충분할 것이라고 생각했다.

최근 몇 년간 미국 외교정책을 담당했던 사람들만큼 나 또한 내가 착수한 일이 얼마나 어려운지 너무나 잘못 판단했다. 그럼에도 불구하고 2016년 10월에 초고가 완성되었고, 힐러리 클린턴 "대통령"이 취임한 첫해 가을쯤에는 세간에 선보일 수 있을 것이라고 예측했다. 적어도 내 생각에는 아주 기막힌 타이밍이 될 것 같았다. 힐러리 클린턴이 그때쯤이면 전임자들의 수많은 과오를 되풀이하며 시기적으로나 가치관 측면에서 미국의 대전략이 심각하게 비판을 받을 것이기 때문이다.

도널드 트럼프의 2016년 11월 대선 승리는 여러 면에서 어색했던 뜻밖의 일이었지만, 미국 외교정책 엘리트들에 대한 내 핵심 논거를 시험해볼 수 있는 이상적인 기회도 되었다. 트럼프 후보는 오랫동안 지속되었던 미국 외교정책의 통설에 도전했고, 민주당과 공화당 양당의 외교 분야 전문가들을 공개적으로 무시했으며, 동시에 그들로부터 무시당했다. 하지만 일단 집권하자 트럼프는 외교안보 분야 기득권층을 극복하기가 예상보다 훨씬 더 힘들다는 사실을 깨달았다. 트럼프 대통령의 스타일은 분명히 전임자들과 상당히 달랐고, 몇 가지 중요한 미국 정책이 바뀌기는 했다. 그러나 그가 2016년에 약속했던 외교정책의 혁명이 실현되지 못했다. 이 책은 독자들이 그 이유를 이해하는 데 도움이 될 것이다.

어떤 면에서 보자면 이 책은 내가 대학원에서부터 시작한 연구 활동의 논리적 연장선에 있다고 할 수 있다. 『동맹의 기원the Origins of Alliances』(1987)에서 나는 국제적 동맹의 원인을 올바르게 이해해야만 왜 미국과 미국의 주요 동맹국들이 소련 진영보다 월등하게 강력했는지 설명이 가능하고, 또한 미국이 자신의 핵심 동맹국들을 지속적으로 안심시키지 않으면 이들이 소련 편으로 돌아설지도 모른다는 불필요한 우려를 줄일 수 있을 것이라고 주장했다. 『혁명과 전쟁Revolution and War』(1996)에서는 국내 혁명이 국제적으로 미치는 영향을 연구했고 혁명 국가를 전복시키려는 노력이 종종 서로에 대한 적대감을 증폭함으로써 전쟁을 쉽게 촉발하게 된다고 주장했다. 『미국 길들이기Taming American Power』(2005)를 통해서는 왜 적국과 우방국 모두 냉전 이후 미국의 패권적 지위를 우려하는지 설명했고, 다른 나라들이 어떤 식으로 미국의 힘에 맞서거나 또는 자신들의 목적을 위해 이용하려 했는지 보여주었다. 그리고 미국은 보다 절제된 외교정책을 채택함으로써 그와 같은 시도들을 무력화할 수 있을 것이라고 주장했다. 또한 『이스라엘 로비와 미국 외교정책The Israel Lobby and U.S. Foreign Policy』(2007)에서 나는 존 미어샤이머John Mearsheimer 교수와 함께 막강한 국내 이익집단이 어떤 식으로 미국의 포괄적인 국익에 해를 끼쳐가면서 미국 외교정책에 심각한 영향을 주는지 보여줬다.

이와 같은 개별 연구물을 통해 미국 외교정책의 핵심 요소를 회의적으로 바라보면서도 동시에 어떻게 개선될 수 있는지 보여주려고 노력했다. 이 책은 이러한 주제를 세부적으로 파고들면서 미국의 전략을 수립하고 외부 세계와의 관계를 관리해온 엘리트 외교정책 기구들의 오랜 역할에 초점을 맞추고 있다.

특히 이 책은 왜 미국이 지난 4반세기 동안 야심차지만 비현실적이고 무엇보다 전혀 성공을 못 거둔 외교정책을 추구했는지에 대한 답을 찾고자 한다. 냉전에서 승리하고 로마제국 이래 유래를 찾을 수 없는 패권적 지위에 올랐음에도 왜 미국 지도자들은 다른 모든 국가를 압도할 정도의 군사 체제를 계속 유지하고, 더 나아가 광범위한 동맹 체제와 피후견국(client states), 군사기지, 안보 공약을 확대하기로 결심했을까? 왜 민주당과 공화당 양당 모두 숙적이었던 소련의 몰락을 미국이 세계적 차원의 부담을 덜 수 있는 기회로 환영하기는커녕 오히려 민주주의, 시장경제, 그리고 여타 자유주의 가치를 전 세계에 퍼뜨리겠다는 신중하지 못한 계획에 착수했을까?

한때 "자유주의 패권(liberal hegemony)"이라고 불린 이 전략은 실패했고, 그 대가는 엄청났다. 클린턴Clinton, 부시Bush, 그리고 오바마Obama로 이어지는 세 행정부가 모두 여기에 매달렸지만, 갈수록 비용만 늘어났고 수렁에 깊이 빠져들었다. 미국은 왜 반복된 실패에도 불구하고 계속 매달렸는가? 그리고 외교안보 분야 기득권층은 어떻게 미국인들이 불필요하고 성공적이지도 않은 정책을 지지하도록 설득했는가?

이런 의문에 부분적으로나마 대답하자면 미국의 경제력과 힘, 그리고 너무나 유리한 지정학적 환경이 환상적으로 조합되었기 때문이라고 말할 수 있다. 미국은 세계에서 가장 강력한 국가이고 서반구에서 전혀 위협에 노출되어 있지 않으며, 거대한 두 대양에 의해 나머지 세계로부터 보호받고 있기 때문에 생존이 당장 위험에 처하는 일 없이 멀리 떨어진 다른 나라에 개입할 수 있다. 그러나 이처럼 유리한 환경은 오히려 미국 정부가 수많은 해외 개입을 줄이고 국내 문제에 보다 집중하게 만드는 요인도 되기 때문에 전반적인 설명이 될 순 없다.

미국의 지도자들은 절제된 대전략을 추구하는 대신에 자유주의 패권을 선택했다. 미국 외교정책 커뮤니티(foreign policy community)가 자유주의 가치를 확산시키는 일이 미국의 안보를 위해 긴요할 뿐만 아니라 쉽게 달성 가능하다고 믿고 있기 때문이다. 국제적 위험을 과장하고 자유주의 패권으로 창출해낼 수 있는 이익을 부풀리는 한편, 진정한 비용을 은폐함으로써 평범한 미국인들이 이 야심찬 구상을 지지하도록 납득시켰다. 그리고 설령 문제가 발생해도 거의 책임지지 않기 때문에 외교정책 엘리트들은 같은 실수를 계속 되풀이할 수 있었다.

이 책은 외교안보 분야 기득권층을 강도 높게 비판하고 있지만, 내 비판의 본질을 제대로 이해할 필요가 있다. 미국 외교정책은 국가를 희생시키면서까지 개인의 영달을 꿈꾸는 내부 특권층의 음모가 아니다. 오히려 이와 반대로 이 책에서 언급된 기관들은 미국의 지배(U.S. dominance)가 미국뿐만 아니라 나머지 세계에도 이롭다고 진정으로 믿고 있는 헌신적인 공복(公僕)들로 가득 차 있다. 그러나 동시에 자유주의 패권의 추구는 이러한 엘리트들의 자부심을 고양시키고, 그들의 권력과 지위를 강화하며, 그들에게 많은 보직을 제공한다. 또한 개개의 인사들은 순응에는 보상하고 부동의(不同意)에는 벌을 주며, 그리고 그 구성원들에게 지배적인 컨센서스에서 벗어나지 말도록 독려하는 시스템 내에서 활동하고 있다.

요컨대 이 책에서 다룬 대부분의 인사들은 자신들이 이해하고 있는 방식으로 국가 안보를 증진하려고 노력했다. 불행히도 이들이 그토록 정력적이고 헌신적으로 추구해온 전략은 근본적으로 결함투성이었고, 이들은 때로는 엄청난 실수를 저질렀다. 미국 외교정책 엘리트들의 의도 자체는 최선이었지만, 그들은 다른 국가들에 크나큰 해를 끼쳤고 미국에도 심각한 피해를 입혔다. 미국의 역할에 대한 다른 시각과 절제된 전략을 추구하려는 강력한 의지를 지닌 새로운 엘리트 계층이 등장하지 않는 한, 그리고 등장할 때까지는 지난 25년간의 과오가 반복될 가능성이 높다.

단 한 권의 책으로 미국 외교정책에 혁명을 일으킬 수는 없다. 하지만 내가 바라는 바는 이 책이 미국이 실질적으로 자신의 안보와 번영을 증진하고 미국의 핵심가치가 다른 나라들에 더 매력적으로 보이게 만드는 외교정책을 채택하는 날을 앞당기는 데 도움이 되는 것이다. 그러한 특성을 지닌 외교정책은 미국인들이 실제로 원하는 것에 가까울 테고, 국내외에서 옹호하기도 더 수월할 것이다.

미국이라는 초강대국이 항상 전 세계에 관여하면서 패권을 휘둘렀던 것은 아니다. 건국 이래 미국은 고립주의와 해외 개입 사이에서 끊임없이 고민해왔으며, 실제로 제1차 세계대전과 제2차 세계대전 이전까지는 오히려 고립주의에 빠져 있었다. 중요한 이해관계가 걸린 유럽과 동아시아 지역의 세력균형이 불안정해지고, 직접 공격을 받고 나서야 미국은 두 번의 세계대전에 비로소 참여했다. 제2차 세계대전 이후 세계질서를 구축하면서 미국은 비로소 전 세계에 개입해왔다.

미국은 스스로를 신의 섭리가 주어진 예외적인 국가로 보았고, 자유민주주의, 시장경제, 인권 존중, 법의 지배와 같은 미국의 가치가 보편성이 있다는 신념을 지녔다. 그런 신념을 견지하되 해외 개입을 자제하고 스스로 모범을 보이는 데 국한할지 아니면 그런 신념을 전 세계에 전파할지에 대한 갈등이 항상 대립해왔으나, 1945년 이후에는 후자가 지배적이었다. 그리하여 그와 같은 신념으로 무장한 채 자신의 가치를 널리 퍼뜨리면서 미국에 유리한 세계질서를 유지한다는 것이 제2차 세계대전 이후 미국 외교정책의 기조가 되었다. 미국은 냉전기에는 공산주의에 맞서 봉쇄 전략을 구사했고, 냉전에서 승리한 이후에는 더욱 확신에 차서 미국식 가치를 전파하려고 했다.

그러나 소련이라는 거대 위협이 사라지고, 테러와의 전쟁에 발목이 잡히면서 미국 내부에서 피로감을 호소하는 목소리가 높아졌다. 냉전이 끝난 지 30년이 되었는데 왜 계속 해외에 개입하면서 화를 자초하느냐는 비판이 거세졌다. 하지만 스티븐 월트 교수가 지적한 대로 "자유주의 패권"은 냉전 종식 이후 미국의 외교안보 분야 기득권층의 주요 담론으로 남아 있었고, 패착을 거듭하면서도 이 담론은 계속 살아남았다.

스티븐 월트 교수는 이 책에서 자유주의 패권이 무엇인지, 어떤 식으로 생산되며, 누가 이런 정책 형성에 영향을 주고, 왜 실패를 거듭하면서도 집요하게 이 노선이 바뀌지 않는지를 면밀하게 분석하고 있다. 그러면서 미국의 국익을 위해서는 자유주의 패권이 아닌 과거의 역외균형 방식으로 돌아가야 한다고 주장하면서 어떻게 해야 역외균형 정책이 주요 담론이 될 수 있는지를 제시하고 있다.

이 책은 트럼프 대통령이 집권하던 2018년에 미국에서 처음 출간되었지만 내용 측면에서 오히려 지금이 더욱 시의적절하다. 트럼프 대통령의 수사와 예측불허의 행동에도 불구하고, 결국 미국 외교정책은 일부 미시적인 측면만 변화했을 뿐 큰 틀은 자유주의 패권을 고수하고 있었을 뿐만 아니라 워싱턴 주류 인사들로 구성된 바이든 행정부 출범 이후 미국이 다시금 자유주의 패권 색채를 강하게 드러내고 있기 때문이다. 특히 동맹체제와 외교, 국제사회에서의 미국의 리더십을 중시하면서 부분적으로 미국의 외교정책을 재조정하겠다는 바이든 행정부의 노선은 지난 30년간 지속되었던 자유주의 패권이 계속 이어질지 확인할 수 있는 좋은 기회가 되고 있다. 또한 미국 외교정책의 최전방이자 시금석이라는 중동지역에 대한 개입을 줄이고 중국으로 초점을 돌리되, 동맹을 통한 대응이라는 역외균형의 색채가 가미된 외교정책이 점차 드러나고 있다는 점에서도 주목할 만하다고 하겠다.

이 책은 우리에게도 두 가지를 시사한다. 첫 번째로 미국 외교노선의 거대한 물줄기가 바뀔 때마다 한국에 미치는 파장이 컸다는 점에서 30년간 지속된 자유주의 패권을 역외균형으로 대체하자는 목소리가 대두되고 있다는 사실을 예의주시하고 대비해야 한다. 한국은 정부 수립 이래 한미동맹에 기반하여 성장했고 미국이 구축한 세계질서 위에서 번영을 구가하고 안보를 보장받아 왔다. 약 반세기에 걸친 성장과 발전으로 한국은 빈곤과 독재를 극복하고 제3세계 국가에서 선진국으로 발돋움했다. 그 과정에서 미국이 구축한 질서와 관여, 한미동맹은 고정 상수로 간주되어 왔다. 애치슨 선언, 닉슨 독트린, 냉전 종식 후 세계화의 흐름 등 미국이 패권국가로 등장한 이래 약간의 노선 변화만 있어도 한국은 그 여파에서 자유롭지 못했다. 자유주의 패권을 대체하는 역외균형의 목소리가 정책으로 구현된다면 더 큰 충격파로 다가올지도 모른다. 그사이 한국의 위상이 높아졌다는 점에도 주목해야 한다. 더 이상 제3세계 독재국가가 아닌 G7에 근접하는 중견 선진국으로 성장한 한국에게 요구되는 목소리도 많을 것이다. (냉전 말기인 1980년대 중후반 당시 한국의 GDP와 국방비는 영국과 프랑스의 5분의 1내지 6분의 1수준이었으나 현재 GDP는 3분의 2 수준이고, 국방비는 80퍼센트 수준에 육박한다.)

두 번째로는 미국 외교정책에 백악관과 국무부, 국방부 같은 정부기관뿐 아니라 다양한 집단이 참여하고 영향력을 행사하고 있다는 점이다. 소위 블롭(the Blob)에 속하는 행정부, 의회, 학계(싱크탱크 포함), 언론, 로비단체들이 영향을 주고받으며 미국의 외교정책을 형성하고 있다. 이 과정에서 때로는 행정부의 의도와 달리 워싱턴 이너서클 자체의 관성이 유지될 때도 있다. 이런 역학 관계는 민주주의가 이미 정착했고 갈수록 투명해지는 한국의 경우에도 마찬가지일 것이다. 한국도 19세기 궁정 외교처럼 권력자들과 소수의 관료가 비밀리에 외교정책을 실행하기가 어려워졌다. 민주화되고 투명해졌으며 다원화된 한국 사회도 마찬가지로 국회, 학계, 언론, 각종 단체, 기업 등 다양한 행위자들을 고려해야 할 것이다. 한국의 국력이 신장되었고 국제사회의 한국에 대한 기대치도 높아졌으며 기업과 국민이 전 세계를 누비는 오늘날에 기존의 틀과 관념에서 벗어나 시야를 확대해야 할 필요성이 더욱 커졌다. 변화된 환경 속에서 한국 외교정책을 구상하고 입안하며 집행하고 홍보하는 과정에서도 미국 외교정책 과정을 참고하면 도움이 되리라 본다.

외교정책 전문가답게 월트 교수는 워싱턴 내 수많은 이해관계자들을 촘촘히 인용하고 분석했다. 이 책에서 열거된 인사만 파악하더라도 미국 외교정책의 이해관계자를 구체적으로 파악하는 데 도움이 되리라고 본다. 이 책을 번역할 기회를 준 김앤김북스와 밤과 주말에 번역작업에 몰두할 수 있도록 이해해준 가족에게 감사를 드린다. 늘 그렇듯이 번역작업은 힘들면서도 많은 공부를 할 수 있는 기회가 된다. 이번에도 번역하면서 많은 것을 배웠다.

김성훈

이 책을 쓰면서 많은 빚을 졌다. 이제 그 사실을 여기서 밝힐 수 있어서 기쁘다. 역설적으로 내 빚의 일부는 외교안보 분야 기득권층에게 지고 있으며, 나 자신도 경력의 대부분을 이 커뮤니티의 일원으로 활동했다. 젊은 시절에는 해군분석센터(the Center for Naval Analyses)에서 인턴으로 근무했고, 이후 외교협회(CFR) 회원으로서, 카네기국제평화재단(the Carnegie Endowment for International Peace)과 브루킹스연구소(the Brookings Institution)의 객원연구원으로서, 그리고 프린스턴 우드로우 윌슨 스쿨, 시카고 대학, 하버드 케네디 스쿨의 교수로서 이 커뮤니티에 계속 몸담아왔다. 또한 여타 수많은 "기득권층" 활동에도 참여해왔다. 틀림없이 이런 세계에서 나는 별종과 같은 존재이지만, 나는 그 동안 만난 친구들과 동료들, 예전의 학생들로부터 많은 것을 배웠다. 이 세계가 나에게 제공한 다양한 기회에서 많은 혜택을 누렸고 나에게 도움을 준 모든 분들에게 감사한 마음을 갖고 있다.

내가 작성한 원고에 대한 코멘트와 제안을 해준 다음 분들께 감사를 드리고 싶다. 앤드류 배서비치Andrew Bacevich, 이언 브레머Ian Bremmer, 아일린 코언Ilene Cohen, 마이클 데쉬Michael Desch, 마이클 글레넌Michael Glennon, 스티븐 킨저Stephen Kinzer, 프리드릭 로지볼Fredrik Logevall, 램지 마르디니Ramzy Mardini, 태릭 마수드Tarek Masoud, 스티븐 밀러Steven Miller, 모이제스 네임Moises Naim, 배리 포젠Barry Pozen, 그리고 리처드 소콜스키Richard Sokolsky가 그들이다. 나의 부친인 마틴 월트 4세Martin Walt IV는 초벌 원고를 아주 꼼꼼히 읽고 유용한 제안을 해줬고, 존 미어샤이머John Mearsheimer는 이 작업 내내 의견과 제안을 제시해준 것에 대해 특별한 감사를 받아야 마땅하다. 아울러 스티브 클레먼스STeve Clemons, 채스 W. 프리먼Chas W. Freeman, 칼라 로빈스Carla Robbins, 제레미 샤피로Jeremy Shapiro, 태라 맥켈비Tara McKelvey와도 미국 외교정책 결정의 상이한 측면에 관해 유용한 대화를 나눴고 이에 감사드린다. 오르가 캐딧Orga Cadet, 가브리엘 코스타Gabriel Costa, 카일 허먼Kyle Herman, 제이슨 권Jason Kwon, 이니어 그조자Enea Gjoza는 민첩하게 연구 보조를 해줬고, 리어 노울즈Leah Knowles가 나의 여타 업무를 잘 정리해줬다.

지난 2년 동안 미국 외교정책에 관한 내 강좌를 수강한 학생들은 원고 초안을 읽는 수고를 해줬으며, 주저하지 않고 내 논거 중 어느 부분이 헛갈리거나 잘못되었는지 지적해줬다. FSG 편집장인 에릭 친스키Eric Chinski는 원고 교정이라는 현명하고 노련한 (때로는 무자비한) 업무를 담당해줬고, 내 에이전트인 빌 클레그Bill Clegg는 처음부터 끝까지 성원해줬다. 그리고 매사추세츠주 브루클라인의 커티스 샌드위치 가게의 주방장과 종업원들에게 특별히 감사의 말을 드릴 수 있게 되어서 기쁘다. 그들이 만들어준 창의적인 음식이 연구와 집필 활동을 하며 보냈던 무수한 날들의 연료가 되었다.

이 책의 일부분은 다음과 같이 약간 다른 형태로도 출간되었다. "The Case for Offshore Balancing: A Superior U.S. Grand Strategy"(co-authored with John Mearsheimer), *Foreign Affairs 95*, no. 4(July August 2016), "The Donald vs. the Blob", in Robert Jervis, Fransis Gavin, Joshua Rovner, and Diane Labrosse, eds., *Crisis in the Liberal Order: The Trump Presidency and International Politics in the Twenty-First Century* (New York: Columbia University Press, 2018). 이 자료들을 사용할 수 있도록 허락해준 외교협회(CFR)와 컬럼비아 대학교 출판부에 감사드린다.

마지막으로 아내인 레베카 스톤Rebecca Stone에게 내가 글로벌한 주제를 갖고 씨름하는 동안 지역사회에서 열심히 활동해준 데 대해 가장 큰 감사와 찬사를 돌리고자 한다. 이제 성인이 된 자식들인 가브리엘Gabriel과 캐서린Katherine과 함께, 그녀의 모범적인 모습은 비록 누군가 알아주지 않더라도 사람은 좋은 일을 할 수 있다는 사실을 항상 떠올려준다.

서론

Introduction

2017년 1월 20일, 도널드 트럼프가 미국의 제45대 대통령이 되었다. 그가 대선 출마 선언을 한 날 이후 전문가들의 예측을 연거푸 무너뜨리며 일궈왔던 정치적 대서사가 바로 이날 절정에 이르렀다. 트럼프가 공화당 예비선거에서 선전할 것이라고 예상한 사람은 거의 없었고, 정치 평론가들도 그가 초반에 거둔 승리가 지속될 수 없다고 대중들을 계속해서 안심시켰다. 하지만 그는 많은 공화당 최고지도부 인사들의 강한 반대에도 불구하고 공화당 텃밭을 휩쓸며 경선에서 승리했다. 그는 대부분의 대선 기간 중 힐러리 클린턴에 뒤처졌으며, 세 번의 TV 토론회에서 신통치 못했고, 그 어떤 주류 언론매체로부터도 지지를 못 받았다. 선거 며칠 전에 여론조사기관들은 트럼프의 당선 가능성이 대체로 희박하다고 보았고 힐러리 클린턴의 승리 가능성이 70퍼센트 또는 그 이상이라고 분석했다.

그러나 그가 승리했다. 그것도 아주 특이한 방식으로 승리했다. 트럼프는 공화당 내 수많은 경쟁자를 물리쳤고, 이들 중 상당히 많은 사람들이 트럼프보다 정치적 경험도 많았고, 익숙한 보수주의적 가치를 표방하고 있었다. 또한 그는 기성의 미국 선거 캠페인을 거부했다. 세금환급 기록 공개를 거부했고, 여성 언론인에 대해 저속한 발언을 했으며, 장애인 기자를 공개적으로 비웃는가 하면, 조국을 위해 목숨을 바친 훈장 받은 군인의 슬픔에 빠진 유족을 비하하기도 했다. 트럼프는 지지자에게 선거과정 전체가 "조작"되었을지도 모른다고 말했고, 승리한다면 상대 후보를 체포해서 "감옥에 넣겠다(Lock her up)."고 위협했다. 과거 성적 약탈에 대한 상세한 증거 자료들이 폭로되고 여성을 지독하게 비하하는 태도가 드러난 오디오테이프가 유출되었지만 살아남았다.

그중에서도 가장 주목할 만한 사실은 트럼프가 양대 정당의 기득권층이 격렬하게 반대했음에도 불구하고 승리했다는 점이다. 저명한 민주당원들은 당연히 당파적 이유만으로도 트럼프를 반대했지만, 2016년 당시 상당수의 공화당 정치인들도 트럼프의 대선 출마 지지를 거부했고, 콜린 파월Colin Powell

전 국무장관을 비롯한 일부 인사는 심지어 클린턴을 지지하기까지 했다. 뿐만 아니라 조지 부시George Bush 부자(父子) 등 다른 전직 대통령들로부터도 지지를 얻지 못했다.

선거운동이 진행되는 동안 트럼프에 대한 가장 단결되고 강력한 경고는 미국의 전문 외교정책 엘리트들로부터 나왔다. 매들린 올브라이트Madeleine Albright 전 국무장관과 같은 민주당 소속 외교정책 전문가들은 당연히 트럼프를 반대했다. 힐러리 클린턴의 지지자 중에는 외교정책 분야에서 인상적인 경력을 자랑하는 인사들 수십 명이 있었고, 여기에는 제이크 설리번Jake Sullivan(오바마 행정부 시절 바이든 부통령의 외교보좌관이었고, 바이든이 2020년 대선에서 승리하자 국가안보보좌관에 임명되었다—옮긴이), 제임스 스타인버그James Steinberg(오바마 행정부 시절 국무부 부장관을 역임했다—옮긴이), 커트 캠벨Kurt Campbell(오바마 행정부 시절 국무부 동아태 차관보를 역임했고, "아시아 재균형 정책" 실무 구상을 담당했으며, 바이든 행정부에서 백악관 국가안전보장회의의 인도-태평양 조정관에 임명되었다—옮긴이), 앤마리 슬로터Anne-Marie Slaughter(프린스턴 대학교 교수이며 오바마 행정부 시절 국무부 정책기획실장을 역임했다—옮긴이) 등이 포함되어 있었다.[1]

하지만 오히려 트럼프에 대한 반발은 공화당 측 전문가들에게서 더욱 격렬하게 쏟아졌다. 2016년 3월에 전 국무부 자문관이자 존스 홉킨스 대학 교수인 엘리엇 코언Eliot A. Cohen이 122명의 전직 국가안보 당국자들의 서명을 받은 공개서한을 작성했다. 이 서한은 트럼프의 외교정책에 관한 시각을 비난했고, 트럼프가 "근본적으로 부정직(fundamentally dishonest)"하다고 묘사했을 뿐 아니라 "백악관에 전혀 어울리지 않는다."라고 결론지었다. 몇 달 후에는 주인도 대사와 국가안전보장회의 보좌관을 역임한 로버트 블랙윌Robert Blackwill, 국무부 부장관과 세계은행 총재를 역임한 로버트 젤릭Robert Zoellick, 마이클 헤이든Michael Hayden 전 국가안보국장, 마이클 체토프Michael Chetoff 전 국토안보부 장관 등 50명의 최고위급 공화당 외교 분야 인사들이 트럼프에게 투표하지 않을 것이고, 트럼프가 국가를 이끌 "자질(temperament)"이 부족하며 "미국 역사상 가장 무모한 대통령"이 될 것이라는 공개서한을 발표했다.[2]

트럼프의 우세에 외교안보 분야 기득권층이 경악했다는 사실은 그다지 놀랍지 않았다. 선거기간 내내 그가 보인 행동은 그의 성격과 판단력에 관한 의문을 불러일으켰을 뿐만 아니라, 그는 반복적으로 미국 외교정책에서 가장 오래된 일부 원칙들을 문제 삼았다. 트럼프는 NATO의 가치에 공개적으로 문제를 제기했고, 유럽 동맹국들과 체결한 조약상의 의무를 이행할지 여부에 대해서도 의문을 제기했다. 그는 아시아와 유럽의 동맹국들이 "공정한 몫을 지불하지 않았다."(실제로 그 자체로는 논란이 안 되는 주장이다)라고 지적하면서 한국이나 일본이 핵무장을 하는 것도 나쁜 방안이 아닐지도 모른다고 말했다. 블라디미르 푸틴 러시아 대통령을 "강력한 지도자"라고 칭찬하면서도 러시아의 크림반도 점령이나 사이버 무기 사용, 오랫동안 끔찍하게 지속된 시리아 내전에서 민간인 수십만 명을 학살한 아사드Assad 정권에 대한 러시아의 지원을 규탄하기를 거부했다. 이란의 핵무기 프로그램을 제한하는 다자간 합의를 "끔찍한 거래"라고 비난했으며, 중국, 멕시코, 캐나다, 한국을 상대로 무역전쟁을 개시하겠다고 위협했다. 또한 외교정책에 대한 인터뷰들에서 국제 문제에 대한 피상적이고 무지한 인식을 드러냈다.[3]

무엇보다 트럼프가 놀라운 승리를 거둠으로써 전직 대통령 3명이 구사했던 외교정책에 대한 미국 대중들의 심각한 불만이 겉으로 드러났다. 트럼프는 "미국 우선주의(America First)"라는 수사적 표현을 내세웠지만 이 때문에 매력이 떨어지거나 공직에 부적합한 인물로 보이지 않았다. 오히려 클린턴, 부시, 오바마 시절 외교정책들의 기초가 된 대전략(grand strategy)을 정확히 겨냥했다. 트럼프는 미국을 세계 안보를 유지하고 민주주의를 확산하고 규칙에 기반한 자유주의적 세계질서를 지탱하는 데 책임이 있는 "필수불가결한 나라(indispensable nation)"라고 보지 않았다. 대신 그는 비록 뒤죽박죽이기는 하지만 미국인들을 국내에서 더 강하고 부유하게 만들고 해외 문제에 덜 관여하게 하고, 덜 제약 받게 하고, 수렁에 빠지지 않게 하는 외교정책을 촉구했다.

단언컨대 2016년 대선에서 외교정책은 가장 큰 이슈가 아니었다. 인종과 계층, 정체성에 대한 이슈로 인해 상당히 많은 유권자들이 트럼프에게 몰려갔다. 최초의 흑인 대통령에 대한 지속적인 반감, 힐러리 클린턴 자신의 실추된 평판과 20년이 넘게 지속된 식상함도 한몫했다. 트럼프에게 매료된 언론매체도 트럼프의 부상에 일조했고, 트럼프 본인도 경쟁자들보다 훨씬 더 효과적으로 마케팅과 소셜 미디어를 구사했던 것으로 확인되었다. 따라서 트럼프의 2016년 대선승리의 근본 요인이 외교정책이라고 본다면 그 또한 착각하는 셈이다.

그러나 외교정책이 전혀 무관했던 것은 아니다. 우선 트럼프의 메시지는 일관되게 모든 형태의 세계화(globalization)를 반대했다. 트럼프는 미국이 1993년 북미자유무역협정(NAFTA)을 시작으로 2001년 중국의 세계무역기구(WTO) 가입, 그리고 특히 계류 중인 아시아에서의 환태평양경제동반자협정(TPP)과 유럽에서의 범대서양 무역투자동반자협정(TTIP) 등 "나쁜 무역협정"을 협상해왔다고 주장했다. 트럼프에 따르면 이런 "세계화에 관한 잘못된 노래"가 미국 내 수백만 개의 좋은 일자리를 희생시키고 경제를 허약하게 만들었다. 또한 세계화는 트럼프가 말한 "무분별한 이민정책" 즉, 미국의 핵심 정체성을 위협하고 위험한 범죄자들과 폭력적 극단주의자들을 미 본토로 끌어들이는 정책을 뒷받침해왔다.[4] 트럼프는 만약 당선된다면 이처럼 나쁜 무역협정을 찢어버리고, 멕시코 접경지역에 "장벽을 설치"해서 "극단주의자들"이 미국에 못 들어오게 차단할 것이며, 기후변화(미국의 산업을 억압하기 위한 중국이 설계한 속임수라고 비판한다.)에 관한 파리협정에서 탈퇴하겠다고 약속했다. 그리고 세계화에 빼앗긴 일자리를 미국으로 되돌려서 미국을 다시 위대하게 만들겠다(Make America Great Again)고 주장했다.

마찬가지로 앞서 통치했던 세 명의 대통령 기간 동안 있었던 일련의 외교정책이 실패함에 따라 트럼프의 외교안보 분야 기득권층에 대한 반대 메시지에 힘이 실렸고 힐러리 클린턴이 대통령직에 걸맞은 판단력과 경력을 갖춘 경륜 있는 리더라는 주장에 의문이 제기되었다는 점이 중요하다. 트럼프는 클린턴이 2003년에 이라크 침공을 지지했고, 2011년에 리비아의 무아마르 카다피Muammar Gaddafi를 제거하라고 경솔하게 조언했으며, 시리아 내전에 대한 개입을 심화하라고 요청했다는 사실을 지적하면서 국무장관과 상원의원으로서의 능력을 계속 비판했다. 클린턴이 트럼프의 모든 비난을 마땅히 받아야 할 만큼 무능하지는 않았지만, 그녀는 외교안보 분야의 이렇다할 성과들을 열거하면서 트럼프의 공격을 받아칠 수가 없었다. 솔직히 아무런 성과가 없었기 때문이다.

사실 냉전 종식 이후부터 지금까지 미국 외교정책의 실적을 옹호하기가 쉽지 않으며—아마도 불가능할 것이다—유권자들과 직접 연관이 있거나 유권자들이 이해할 만한 성과는 확실히 없다. 냉전이 끝나고 몇 년 안 가서 명료하고 확실한 성과는커녕 눈에 띄는 실패들이 즐비했다. 심지어 버락 오바마 대통령조차 2014년 인터뷰에서 무난한 성과들이 누구나 합리적으로 예상할 수 있는 것이라고 제시하면서, 외교정책에 관한 본인의 접근방식이 "항상 매력적이지는 않을 순 있지만 … 그래도 실책을 범하지는 않는다. 1루타를 칠 때도 있고 2루타를 칠 때도 있다. 가끔씩 홈런을 칠 수 있을지도 모른다."[5]라고 말했다. 물론 냉전 이후 소수의 값진 홈런이 있긴 했지만, 그 대신 무수히 많은 플라이 아웃과 삼진아웃, 땅볼들이 누적되었다.

이러한 실패 중 일부는 기회를 놓쳤기 때문에 발생한 경우도 있다. 예를 들면 오슬로 협정을 활용해서 이스라엘-팔레스타인 갈등을 항구적으로 해결하는 방안을 도출할 수 있었지만 초당적 합의에 실패한 경우가 그런 사례이다. 이라크와 아프가니스탄 전쟁과 같은 대실패는 엄청나게 값비싼 자초한 상처였다. 가령 NATO의 확대나 페르시아만의 "이중봉쇄(dual containment)" 전략(중동의 세력균형 유지라는 냉전 당시 전략에서 벗어나 이라크와 이란을 동시에 봉쇄한다는 전략—옮긴이)과 같이 장기적 안목을 지닌 건설적인 미국의 전략으로 홍보되었던 다른 일부 사례들은 결국 미래에 닥칠 어려움의 씨앗을 심은 셈이 되었다. 이런 결정은 미국인들의 평화와 번영에 아무런 도움이 되지 못했다.

뿐만 아니라 미국이 선호하는 정치적 가치를 성공적으로 전파하지도 못했다. 소련 제국의 붕괴는 미국의 민주주의적 이상이 옳았다는 강력한 증거가 되었기 때문에 수많은 사람들이 이런 원칙들이 전 세계에 깊이 뿌리 내릴 것이라고 기대했다. 이와 같은 이상적 희망은 전혀 실현되지 못했다. 오히려 기존 독재정권들은 복원력이 강하며 생존능력이 뛰어났던 것으로 밝혀졌고, 몇몇 신생 민주주의 국가들은 결국 권위주의 체제로 미끄러졌다. 미국이 주도했던 정권 교체 시도로 실패 국가(failed states)가 생겨났으며, 시간이 지나면서 미국도 결국 스스로 내세웠던 핵심 원칙들을 포기하기에 이르렀다. 테러리스트들의 공격이 있었던 2001년 9월 11일 이듬해에 미국의 고위 관리들은 고문을 승인했고, 전쟁범죄를 저질렀다. 미국 시민들을 대상으로 대규모 전자감시 활동을 벌였고, 전 세계 주요 지역의 잔혹한 권위주의 정권들을 다시 지원하기 시작했다. 2008년 금융위기로 핵심 금융기관들의 심각한 부패가 드러났고, 미국식 자유 시장 자본주의가 경제성장을 유지하기 위한 최고의 처방이 맞는지에 대한 의문이 제기되었다. 한편, 미국의 민주주의 질서는 심화되는 이념적 양극화와 정파 간의 힘겨루기로 인해 마비상태에 빠졌고, 새로운 민주주의 국가들은 미국이 아닌 다른 나라들을 본보기로 삼아 자신들의 헌법을 제정했다.[6]

사실 2016년 미 대선이 끝나는 당시 시점에서 볼 때 미국은 다른 사회에 더 이상 특별히 정치적으로나 경제적으로 매력적인 모델이 아니었다. 자유주의적 이상과 계몽된 민주적 통치 모델의 등불이 되기는커녕 미국은 프랑스의 마린 르 펜Marine Le Pen이나 네덜란드의 헤르트 빌더스Geert Wilders와 같은 반

외국인 성향 민족주의 운동의 지도자들에게 영감을 불러일으켰다. 이런 인물들은 자국도 마찬가지로 이러한 흐름에 동참하기를 바라는 희망과 열정을 갖고 트럼프의 당선을 환영했다.

보다 넓은 관점에서 바라보자면 전반적인 세계정세와 미국의 위상이 1993년부터 2016년까지 지속적으로 현저하게 쇠퇴했다. 극빈층의 가파른 감소 등 많은 긍정적인 추세에도 불구하고 1990년대 초의 낙관적 전망은 실현되지 않았다. 강대국들이 맹렬한 기세로 다시 경쟁하기 시작했고, 대량살상무기가 계속 확산되었다. 테러리스트와 폭력적 극단주의자가 더 많은 곳에서 활발하게 활동하고 있으며, 중동이 혼란에 빠졌다. 그리고 유럽 경제위기(Euro crisis)와 브렉시트(Brexit) 결정, 비자유주의(illiberal) 추세 등으로 인해 일부 유럽연합 회원국의 미래도 불확실해졌다. 미국의 외교정책이 이 모든 상황 변화의 주요 원인은 아니겠지만, 이 중 대다수 문제에 상당히 많은 영향을 미치고 있다. 트럼프가 청중을 향해 "우리 외교정책이 총체적 재난이다."라는 발언은 있는 그대로를 말한 셈이었다.[7]

무엇보다 충격적인 사실은 트럼프가 외교안보 분야 기득권층(Foreign policy establishment)을 지목해서 비난했다는 점이다. 이들은 자신들이 반복해서 저지른 실수를 인식하지 못했고, 마땅히 져야 할 책임을 거부했으며, 신뢰할 수 없는 통념에 집착했다. 마치 2008년 금융위기를 야기한 월스트리트의 은행가들처럼 반복된 재앙이나 다름없는 외교정책을 설계한 사람들은 결코 자신들이 저지른 실수에 대한 대가를 치르지도 않았고 실수로부터 배우려고도 하지 않았다. 초당파적인 고위 공직자들의 배타적 그룹은 정부기관부터 민간영역까지, 싱크탱크부터 기업 이사회까지, 별 부담이 없는 한직부터 새 정권의 요직까지 끊임없이 순환했다. 심지어 예전에 공직에 있을 때 두드러진 실적도 내지 못했고, 자신들이 구상하고 실행했던 정책이 효과가 없었음에도 불구하고 기용되었다. 잘못되었다고 판명된 예측과 처방을 제시한 평론가와 정책 보좌관들도 처벌을 받지 않고 무사했던 반면, 이러한 초당적 합의에 문제를 제기했던 사람들은 그들이 옳았음에도 불구하고 소외되거나 무시당하거나 혹은 비난을 받았다. 그리고 이러한 기득권층의 구성원들은 자기들끼리 밥그릇 경쟁을 하고 전술적 이슈를 놓고 티격태격하는 동안에도 미국이 전 세계를 더욱 광범위한 자유주의적 미래로 이끌어야 할 권리와 책임이 있다는 믿음으로 똘똘 뭉쳐 있었다.

따라서 외교정책이 2016년 대선에서 부차적 이슈에 불과했을 수도 있겠지만, 해외에서 실패가 지속적으로 반복되는 상황과 이런 실패를 인정하지 않는 편협하고 무책임한 엘리트의 문제가 결합되면서 트럼프의 기성제도에 대한 포퓰리즘적 공세와 "미국 외교정책을 좀먹던 녹(rust)을 털어내겠다."라는 공약이 현실에 딱 들어맞게 되었다.

그렇다면 트럼프는 어떤 대안을 제시했는가? 비록 국내외 안보정책에 관한 트럼프의 입장이 구체성과 명료성이 부족하기는 했지만, 선거기간 내내 몇 가지 주제가 여러 번 반복해서 등장했다. 트럼프는 무엇보다 우선 미국 외교정책의 핵심 목적이 미국의 국익 증진이라고 강조했다. 미국이 다른 나라와 관계를 맺을 때는 반드시 미국인에게 이익이 되는 방향으로 해야 한다는 것이다. 너무나 뻔한 말이라고 볼 수도 있겠지만 트럼프는 청중이 진정으로 듣고 싶었던 말을 해주고 있었다. 미국의 힘과 영향력을 다른 나라를 도와주거나 전 세계에 미국의 정치적 가치를 전파하기 위해 사용하지 말고 미국인들의 삶을 향상시키기 위해 써야 한다는 것이다.

이러한 원칙에 부합하게 트럼프는 미국의 보호에 무임승차하는 유럽과 아시아 동맹국들을 질타했고 만약 미국으로부터 지원을 받고 싶다면 집단안보에 지금보다 훨씬 더 많이 기여해야 할 것이라고 명확히 밝혔다. 그는 아시아와 유럽의 동맹국들과 정상회담을 해서 "방위비 분담금 재조정을 논의"할 것이고 "NATO의 시대에 뒤떨어진 임무와 구조를 업그레이드"하겠다고 말했다. 간단히 말해 트럼프 행정부는 미국의 가장 중요하고 강력한 동맹국들과의 관계를 근본적으로 재개편하겠다고 밝힌 것이다.

트럼프는 아울러 이라크와 아프가니스탄 같은 곳에서의 "국가건설(national building)" 노력에 대해서도 "우리나라가 망가지고 있는데 다른 나라를 재건하고 있다."면서 개탄했다. 그는 이런 노력이 "서구 민주주의 경험도 없고 그렇게 되는 데 관심도 없는 나라를 서구 민주주의 체제로 만들 수 있다는 위험한 발상에서 시작되었다."라고 말했다. 트럼프는 만약 당선된다면 "미국을 이러한 국가건설 사업에서 손을 떼게 하겠다."라고 약속했다.

또한 트럼프는 세계화(globalization)를 정조준했고 특히 지난 수십 년간 국제무역과 투자를 극적으로 확대시킨 수많은 기구와 조약을 비판했다. 북미자유무역협정을 "총체적 재난"이라고 표현했으며, 미국의 무역정책이 "미국의 일자리를 도둑질하는" 방향으로 추진되어왔고, 중국이 "미국의 일자리와 부를 계속 침략"할 수 있도록 도와줬다고 말했다.

반면 트럼프는 역설적으로 중국, 러시아와의 관계를 증진하기 위해 노력하겠다고 제안했고, "공동의 이익에 기반한 공통된 입장을 찾아야 한다."라고 말하면서 "러시아와의 관계개선 및 긴장완화가 가능하다. 그것도 완벽히 가능하다."라고 강조했다. "가까운 외국(near abroad)"(구소련 영토)에서 러시아의 이익이 존중될 것이라고 시사했고, 모스크바와 손을 잡고 ISIS의 공통된 위협에 맞서겠다고 공언했다. 심지어 시리아의 아사드 정권을 지원하게 되는 상황이 되더라도 그렇게 하겠다고 했다.

또한 트럼프는 "이슬람 급진주의"에 맞서 도발적인 메시지를 띄웠다. "이슬람 급진주의의 부상으로 위협받는 〔중동의〕 어떤 나라건 간에 손을 잡겠다."라고 선언하는 한편 무슬림이 미국에 입국하지 못하게 막겠다고 위협했다. 아울러 그는 ISIS를 향해 "간단한 메시지"가 있다면서 "이들의 최후가 얼마 남지 않았다."라고 말했다.

마지막으로 트럼프는 미국의 힘과 결기, 목적이라는 일관된 메시지를 전달했다. 미국이 이제 "약한 국가"가 되었다고 선언하면서 트럼프는 "우리 군사력의 우위에 의문의 여지가 없어야 하며 그 누구도 의심하지 말아야 한다."라고 말하며, 미국이 "더욱 예측 불가능" 해짐으로써 미국이 자신만의 길을 갈 수 있다고 제시하고 미국의 군사력을 재건하겠다고 약속했다.[8]

트럼프의 발언이 일관성이 없어 보일 수도 있지만 핵심 메시지는 명료하다. 미국 외교정책이 약속을 못 지키고 있다는 것이다. 따라서 이 나라에게 필요한 것은 미국의 국익에 대한 단호한 강조와 동맹국과 적국 모두에 대한 냉철한 접근이다. 달리 말하자면 미국은 근본적으로 완전히 다른 대전략이 필요하다는 것이다.

전체적으로 볼 때 트럼프의 외교정책은 제2차 세계대전 이후, 그중에서도 특히 냉전 종식 후 미국 외교정책의 특징이었던 국제주의적 구상과의 과격한 결별을 약속했다. 민주주의를 확산하고 자유무역을 증진하며 동맹과 국제제도를 강화하고 인권을 수호하는 일을 적극적으로 추구해왔던, 규칙에 기반한 국제질서를 확장하고 심화시키는 대신, 트럼프는 자기중심적이고 고도로 국가주의적인 외교정책을 제안하고 있었다. 미국적 이상을 전파하기 위한 장기적인 노력을 지양하고 그 대신 단기적 이익을 확보하는 데 초점을 둔 외교정책이었다.

트럼프는 스스로 이해하고 있었건 아니건 간에, "미국식 예외주의(American Exceptionalism)" 라는 친숙한 개념에 맞서 전혀 다른 견해를 제시했다. 미국은 여전히 다른 나라들과 다르지만, 더 이상 "필수불가결한 나라(indispensable nation)" 라던가, 자유주의 세계질서의 핵심축(linchpin), 세계적 위기의 초동대응자(first responder), 심지어 "마지못해서 하는 보안관(reluctant sheriff)" 조차 아니라는 것이다. 그 대신 다른 나라와의 관계는 순전히 계약에 기초할 것이며 "최상의 합의" 를 얻어내는 데 집중하고 다른 나라에 최대한의 부담을 지우려고 할 것이다. 이런 접근법이 지난 60년 이상 미국의 외교정책을 이끌어온 세계관을 정면으로 거부하고 있다는 점을 감안할 때 외교안보 분야 엘리트들이 그의 대선 출마를 공포와 경악으로 받아들인다는 게 무리가 아니었다.

하지만 그가 승리했다. 선거 활동 기간 중 그가 제시했던 입장을 고려할 때, 트럼프의 승리는 미국 외교정책의 과거와 현재, 그리고 미래에 대해 두 가지 근본적인 질문을 제기했다.

첫 번째로, 외교정책의 기존 통념에 공개적으로 도전했고 민주당과 공화당 양쪽의 고위 외교안보 전문가들로부터 반대를 받은 외교분야 경험이 전무한 지도자를 유권자들이 선출하는 심각한 일탈행위가 도대체 어떻게 일어난 것일까?

두 번째로, 트럼프는 그가 약속했던 외교정책 혁명을 제대로 해낼 수 있을까? 그가 직면할 양대 정당의 엘리트들과 철옹성 같은 국가안보 분야 기득권층의 반대를 고려할 때, 새로운 방향으로 국가를 이끌어 갈 수 있을까? 외교안보 분야 기득권층이 그를 적절히 포용하고 통제하는 데 성공할까, 아니면 그가 줄곧 허풍을 쳐왔던 것일까? 그가 궁극적으로 어떤 경로를 선택하든 그의 대통령직은 미국의 안보와 번영에, 그리고 더 나아가 국제정치에 어떠한 영향을 줄 것인가?

논거

이 책은 각각의 질문들을 다루고 있으며, 주로 미국 내 외교정책 커뮤니티의 정치 권력에 초점을 맞춘다. 나는 트럼프가 승리했던 이유는 부분적으로, 미국 외교정책이 "총체적 재난"이라는 그의 주장이 많은 부분 일리가 있었기 때문이라고 주장하고자 한다.[9] 미국인들도 뭔가 어긋나고 있다는 사실을 이해하고 있었다. 그렇기 때문에 여론조사에서 미국의 해외 모험에 대한 지지가 계속 떨어지고 있었고, 유권자들이 해외 활동을 줄이고 국내 활동을 늘리자는 후보에게 표심이 가고 있었다.

예를 들면 1992년 대선에서 유권자들이 조지 H. W. 부시의 놀라운 외교적 성과를 외면하고 그 대신 "문제는 경제야, 바보들아(It' s economy, stupid.)"를 주문처럼 읊어대던 빌 클린턴의 손을 들어주었다는 사실을 상기해볼 가치가 있다. 2000년에 조지 W. 부시는 "국가건설"을 과도하게 주장했던 클린턴을 비판했고 "강력하지만 겸손한(strong but humble)" 외교정책을 펼치겠다고 유권자들에게 약속했다. 하지만 부시가 자신의 약속을 지키지 못하자 2008년에는 미국인들이 버락 오바마를 선택했다. 오바마가 이라크전을 반대했고 나머지 세계와의 관계를 바로잡겠다고 약속했기 때문이다. 개인적 인기에도 불구하고 오바마는 외교정책 실패의 고리를 끊지 못했으며, 2016년이 되자 많은 유권자들은 계속해서 역효과만 낳은 똑같은 정책을 이어가겠다고 공약한 힐러리 클린턴보다 트럼프의 "미국 우선주의(America First)"를 분명히 더 선호했다.

무엇이 잘못되었는가? 강력하고도 교활하며 무자비한 적들이 교묘하게 계략을 꾸며서 미국의 숭고한 의도와 잘 짜여진 계획을 매번 좌절시켰기 때문에 미국 외교정책이 실패한 것이 아니었다. 미국이 믿을 수 없을 정도로 재수가 없었기 때문에 실패한 것도 아니었다.

오히려 미국 지도자들이 현명하지 못하고 일련의 비현실적인 목표를 추구했고 실수로부터 배우기를 거부했기 때문에 미국 외교정책이 실패한 것이다. 특히 미국 외교정책이 실패를 거듭한 보다 깊은 원인은 미국의 압도적 우위와 잘못된 대전략, 그리고 갈수록 제대로 작동하지 않는 외교정책 커뮤니티가 다 같이 합쳐졌기 때문이었다.

전자와 관련하여, 냉전에서의 승리로 인해 미국에게는 조지 H. W. 부시 대통령과 당시 국가안보보좌관이었던 브렌트 스코우크로프트Brent Scowcroft가 술회했듯이, "세상을 바꿀 천재일우의 기회(the rarest opportunity to shape the world)"[10]가 주어졌다. 이러한 우월한 지위로 인해 미국은 "세계를 바꾸는" 아주 야심찬 외교정책을 추구할 수 있게 되었고 자신들이 추진하는 계획이 어떤 결과를 낳을지 걱정하지 않아도 되었다. 그러나 미국은 이미 부유하고 강력했으며 또한 안전했기 때문에 "무찔러야 할 괴물을 찾아 해외로 나갈" 필요가 거의 없었고, 이런 노력이 성공한다 하더라도 별로 이득될 게 없었다.(무찔러야 할 괴물을 찾아 해외로 나간다는 표현은 1821년 당시 국무장관이었던 존 퀸시 애덤스John Quincy Adams가 미국의 해외 개입을 경계하면서 언급한 표현이다—옮긴이) 그 결과는 역설적이었다. 미국의 우위로 인해 야심찬 대전략이 가능해졌지만, 동시에 그 대전략이 불필요해진 것이다.

탈냉전기 미국 행정부는 해외 개입을 줄이고 국내 우선순위에 보다 집중할 수 있는 현실을 무시하면서 한결같이 "자유주의 패권(liberal hegemony)"이라는 야심찬 대전략을 채택했다. 이 전략이 "자유주의적(liberal)"인 것은 미국의 힘을 사용해 개인의 자유와 민주적 거버넌스, 시장에 기초한 경제와 같은 전통적인 자유주의 원칙을 수호하고 전파하려 하기 때문이다.[11] 이 전략은 일종의 패권 전략이기도 한데, 미국을 자유주의라는 정치적 원리를 다른 나라들에 전파할 수 있는 유일한 자격을 지닌 "필수불가결한 나라"로 규정하고 다른 국가들을 미국이 설계하고 이끄는 동맹체제와 제도로 끌어들이려 하기 때문이다. 이 전략을 지지하는 사람들은 미국의 우위 유지와 자유주의적 세계질서의 확대가 단지 미국의 안보와 번영에 필수적일 뿐만 아니라 나머지 세계에도 이익이 된다고 보고 있다.

그러나 지난 25년간의 역사가 보여준 바와 같이 자유주의 패권 전략은 근본적으로 결함이 있다. 미국은 자유주의 이상에 대한 공동의 헌신으로 단결된 평화 지대를 확대하기는커녕 자유주의 패권을 추구하면서 러시아와의 관계를 악화시켰고 아프가니스탄, 이라크, 그리고 여타 몇몇 나라에서 엄청난 대가를 치러야 하는 수렁에 빠져들었으며, 수조 달러의 돈을 낭비하고 수천 명의 목숨을 희생시켰다. 그리고 국가와 비국가 행위자들 모두 미국에 저항하거나 자신들의 이익을 위해 미국을 이용하도록 부추겼다. 동맹국들은 미국의 리더십을 환영하기는커녕 무임승차를 하면서 이용해 먹었고, 적대국들은 계속해서 미국의 구상을 가로막았으며, 적대적 극단주의자들은 미국을 공격,

우회, 기만할 수 있는 다른 방법을 찾아냈다. 미국이 경제적으로나 군사적으로 압도적이었지만, 그럼에도 불구하고 세계 문제에 관한 근본적으로 잘못된 접근법을 도저히 구제할 수는 없었다.

그렇다면 도대체 왜 미국은 이토록 성과가 형편없는 대전략을 채택했고, 왜 서로 전혀 다른 3명의 전임 대통령은 이런 접근법이 분명히 한계가 있음에도 불구하고 계속 고수했을까? 나는 외교안보 분야 기득권층이 자유주의 패권에 대한 의지가 확고할 뿐만 아니라 그것을 옹호하고 증진하기에 아주 이상적인 위치에 있기 때문에 자유주의 패권이 미국 외교정책의 기본값으로 설정되어 있다고 주장한다. 트럼프를 반대하는 일치단결한 모습에서 드러났듯이 이런 접근법을 둘러싼 컨센서스는 당파를 초월했고, 실망스러운 결과가 계속 이어졌지만 결국 살아남았다.

외교안보 분야 기득권층의 지도자급 인사들은 자유주의 패권이 미국을 위한 올바른 전략이라고 믿어 의심치 않았지만 자신들에게 득이 된다는 점도 잘 알고 있었다. 미국이 자신이 지향하는 모습대로 세계를 개조하려고 끊임없이 시도함에 따라 외교안보 분야 기득권 인사들에게 일거리가 많아졌다. 또한 자유주의 패권은 이들의 자부심을 고양시켰고 이들의 지위와 정치적 권력을 극대화했다. 또한 자유주의 패권은 다른 주요국들의 군사력을 왜소해 보이게 하는 군사적 능력을 유지하자는 주장을 뒷받침했고, 협소한 외교정책 목표를 가진 특수 이익집단들이 선호하는 정책을 위해 로비를 펼치고 법안 통과를 위해 다른 이익집단들과 서로 결탁할 수 있게 함으로써 그들이 정부로부터 원하는 것을 얻어낼 가능성을 높여주었다. 요컨대 자유주의 패권은 외교안보 분야 엘리트들을 위한 완전고용 정책이었으며, 이익집단들이 미국 정부가 다른 누군가를 대신해 멀리 떨어진 어딘가에서 어떤 일을 하도록 설득하는 가장 쉬운 방식이었다.

하지만 2016년이 되자 지난 25년간의 기록과 국가에 떠넘긴 비용을 완전히 감출 수가 없었다. 반복된 실패가 만천하에 드러나게 되자 트럼프 지지자들의 눈에 초연하고 편협하며 무책임하게 보였던 엘리트들을 상대로 트럼프가 포퓰리즘 공세를 퍼부을 수 있는 문이 열렸다. 현상유지 정책에 대한 불만은 트럼프가 백악관까지 진출할 수 있게 도움을 주었지만, 트럼프가 기득권층의 반대를 극복하고 약속한 대로 외교정책의 혁명을 이뤄낼 수 있었을까?[12]

이 책의 구성

이 책의 나머지 부분은 다음과 같이 구성되어 있다.

제1장은 빌 클린턴, 조지 W. 부시, 버락 오바마로 이어지는 3명의 탈냉전기 대통령의 외교정책 성과를 평가한다. 그리고 냉전 종식 당시 미국의 세계적 위상과 미국의 미래에 대한 기대, 그리고 미국이 추구했던 정책을 설명한다. 그다지 행복한 이야기가 못 된다. 1993년에 미국은 단극세계의 패권국이었으며, 주요 국가들과 좋은 관계를 유지하고 있었고, 전 세계 수백만 명의 사람들에게 영감을 주는 모델이었다. 민주주의가 널리 확산될 것이라고 기대되었고, 강대국 간의 경쟁은 한물간 옛날이야기처럼 치부되었다. 이와 대조적으로 오늘날 우리는 다극화된 세계에 살고 있으며 러시아 및 중국과의 관계는 급격하게 악화되었고, 자유주의적 가치가 궁지에 몰려 있다. 핵확산을 막고 중동을 평화롭게 하며 테러리즘 위험을 줄이려는 미국의 노력이 계속해서 실패했다. 요컨대, 암울한 기록이 아닐 수 없다.

하지만 미국 외교정책의 성과가 왜 이렇게 형편없을까? 제2장에서 나는 자유주의 패권 전략이 세계 정치에 관한 부정확하고 비현실적인 이해에 기초했고, 다른 국가들의 정치적 상황에 충분히 관심을 기울이지 않았으며, 복잡한 사회를 변화시키는 미국의 능력을 과대평가했을 뿐만 아니라, 여타 국가나 비국가 행위자로 하여금 미국의 노력에 저항하거나 이용하도록 부추겼기 때문에 미국 외교정책이 실패했다고 주장한다. 미국이 매우 강력했고 미국의 의도도 대체로 호의적이었을지 모르지만, 1993년 이후 미국이 채택한 전략은 실패할 수밖에 없는 운명이었다.

그러나 만약 자유주의 패권이 명백하게 문제가 있고 계속 실망만 안겨주었다면 왜 미국은 이런 전략을 채택했고, 왜 미국 지도자들이 실수로부터 배울 생각을 하지 않았을까? 제3장은 미국 외교안보 분야 기득권층을 상세히 묘사하면서 이러한 질문을 다루고 있다. 특히, 이 커뮤니티를 구성하고 있는 대부분의 개인과 기관을 단결시키는 초당적인 컨센서스에 초점을 맞춘다. 외교정책 커뮤니티는 혁신적 사고와 성과에 보상하는 엄격한 능력주의 집단이라기보다 실제로는 상당히 순응주의적이며, 어리석은 행위와 대실패로 점철되었음에도 불구하고 지난 25년간 신념과 정책적 선호가 거의 진화하지 않은 동종번식의 전문 집단이었다. 자유주의 패권에 대한 기득권층의 강력한 의지는 또한 대부분의 미국인들이 지닌 인식과는 확연히 상충되고 있다.

만약 그렇다면 어떻게 워싱턴은 국민 대부분이 원하지 않았던 외교정책을 납득시켰으며, 어떻게 외교정책 엘리트들은 실패를 거듭하는 외교정책에 대한 대중의 지지를 유지했을까? 이미 언급한 바와 같이 미국이 지금도 누리고 있는 유리한 지정학적 위치를 한 가지 이유로 꼽을 수 있다. 이 나라는 다른 나라와 비교해 너무나 강력하고 너무나 안전해서 생존이 위협받지 않고도 잘못 판단한 실패한 정책을 오랫동안 추구할 수 있다.

두 번째 이유로 외교안보 분야 기득권층이 이 문제를 둘러싼 대중적 담론을 지배했고, 그로 인해 미국인들이 자유주의 패권이라는 통념에 대해 거의 문제를 제기하지 않게 되었다는 점을 들 수 있다. 제4장은 정치인들과 공직자, 전문가, 그리고 외교안보 기득권층 내 여타 영향력 있는 인사들이 "사상의 시장(marketplace of ideas)"을 조작함으로써 어떤 방식으로 자유주의 패권을 팔아먹고 있는지 보여준다. 1) 위협을 부풀리고 2) 글로벌 리더십의 이점을 과장하며 3) 글로벌 리더로서 역할을 수행하는 데 소요되는 전문학적 비용을 숨긴다. 이를 통해 전 세계에 미군을 주둔시키고 자유주의적 이상을 전파하려는 노력이 미국인들의 안보에 필수적이고 필연적으로 성공할 수밖에 없다고 대중들을 설득한다.

제5장은 자유주의 패권이 명백한 결함을 가지고 있음에도 불구하고 왜 미국의 기본 전략으로 남아 있는지를 고찰한다. 내가 제시하는 핵심 이유는 외교안보 분야 기득권층이 책임을 완전히 회피할 수 있기 때문이다. 핵심적인 아이디어가 거의 의문시되지 않고, 실패를 통해 배운 교훈은 금방 잊혀지며 외교정책 엘리트들은 실패에 대해 처벌받지 않는다. 오히려 소외되거나 처벌받는 사람들은 반대세력이나 비판가들이다. 심지어 이들의 견해가 옳았다고 증명이 되더라도 말이다. 똑같은 사람들이 계속 재신임되고 똑같은 진부한 논거가 거의 도전을 받지 않는다면 미국 외교정책의 기본 방침이 바뀌거나 결과가 개선되리라고 기대할 이유가 없다.

트럼프가 등장하기 전까지는 그랬다. 그가 2016년에 당선되면서 미국인들이 오래 지속된 외교정책의 실패를 용납할지라도 그 결점들이 영원히 은폐될 수 없다는 사실이 드러났다. 따라서 최종적인 질문은 트럼프가 미국이라는 선박을 새로운 방향으로 어떻게든 조종해갈 수 있을지, 그렇게 하려는 그의 노력이 국가에 더 도움이 될지 여부이다. 안타깝게도 현재까지의 상황을 보면 그렇게 되지 않을 것 같다. 오히려 제6장은 트럼프의 대통령직 수행방식이 마치 외교정책을 어떻게 고치면 안 되는지를 보여주는 교과서와 같다고 주장한다. 특히 외교정책 커뮤니티가 어떻게 트럼프로 하여금 기존의 친숙한 방식을 답습하도록 만들었는지 보여준다. 이는 트럼프의 무지와 자질부족, 형편없는 정책 선택에도 상당 부분 기인하기도 한다. 트럼프는 체계적이고 신중하게 자유주의 패권을 재조정하고 워싱턴에 있는 다양한 그룹들이 서로 대립하게 만들기는커녕 너무나 빨리 외교정책 커뮤니티의 핵심 세력들이 자신에 맞서 단결하게 만들었고 정치적 지지 기반도 꾸준하게 잃어버렸다. 트럼프 본인도 아수라장(snake pit)이 된 백악관을 제대로 관리하지 못했다는 사실이 드러났다. 고위직 보좌관들이 수시로 교체되었고 미숙한 직원들이 계속 실수를 반복했고 때로는 엄청난 사고를 쳤다. 이러한 악재에 트럼프 자신의 잘못된 판단, 경솔한 발언, 그리고 결정적으로 대통령답지 못한 행동이 겹쳐지면서 재앙의 토대가 마련되었다.

그리하여 트럼프와 외교정책 "블롭(Blob)"—전 국가안보부보좌관인 벤 로즈Ben Rhodes가 벨트웨이 외교정책 기득권층을 블롭, 즉 한 방울의 물과 같다고 경멸적으로 지칭한 바 있다—간의 대결은 공정한 싸움이 아니었고 후자가 결국 이겼다. 하지만 미국은 엄청난 비용을 지불했고, 그 비용이 지금도 늘어나고 있다. 트럼프의 외교정책은 이미 심각하게 부정적인 결과에 직면했고 제2차 세계대전 이래 미국이 어렵게 일궈온 영향력을 낭비해버렸다. 미국은 여전히 머나먼 땅에서 전쟁을 치르고 있고 세계 안보를 불균형하게 책임지고 있지만 미국을 이끄는 트럼프의 변덕스러운 행동은 동맹국들을 놀래켰을 뿐 정작 미국의 적들을 봉쇄하거나 포섭하지는 못했다. 트럼프는 미국의 공약과 역량 간의 더 나은 균형을 잡기는커녕 안보 공약을 축소하지도 못한 채 역량만 훼손시켰으며, 다른 나라들이 미국의 판단력과 능력에 의문을 제기할 충분한 이유를 제공했다.

결론에서는 이런 상황이 어떻게 시정될 수 있는지 설명한다. 내 주장에 대한 반론들을 간략히 검토한 후에 나는 "역외균형(offshore balancing)"이라는 지정학적 개념에 근거한 대안적인 대전략을 설명한다. 이런 접근방식은 미국이 지향하는 모습대로 세계를 개조하려는 시도를 피하는 대신, 미국 외교정책이 핵심적인 세 지역, 즉 유럽, 동아시아, 그리고 페르시아만에서 세력균형을 유지하는 데 집중하게 한다. 역외균형은 고립주의를 배격하며 미국이 외교적으로 그리고 경제적으로 다른 국가들과 관계를 유지하라고 촉구하지만, 지역적인 세력균형 유지를 주로 역내 행위자들에게 의존하며 이러한 균형 중 하나 또는 그 이상이 붕괴될 위험이 있을 때만 미국이 자신의 무력을 동원해 개입할 것임을 분명히 한다.

하지만 국제 문제에서 결정적으로 큰 좌절을 겪지 않는 이상 외교안보 분야 기득권층은 자신들의 권력과 지위, 그리고 자부심을 축소시키게 될 전략을 수용하지 않을 것이다. 오바마나 트럼프와 같은 아웃사이더들도 보다 근본적인 변화를 이끌어낼 수 없었다면 누가 할 수 있을까? 나는 잘 조직되고 정치적으로 막강한 개혁의 움직임이 등장할 때만 의미 있고 긍정적인 변화가 나타날 것이라고 주장한다. 이런 움직임은 자유주의 패권의 배후에 있는 엘리트들의 컨센서스에 구멍을 낼 수 있고, 이 이슈에 관한 보다 개방적이고 지속적인 논쟁을 이끌어낼 수 있다. 단 한 명의 지도자만으로 이렇게 할 수 없으며, 특히 트럼프 대통령처럼 자질이 떨어지고 부적격한 경우는 더욱 그렇다. 새로운 전략이 출현하기 위해서는 외교정책 기득권층이 바뀌어야 하며, 이는 "블롭(Blob)" 내부에 새로운 기관과 정치권력의 기반을 구축해야 한다는 사실을 의미한다. 만약 이러한 움직임이 일어나지 않거나 의미 있는 변화를 일으키기에 너무나 약하다면 미국 외교정책은 개선되지 않을 것이다. 미국은 의심할 여지없이 살아남기야 하겠지만 미국인들은 지금보다 안전하지도 풍족하지도 않은 삶을 살게 될 것이다.

반드시 이 길을 가야 할 필요는 없다. 미국은 이례적으로 운이 좋은 나라다. 부유하고 아주 강력하며 근처에 심각하게 위협하는 적조차 없다. 이 정도로 놀라운 행운 덕택에 미국 지도자들은 외교적으로 상당한 자유를 누리게 되었다. 그러나 내가 다음 두 장에 걸쳐서 보여주듯이 지난 25년간 미국 외교정책에서 책임을 졌던 사람들은 계속해서 나쁜 선택을 했고, 미국이 지닌 많은 지속적인 이점을 살리지 못했다. 이들은 아마도 최선의 의도로 이렇게 행동했을 수도 있겠지만, 이들이 계속해서 저지른 실책은 도널드 트럼프가 당선된 주요 이유 중 하나가 되었다.

01

탈냉전기 미국 외교의 암울한 기록

Dismal Record

1991년에 소련이 붕괴했을 때 미국인들은 힘들게 쟁취한 승리를 유유자적하게 즐기면서 지난 40년 동안 추구해왔던 광범위한 대전략을 재검토할 수 있었다. 미국인들은 냉전 당시 봉쇄전략에 맞춰 진행되었던 전 세계적 개입이 새로운 환경 속에서도 여전히 타당한지 근본적으로 자문해볼 수도 있었다. 필적할 만한 경쟁자나 이념적으로 강력한 라이벌이 없어진 상황에서 미국이 계속해서 전 세계 안보에 광범위하게 개입하고 전 세계에서 일어나는 사건을 관리하기 위해 과도하게 일하는 게 여전히 필요하거나 현명한 것일까? 미국을 중대하게 위협했던 유일한 경쟁국이 갑자기 사라졌을 때 미국 지도자들은 미국이 모든 대륙에서 정치적, 경제적, 군사적 관계를 주도하려고 하는 게 과연 현명한지 의문을 품을 수도 있었고, 이런 노력을 다소 줄이고 국내적 필요에 보다 관심을 집중할 수도 있었다.

하지만 이런 가능성은 1990년대 초에 그다지 주목받지 못했다.[1] 소수의 학자와 정책 분석가가 세계적인 개입을 대폭 줄이라고 촉구했지만 이들의 견해는 정부당국의 눈길을 거의 끌지 못했고 미국의 외교정책과 국방정책에 아무런 영향을 미치지 못했다.[2] 유럽과 아시아의 동맹국들은 미국이 "평화 배당금(peace dividend)"을 챙기고 전 세계적인 군사 주둔을 상당히 축소시킬지 모른다고 우려했지만, 외교안보 분야 기득권층은 이런 가능성을 전혀 고려하지 않았다. 세상은 바뀌었지만, 미국의 대전략에 대해서는 진지한 재평가가 전혀 없었다.

심지어 소련이 스스로 파멸되기 전에도 부시 행정부의 최고위 당국자들은 새로운 "필적할 만한 경쟁자(peer competitor)"의 출현을 막기 위해 미국이 기존의 개입을 유지하거나 확대해야 하고 압도적인 군사적 우위를 유지해야 한다고 믿었다.[3] 하지만 이들의 야심은 여기에서 멈추지 않았다. 조지 H. W. 부시 대통령과 브렌트 스코우크로프트 국가안보보좌관이 훗날 술회했듯이, 당시 미국은 "세상을 바꿀 천재일우의 기회"와 "미국만이 아니라 모든 나라들을 위해 지혜롭게 처신해야 할 큰 책임"을 가지고 "권력의 최정점에 홀로서 있었다."[4]

전 국무부 정책기획실장이자 미국외교협회 회장인 리처드 하스Richard Haass가 묘사한 바와 같이 미국 외교정책의 핵심 목표는 "미국의 이익과 가치에 부합하는 세계를 지속시키고, 그렇게 함으로써 "평화와 번영, 정의를 증진하는" 체제로 다른 나라들을 통합시키는 것이었다.[5] "통합(intergrating)"의 과정은 소극적이지 않았다. 미국은 적극적으로 다른 국가들을 압박해서 대의민주주의 정치체제를 채택하고, 무역과 투자의 문호를 개방하며, 미국이 만들어낸 일련의 국제적 제도를 수용하도록 했다. 미국의 우위를 환영하는 국가들은 지지와 보호를 받았다. 미국의 우위에 저항하는 국가들은 고립되거나 봉쇄되거나 압박 받거나 전복되었다. 미국의 지배를 반대했던 테러리스트와 반란단체는 쫓기고 표적이 되었고, 가능한 경우 분쇄되었다. 빌 클린턴, 조지 W. 부시, 버락 오바마 대통령은 모두 다 이런 광범위한 목표를 공유했고, 비록 방향은 다를지언정 적극적으로 이를 추구했다.

요컨대 미국은 "현상유지(status quo)" 세력이 아니었다. 냉전을 승리로 이끌었고, 동유럽의 해방을 도왔으며, 쿠웨이트를 사담 후세인의 손아귀로부터 해방시킨 미국 지도자들은 이제 미국의 힘을 적극 활용해서 자유로운 세계질서를 창출하기 위해 발 벗고 나섰다. 미국은 자국의 국경을 지키면서 국내에서 번영과 복지를 극대화하고 모범이 됨으로써 자신의 이상을 증진하기보다 다른 나라들을 자신이 지향하는 모습에 맞춰 개조하고 이들을 미국이 설계한 제도와 체제에 포함시키려고 했다.

승리를 거둔 국가는 종종 오만해지기 마련이다. 미국이 냉전에서 승리한 이후 가졌던 가능성에 대한 의기양양한 믿음은 예상 가능했다. 이러한 희망이 근거가 없어 보이지는 않았다. 1991년 걸프전에서 보여줬던 미국의 압도적 승리는 베트남전과 이란 인질사태의 망령을 일소했고, 미국의 군사적 우위가 이제 모든 사람들에게 명백해졌다. 미국 경제는 1990년대 대부분의 기간 동안 눈부시게 성장했고, 신흥 민주주의 국가들이 라틴 아메리카와 구소련제국에서 탄생했다. 그리고 심지어 더 넓은 중동지역에서 항구적 평화가 자리 잡을 가능성이 열렸다는 희망까지 생겼다.

저명한 지식인들이 강대국끼리 서로 경쟁하고 이념적으로 대립했던 시대가 마침내 끝났고 인류가 자비로운 "신세계질서(new world order)"에서 부를 축적하는 데 집중할 수 있게 되었다고 믿게 된 것도 놀랍지 않다. 미국의 힘은 (거의) 모든 사람들의 이익을 위해 동원될 것이며, 다른 국가들은 미국을 환영하고, 미국의 선의에 따른 지도를 받아들일 것이며, 미국의 민주적 자본주의 모델을 따라하고, 미국의 우위가 가져다줄 많은 이득을 고맙게 여길 것이라고 기대되었다.

불행히도 세상을 개조하고자 했던 이렇게 야심찬 시도의 결과는 실망스러웠다. 자유주의 패권을 추구했지만, 미국이 더 안전해지거나 강력해지거나 번영하지도 않았고, 그렇다고 인기가 더 높아지지도 않았다. 이런 시도에도 불구하고 전 세계가 더 평온해지거나 안전해지지도 않았다. 오히려 세계 정치 질서를 재수립하려는 미국의 야심찬 시도는 미국 자체의 위상을 훼손시켰고, 여러 지역에 혼돈의 씨앗을 뿌렸으며, 수많은 다른 나라에 상당한 고통을 안겨주었다.

이를 명확하게 이해하려면 1990년대 초에 미국이 직면했던 세계와 오늘날 미국이 직면하고 있는 세계를 비교만 하면 된다. 물론 그다지 아름다운 장면은 아니지만 말이다.

단극체제 시대와 역사의 종언

호의적인 전략 환경

냉전이 끝났을 때 미국은 로마제국 이래 유래가 없을 정도로 전 세계적인 우위를 누리는 지위에 있었다. 미국의 경제는 세계에서 가장 크고 가장 앞서 있었다. 미국은 가장 근접한 경쟁국보다 GDP가 약 60퍼센트가량 더 컸고, 1992년에는 전 세계 재화와 용역의 약 25퍼센트를 생산했다.[6] 또한 과학 연구 및 기술 혁신 분야에서도 계속해서 선두를 달렸고, 미국 대학과 연구소는 세계 최고 수준이었으며, 미 달러는 세계의 기축통화여서 대규모 무역 적자를 견디면서 여러 가지 방법으로 비용을 다른 국가에 전가할 수 있는 호사도 누렸다.

또한 미국은 전 세계에 군대를 파견한 유일한 국가였다. 전 세계 공역에 대한 통제권(command of the commons: 대양과 세계 공역의 많은 부분)을 확보했을 뿐만 아니라 전 세계 거의 모든 곳에서 결정적인 군사행동을 취할 수 있는 역량을 갖추고 있었다.[7] 실제로 1990년대에 미국의 국방예산은 2위부터 20위, 혹은 30위까지 해당하는 모든 국가들의 국방예산을 합친 것보다 더 많았다. 이들 국가 중 대부분은 미국과 가까운 동맹국이었기 때문에 나머지 경쟁국에 대한 미국의 실질적 우위는 훨씬 더 컸다. 미군의 질적 우위도 압도적이었고, 미국의 군사 분야 연구개발 투자만으로도 독일, 영국, 프랑스, 러시아, 일본, 혹은 중국의 국방예산 전체를 뛰어넘었다.[8] 1993년 소말리아에서 기습작전이 실패해서 19명의 특수부대 요원이 사망했을 때조차도 미국의 군사력이 전지전능하다는 신뢰감은 전혀 약화되지 않았다.

더욱이 미국은 여타 주요국들과도 좋은 관계를 유지하고 있었다. 주요 유럽국들은 미국과 NATO로 묶여져 있었고, 미국은 일본, 한국, 호주, 뉴질랜드, 필리핀과 공식적으로 동맹을 유지하고 있었으며, 이집트, 이스라엘, 사우디아라비아, 요르단과 긴밀한 전략적 동반자 관계(strategic partnership)를 맺고 있었다. 러시아와의 관계도 단극체제가 시작했을 때만 해도 놀랍도록 화기애애했다. 러시아가 시장경제로 체제를 전환하면서 서방의 도움을 원하고 있었고 안보협력을 구축하기를 열망했기 때문이다. 중국의 부상을 미국 지도자들이 다소 우려하기는 했지만, 중국도 여전히 덩샤오핑의 "화평굴기(和平

崛起)"에 전념하고 있었다. 따라서 미국은 우호적인 손길을 내밀면 중국을 라이벌이 아닌 파트너가 되게 설득시킬 수 있다고 희망하면서 세계무역기구와 같은 기존 제도에 통합시키기로 결정했다.

미국의 풍부한 장점을 고려할 때 많은 전문가들은 "단극체제 시대(unipolar moment)"가 앞으로 수년간, 가능하다면 수십 년간 지속될 수도 있다고 믿었다. 1990년, 〈포린어페어즈〉에 기고했던 〈워싱턴포스트〉 칼럼니스트인 찰스 크로쌔머Charles Krauthammer는 미국의 우위 유지는 충분히 감당 가능하며 미국이 고귀한 지위에서 떨어질 수 있는 유일한 가능성은 국내적으로 낭비성이 심한 복지재정 지출로 말미암아 경기침체가 장기화되는 경우라고 제시했다.[9] 다트머스 대학의 정치학 교수인 윌리엄 월포스William Wohlforth와 스티븐 브룩스Stephen Brooks도 이에 동의하면서 미국의 우위는 그 이전에 지속되었던 40년 남짓한 양극 시대보다 더 오래 지속될 것이라고 주장했다.[10] 이들과 미국의 우위를 신봉하는 다른 사람들은 미국의 우위에 따른 비용이 대단치 않으며 전 세계에서 가장 큰 경제력을 가진 미국이 쉽게 버틸 수 있을 것이라고 거듭 강조했다.[11]

물론 전략적 상황이 완전히 장밋빛인 것만은 아니었지만, 냉전 이후 미국 지도자들을 곤경에 처하게 했던 위험은 미국이 최근에 마주쳤던 위협보다 훨씬 덜 불길했다. 전 세계에 수백 만 명의 동조자가 있는 혁명적 이념을 신봉하는 대륙 규모의 초강대국과 경쟁하는 대신 이제 미국의 주요 적수들은 이라크, 이란, 쿠바, 북한, 리비아, 시리아, 아프가니스탄(탈레반 치하), 혹은 세르비아와 같은 허약한 "불량 국가(rogue states)" 무리들이었다. 이들은 모두 다 고약한 독재정권이었고, 이 중 일부는 대량살상무기를 획득하려고 했다. 개별 불량 국가들은 각자 자신의 지역에서 문제를 일으키고 있었다. 그러나 이들은 강력한 미국과 비교하면 3류 내지 5류에 불과한 국가였으며, 아무도 미국이나 미국의 사활적 이해에 실존적인 위협이 되지 못했다.[12] 합참의장이었던 콜린 파월Colin Powell 장군은 "상대할 악마가 다 없어졌다. 적도 다 없어

졌다. 이제 카스트로나 김일성과 상대해야 하는 신세다."라고 1991년에 씁쓸하게 적었다.[13]

더욱이 제1차 걸프전과 그 이후 이어진 이라크의 봉쇄를 통해 미국과 동맹국들은 이 나라 중에서 어떤 나라라도 만약 절대적으로 필요하다면 쉽게 손을 볼 수 있다는 사실을 보여주었다. 넓은 역사적 관점에서 볼 때 미국은 이보다 더 호의적인 안보환경을 요구할 수 없었을 것이다.

유리한 정치적, 경제적 흐름?

1993년에 역사의 물결은 미국 방식을 따라 흐르는 것처럼 보였다. 냉전의 승리는 개인의 자유와 자유선거, 개방된 시장이라는 미국의 핵심 이상이 옳았다는 강력한 증거처럼 보였다. 동유럽에서의 소위 벨벳 혁명과 라틴 아메리카와 여타 지역에서 민주주의로의 전환이라는 "제3의 물결"(정치학자 새뮤얼 헌팅턴은 나폴레옹 전쟁 이후, 제2차 세계대전 종식부터 식민지 해방까지, 그리고 냉전 종식 이후 이렇게 세 번에 걸쳐 민주주의 물결이 있었다고 분석했다—옮긴이)을 보며 많은 관찰자들은 자유민주주의가 근대 혹은 심지어 탈근대 사회를 위한 유일한 논리적 귀결점이라고 확신했다. 1992년의 유럽연합(EU) 확대와 심화는 유로화라는 공통 화폐를 채택하면서 정점에 이르렀고, 이는 이러한 낙관적 서사에 아주 부합했다. 실제로 "민간 권력(civilian power)"을 자처하면서 EU는 민주주의, 법치, 국제기구의 점진적 확대가 과거에 반복해서 싸웠던 국가들 사이에 "평화지대(zone of peace)"를 구축할 수 있다는 증거를 제시하는 것처럼 여겨졌다.

민주주의, 언론의 자유, 법의 지배, 시장경제 등 자유주의 규범과 제도의 확산은 인권이 현저하게 발전할 것이라는 희망과 긴밀히 연계되었다. 소련 스타일의 권위주의가 불신을 받고 많은 국가들이 민주주의로의 체제전환을 함에 따라 정부의 권한 남용이 줄어들 것이고 인간이 갈수록 자유롭고 안전한 삶을 살게 되는 게 필연적인 것처럼 보였다. 압도적으로 우월한 지위 덕택에 미국은 기본 인권을 보호하라고 다른 나라를 압박하고, 민주주의로 전환하는 국가들이 법적 제도와 시민사회의 여타 지원 요소를 구축하는 것을 돕기에 이상적인 위치에 있었다.

정치학자인 프랜시스 후쿠야마Francis Fukuyama는 1989년에 저술했던 유명한 기고문에서(이후 1993년에 출간된 책에서도) 당시의 시대정신을 완벽하게 포착했다. 그는 과거의 거대한 이념 투쟁을 지나 이제 인류가 "역사의 종말(the end of history)"을 맞이했다고 주장했다.[14] 그는 미래에 더 이상 "'거대한' 이슈를 둘러싼 투쟁이나 갈등이 없을 것이며, 따라서 장군이나 정치인이 필요하지 않을 것이고 주로 경제 활동만 남게 될 것"이라고 주장했다. 후쿠야마는 우리가 직면할 주된 위협은 아마도 따분함이 될 것이라고 경고했다. 다른 저명한 학자인 존 뮬러John Mueller는 강대국 간의 전쟁이 인기가 없어졌고 쇠퇴할 것이라는 장밋빛 전망을 제시했다. 그리고 하버드 대학 교수인 스탠리 호프먼Stanley Hoffmann은 〈뉴욕타임스〉와의 인터뷰에서 국가 간에 영속적이고 때로는 비극적인 투쟁을 강조하는 외교정책상의 현실주의(realism)는 "오늘날 완전히 허튼소리에 불과하다."라고 말했다.[15] 이러한 (그 외 다른) 낙관적 관점은 당시 만연했던 인식을 반영하고 있었다. 즉, 세계가 강대국 정치를 뒤로하고 평화로운 자유주의 질서를 향해 안정적으로 나아가고 있다는 주장이었다.

경제적 세계화가 평화와 번영이라는 새 시대를 열어주고 있다는 믿음이 민주주의와 인권에 대한 낙관적 견해에 더욱 힘을 실어주었다. 공산주의 세계도 시장경제를 받아들였다. 운송과 통신, 디지털화라는 신기술은 거리를 축소시키고 거래비용을 낮췄다. 야심찬 새로운 글로벌 협정이 무역과 투자의 걸림돌이었던 정치적 장벽을 허물고 있었다. 글로벌한 제조업은 복잡하지만 고도로 효율적인 공급망에 의존했으며 이 덕택에 상품이 더 저렴해졌고 전쟁을 일으키기가 더욱 힘들어졌다. 새롭게 창설된 세계무역기구(WTO)와 같은 국제기구들이 이러한 새로운 합의를 관리하며 모든 국가가 확대된 경제협력으로부터 이익을 누릴 수 있게 해줬다. 물론 이 나라들이 회원국으로서 관련된 조건을 충족하고 다양한 기구들이 규정한 규칙을 준수한다는 전제하에서 말이다.16

두말할 필요도 없이, 바로 똑같은 평론가들이 미국을 이렇게 자비로운 새로운 경제질서의 핵심축으로 간주했다. 세계화를 찬양하는 베스트셀러인 『렉서스와 올리브 나무The Lexus and the Olive Tree』에서 〈뉴욕타임스〉 칼럼니스트인 토머스 L. 프리드먼Thomas L. Friedman은 세계화된 세계에서 성공하기를 희망하는 국가들이 개방된 시장, 민주주의 제도, 법의 지배 등과 같은 "황금빛 구속복(Golden Straightjacket)"을 입어야 한다고 주장했다. 그리고 미국을 "자본주의 DOS 6.0"이라고 부르는 것에 가장 완벽히 가까운 나라로 묘사했다. 실제로 1990년대에 미국 경제가 너무나 잘나갔기 때문에 프리드먼은 선견지명이 있는 대단한 인물처럼 보였다. 〈타임〉 지는 재무장관인 로버트 루빈Robert Rubin과 래리 서머스Larry Summers, 그리고 연방준비은행장인 앨런 그린스펀Allen Greenspan에게 "세계를 구원할 위원회(The Committee to Save the World)"라는 별명을 붙여주었다. 미국 정부 당국자들과 월스트리트의 금융제도가 현대 경제를 관리하는 데 누구보다도 뛰어나다는 관념은 소위 워싱턴 컨센서스(Washington Consensus. 미국식 시장경제체제가 개도국의 발전 모델이 되도록 하자고 한 합의—옮긴이)를 한층 더 강화했다.

종합하자면 이런 추세는 미국뿐 아니라 세계의 많은 나라들에도 밝은 미래를 예고하고 있었다. 자유주의 가치가 확산일로에 있었고, 강력한 세속적 추세가 전 세계를 거침없이 미국 지도자들이 원하는 방향으로 밀어붙이고 있는 것처럼 보였다. 반항하는 소수의 "불량 국가들(rogue states)"이 잠시나마 버틸지도 모르겠지만, 시간이 지나면서 더 많은 국가들이 민주화될 것이고, 인권을 존중하며, 확대일로에 있는 세계경제에 동참할 것이다. 미국이 주도하는 국제기구들이 협력을 촉진하고, 투명성을 제고하며, 자유주의적 규범과 통일된 법적 기준을 강화할 것이다. 미국의 권력은 프리드먼이 "미국이 일하지 않으면 아메리카 온라인(America Online)도 없을 것이다."라고 입심 좋게 말했듯이 소위 세계화를 떠받치는 토대였다.[17]

글로벌 문제의 해결

미국은 압도적으로 우월한 국력 덕택에 다양하게 골치 아픈 글로벌 이슈를 다룰 수 있는 이상적인 위치에 있는 것처럼 보였다. 미국은 막강한 힘을 지녔지만 막상 도전해오는 경쟁국이 없었기 때문에 자신의 영향력과 경제력, 위신, 그리고 필요하면 압도적인 군사력까지 자유롭게 사용해 수십 년간 풀리지 않았던 문제의 해결을 시도할 수 있었다.

1. 아랍-이스라엘 갈등

제1차 걸프전 이후 개최된 1991년의 마드리드 평화회의는 오랫동안 지속되었던 쓰라린 아랍-이스라엘 갈등의 해결을 향해 나아가는 출발점이 되었고, 그 조짐이 좋았다. 이후 1993년에 체결되었던 오슬로 협정(the Oslo Accords)은 그토록 달성하기 힘들었던 이스라엘과 팔레스타인 간의 최종 지위에 관한 합의가 마침내 실현될 수도 있다는 새로운 희망을 불러일으켰다. 팔레스타인 해방기구(PLO)는 이스라엘의 존재를 받아들였고, 이츠하크 라빈Yizhak Rabin 이스라엘 총리는 항구적 평화에 진정으로 관심이 있었으며, 클린턴 행정부는 이 협상을 중재할 수 있는 이상적인 위치에 있는 것처럼 보였다. 이스라엘이 1948년 건국된 이래 처음으로 중동에서 항구적 평화가 마치 손에 잡힐 것처럼 보였다.

2. 핵무기 확산

핵무기 위협에 대한 대응도 갈수록 가능한 것처럼 보였다. 미국은 오랫동안 핵무기 확산을 저지하는 방안을 모색해왔다(여타 대량살상무기도 마찬가지다). 1968년에 핵확산방지조약(NPT)을 창설했고 가까운 동맹국들이 핵무기를 개발하려는 야심을 포기하도록 설득하기 위해 많은 공을 들였다. 비록 이 문제가 1990년대 초까지 사라지지 않았지만, 미국은 이 문제를 억제할 수 있는 탁월한 위치에 있는 것처럼 보였다. 이라크는 이제 유엔으로부터 엄격하게 제재를 받고 있었고, 유엔특별위원회(UNSCOM)의 사찰관들이 이라크의 핵 프로그램을 해체하고 있었다. 이라크의 인근국인 이란도 샤 레자 팔레비 Shah Reza Pahlavi가 통치하던 시절에 핵무기 개발을 추진했지만, 클린턴 행정부가 1993년에 출범했을 때 이란 이슬람 공화국에서 가동 중인 원심분리기는 하나도 없었고, 조지 W. 부시가 대통령이 된 8년 후에도 여전히 하나도 없었다. 미국은 러시아와 몇몇 유럽 국가들과 함께 우크라이나와 카자흐스탄, 벨라루스가 소련이 분열되면서 물려받은 핵무기를 포기하도록 설득했다. 미국과 러시아는 이후 각자 보유한 핵전력에 관한 새로운 감축 협상을 진행했다. 넌-루가 계획(Nunn-Lugar Cooperative Threat Reduction program. 러시아의 핵폐기 작업을 위해 미국이 자금과 기술을 지원하기로 했다—옮긴이)은 방대하게 비축되어 있던 러시아의 핵무기를 점진적으로 보다 안정적인 관리하에 둠으로써 "유출된 핵무기(loose nukes)"로 인한 위험을 감소시켜왔다.[18] 북한을 주시해왔던 미국은 클린턴 행정부에 들어서 결국 북한을 상대로 선제공격을 하지 않기로 결정했고 그 대신 1994년에 협상을 통해 소위 "제네바 합의(Agreed Framework)"를 체결했다. 이 합의에 따르면 북한이 핵무기 능력을 포기하는 대가로 민수용 원자력 발전소와 여타 물자 지원을 받도록 되어 있었다.[19] 핵무기 확산과 관련된 여타 이슈가 여전히 우려사항으로 남아 있었지만, 미국이 관리할 수 있는 문제처럼 보였다.

3. 국제 테러리즘

국제 테러리즘 역시 관리할 수 있는 문제처럼 보였다. 미국 정부 관계자들은 알카에다와 여타 테러리스트 단체가 적대적이고 위험하다는 점을 알고 있었다. 세계무역센터에 대한 공격(1993년), 사우디아라비아의 코바 타워 기숙사에 대한 공격(1996년), 탄자니아와 케냐에 있는 미국 대사관에 대한 공격(1998년), 그리고 예멘에 있던 미 구축함 콜(USS Cole)에 대한 공격(2000년)은 이런 도전을 부각시켰다. 하지만 미국 정부의 최고위직 관계자들은 이런 위협을 충분히 통제할 수 있으며, 중동 내 다양한 피후견국과 거리를 두거나 역내 주둔 병력을 축소하는 등 두드러진 조정이 필요하지 않다고 여겼다. 오히려 미국의 이상을 더욱 전파하는 것이 장기적 해법이라고 믿었다. 클린턴 행정부 시절 전직 대테러 관계자 두 명은 "민주화 과정이 아무리 위험하고 예측할 수 없다고 하더라도 장기적 관점에서 본다면 성스러운 테러(sacred terror)를 제거하는 열쇠가 된다."라고 기술했다.[20]

요컨대 탈냉전기가 시작되었을 때 미국은 너무나 유리한 입장이었다. 미국은 다른 어떤 주요국보다도 더 강력하고 부유했을 뿐만 아니라 이런 대부분의 주요국과 동맹을 맺고 있었고, 여타 국가와도 좋은 관계를 유지하고 있었다. 필적할 만한 경쟁국이나 지역 내 라이벌, 또는 실존적인 위험도 없었다. 지정학 측면에서 볼 때 핵심적인 추세는 미국이 나아갈 방향으로 트인 것처럼 보였고, 항구적인 평화와 번영의 확대를 위한 자유주의적 처방은 미국의 약속을 실현시켜주는 것처럼 보였다. 오래된 증오와 지역적 분쟁을 버리고 급속도로 세계화되는 세계에서 부유하게 되려고 바쁘게 뛰어다니는 시대가 되었다. 이런 세계에서 핵심적인 특징은 미국이 만든 것이고 미국의 권력에 의해 지탱되었다.

그러나 이와 같은 진보의 순풍이 미국의 등 뒤에서 불어오고 있었음에도 불구하고 미국 지도자들은 이렇게 밝은 새로운 미래를 향해 세계를 끌고 가려면 적극적인 노력이 필요하다고 여전히 믿고 있었다. 워런 크리스토퍼 Warren Christopher 국무장관은 1993년 상원 외교위원회에서 미국이 "비범한 희망과 가능성이라는 신세계의 문턱에" 서 있다고 말했다. 그러나 "우리가 추구하는 이 신세계는 저절로 등장하지 않을 것이며 진행 중인 이 변화를 우리가 형성해나가야 한다."라고 경고했다.[21]

이런 변화를 구체화하려는 노력을 바로 클린턴, 부시, 오바마 대통령 모두 시도했다. 비록 외교적으로 스타일이 각각 다르고, 특정 정책이나 특정 영역에서 우선순위가 서로 달랐지만, 자유주의 패권은 이 세 행정부 모두 기본 전략으로 남아 있었다. 이 세 행정부 모두 미국의 리더십이 전 세계의 발전을 위해 필수적이라고 가정했고, 개별 행정부는 미국의 권력을 이용해서 민주주의를 전파하고 미국의 영향력과 안보 공약을 확대하며, 규칙에 기반한 자유주의 세계질서를 강화하려고 했다. 이들이 노력한 결과는 과연 어땠을까?

실망에 익숙해지기

거의 모든 척도에서, 그리고 외교정책의 거의 모든 핵심 분야에서 오늘날 미국은 1992년과 비교했을 때 형편이 좋지 못하다. "단극체제 시대(unipolar moment)"는 놀라울 정도로 짧았던 것으로 밝혀졌고, 미국은 몇몇 중요한 영역들에서 실패를 반복했으며, 전략적 환경도 급격히 악화되었다. 자유민주주의가 곳곳에서 쇠퇴했고, 안정적이면서 유능한 거버넌스의 선구자라는 미국의 이미지는 도널드 트럼프가 등장하기 이전부터 허물어지고 있었다. 중요한 지역 문제를 다루려는 미국의 노력이 계속해서 실패했고, 기존의 글로벌한 국제기구들은 눈에 띄게 시들어 가고 있었으며, 테러리즘과 핵무기는 미국이 억제하고자 광범위하게 노력했지만 결국 확산되었다. 일부 지역—특히 중동 지역—은 이제 해결하기까지 수십 년이 걸릴지도 모르는 충돌에 빠져들었다. 비록 지난 25년간 외교정책에서 몇몇 개별적인 성공사례가 있었지만, 실패한 사례가 훨씬 더 많았고 그 결과도 더 중요했다.

악화되는 전략적 환경

1. 강대국 간의 관계

"단극체제 시대"가 시작했을 때 미국은 유일한 강대국이었다. 러시아와 중국은 상대적으로 약했고, 이 두 나라와 미국 간의 관계도 상당히 괜찮았다. 그리고 미국은 "불량 국가" 무리들과 테러리즘, 대량살상무기 확산에 주로 관심을 두고 있었다. 오늘날 러시아와 중국은 그때보다 훨씬 더 강력해졌고, 두 나라 다 미국과 사이가 좋지 않으며, 모스크바와 베이징은 1950년대 이래 그 어느 때보다도 긴밀히 협력하고 있다. 1990년대에 미국이 목표로 삼아서 겨냥했던 일부 불량 국가는 여전히 반항적이며, 나머지 국가들은 이제 "실패 국가(failed states)"가 되어서 더 위험해졌다. 미국의 군사적 우위라는 이미지가 퇴색했고, 테러리즘의 위험이 더욱 커졌다. 반면 대량살상무기의 확산을 저지하려는 노력은 실망스러웠다.

러시아와의 관계는 대체로 미국이 계속해서 러시아의 경고를 무시했고 러시아의 사활이 걸린 이익을 위협했기 때문에 악화되었다. 가장 결정적인 조치는 NATO를 동쪽으로 확대하겠다는 결정이었다. NATO의 확대 조치는 1999년에 폴란드, 헝가리, 체코를 NATO에 가입시키면서 시작되었다. 이어서 불가리아, 에스토니아, 라트비아, 리투아니아, 루마니아, 슬로바키아, 슬로베니아가 2004년에 가입했다. 그리고 미국은 2008년에 우크라이나와 조지아를 상대로 NATO 회원국 가입을 위한 "행동계획(action plan)"을 준비하도록 제안했다.

고(故) 조지 케넌George Kennan 같은 러시아 전문가(주소련 대사도 역임했으며, 소위 "긴 전문The Long Telegram"으로 소련을 상세히 분석한 보고서를 작성했고, 대소련 정책인 봉쇄정책의 토대가 되는 구상을 Mr.X라는 필명으로 1947년에 〈포린 어페어즈〉에 "소련 행동의 기원The Sources of Soviet Conduct"이라는 제목으로 기고했다—옮긴이)는 NATO를 동쪽으로 확대시키는 것이 장래에 러시아와의 갈등

가능성을 더 높일 것이라며 "비극적 실수(tragic mistake)"라고 경고했다.[22] 이는 또한 NATO의 관할권과 병력이 "동쪽으로 1인치도 이동하지 않을 것"이라는 약속을 포함해 서방 관리들(특히 제임스 베이커James Baker 국무장관)이 독일 통일 이전에 소련 지도자들에게 했던 확언을 위반하는 것이었다.[23] 하지만 러시아 경제가 자유낙하 수준으로 추락하고 있었고 러시아가 자국의 인접지역에서 할 수 있는 일이 거의 없었기 때문에 미국 지도자들은 이제 아무렇게나 행동해도 아무 일이 없을 것이라고 믿었다. 마찬가지로 조지 W. 부시 대통령이 미-소 반(反)탄도미사일 조약(Anti-Ballistic Missile Treaty)을 2002년에 탈퇴하고 동유럽에 탄도미사일 방어체제를 구축하겠다는 계획을 발표하면서 러시아를 무시하는 태도를 보임에 따라 미국의 1차 타격능력에 대한 러시아의 두려움이 촉발되기도 했다.

2000년이 되자 러시아는 공식적인 국가안보개념(National Security Concept)을 통해 "미국의 주도하에 서방국가들의 우위에 기반한 국제관계를 구축하려는 시도"에 대해 경고했다. 이런 공포는 근거가 충분했다.[24] 미국은 1999년 코소보전(유엔 안보리의 사전 승인도 없이 했다) 당시 세르비아를 폭격했고, 2003년에 사담 후세인을 타도했으며, 2004년에 우크라이나의 "오렌지 혁명"을 지원했고, 2011년에는 리비아의 지도자인 무아마르 카다피를 축출했다. 특히 마지막 조치가 의미심장했다. 리비아 정부를 전복하기 위해서가 아니라 "민간인의 생명을 보호"하기 위해 군사력 사용을 승인한 유엔 안보리 결의 1973호에 러시아가 동의했지만, 결국 미국과 미국 동맹국들이 오랫동안 경멸해왔던 지도자를 제거하는 구실로 이 결의를 이용했기 때문이다.[25] 로버트 게이츠Robert Gates 전 국방장관은 훗날 "러시아인들은 리비아 문제와 관련해서 자신들이 호구가 되었다고 느꼈다."라고 인정했고, 이는 왜 러시아가 나중에 알-아사드 시리아 대통령을 강력하게 지지하고 알-아사드에 대한 유엔 조치를 반대했는지 설명하는 데 도움이 된다.[26]

마찬가지로 시리아에서 "아사드가 반드시 물러나야 한다."라는 오바마의 초창기 주장은 중동 내 러시아의 유일한 동맹국을 위협한 셈이 되었다. 그 이후 2013년에 미국 관리들은 민주적으로 선출된 친러시아 성향의 우크라이나 지도자인 빅토르 야누코비치Viktor Yanukovych를 축출한 친서방 시위대를 공개적으로 편들었다. 러시아는 크림반도를 접수한 다음 우크라이나 동부의 독립 민병대를 지지하는 방식으로 대응했고, 이런 조치를 통해 우크라이나의 서방 세력권 편입을 중단시켰다.[27] 미국과 NATO 동맹국들은 경제 제재와 공군 및 지상군 부대의 동유럽 추가 배치로 대응했고, 러시아와의 관계가 냉전 이후 최악으로 떨어졌다.

러시아는 여전히 미국보다 훨씬 약하지만 더 이상 무기력하지는 않다. 비록 러시아 경제가 에너지 수출에 의존하고 있어서 에너지 가격의 하락에 취약하기는 하지만, 군사력이 다소 회복되었고, 이제 자신의 사활적 이익, 특히 인근 지역에서의 이익을 보호할 수 있는 능력을 어느 정도 갖추게 되었다. 크림반도 점령은 시리아 내 아사드 정권을 지원하기 위한 성공적인 군사적 개입과 더불어 러시아가 다시 강대국 지위로 되돌아왔으며 미국의 단극체제 시대(unipolar moment)가 저물어 가고 있음을 부각시켰다.

미국과 중국 간의 관계도 갈수록 복잡해지고 있다. 1990년대에 미국 관리들은 중국을 기존 국제제도에 통합하여 "책임 있는 이해관계자(responsible stakeholder)"로 만들어 미국의 지배에 도전하지 않게 하려고 했다. 2002년까지만 하더라도 실제로 부시 행정부의 국가안보전략 보고서는 중국에게 군사역량 신장을 포기하고 사회적, 정치적 자유 신장에 더 초점을 두라고 권고했다.[28]

하지만 중국은 이런 이기적인 조언을 무시했고 2016년이 되자 한층 더 자신감 넘치고 야심이 있는 라이벌로 등장했다. 중국은 고속 성장하는 경제를 이용해서 군사력의 현대화를 도모해왔고, 미국이 제2차 세계대전 종전 이래 누려왔던 아시아에서의 지배적 지위에 도전할 기회를 엿보고 있다. 중국이 더욱 강력해지면서 중국 지도자들은 "화평굴기(和平崛起)"라는 덩샤오핑의 독트린을 버리고 지역 내 세력균형을 자신에게 유리하게 바꾸려는 노력을 적극적으로 전개하기 시작했다. 2017년 10월의 제19차 당대회에서 의기양양한 연설을 통해 시진핑 중국 주석은 전 세계적인 세력 추이가 점점 더 중국에게 유리해지고 있다고 밝히면서, 중국 민족은 "이제 동방에서의 지위가 높고 굳건"하다고 말하고 중국이 이번 세기 중반까지 "포괄적인 국력과 국제적 영향력 면에서 세계적인 리더"가 될 것이라고 선언했다.[29]

아시아 역내에서 중국은 인근 해역에서 미국의 군사적 우위에 도전하고 남중국해와 동중국해에서 영유권을 주장하기 시작했다. 이 정책은 베트남, 필리핀, 일본과 인접 수역에서의 영유권 분쟁을 둘러싼 계속된 마찰로 이어졌다. 중국은 아울러 남중국해에서 부분적으로 물에 잠겨 있는 수많은 암초와 모래톱을 보강하고 시설물을 설치해왔고, 그곳에서의 중국의 영유권을 문제 삼은 헤이그 상설중재재판소(PCA)의 판결을 거부했다. 중국은 더욱 대결적인 입장을 취하면서 2016년 12월에 미국의 수중 무인드론을 중국이 영유권을 주장하는 해역 바깥에서 나포했다. 그리고 미국이 중동과 여타 지역에서 수렁에 빠져 있는 동안에 중국은 2013년에 중앙아시아부터 인도양에 이르는 운송 네트워크를 개발하는 수십 억 달러 규모의 야심찬 인프라 구축 계획인 "일대일로(一帶一路)" 구상을 발표했다.[30]

부시 행정부는 인도와 "전략적 동반자 관계"를 구축해서 중국의 부상에 대해 균형을 맞추려고 했다. 오바마 행정부는 그 다음 단계로서 2011년에 아시아로의 회귀(pivot toward Asia) 또는 아시아 재균형(Asia rebalancing) 전략을 발표했다. 오바마 행정부는 이 지역에 미군을 추가 배치했을 뿐만 아니라 환태평양 경제동반자협정(TPP)을 추진했다. TPP는 논란이 많은 12개국 다자간 무역협정으로, 중국을 배제하고 미국의 아시아에 대한 경제적, 정치적 영향력을 강화하려는 의도가 있었다.

하지만 미국 주도의 자유주의 질서에 대한 대안을 제공하겠다는 명확한 구상하에 중국은 자체적으로 일련의 국제제도를 개발하기 시작했다. 이 중 가장 중요한 기관은 새로운 아시아 인프라 투자은행(AIIB)이며 2016년까지 총 57개국의 "창설 멤버"를 끌어들였다. 오바마 행정부는 AIIB 참여를 거부했고 다른 나라들도 미국을 뒤따르도록 설득하려고 했지만, 미국은 이스라엘, 독일, 혹은 영국과 같은 가장 가까운 동맹국들조차도 가입하지 않도록 설득하는 데 실패했다. 그리고 도널드 트럼프 대통령 당선인이 취임 즉시 TPP를 탈퇴하겠다고 발표하자 중국은 즉각 "역내 포괄적 경제동반자협정(RCEP)"의 주관하에 미국을 배제한 지역 무역체제를 결성하자고 제안했다.[31]

2016년이 되자 세계에서 가장 강력한 이 두 나라가 안보 경쟁으로 격렬하게 치닫고 있으며, 이 경쟁이 앞으로 수십 년간 강대국 국제정치의 양상을 결정할 가능성이 높다는 사실이 갈수록 분명해졌다.[32] 놀랍지 않게도 미국의 러시아 및 중국과의 관계가 악화됨에 따라 이 두 아시아의 거인이 서로 협력할 만한 큰 유인이 주어졌다. 1992년에 이 두 나라는 "건설적 동반자 관계"를 구축하고 있다고 발표했다. 2001년에는 양국이 우호협력조약에 공식 서명했다. 그리고 시진핑 중국 주석이 2015년에 모스크바를 방문했을 때 블라디미르 푸틴 러시아 대통령은 두 나라 간의 "특별한 관계"를 공개적으로 언급했다. 물론 러시아와 중국은 긴 국경을 서로 맞대고 있고, 과거에 싸운 적도 있으며, 많은 면에서 자연스러운 동맹 상대는 아니다. 하지만 미국의 권력에 제동을 걸고 싶다는 공통된 욕망 때문에 두 나라는 정보와 군사 기술을 공유하고 공동 군사훈련을 실시하기로 했으며 장기적인 오일과 가스 개발에 관한 수많은 협정들에 서명하고 유엔 안보리에서 외교적 입장을 서로 조율하게 되었다.

주요 강대국들과 합리적으로 좋은 관계를 유지하고 그들 모두보다도 결정적으로 더 강해지는 대신, 미국은 2016년이 되자 갈수록 세계 강대국들 중 이 두 강대국과 갈등관계에 놓이게 되었고 미국의 정책으로 말미암아 이 두 나라가 서로 더 가까워졌다.

2. 불량 국가에서 실패 국가로

"불량 국가들(rogue states)"의 위협에 대처하는 미국의 노력도 그다지 성과가 없었다. 미국은 북한, 이란, 시리아의 아사드 정권 등 여전히 권력을 쥐고 있는 불량 국가들과 사이가 좋지 않으며, 이 세 정부는 계속해서 미국의 압박에 저항하고 있다. 시리아는 잔혹한 내전으로 엉망진창이 되었지만 아사드는 권좌를 계속 유지할 것처럼 보이며, 이란과 북한은 25년 전과 비교하면 입지가 더욱 강해졌다.

세르비아와 같은 일부 사례를 제외하면 미국이 성공적으로 전복한 불량 국가들—이라크의 바트당, 아프가니스탄의 탈레반, 리비아의 무아마르 카다피 정권—은 미국이 개입한 여파로 실패 국가(failed states)가 되어버렸다. 이들은 안정적이면서 친서방적인 민주주의 국가가 되거나 혹은 국내적으로 질서가 잡힌 온건한 권위주의 정권이 되기는커녕 전복되고 나서 치열한 전쟁터로 변모했고, 폭력적 극단주의의 온상이 되었으며, 역내 불안정의 또 다른 원천이 되었다. 이라크에서 사담 후세인 정권이 전복됨에 따라 이란의 영향력을 견제할 수 있는 핵심 세력이 제거되었고, 페르시아만 지역에서 이란의 입지가 크게 강화되었다.

3. 퇴색한 군사적 평판

2016년이 되자 일련의 내부 스캔들, 장기화되고 돈이 많이 들고 성공이지 못한 이라크와 아프가니스탄 작전, 그리고 미국의 지속적인 압박에 저항하는 수많은 약한 적들로 인해 미군의 역량과 군사적 우위에 대한 평판이 실추되었다. 미국의 군사력은 여전히 세계에서 가장 강력하고 유능하지만, 더 이상 무적으로 보이지는 않는다.

미국이 2001년에 아프가니스탄에서 탈레반을 무너뜨리자 미국이 지닌 군사적 기량의 경이로운 시범처럼 보였고, 소련을 궁극적으로 패배시켰던 이 깊은 수렁에 미국도 빠져들 것이라는 전쟁 이전의 두려움이 가려졌다. 하지만 약 17년이 지난 오늘날 이런 두려움이 충분한 이유가 있었다는 사실이 명백해졌다. 수많은 미군 지휘관 중에 누구도 탈레반을 격퇴시키고 승리를 달성하는 마법의 공식을 찾아내지 못했고, 아프가니스탄 정부는 여전히 부패하고 내부적으로 분열되어 있으며, 미국이 군사적으로 엄청나게 지원했고 경제적으로도 아낌없이 후원했지만 아프가니스탄 정부는 자신의 영토를 지켜내지 못했다. 대대적으로 홍보되었던 2009년의 "대규모 증원(surge)"마저도 이런 흐름을 뒤집지 못했고, 2016년이 되자 미국은 이길 수도 없고 떠날 수도 없는 전쟁에 갇힌 것처럼 보였다.[33]

이라크를 침공하기로 한 부시 행정부의 2003년 결정도 결국 불운한 결론을 맞았고 마찬가지로 비극적인 교훈을 안겨주었다. 침략군은 이라크의 3류 수준 군대를 패퇴시키는 데 별다른 어려움을 겪지 않았지만, 미국의 민간인 지도자들과 군사령관들은 점령을 계획하는 데 실패했고 그에 따른 문제 때문에 계속 놀라게 되었다. 강력한 저항세력이 금방 출현했고, 종파 간 폭력사태도 불거졌으며, 점령군이 그에 대응하자 상황이 더 악화되었다. 2007년의 연달은 "대규모 증원"은 전술적으로는 성공했지만 전략적으로는 실패했다. 이라크의 시아파, 수니파, 그리고 쿠르드족 간의 필요한 정치적 화해를 이끌어내지 못했기 때문이다. 시아파가 지배하는 이라크 신정부는 결국 미국에 떠나달라고 요구했고, 부시 행정부는 2008년에 철수 계획을 협상했다. 버락 오바마는 비록 의도했던 것보다 훨씬 늦어지긴 했지만 이 합의를 결국 이행했다. 하지만 2014년에 새로운 반군단체인 ISIS가 등장해 미국이 훈련과 장비 보급에 수십 억 달러를 쓴 이라크 정부군을 패배시키고 이라크와 시리아 영토의 상당 부분을 장악하며 새로운 "칼리프" 국가 수립을 선포하자 놀라지 않을 수 없었다. 전반적으로 볼 때 이라크전은 군사력의 한계가 무엇인지를 명료하게 보여줬다. 미국은 이라크를 붕괴시키고 혹독한 종파 간 갈등을 촉발했지만, 이 문제를 어떻게 해결해야 할지 알지 못했다.[34]

다른 지역에서의 미국의 군사적 개입도 그다지 성공적이지 않았다. 주로 비밀 공작부대와 특수부대, 무장 드론에 의지해서 미국은 1990년대 초부터 소말리아와 예멘 등에 다양한 계기를 통해 개입해왔으나, 각각의 사례에서 정치적 상황은 오히려 더 악화되었고 반미 극단주의자들은 더욱 강력해졌다.[35] 1996년 데이튼 협정(Dayton Agreement)과 1999년의 코소보전을 통해 미국은 발칸반도에 두 번 개입했지만, 그 결과가 좋기만 한 것은 아니었다. 이런 갈등에서 탄생한 신생국들은 아주 취약했고, 이런 갈등을 초래했던 종족적 대립은 계속해서 곪고 있다. 마이크 멀린Mike Mullen 전 합참의장은 2016년에 미국의 정권 교체(regime change) 노력에 대한 질문을 받자 "잘 쳐봐야 빵점"이라고 시인했다.[36]

한때 미국의 영향력을 실현하는 무소불위의 도구처럼 보였던 미국의 군사력이 2016년이 되자 초라해졌고, 미국의 공약과 열망 그리고 군사 역량 간의 불일치가 갈수록 뚜렷해졌다. 2008년에 있었던 금융위기와 연방정부의 적자 급증, 그리고 이후의 예산삭감(sequester)으로 말미암아 결국 국방비 지출을 전반적으로 줄여야 했다. 그럼에도 불구하고 미국은 여전히 아프가니스탄에서 전쟁을 하고 있었고, 이라크에서도 여전히 ISIS에 맞서 싸우고 있었다. 동유럽에 있는 취약한 NATO 동맹국들을 여전히 보강해주고 있었고, 아시아로의 "재균형(rebalancing)"을 여전히 시도하고 있었다. 그리고 십수 개 나라에서 셀 수도 없을 정도로 많은 대테러 작전을 여전히 벌이고 있었다.

도널드 트럼프가 취임선서를 하고 있을 때 미국은 역사상 그 어느 때보다 더 많은 나라들을 지키기 위해 전념하고 있었다. 미국은 적어도 66개 국가들과 공식적인 방위 공약을 했고, 그중에는 NATO 회원국인 28개국, 서반구에서는 리우조약(Rio Treaty) 20개 조인국, 일본, 한국, 호주, 필리핀과 같은 아시아 동맹국들이 포함되어 있다. 아프가니스탄과 아르헨티나, 바레인, 이집트, 이스라엘, 요르단, 쿠웨이트, 모로코, 뉴질랜드, 파키스탄은 전부 다 "주요 비NATO 동맹국(Major Non-Nato Allies)"으로 지정되어 있었고, 미국은 파악조차 하기 힘든 일련의 안보 협정과 방위협력 협정으로 수십 개의 나라와 연계되어 있었다.[37] 2014년 RAND 연구소가 작성한 미국의 안보 파트너십에 관한 보고서는 "냉전이 종식된 1992년에 양자 및 다자 협정이 급속도로 늘었다는 사실이 가장 두드러지게 관찰된다."라고 지적했다.[38] 가용한 자원은 줄어든 반면 적대세력의 숫자는 늘어났으며, 미국의 전 세계적 의제들은 계속 확대되고 있었다.

어떤 잣대로 보더라도 미국이 오늘날 직면하고 있는 안보환경은 1993년보다 더 나빠졌고, 이런 환경에서 미국의 전반적 입지도 악화되었다. 2014년에 당시 합참의장이었던 마틴 뎀프시Martim Dempsey 장군은 세계가 "그 어느 때보다도 더 위험해졌다."라고 판단했다. 2016년에 리처드 하스Richard Haass는 "앞으로 세계가 계속해서 와해될 것인지 여부가 아니라 얼마나 급속도로 얼마나 심하게 와해될 것인지가 관건이다."라고 우울하게 지적했다. 혹은 헨리 키신저가 언급한 바와 같이 "미국은 제2차 세계대전 종전 이래 이보다 더 다양하고 복잡한 위기들을 접해본 적이 없었다."[39] 비록 미국 외교정책에 관한 최근의 논평에는 과장된 표현이 만연해 있다는 점을 감안하더라도 오늘날의 세계는 미국의 외교정책 입안자들이 냉전이 종식되었을 때 예상했던 모습과 너무 다르다. 실제로 이렇게 광범위한 퇴행 추세는 미국의 탈냉전기 대전략에 오류가 있음을 보여주는 것이다.

쇠퇴하는 자유주의

냉전이 끝났을 때 미국 지도자들은 자유주의 물결이 고조되면서 민주주의와 인권, 개방된 시장의 확산이 급물살을 탈 것이고, 미국의 자비로우면서도 주의 깊은 감시하에 전례 없이 평화롭고 세계적으로 번영하는 시대가 열릴 것이라고 기대했다. 2016년이 되자 자유주의의 물결이 계속 고조될 것이라는 이와 같은 자신감 넘치는 기대가 소멸되었고, 자유주의는 국내외에서 쇠퇴하고 있었다.

1. 민주주의의 약화

클린턴, 부시, 오바마 행정부는 모두 다 민주주의 증진을 미국 외교정책의 핵심목표로 삼았고, 미국의 힘이 강력한 세속적 추세를 강화할 수 있다고 확신했다. 클린턴 행정부의 "관여와 확대(engagement and enlargement)"라는 국가안보전략은 이런 목표를 미국 외교정책의 핵심으로 삼았고, 조지 W. 부시는 자신의 국가안보전략이 "위대하고 지도적인 목표, 즉 미국이 영향력을 발휘하는 이 시대를 민주적 평화의 세대로 전환하는 것"에 기반을 두고 있다고 말했다.[40] 버락 오바마는 전임자보다 이런 주제에 대해서 아마도 덜 노골적이었지만, 그의 고위 보좌관들은 자유주의적 가치 구현에 대한 의지가 매우 확고했다. 물론 오바마 본인도 반복해서 외국 정부에 더 개방적이고 투명하며 책임감 있는 자세를 보여 달라고 촉구했다.[41] 2010년 유엔총회에서 오바마는 "여러분의 지도자와 운명을 스스로 선택할 수 있는 것보다 더 근본적인 권리는 없다."라고 말했다.[42] 국무부는 2015년에 발간한 4개년 외교개발검토 보고서(QDDR)를 통해 "민주주의와 책임감 있는 정부, 인권 존중은 안전하고 번영하며 정의로운 세계를 위해 필수적이다."라고 선언했다.[43] 특정한 인권을 증진하겠다는 공약은 종교적 자유까지 확대되었다. 미국 정부 관계자들은 연달아서 종교적 자유가 소중한 헌법적 가치이자 전략적 이익이고 외교정책에서 우선순위가 높다고 선언했다.[44]

이러한 선언들은 단순히 공허한 수사에 머무르지 않았다. 미국은 사담 후세인이나 무아마르 카다피 같은 독재자를 무너뜨리려고 군사력을 사용했을 뿐만 아니라 다른 나라에서 민주주의로의 전환을 공고히 하고자 일련의 연성(軟性) 정책을 사용했다. 미 국제개발처(USAID)는 정당과 민주주의 제도를 강화하기 위해 매년 10억 달러 이상을 배정하고 있으며, 미 국무부도 유사한 프로그램에 약 절반 정도 규모의 예산을 사용하고 있다. 미국 연방정부는 또한 비영리 국립민주주의연구소(the National Democratic Institute)나 국제공화주의연구소(the International Republican Institute)에 보조금을 지원하고 있다. 이 두 기관은 미국 양대 정당인 민주당과 공화당이 운영하는 기관으로서 해외에 있는 자신들과 유사한 정당을 지원하는 목적이 있는 비영리 기관이다. 또한 미국 납세자들은 의회가 설립한 초당파 성향의 비정부 기관으로서 "해외의 다양한 민주주의 제도의 성장을 촉진하는 데 헌신하는" 미국 민주주의 기금(National Endowment for Democracy)을 지원하고 있다.[45] 미국이 주도하는 정권 교체를 앞장서 지지하는 인사인 빅토리아 눌런드Victoria Nuland 전 국무부 유라시아 담당 차관보(바이든 행정부에서 국무부 정무차관으로 지명되었다—옮긴이)에 따르면, 미국 정부는 우크라이나에서의 민주주의 강화를 위해서 50억 달러 이상을 투자했다.[46]

그러나 이런 목표를 항상 힘주어 말하고, 그 목표에 다가가기 위해 미국의 경제력과 군사력을 여러 번 투입했음에도 불구하고, 민주주의와 인권을 증진하려고 했던 시도들은 역효과를 낳았다. 2012년에 이코노미스트 인텔리전스 유닛(Economist Intelligence Unit)은 연례 민주주의 지수 보고서에서 "2006년과 2008년 사이에 민주주의가 정체되었으며, 2008년과 2010년 사이에는 전 세계적으로 민주주의가 퇴행했다."라고 보고했다. 2015년에 발표되었던 보고서는 한층 더 우울했으며, "통치, 정치적 참여, 그리고 언론 자유의 일부 측면이 퇴보했으며, 민주주의와 관련이 있거나 민주주의에 기여하는 사고방식이 명확하게 악화되었다."라고 지적했다.[47] 더 충격적이게도, 2016년에는 정부에 대한 신뢰하락으로 인해 미국의 민주주의 지수(Democracy Index)가 "완전한(full)" 민주주의에서 "결함이 있는(flawed)" 민주주의로 떨어졌다.[48]

마찬가지로 프리덤하우스(Freedom House)의 세계의 자유(Freedom in the World)에 관한 2018년 연례 보고서는 민주주의가 "수십 년 만에 가장 심각한 위기에 봉착했다."라고 경고했으며, "71개국에서 정치적 권리와 시민적 자유가 순감소세를 보였고, 단지 35개국에서만 증가했다. 이로 인해 전 세계의 자유가 12년째 하락했다."라고 보고했다. 실제로 지난 12년의 기간 동안 "133개국이 순감소세를 보였고, 불과 62개국만 순증가세를 보였다."[49]

이러한 경향은 모든 곳에서 뚜렷해지고 있다. 자유주의 정치제도가 폴란드와 헝가리에서 점차 무너지고 있고, 터키의 집권여당인 AKP당은 언론의 자유를 급격하게 축소했으며, 반대세력으로 여겨지는 수천 명의 사람들을 투옥했다. 우익 포퓰리스트 정당들이 유럽 전역에서 점점 더 활발하게 활동하고 있다. 오바마 행정부는 이집트의 군사 독재자인 호스니 무바라크Hosni Mubarak를 설득해서 2011년 2월에 물러나게 했지만, 2년 후에 군사 쿠데타가 발생하면서 이집트에서 짧게나마 존재했던 선거 민주주의라는 실험이 분쇄되었다. 아프가니스탄에서의 선거는 부정으로 점철되었고, 카불 정부는 오늘날까지도 분열되고, 부패하며, 무력한 상태로 남아 있다. 미얀마에서는 미국의 지원을 받은 개혁적 시도 덕분에 군부가 권력을 포기하고 자유선거를 실시했지만, 민간인이 주도하는 신정부는 그 뒤에 무슬림 소수민족인 로힝야족을 탄압하는 잔인한 작전을 개시했다.(그나마 미얀마 군부는 2020년 11월 총선 결과에 불복하면서 2021년 2월 1일에 쿠데타를 감행했다—옮긴이) 한동안 줄어들었던 집단학살도 이집트, 중앙아프리카공화국, 나이지리아 및 여타 다른 국가들에서 학살과 내전이 발생하면서 2013년에 다시 정점을 찍었다.[50] 2016년이 되자 시리아에서 온건한 개혁을 요구하는 평화로운 시위 활동은 아사드 정권과 그에 못지않게 비열하고 위험한 반대세력 간의 잔혹한 내전으로 변질되었다. 한편, 민주주의를 증진시키기 위한 노력의 수혜국이었던 신생 남수단공화국은 건국 3주년을 맞기도 전에 내전상태에 빠져들었다.[51]

후버 연구소(the Hoover Institution)의 민주주의 전문가인 래리 다이아몬드Larry Diamond는 "2000년에서 2015년 사이에 27개국에서 민주주의가 무너졌다. 반면 많은 기존 권위주의 정권은 더욱 폐쇄적이고 불투명해졌으며 자국민의 요구에 호응하지 않고 있다. 민주주의 그 자체가 매력을 상실한 것처럼 보이고 있다. 많은 신흥 민주주의 국가들이 자유에 대한 국민들의 희망을 충족시키지 못하고 있다. 마치 미국을 포함한 세계의 기성 민주주의 국가들이 갈수록 제대로 작동하지 않는 것처럼 말이다."라고 지적했다.[52]

다이아몬드가 제시하듯이, 이런 문제의 일부는 미국 정치체제를 계속 발목 잡는 마비현상, 부패한 금권 선거의 만연, 2008년 금융위기 당시 드러난 규제의 실패 등 서구식 자유민주주의 그 자체를 괴롭히는 다양한 병폐였다. 유로존 위기 당시 유럽 지도자들이 신속하고 효과적으로 대응하지 못했기 때문에 대중의 신뢰도 무너졌다. 서구세계 전체를 대상으로 한 여론조사 결과, 민주주의 그 자체에 대한 지지 감소가 드러났다. 예를 들어 유로 바로미터(Eurobarometer) 설문조사에 기반한 2014년의 연구에 따르면 "EU에서의 민주주의에 대한 만족도가 2007년 가을에서 2011년 사이에 7퍼센트 포인트가 줄어들었고, 각국 의회에 대한 신뢰가 8퍼센트 포인트 줄어들었다."[53] 카네기 연구소의 토머스 캐로더스Thomas Carothers가 지적한 바와 같이 "미국과 유럽 양쪽에서 민주주의가 수난을 겪으면서 전 세계 많은 사람들이 보기에 민주주의의 위상이 상당히 실추되었다."[54]

미국과 같은 나라가 다른 나라에 설파하고 싶은 이상에 막상 스스로 부합되게 행동하지 않자 이런 문제가 한층 악화되고 있다. 미국 관리들이 고문과 특별 송환(extraordinary rendition. 테러단체와 연관이 있는 용의자를 고문을 자행하는 제3국으로 신병을 인도하는 제도—옮긴이), 표적 암살을 승인했다는 사실이 알려지고 이라크, 아프가니스탄, 관타나모에 소재한 미국 교도소에서 포로를 학대했다는 사실이 폭로되자 타국의 인권 상황을 비판하는 미국의 모습이 잘 봐줘야 쓸데없는 짓처럼 보였고, 최악의 경우 위선적으로 보였다.[55] 마찬가지로 국가안보국(NSA)이 불법으로 미국인과 외국인을 상대로 엄청나게 많은 전자 데이터를 축적하고 있고 최고위직 당국자들이 이 사실에 대해 거짓말을 했다는 사실도 폭로되자 시민의 자유와 법의 지배를 중시한다는 미국의 공언에 의구심이 야기되었으며, 핵심 동맹국과의 관계도 틀어졌다. 미국이 사우디아라비아, 우즈베키스탄, 혹은 싱가포르와 같은 권위주의 정부를 지지하고, 이집트에서 민주적으로 선출된 모하메드 모르시Mohammed Morsi 정부를 타도하는 쿠데타를 잽싸게 수용하는가 하면, 이스라엘이나 터키와 같은

동맹국들의 미심쩍은 인권 관련 행동에 제재를 가하지 않자 미국의 민주주의에 대한 이미지도 퇴색했다.[56]

동시에 권위주의 정권은 미국 지도자들이 예상했던 것보다 훨씬 더 복원력이 강했던 것으로 밝혀졌다. 중국의 일당체제는 2008년 금융위기를 버텼을 뿐만 아니라 놀라울 정도로 경제성장을 계속 구가하고 있다. 러시아는 강대국 지위를 되찾았고 자신의 이익을 보다 성공적으로 지켜내기 시작했다. 터키의 레제프 에르도안Recep Erdogan과 헝가리의 빅토르 오르반Viktor Orban과 같은 유사 민주주의 지도자들은 갈수록 권위주의적 행보를 보이고 있음에도 대중들로부터 높은 인기를 누리고 있다.

아울러 반(反)민주주의적인 반발은 세계의 민주주의 발전과 인권증진을 위해 헌신하는 자선단체와 비정부조직(NGO)에도 타격을 주었다. 예를 들어 2012년과 2015년 사이에 60개국 이상의 국가에서 비정부조직이나 시민사회단체의 활동을 통제하는 법안이 통과되거나 입안되었다. 96개국이 NGO가 완전하게 활동하지 못하게 통제하는 조치를 취했고, 카네기 재단은 이런 조직들의 활동을 제한하거나 완전히 와해시키는 "새로운 법들이 바이러스처럼" 퍼지고 있다고 지적했다.[57]

요컨대 민주당 행정부와 공화당 행정부 둘 다 세계를 보다 민주적으로 만들고 자유를 강화하고 인권을 개선하길 원했다. 그리고 세계 곳곳의 강력한 세속적인 힘이 이런 목표 달성을 한층 더 수월하게 해주고 더욱 평화롭고 번영하는 세계로 이끌어줄 것이라고 믿었다. 그러나 이들의 희망은 실현되지 못했을 뿐만 아니라 국내외에서 미국이 자행한 일들은 이런 이상적 목표를 훼손시키고 포퓰리즘적인 반발을 불러일으켰으며, 결국 도널드 트럼프가 백악관에 입성하게 만들었다.

2. 세계화와 세계화에 대한 불만

자유민주주의에 대한 반발은 세계화가 약속했던 대로 진행되지 않자 한층 더 탄력을 받았다. 글로벌한 무역과 투자에 걸림돌이 되는 정치적 장벽이 낮아지자 세계 무역이 분명히 신장되었고, 중국과 인도와 같은 나라에서 수백만 명의 사람들이 극심한 빈곤에서 탈출하는 데 도움을 받았다. 미국 소비자들은 상품의 가격이 하락하는 효과를 누렸고, 많은 지역에서 전반적으로 삶의 질이 향상되었다. 하지만 선진국, 특히 미국에서 급속한 세계화에 따른 혜택이 대부분 부유하고 교육수준이 높은 사람들에게 돌아갔다. 월스트리트는 크게 이익을 보았지만, 메인 스트리트(Main Street, 중산층—옮긴이)는 그렇지 못했다. 브랑코 밀라노빅Branko Milanovic이 제시한 바와 같이 아시아의 중산층과 "세계 상위 1퍼센트"의 소득은 1988년부터 2008년 사이에 대략 60퍼센트가 증가했던 반면, 서방의 중산층과 저소득층의 소득은 똑같은 기간 동안 10퍼센트도 늘지 않았다.[58] 〈파이낸셜타임스〉의 마틴 울프Martin Wolf에 따르면 1980년에서 2016년 사이에 북아메리카의 상위 1퍼센트는 하위 88퍼센트의 실질소득 총액에 해당하는 돈을 벌어들였다.[59] 시간이 지나면서 급속한 기술변화와 갈수록 유동적인 글로벌 자본이 결합되면서 기존 산업을 교란시켰고 수많은 중산층과 저소득층의 일자리가 없어졌다.[60] 국가 전체로 볼 때 이익이 되었다는 사실은 부인할 수 없지만, 세계화는 핵심 분야와 지역에 피해를 줬으며, 정부가 적절한 보상이나 조정 메커니즘을 만들어내지도 못했다. 2016년이 되자 강력하지만 익명인 시장의 힘 앞에 취약하다는 인식이 점점 강해지면서 미국과 영국 그리고 많은 나라에서 국내적으로 강력한 반발이 생겨났다. 그러자 도널드 트럼프나 버니 샌더스Bernie Sanders와 같은 포퓰리스트 정치가들에게 길이 열렸고, 영국에서 "브렉시트(Brexit)"와 같은 운동이 촉발하는 데 도움이 되었다.[61]

그리고 세계화로 말미암아 국제경제질서가 금융위기에 한층 더 취약해졌다. 1997년의 아시아 금융위기부터 시작해서 2008년의 월스트리트 위기, 이어서 세계적 경기침체가 그 뒤를 이었다. 핵심 금융기관의 어리석음과 부패가 결국 폭로되었고, 월스트리트는 더 이상 총명하고 통찰력이 있는 "우주의 주인들"(Master of the Universe. Tom Wolfe가 1980년대 인기를 끌었던 월스트리트의 젊은 인재들을 지칭한 표현—옮긴이)로 채워져 있지 않았다. 금융위기로 미국의 경제적 리더십에 대한 의구심이 심각하게 대두되었고 새로운 제도적 모델에 대한 탐색이 가속화되었다. 월스트리트 붕괴의 직접적 여파로 인해 유로존 문제가 대두되면서 유럽연합은 전례가 없는 압박에 시달렸으며 유럽연합이 "더욱 심화될 것(ever-deeper Union)"이라는 초기의 기대감이 약화되었다.

아울러 세계화 지지자들은 기존의 국제제도가 국가 간의 협력을 촉진하고, 갈등을 약화시키며, 집단행동의 딜레마(dilemma of collective action)를 극복하는 데 도움을 줄 것이라고 믿었다. 하지만 NATO와 세계은행, 국제통화기금(IMF), 세계무역기구(WTO)처럼 1990년대 초에 난공불락처럼 보였던 미국이 주도하던 제도가 "이제 급속도로 확실히 쇠퇴하고 있다."[62] 심지어 아무리 좋게 평가하더라도 기존 제도들이 제대로 작동하지 않고 있으며 심각한 개혁이 필요하다는 사실은 인정할 수밖에 없었지만, 이런 제도를 쇄신하고 개선하기 위해 필요한 조치는 거의 실행이 불가능해졌다.[63]

마지막으로 이민에 반발하는 풍토가 확대되고 있다. 세계화로 인해 대규모 인구 이동이 촉진되었다. 여기에는 더 나은 일자리를 찾아 나서는 경제적 이민자들과 발칸반도, 아프가니스탄, 사하라 이남 아프리카, 혹은 중동 등 분쟁 지역으로부터 탈출한 난민도 포함되었다. 비록 이민자와 난민은 이들을 수용한 국가에서는 작은 소수민족에 불과하지만 불가피한 문화적 갈등과 일자리 상실의 두려움, 범죄와 테러리즘에 대한 우려가 반(反)이민정서에 기름을 부었고 서구 세계에서 우익 민족주의 운동이 부상하는 데 일조했다. 민족주의는 여전히 건재한 것으로 밝혀졌고, 국가 주권에 대한 열망과 점점 세계화되는 세계경제 간에 긴장이 조성되면 결국 세계화가 지기 마련이었다.[64]

핵심은 다음과 같다. 민주적이고 경제적으로 개방된 세계, 즉 냉전이 끝났을 때 눈앞에 와 있다고 미국의 엘리트들이 믿었던 세계에 대한 자유주의적 비전은 기대했던 대로 모습을 드러내지 않았다. 역사는 종말을 맞지 않았고, 오히려 정반대로 폭주했다. 이러한 역행은 불행한 사건이 겹쳤거나 혹은 운이 없었기 때문이 아니었다. 대체로 과대포장된 기대와 자만심, 잘못된 정책 선택에 따른 결과였다.

도널드 트럼프가 대통령 취임선서를 했던 무렵에는 미국이 주도하고 미국의 힘으로 지탱되는 활기차고 세계화된 세계경제에 대한 비전은 대체로 증발해버렸다. 정치경제학자인 조나단 커쉬너Jonathan Kirshner가 2014년에 지적한 바와 같이 "전 세계 행위자들은 미국식 모델과 미국이 조율하는 세계경제 거버넌스에 대한 환상에서 깨어났다. 많은 행위자들이 이제 대안이 될 만한 개념을 찾고 있으며, 글로벌 거버넌스의 규칙을 결정하는 데 있어서 더 큰 발언권을 요구하고 자신들의 분명한 이익을 인정받을 권한이 있다고 느끼고 있다."[65] 다른 분야와 마찬가지로 이 분야에서도 자유주의 패권이 기대에 못 미친 것이다.

글로벌 문제 악화

단극체제 시대(unipolar moment)가 시작되었을 무렵에 미국 지도자들은 미국이 누리는 특권적 지위 덕택에 여러 종류의 글로벌한 문제를 다룰 수 있고 궁극적으로 해결할 수도 있다고 믿었다. 비록 미국이 많은 도전적 문제에서 일정 부분 진전을 거두었고 몇몇 지역에서 위기를 관리하거나 해결했지만, 그럼에도 불구하고 전임 대통령 세 명의 성과는 별로 인상적이지 못했다.

아마도 가장 두드러진 사례로서 이스라엘과 팔레스타인 간의 갈등을 해결하기 위해 미국이 계속해서 노력했지만 다 비참한 실패로 끝났다는 점을 들 수 있다. 빌 클린턴은 오슬로 평화 프로세스를 감독했고, 조지 W. 부시는 중동 "로드맵"을 협상하고 아나폴리스에서 정상회담을 개최했으며, 버락 오바마는 이스라엘의 지속적인 정착촌 확장을 중단시키려고 노력하면서 양측이 최종지위에 대해 합의하도록 달래느라 8년을 보냈다.

하지만 2016년이 되자 세 대통령이 모두 다 선호했던 2국가 해법(Two-state solution. 이스라엘과 팔레스타인이 각자 독립국으로서 서로를 인정하고 공존하는 방안이며, 국경선, 예루살렘 지위, 팔레스타인 난민 귀환, 이스라엘 정착촌 등의 쟁점이 있다—옮긴이)은 갈수록 멀어져갔다. 이스라엘이 1967년에 점령한 영토 내에 정착한 이스라엘인의 숫자는 28만 1,000명에서 1993년에는 60만 명 이상으로 늘어났다. 그리고 이스라엘의 도로망과 검문소, 군기지, 그리고 정착촌이 요르단강 서안지구와 복잡하게 얽힘에 따라 독립국으로서 팔레스타인의 존립이 사실상 불가능해졌다.[66] 미국 대통령 세 명이 쓸 수 있었던 잠재적 레버리지를 감안할 때, 오바마가 말했던 "이스라엘에도 이익이 되고, 팔레스타인 사람들에게도 이익이 되며, 미국에도 이익이 될 뿐만 아니라 세계에도 이익"이 된다고 믿었던 해결책을 끌어내지 못했다는 것은 미국의 무기력함과 외교적 무능을 굴욕적으로 드러내는 것이었다.[67]

대량살상무기—특히 핵무기—의 위험을 제한하려는 노력은 이보다 아주 조금 더 나은 성과를 얻었을 뿐이었다. 긍정적인 면에서 보자면 클린턴 행정부는 우크라이나와 벨라루스, 카자흐스탄을 상대로 구소련으로부터 물려받은 핵무기를 포기하라고 설득하는 데 성공했으며, 1994년에 북한과 체결한 기본합의(Agreed Framework)를 통해 북한의 핵무기 개발을 몇 년간 늦췄다. 소위 넌-루거 프로그램(Nunn-Lugar Program)은 러시아의 방대하고도 불안하게 방치된 핵물질 비축물자를 믿을 수 있게 통제하는 데 도움이 되었다. 그리고 미국과 미국의 유럽 동맹국들의 지속적인 압박은 결국 리비아의 무아마르 카다피가 미국으로부터 자신을 타도하지 않겠다는 약속을 받는 대신 대량살상무기를 포기하도록 만들었다.[68] 오바마 행정부는 아울러 많은 정상들이 참석한 핵안보정상회의를 몇 차례 개최해서 이 문제에 대해 더 많은 노력이 필요하다고 강조했다.

하지만 부정적인 면에서 보자면 북한과의 기본합의는 2000년 이후 붕괴했고, 북한은 결국 2003년에 NPT를 탈퇴했으며, 2006년에는 핵실험을 했고, 2016년까지 적어도 12개의 핵무기를 비축해 놓았다. 인도와 파키스탄은 미국의 집요한 반대에도 불구하고 1998년에 핵실험을 재개했고 최근 들어서도 핵무기를 계속해서 증가시키고 있다. 유엔 사찰단이 1991년 걸프전 이후 이라크의 초기 핵연구 프로그램을 해체했지만, 인접국가인 이란은 결국 핵연료 주기를 완성했고 핵무기 능력에 아주 근접한 농축 우라늄을 생산해냈다. 2015년에 타결된 이란 핵문제를 위한 포괄적 공동계획(Joint Comprehensive Plan of Action)이 이란의 농축 역량과 우라늄 비축량을 끌어내리고, 이란이 합의를 "파기하고" 핵무기를 제조하기까지 걸리는 시간을 지연시켰지만, 이란은 이제 잠재적 핵무기 보유국이며 원하기만 하면 핵폭탄을 보유할 수 있게 되었다.(그나마 트럼프는 2018년 5월 8일에 이 합의에서 탈퇴했다—옮긴이)

뒤늦게 깨달은 것이지만 핵무기의 확산을 막으려는 미국의 노력이 1993년 이후에 거의 성과를 못 거두었다는 사실은 놀랍지 않다. 미국은 다른 국가에는 대량살상무기를 개발하지 말라고 지속적으로 요구해왔지만, 막상 스스로는 방대한 핵무기를 비축하겠다고 분명히 밝혔다.[69] 만약 막강한 미국이 자국의 안보가 강력한 핵억지력에 달려 있다고 믿었다면 틀림없이 몇몇 취약한 국가들도 똑같은 결론을 내렸을 것이다. 더욱이 2011년에 미국이 무아마르 카다피를 타도하지 않겠다는 예전의 약속을 무시하기로 결정함에 따라 미국은 신뢰할 수 없으며, 억지력이 없는 국가는 언제든 공격받을 수 있다는 사실을 전 세계가 알게 되었다. 북한과 이란은 이런 교훈을 절대 놓치지 않았다. 이들은 미국이 주도하는 정권 교체를 두려워할 만한 이유가 충분했고, 그리하여 핵옵션을 유지해야 할 유인도 충분히 있었다.[70]

마지막으로 국제 테러리즘에 대한 미국의 대응은 약간의 성과가 있기는 했지만 그 대가가 컸고 역효과마저 있었다. 클린턴 행정부는 1990년대에 알카에다와 같은 단체가 갈수록 위협적이라고 인지했지만, 효과적인 대응방안을 마련하지 못했다.[71] 오히려 미국 시설이나 사람에 대한 공격을 억제하고 사전에 제압하려 했던 가장 두드러진 시도가 당혹스러울 정도로 실패했다. 미국은 1998년 8월에 아프가니스탄 내 알카에다 캠프를 순항미사일로 공격했지만 오사마 빈 라덴을 놓쳤고, 이후 수단 내 화학무기 시설이라고 알려진 곳을 공격했지만 이 또한 십중팔구 잘못된 정보에 근거한 실수였다.[72] 클린턴이나 그의 보좌관들은 페르시아만에서의 "이중봉쇄(Dual Containment)" 전략과 무조건적인 이스라엘 지지와 같은, 애초에 알카에다와 같은 단체를 부추겼던 정책을 전혀 재검토하지 않았다.[73]

미국의 대테러 정책의 가장 명백한 실패는 물론 9/11 테러 사건이었다.[74] 부시 행정부는 이 공격에 대해 "테러와의 전 지구적 전쟁(global war on terror)"을 개시하며 대응했고 부시 대통령이 직접 "세계에서 악을 제거하겠다."라고 천명했다.[75] 불행히도 이런 사고방식은 이라크 침공이라는 숙명적인 결정으로 이어졌다. 부시와 보좌관들은 이런 결정이 미국의 적들에게 "메시지를 보낼" 것이고, 중동이 민주주의 체제로 변화하게 촉진할 것이라고 믿었다. 그리고 민주주의가 촉진된다면 극단주의자들이 새로운 지지자들을 끌어모으기가 어려워질 것이라고 가정했다.

이는 완전히 잘못된 생각이었다. 이라크 점령은 아랍과 이슬람 세계 전역의 반미감정을 부채질했고, 이라크는 당장이라도 미국에 맞서 무기를 들고 싶어 하는 극단주의자들을 끌어들였다. 피터 버겐Peter Bergen과 폴 크루익생크Paul Cruickshank에 따르면, 이라크 분쟁으로 인해 "런던에서 카불, 마드리드에서 홍해에 이르기까지 테러리스트 공격이 급증한 사례에서 드러났듯이 알카에다의 이념적 바이러스가 상당히 널리 퍼져나갔다."[76] 미국이 이슬람 그 자체와 전쟁을 하고 있다고 확신하게 된 미 육군 정신과 의사가 2009년에 포트 후드Fort Hood에서 미 육군 장병 13명에게 총격을 가한 사건처럼 미국 내에서도 역풍이 있었다.[77]

"바이러스"가 퍼지면서 테러와의 전쟁이 계속 확대되었고 적의 숫자도 계속 증가했다. 드론 공격과 미국 특수부대에 의한 "표적 살인"에 더 많이 의존함에 따라 전쟁비용은 낮아졌지만, 이런 조치가 문제를 해결하지 못하고 종종 상황만 더 악화시켰다. 테러리즘 전문가인 브루스 호프먼Bruce Hoffman과 페르난도 레이너즈Fernando Rainares가 2014년에 지적한 바와 같이 "알카에다는 미국의 드론 작전의 결과로 체계적인 타격을 받았지만, 그럼에도 불구하고 계속 확대되고 있으며 새롭고 멀리 떨어진 지역에서 자신의 입지를 굳혀 나가고 있다."[78]

가령 알카에다는 2001년에는 소말리아에서 거의 존재하지 않았지만, 미국이 소말리아에 여러 번 개입했으나 실패함에 따라 이슬람 부활운동이 자극을 받았고 궁극적으로는 알샤바브(Al Shabab)를 배태했다. 이 과격 이슬람주의 단체는 2013년에 나이로비 쇼핑몰에서 치명적인 공격을 자행했고 현재에도 여전히 위험한 세력으로 남아 있다.[79] 미국의 대테러작전과 정치적 간섭은 예멘에서도 비슷한 효과를 냈다. 예멘은 점차 잔인한 내전에 휘말려들었고, 오늘날 알카에다와 여타 급진적 극단주의자들의 피난처가 되었다.[80]

"테러와의 전쟁"이 계획대로 되지 않았다는 가장 명확한 증거는 아마도 ISIS의 등장이었다. 알카에다의 훨씬 더 극단적인 분파인 이 단체는 2014년에 이라크 서부와 시리아에서 권력을 장악했고, 새로운 "칼리프(Caliphate)" 국가를 선포했으며, 소셜 미디어와 온라인 선전선동을 활용해서 전 세계에서 수천 명의 지원자를 끌어모았다. ISIS 요원들과 동조자들은 프랑스, 리비아, 터키, 미국 등을 비롯하여 수많은 국가에서 테러 공격을 감행했고, ISIS의 폭정을 피해 난민들이 다른 나라로 도피하기 시작했다.

오사마 빈 라덴은 죽었지만, "빈 라덴주의"는 건재하다. 1년 전에 상하원 정보위원장인 다이앤 파인스틴Diane Feinstein 상원의원과 마이크 로저스Mike Rogers 하원의원은 CNN과의 인터뷰에서 "미국을 노리고 있는 테러리즘 위협이 증가하고 있으며, 미국인들은 1년 전이나 2년 전과 비교해서 더 안전하지 못하다."라고 말했다. 2년이 지난 후에 테러와의 전쟁을 주도적으로 구상했던 인사 중 한 명인 존 브레넌John Brennan CIA 국장은 의회 청문회에서 "우리의 노력에도 불구하고 ISIS의 테러리즘 역량과 이들의 전 세계적 영향력을 축소시키지 못했다."라고 인정했다.[81]

일부 미국 관리들은 미국이 아무리 극단주의자들을 많이 죽이거나 체포하더라도 이들을 대체하는 새로운 극단주의자들이 끊이지 않을 것이라는 사실을 처음부터 알고 있었다. 아프리카 사령부 사령관인 토머스 D. 월드하우저 Thomas D. Waldhauser 장군은 2017년에 "우리는 모든 ISIS와 보코하람(Boko Haram)을 오늘 오후라도 때려눕힐 수 있다. 그러나 이번 주말쯤이면 새로운 인력이 충원될 것이다."라고 시인한 적이 있었다.[82] 테러와의 전쟁은 끝이 없고 이런 노력이 계속 확대 중이다. 이는 미국 특수전 병력의 17퍼센트가 현재 아프리카 지역에 배치되어 있고(2006년에는 1퍼센트에 불과했다), 100개가 넘는 개별 임무를 수행 중이며 미국이 서부 아프리카와 리비아에서 극단주의 세력을 보다 용이하게 공격하기 위해서 니제르에 1억 달러에 달하는 드론 기지를 건설하고 있다는 점에서 잘 드러난다.[83]

분명한 점은 이 많은 노력과 비용이 반드시 필요하지도 않았고 효율적이지도 않았다는 사실이다. 시간이 갈수록 대부분의 테러리스트들은 치밀한 범죄 전문가가 아니라 무능하고 서툰 자들이었던 것으로 밝혀졌다. 9/11 테러 공격은 무시무시한 대규모 공격의 전조가 아니라 알카에다가 기가 막히게 운이 좋아 발생한 끔찍한 사고에 가까웠다. 존 뮬러John Muller와 마크 G. 스튜어트 Mark G. Stewart의 연구결과에서도 알 수 있듯이, 9/11 테러 공격에서 겪은 피해를 감안하더라도 국제 테러리즘은 여전히 미국인들을 크게 위협하지 못하고 있다.[84] 9/11 테러 공격이 발생했던 2001년에도 미국에서 테러리즘으로 사망한 사람보다 위궤양으로 사망한 사람이 더 많았다.[85] 결국 미국이 많은 나라들에 뿌려놓은 불안정의 씨앗을 포함해 테러와의 전쟁에 소요된 엄청난 정치적, 경제적, 인적 비용은 미국이 극도의 공황상태에서 자신이 직면한 진정한 위협이 무엇인지를 제대로 파악하지 못한 채 내린 잘못된 판단에서 비롯된 것이었다.

물론 테러와의 전쟁은 몇 가지 손에 잡히는 성과를 거두었다고 볼 수도 있다. 네이비씰 팀은 결국 오사마 빈 라덴을 찾아내서 사살했고, 드론 전쟁으로 기존의 알카에다 지도자 대부분을 제거했으며, 미 공군력은 이라크 연립정부에 도움을 주기도 했다. 쿠르드족과 이란 민병대는 ISIS가 접수했던 지역을 탈환했고 ISIS를 다시 지하조직 수준으로 격하시켰다. 미국 본토의 안보를 강화하는 노력과 더불어 이런 정책은 대규모로 미국을 공격할 가능성을 예전보다 현저히 감소시켰다.

하지만 전체적인 관점에서 볼 때 테러리즘에 맞서는 미국의 대응은 최근의 여타 외교정책과 비교하더라도 별로 인상적이지 못하다. 미국 지도자들은 테러리즘이 골칫거리라는 점을 1993년에도 인지하고 있었다. 오늘날에는 이 문제가 더 널리 퍼져 있다. 폭력적 극단주의자들은 예전보다 더 많은 지역에서 활동하고 있고 정치적으로도 더 지대한 결과를 낳고 있다. 때로는 미국의 잘못된 대응에 대한 직접적인 결과물로 나타나기도 한다. 미국 외교정책의 다른 핵심요소들과 마찬가지로 "테러와의 전쟁"은 엄청난 비용을 초래했지만 결국 실패했다.

결론

미국처럼 부유하고 강력하며 활기찬 국가가 항상 실패하기만 했던 것은 아니다. 미국 외교정책은 최근에 많은 성공을 거두었다. 미국 외교관들은 1994년에 이스라엘과 요르단 간의 평화 조약과 1996년에 보스니아전을 종식한 협정을 중재했다. 미국의 압박과 넌-루가 프로그램(Nunn-Lugar Program) 덕택에 러시아와 구소련 공화국들의 핵안보가 향상되었으며, 부시 행정부의 확산방지구상(Proliferation Security Initiative)은 위험한 무기 기술의 수출을 좌절시켰다. 빌 클린턴은 1999년의 카길 위기(Kargil Crisis. 1999년 잠무 카슈미르주 카길 지역에서 벌어진 인도와 파키스탄 간의 무력충돌—옮긴이) 당시 인도와 파키스탄을 성공적으로 중재했으며, PEPFAR(President' s Emergency Plan for AIDS Relief) 프로그램은 아프리카에서 에이즈 확산을 줄이는 데 도움을 주었다. 또한 미국 관리들은 (중국 전투기와 미 정찰기의 공중충돌 사고 등) 중국과 심각한 외교 문제로 비화될 수 있는 몇몇 사고를 능숙하고 섬세하게 처리했다.

일부 관찰자들은 이런 성공사례에 쿠바와의 외교관계 복원과 이란의 핵프로그램을 제한하고 핵무기 확보 시간을 지연시킨 다자협정을 포함하려고 할지도 모른다. 그리고 한반도에서의 전면전, 대만을 둘러싼 군사적 충돌, 혹은 실제적인 상호 핵 공격 등 요란하기만 했을 뿐 실제로 발생하지 않았던 사건도 많았다. 미국은 당연히 이렇게 "일어나지 않은 사건"에 기여했다고 주장할 수도 있다. 미국 정책이 대체로 실패했다고 해서 모두 다 실패했다는 말은 아니다.

그리고 미국의 외교정책이 위에서 언급한 부정적인 상황 전개에 전적으로 책임이 있는 것도 아니다. 중국의 급격한 부상과 잠재적 군사력의 신장과 같은 일부 불리한 추세는 아마도 미국 정부가 어떤 외교정책을 펼쳤던 간에 발생했을 것이다. 유로 위기는 미국의 주택 거품이 꺼지고 미국의 금융 시장이 폭락하면서 시작되었지만, 유로화를 부실하게 만든 결함이 있는 계획이나 다른 문제에 대해 미국은 아무런 책임이 없다.

그러나 1993년 당시 미국과 세계의 처지를 오늘날과 비교한 다음 미국이 당시 착수했던 주요 구상과 미국 지도자들이 내렸던 대부분의 치명적인 결정을 고려한다면, 오늘날의 문제에 대한 미국의 책임이 엄청나다는 사실은 부인하기 어렵다. 미국 지도자들은 최선의 의도와 희망을 가졌을 수도 있겠지만, "모든 국가의 이익을 위해 … 세계를 바꾸겠다."라는 이들의 야심찬 노력은 처참할 정도로 실패했다. 이제 다음 장에서 그 이유를 설명하고자 한다.

02

자유주의 패권은 왜 실패했는가

Why Liberal Hegemony Failed

앞 장(章)에서 탈냉전기 초기의 낙관적 희망이 2016년이 되자 어떻게 무너졌는지를 설명했다. 오랜 숙적들이 더욱 강력해졌고 더욱 공격적으로 나왔다. 반면 미국의 전통 동맹국들이 더욱 약해졌고 더욱 분열되었다. 그리고 지역 정치체제의 변경, 자유주의적 가치 전파, 평화 증진, 글로벌 제도의 강화라는 미국의 야심찬 시도가 계속 반복되었고, 때로는 엄청난 비용을 투입했지만 결국 수포로 돌아갔다.

이런 실패의 근본 원인은 미국이 자국의 힘을 이용해서 전 세계를 미국이 원하는 방식과 정치적 가치에 따라 재구축하겠다는 야심찬 시도인 "자유주의 패권"이라는 대전략에 전념했기 때문이다. 클린턴, 부시, 오바마 행정부는 각자 스타일과 강조점이 달랐음에도 불구하고 이와 같은 기본 접근법에 다들 깊이 전념해왔다.

그럼에도 불구하고 자유주의 패권은 상당히 달성하기 힘든 목표였던 것으로 밝혀졌다. 기본적으로 이 전략은 국제정치의 실제 작동 방식을 그릇된 시각에 근거해서 바라보았기 때문에 실패했다. 다른 사회를 개조할 수 있는 미국의 능력을 과대평가했던 반면 미국의 목표를 좌절시킬 수 있는 약한 행위자의 능력을 과소평가했기 때문이다. 물론 미국은 아주 강력하고 일부의 경우 그 의도 자체도 선했다. 하지만 이런 덕목이 이 전략의 근본적인 결함을 극복할 수가 없었다.

"자유주의 패권"이란 무엇인가

자유주의 패권(liberal hegemony)이라는 대전략은 선한 의도를 갖고 있는 미국의 리더십 하에 자유주의적 세계질서를 확대하고 심화하고자 한다.[1] 국내적 수준에서 자유주의 질서는 대부분의 국가들이 민주주의, 법의 지배, 종교적 · 사회적 관용, 기본인권 존중과 같은 자유주의 정치 원칙에 따라 통치되는 질서를 일컫는다. 국제적 수준에서 본다면 자유주의 질서는 경제적 개방성(즉, 무역과 투자에 관한 낮은 장벽)이 중요한 특징이며, 그곳에서의 국가 간의 관계는 법과 세계무역기구(WTO)나 비확산조약(NPT)과 같은 제도 또는 NATO와 같은 다자동맹에 의해 규제를 받는다.

자유주의 패권 옹호론자들은 자유주의 질서가 자연스럽게 형성되거나 저절로 유지된다고 믿지 않는다. 오히려 이런 질서를 위해서는 자유주의 이상에 매진하는 강대국의 적극적인 리더십이 필요하다고 믿고 있다. 놀랍지 않게도 이런 전략을 지지하는 사람들은 미국이 이런 역할을 맡을 수 있는 독특한 자질이 있다고 믿고 있다. 따라서 실제로 자유주의 패권은 1) 미국이 다른 어떤 나라보다도 더 강력해야만 하며, 2) 미국이 전 세계에서 자유주의적 가치의 수호와 확산, 심화를 위해 우월한 지위를 활용해야 한다는 두 가지 핵심적 신념에 기반하고 있다.

더 큰 맥락에서 보자면 자유주의 패권 추구는 부분적으로 미국이 냉전기에 구축했고 이끌어온 자유주의 질서를 확장하려는 노력이기도 하다. 냉전 초기부터 미국 지도자들은 민주적인 "자유 세계"와 자유롭지 못한 소련 스타일의 공산주의 세계를 명확하게 구분지었다.[2] 이들은 영국과 같은 나라가 구축했던 제국주의 체제를 여타 보호주의와 함께 해체하겠다고 강하게 밀어붙였고, 무역과 성장을 증진하고 미국 기업들에게 더 많은 기회를 제공하는 개방된 국제경제 질서를 선호했다. 또한 이들은 어떤 국제 체제이든 상호 호혜적인 협력을 촉진하기 위해서는 규범이나 규칙(즉, "제도")이 필요하다고 인식했고, 동시에 이런 규칙이 미국의 이익에 부합하도록 신경을 썼다.

확실히 제2차 세계대전 이후에 출현한 국제질서는 기껏해야 부분적으로만 자유주의였다. 물론 공산주의 진영은 대부분 배제되었고, 미국의 일부 핵심 동맹국은 민주적이지 않았고 하물며 자유민주주의도 더욱 아니었다. 또한 다양한 시기와 지역에서 이 체제는 내부적으로 상당히 무질서했으며 미국도 필요할 때마다 서슴지 않고 규칙을 위반했다(아니면 규칙을 다시 설정했다). 그럼에도 불구하고 냉전기의 자유주의 질서는 미국과 그 동맹국들을 위해 잘 작동했고, 소련 진영을 상대로 승리를 거둠에 따라 이 질서를 구축한 국가들에게 특별히 더 매력적으로 보이게 되었다. 미국이 냉전 이후 압도적으로 우월한 위치에 서게 되자 이 질서를 전 세계 차원에서 적용할 수 있는 시기가 무르익은 것처럼 보였다.

이론과 가정

자유주의 패권은 세계질서의 속성과 오늘날 국제체제에서 미국의 역할에 관한 수많은 핵심 전제와 가정에 기반을 두고 있다.[3] 이런 신념이 하나로 뭉치면 이 전략이 반드시 필요하며 충분히 감당 가능하고 미국의 핵심가치와도 부합하는 것처럼 보인다.

자유주의 패권의 근간이 되는 지적 토대에는 1) 민주평화론(democratic peace theory) 2) 경제적 자유주의(economic liberalism) 3) 자유주의적 제도주의(liberal institutionalism) 등 국제정치학의 다양한 이론이 서로 연계되어 있다. 민주평화론은 자유민주주의가 확고하게 자리 잡은 나라들은 서로 싸우지 않으며 핵심 사안에서 협력하려는 성향이 있다고 주장한다.[4] 경제적 자유주의는 높은 수준으로 무역과 해외투자가 이루어지는 개방된 국제질서가 효율성과 전반적인 경제성장을 극대화한다고 주장한다. 국가가 더욱 상호의존할수록 번영하기 위해 의존하고 있는 경제적 협력관계를 위태롭게 하려고 하지 않기 때문에 갈등의 비용이 증가하고 전쟁가능성이 낮아진다는 주장이다.[5] 자유주의적 제도주의는 규칙이나 규범, WTO나 유엔 등 공식 기관과 같은 강력한 국제레짐(international regime)이 국가 간의 협력을 촉진하고 지나치게 경쟁하려는 태도를 막으며, 폭력적인 분쟁이 발생하거나 고조될 가능성을 누그러뜨릴 수 있다고 단언한다.[6] 모든 것을 종합할 때 이 이론은 미국이 민주주의를 전파하고 경제적 세계화를 증진하며 국제제도를 창출하거나 확대 혹은 강화함으로써 한층 더 평화롭고 번영하는 세계를 촉진할 수 있다고 시사한다.

앞에서 설명한 바와 같이 이처럼 기대에 부푼 비전은 역사가 미국이 원하는 방향으로 움직이는 것처럼 보였고 이런 원칙을 확산하기가 쉽다고 생각되었던 1990년대 초부터 중반까지 특히 호소력이 있었다. 시장지향적인 민주주의가 번영과 평화로 가는 가장 확실하고 신속한 길일 것이라고 확신하면서 미국 지도자들은 자유와 부, 평화에 대한 보편적 열망이 지위나 권력, 정체성과 같은 과거의 우려를 대체할 것이라고 믿었다.

전문 평론가와 정책 입안자도 강대국 간의 대결이 퇴색하거나 사라질 것이고 전통적인 현실정치(Realpolitik)가 이처럼 멋진 탈근대 신세계에서 국가를 운영하기 위한 유용한 지침이 더 이상 되지 못할 것이라고 내다보았다. 빌 클린턴은 1992년 대선운동 기간 당시 "권력정치라는 냉소적 계산은 더 이상 통하지 않는다. 새 시대에 어울리지 않는다."라고 선언하면서 팽배했던 낙관주의를 완벽하게 표현했다.[7] 요컨대 의기양양하던 1990년대에는 항구적 평화와 증가일로에 있는 번영을 위한 자유주의라는 처방전이 거의 미국의 손에 잡힐 것처럼 보였다. 제1장에서 논의한 바와 같이 자유주의 패권 지지론자들은 이제 해묵은 증오와 자신이 속한 종족에 대한 본능적인 충성심, 짜증나는 국지적 분쟁을 버리고 세계화된 세상에서 부유해지기 위해 바쁘게 일할 때가 되었다고 믿었다. 이런 세계의 중요한 특징은 미국이 만들었고 미국의 힘으로 지탱되었다.

미국의 예외적 역할

자유주의 패권 지지론자들은 또한 미국이 새롭게 등장하는 자유주의 질서를 창조하고 확대하며 관리하는 특별한 역할을 맡고 있다고 믿었다. 클린턴 행정부의 국가안보전략 보고서는 미국을 "전 세계인들의 희망의 등불"이자

"안정된 정치적 관계를 구축하기 위해 필수불가결한 나라"라고 적시했다.[8] 저명한 지식인이자 정부에서도 근무한 적이 있었던 고(故) 새뮤얼 헌팅턴 Samuel Huntington 하버드 대학 교수는 미국의 우위를 "자유와 민주주의, 개방된 경제와 국제질서를 위한 핵심 요소"로 간주했다.[9] 매들린 올브라이트 Madeline Albright 전 국무장관은 미국이 왜 세계를 이끌 권리가 있는지를 설명하면서 미국이 "다른 나라보다 훨씬 더 멀리 내다보는 필수불가결한 나라다."라는 유명한 말을 했다.[10] 저명한 신보수주의자(네오콘)들도 전적으로 동의했다.(신보수주의자는 우리나라에서 "네오콘"으로 더 잘 알려져 있지만, 원서에는 neo-con이 아닌 neoconservatist로 표기되어 있어서 네오콘과 신보수주의자, 신보수주의를 병기했다—옮긴이) 〈워싱턴포스트〉의 찰스 크로쌔머Charles Krauthammer는 미국의 힘을 "문명을 야만으로부터 보호하는 지뢰"라고 칭송했다.[11] 싱크탱크의 보고서와 전략 문서들은 이런 주문을 반복했고, 미국의 "리더십"이 축소되면 위험해진다고 경고하면서 장기적으로 미국이 리더십을 어떻게 확대하거나 강화할지, 혹은 어떻게 부활시키고 정당화하고 보장할지 등에 관한 조언을 제시했다.[12]

버락 오바마는 이라크전과 2008년 금융위기 이후 대통령이 되었지만 오로지 미국만이 독특하게 이렇게 야심적이고 세계적인 역할을 맡아야 한다는 사실에 전혀 의문을 품지 않았다. 가령 2009년에 노벨평화상 수락 연설을 하면서 오바마는 청중에게 "미합중국은 시민들의 피와 보유하고 있는 무기의 힘을 이용해서 60년 이상 전 세계의 안보를 떠맡아왔다."라고 말했고 자신의 재임기간 중에도 이런 역할을 바꾸지 않을 것이라고 분명히 밝혔다. 2012년 상하원 합동 연설에서도 오바마는 "미국은 세계 문제에서 여전히 필수불가결한 나라로 남아 있으며, 본인이 대통령으로 있는 이상 이를 계속 고수할 것이다."라고 선언하면서 똑같은 의견을 밝혔다. 오바마 행정부가 2015년에 발표한 국가안보전략 보고서에도 미국의 "리더십"이 35번 이상 명시되어 있고, 미국이 확고하게 리더십을 발휘하지 않으면 전 세계가 혼란에 빠져들 것이라

고 시사했다.[13]

미국의 리더십이 필요하다는 신념은 부분적으로는 공동의 목표를 달성하기 위해 때로는 강력한 국가가 다른 국가들을 협력으로 이끌어야 한다는 인식에서 출발하기도 한다. 만약 세계에서 가장 강력한 국가가 완전히 손을 놓고 있고 다른 국가들에게 세계적 문제를 해결하자고 권유하지 않는다면 국가들의 이기적 이해관계가 더욱 커질 것이며 기후변화와 같은 도전에 대응하는 성취 가능한 해법이 결코 도출되지 못할지도 모른다.

하지만 미국의 리더십이 중요하다는 관념에는 또한 미국이 민주주의와 여타 자유주의적 이상을 전 세계에 전파할 수 있는 독특한 위치에 있으며 그렇게 하면 모든 사람에게 혜택을 줄 것이라는 확신이 반영되어 있었다. 자유주의 패권을 옹호하는 사람들은 미국의 장점이 거의 모든 사람에게 명백할 것이며 미국의 숭고한 목표가 의심받지 않을 것이라고 믿었다. 이처럼 미국의 이타적 역할을 깊게 확신하는 태도를 보면 왜 미국의 정책 입안자들이 미국의 적극적인 리더십이 핵심적이며 실행가능하다고 믿는지 이해하는 데 도움이 된다. 조지 W. 부시 대통령이 두 번째 임기를 시작하는 취임사에서 "민주주의 운동과 제도의 성장을 추구하고 지원하는 것이 미국의 정책이며, 궁극적인 목표는 우리가 사는 세계에서 폭정을 종식하는 것이다. 미국의 영향력이 무제한은 아니지만 압박받는 사람에게는 다행스럽게도 미국의 영향력이 지대할 것이며, 우리는 자유라는 대의를 위해 확신을 갖고 이런 영향력을 사용하겠다."라고 선언했다.[14]

미국 국력의 힘

자신감(confidence)이야말로 자유주의 패권의 핵심 요소였다. 미국의 힘, 특히 타의 추종을 불허하는 군사적 우위 덕택에 이런 수정주의적 어젠다를 추진할 수 있는 수단이 생겼기 때문이다. 일단 압도적으로 우월하다면 필적할 만한 새로운 경쟁자의 출현을 막을 수 있고 유럽과 아시아, 중동에서 미래에 안보 경쟁이 발생할 가능성을 낮출 수 있다. 어떤 국가도 강력한 미국의 "집중된 적개심(focused enmity)"에 직면하려고 하지 않을 것이라고 확신했기 때문에 자유주의 패권 지지론자들은 미국의 깊은 관여가 강대국 국제정치의 재출현이나 유럽이나 아시아에서 강대국 간의 대결을 막는 핵심 열쇠라고 보았다.[15] 자유주의 패권 옹호론자들은 또한 미국이 대량학살이나 다른 인권 침해를 저지할 각오가 되어 있어야 하며, 필요하면 무력으로라도 막을 준비가 되어 있어야 한다고 생각했다. 결국 이를 위해서는 그러한 비극적인 사건이 발생할 수 있는 어디에서라도 미국이 관여해야만 했다.[16]

가장 중요한 점으로서 자유주의 패권 옹호론자들은 미국의 우위 덕택에 미국이 다른 나라에 대한 충분한 레버리지와 전 세계에서 발생하는 사건에 영향을 미칠 수 있는 믿을 만한 능력을 갖게 되었다고 가정했다. 경륜이 있는 외교정책 인사이더들로 구성되었던 태스크포스는 2000년에 "어떠한 잠재적 경쟁국과 비교해도 미국은 로마제국 이래 그 어떤 나라보다 더 강력하며, 더 부유하고, 더 영향력이 크다. 이런 대단한 강점을 지닌 미국은 향후 수십 년, 심지어 향후 몇 세대 동안 국제평화와 번영을 증진하는 국제체제를 구축할 수 있는 독특한 위치에 있다."라고 주장했다.[17] 미국의 우위가 한창이었던 시절에 미국 외교정책 전문가들은 소심하게 생각하지 않았다.

만약 다른 국가들이 주저한다면 미국 정책 입안자들은 미국이 이들을 강제로 순응하게 할 수단이 있다고 믿었다. 경제제재를 부과할 수도 있고, 미국에 적대적인 정권의 국내외 반대세력에 원조를 제공할 수도 있으며, 비밀공작을 통해 경쟁국을 약화시킬 수도 있고, 군사력을 동원해서 굴복시킬 수도 있다. 만약 필요하다면 미국은 적은 비용으로 또는 별다른 위험을 무릅쓰지 않고도 적대적인 정권을 공격해 축출할 수도 있다. 폭군이 일단 제거되면 미국과 다른 자유주의적 국제 공동체가 개입해서 해방을 도와줄 것이며, 고마워하는 현지 주민들이 정통성이 있는 새로운 민주주의 정권을 수립할 것이다. 그렇게 함으로써 자유주의적이고 친미적인 질서가 더욱 확대될 것이다. 세계 정치가 이미 이런 방향으로 움직이고 있다고 확신하면서 미국 관리들은 이런 과정을 보다 확실하고 안전하게 그리고 적은 비용으로 가속시킬 수 있다고 확신했다.

축소되고 있는 지구

자유주의 패권 지지론자들은 또한 갈수록 세계를 무역과 여행, 기술로 연결된 "지구촌"으로 간주했다. 이들은 국경을 갈수록 넘나들기가 쉬워지고(물론 국경이 무의미해지는 것은 아니지만) 정보가 빛의 속도로 이동하면서 머나먼 곳에서의 사건이 엄청나게 빠른 속도로 반향을 일으키는 세계를 상상했다. 거리가 더 이상 세계를 갈라놓지 못했고, 방대한 대서양과 태평양이 새로운 핵무기와 예상치 못한 금융위기, 초국가적 테러리스트, 전 세계적인 감염병, 사이버공격, 여타 다양한 위험으로부터 미국을 보호해줄 수 없었다. 올브라이트 국무장관이 1998년에 언급한 것처럼 "대양을 보호막이라고 간주하는 생각은 성의 해자(垓字)처럼 한물간 사고방식이다."[18] 국무부가 2010년에 발표한 4개년 외교 및 개발 검토보고서(QDDR)에 따르면 "사람과 돈, 아이디어가 세계에서 너무나 빨리 이동 가능해져서 심지어 머나먼 곳에 있는 국가에서 발생한 분쟁도 미국에 점점 더 큰 위협이 되고 있다."[19] 복잡하고 촘촘하게 상호의존하는 세계에서 취약한 실패 국가(failed state)가 적대적이고 중무장한 강대국보다 더 큰 위험이 될 수도 있다. 위험한 이념이나 불안정을 초래하는 사이버 무기는 마우스를 한 번만 클릭해도 확산될 수 있으며, 질병의 위험이나 범죄 활동, 폭력적 극단주의는 제어되거나 궁극적으로 제거되지 않는다면 더 악화되고 확대될 수 있다.

하지만 지구가 바로 이렇게 줄어들고 있는 덕택에 미국으로서도 세계를 바꾸고 이처럼 다양한 위험을 다루기가 수월해졌다. 필적할 만한 경쟁자가 없기 때문에 위험할 정도로 긴장이 고조될 가능성이 사라졌다. 정밀유도폭탄과 고성능 감시 장치, 데이터 관리 장비, 정교한 사이버 무기, 향상된 통신 역량 등 다양한 신기술 덕택에 미국은 과거 그 어느 때보다도 더 수월하게 힘을 투사할 수 있게 되었고 국지적 저항이나 적대적 보복에 대해 우려할 필요가 없어졌다. 국무부가 발표한 4개년 외교 및 개발 검토보고서(QDDR)는 폭력적 극단주의, 대량살상무기 확산, 혹은 기후변화와 같은 새로운 위협에 대해 경고한 뒤에 이러한 도전들을 한층 촉진시키는 힘들, 즉 경제적 상호의존과 정보, 자본, 상품, 사람의 신속한 이동이 또한 전례가 없는 기회를 만들어내고 있다."라고 제시했다.[20]

심각한 위험이 거의 어디에서라도 출현할 수 있다는 생각 때문에 자유주의 패권이 더욱 필요해진 것처럼 보였던 반면, 비용과 위험을 조금만 부담하면 힘과 영향력을 투사할 수 있다는 인식 때문에 세계적 차원의 적극적인 활동이 실현 가능하다고 여겨졌다. 어디에서라도 위협이 등장할 수도 있겠지만 미국은 이런 위협을 군사력과 외교, 그리고 경제적, 정치적 관여를 정교하게 조합하기만 한다면 저지할 수 있다는 것이었다.

그리하여 단극체제 시대가 형태를 갖추게 되자 정부 관리들과 정치적 성향을 초월해서 거의 모든 평론가들이 미국이 자유주의 세계질서를 확대하고 공고하게 만드는 권리와 책임, 능력이 있다고 보았고, 또한 그렇게 해야 미국이 안전하고 번영할 것이라고 믿었다.

이들은 아울러 대부분의 국가들이 미국을 자애롭다고 인식하고, 미국의 리더십을 반기며 자유주의 질서를 위한 미국의 청사진을 감사한 마음으로 받아들일 것이라고 확신했다. 정통성이 없는 독재자들이 이끄는 "불량 국가"와 여타 말썽꾼만 미국이 힘을 사용하는 것에 저항하려 할 것인데, 이런 나라는 대부분 비교적 취약하고 정치적으로 고립되어 있다. 여하튼 이들은 미국이 손을 쓴다면 역사의 쓰레기통에 묻힐 운명이었다.

보편주의적 유혹

마지막으로 자유주의 패권은 미국의 자부심에 호소하고 미국의 정치적 DNA에 있는 강력한 요소를 자극하기 때문에 상당히 매력적이다. 루이스 하츠Louis Hartz 등 몇몇 인사들이 제시한 바와 같이 미국은 미국의 건국 원칙과 통치제도가 집단 정체성보다 개인의 권리를 특히 중시하기 때문에 본질적으로 자유주의적인 사회이다.[21] 모든 인간이 "생명권, 자유권, 행복추구권"을 보유하고 있다는 "자명한" 진리를 믿는 만큼 미국인들은 자신들의 신념을 배신하지 않는 이상 타인들의 이런 권리를 부인할 수가 없다. 존 미어샤이머가 강조했듯이, 미국인들은 이런 원칙을 정의로운 사회를 건설하고 세계 평화를 증진하는 이상적인 청사진으로 간주하기 때문에 현재 이런 훌륭한 이상을 갖고 있지 않은 사람들과 필연적으로 이런 이상을 공유하려고 하게 된다.[22] 존 퀸시 애덤스John Quincy Adams는 건국 초창기 시절 "무찌를 괴물을 찾아 해외로 나가기에는" 미국이 너무나 허약하다고 생각했을지도 모르지만, 미국이 강력해지면서 자유주의적 이상을 전파하려는 유혹이 한층 더 매력적으로 다가왔다. 일단 미국이 권력의 최정점에 자리 잡자 이런 유혹을 뿌리치기가 불가능해졌다.

현실에서의 자유주의 패권

실제로 자유주의 패권을 추구하는 활동은 1) 미국의 우위 보전, 특히 군사 분야에서의 우위 보전 2) 미국의 세력권 확대 3) 민주주의와 인권이라는 자유주의적 규범의 증진을 수반했다. 탈냉전기의 세 행정부가 이 목표를 비록 각자 다른 방식으로 추구했지만, 모두 다 이 세 가지 목표에 대한 의지는 확고했다.

미국의 우위 보전

자유주의 패권 전략의 첫 번째 요소는 지난 40년 동안, 특히 소련의 붕괴 이후 획득한 미국의 우월적 위치를 확대하지 못하더라도 적어도 유지하는 것이었다. 조지 H. W. 부시의 외교안보팀은 1992년에 이런 의도를 명확하게 밝혔다. 국방부의 공식 전략지침(Strategic Guidance) 보고서 초안에는 다른 국가들이 미국과 경쟁하려는 유혹에 빠지지 못하게 압도적인 국력의 격차를 유지해야 한다는 권고가 담겨 있었다.[23] 부시의 후임자 중 누구도 동맹국이나 적국에 대해 압도적인 힘의 우위를 유지해야 한다는 데 의문을 품지 않았다. 스트로브 탈봇Strobe Talbott 전 국무부 부장관이 언급했듯이 "계속 거론되고 활기를 불어넣는 미국 외교정책의 전제는 항상 올바른 힘의 불균형(imbalace of power)이었다. 즉, 미국, 미국의 동맹국, 미국의 피후견국, 그리고 결정적으로 동료 민주주의 국가들에게 유리한 불균형 말이다."[24]

미국의 국방비 지출은 잠시 동안 탈냉전기 "평화 배당금(peace dividend)"으로 인해 1990년대 초에 3분의 1가량 줄어든 적이 있었으나, 미국은 여전히 전 세계 국방비 지출의 35퍼센트 이상을 차지했고 제2위 국가인 중국의 국방비보다 두 배 이상 지출했다. 하지만 국방비 지출이 빌 클린턴 행정부 2기에 들어서자 국방부가 동시에 두 개의 "주요 지역 분쟁"을 수행하기에 충분한 역량을 구축하려고 하면서 다시 증가하기 시작했다. 중요한 점은 미국이 상정하고 있던 "지역 분쟁" 중 어느 것도 미국이나 심지어 서반구와도 가까운 지역이 아니었다는 사실이다.

국가안보에 대한 지출이 9/11 공격 이후 급격하게 증가했고, 2007년이 되자 실질금액 면에서 레이건 행정부 시기의 최정점보다도 더 높아졌다. 2008년에 있었던 금융위기와 그 이후 이라크와 아프가니스탄에서의 병력 감소로 인해 국방비 증가 추세가 둔화되었지만 감소세로 돌아서지는 않았으며, 국방비 지출은 의회가 규정한 "예산 삭감"이 2013년에 발효하기 전까지 줄어들지 않았다.

버락 오바마는 2008년 금융위기가 발생한 뒤에 취임했고 가끔씩 미국의 경제력을 재건해야 한다고 강조하기도 했지만, 그럼에도 불구하고 군사적 우위 유지라는 목표는 분명하게 재확인했다. 오바마는 미국의 적극적 리더십이 필요하다고 여러 번 반복해서 단언했다. 2010년에 발표된 국가안보전략 보고서는 미군이 "재래식 무기에서의 우위와 핵억지력을 유지하면서 한편으로는 비대칭적 위협을 격퇴할 수 있는 역량을 향상하고 글로벌 공공재에 대한 접근권을 유지하며 파트너 국가들을 강화할" 것을 촉구했다.[25] 미국은 2016년에도 여전히 국가안보 분야에서 미국의 뒤에 있는 십여 개 국가의 지출을 합친 것보다 더 많은 예산을 지출하고 있으며, 어쩔 때는 미국의 동맹국과 러시아나 중국과 같은 잠재적 적국보다도 GDP 대비 국방비 비중이 더 높기도 했다.[26] 미국은 전 세계 모든 대양에 강력한 함대를 유지하고 수천 기의 핵무기를 보유하고 있었다. 뿐만 아니라 오바마 2기 행정부가 거의 끝나갈 무렵에도 여전히 전 세계 130개 이상의 국가에 설치된 수백 개의 기지나 여타 시설에 17만 5천 명에 달하는 육해공군 병력을 배치해 놓았다.[27] 지구상의 모든 구역이 이제 여섯 개의 "통합전투사령부(unified combatant command)" 중 하나의 관할하에 있다는 사실에서 미국의 글로벌한 야심이 잘 드러나 있었다.[28](미국은 북부, 유럽, 중부, 남부, 인도태평양, 아프리카, 우주 등 7개의 지역전투사령부와 특수작전, 전략, 수송, 사이버 등 4개 기능사령부로 구성되어 각 사령관이 작전권을 갖고 배속된 통합군을 지휘한다—옮긴이)

미국 지도자들은 침략이나 공격으로부터 미국의 본토를 보호하려고 우위를 추구했던 게 아니라는 사실이 가장 중요하다. 오히려 이들은 해외에서 자유주의 질서를 증진하기 위해 이런 우위를 추구했다. 훗날 주러시아 미국대사를 역임했던 마이클 맥폴Michael McFaul은 2002년에 "장기간에 걸쳐 효과적으로 자유를 증진하려면 미국은 나머지 세계에 대해 반드시 압도적인 군사적 우위를 유지해야 한다."라고 말했다.[29] 신보수주의(네오콘) 계열 전문 평론가인 윌리엄 크리스톨William Kristol이나 로렌스 캐플런Lawrence Kaplan은 2003년에 "건전한 원칙과 고상한 이상을 위해서 지배하겠다는 건데 뭐가 잘못되었다는 말인가?"라고 기고문을 통해 반문했다.[30] 미군은 1993년 이후 극도로 분주했지만 미국 영토를 침범하는 침략자를 격퇴하거나 심지어 동맹국을 보호하려고 싸우고 있었던 게 아니었다. 오히려 이들은 아프가니스탄이나 보스니아, 이라크, 코소보, 리비아, 소말리아, 예멘과 같은 멀리 떨어진 곳에서 정치적 환경을 바꾸거나 아니면 안보적 문제에 대처하기 위해 손해를 보면서 투입되었다.[31]

요컨대 미국의 핵무기가 수행하는 명백한 억제 역할을 제외하면 미국의 우위는 위험한 적들이 미국이나 미국의 사활이 걸린 이익을 공격하지 못하도록 억제하는 데 사용되지 않았다. 오히려 미국이 선호하는 방식으로 국제환경을 구축하고 미국과 사이가 안 좋은 권위주의적 지도자를 축출하거나 대체로 자유주의적 목표를 증진하는 데 사용되었다. 빌 클린턴과 버락 오바마는 조지 W. 부시보다 더 조심스럽고 신중하게 군사력을 사용했지만 탈냉전기에 집권했던 세 명의 대통령 모두 미국의 군사력을 야심찬 글로벌 구상을 증진하는 중요한 수단으로 간주했다. 가령 노벨 평화상을 수상한 오바마 대통령의 임기 마지막 해에도 미군은 7개국에 2만6천 발의 폭탄을 투하했다.

미국의 세력권 확장

냉전이 종식되고 나서 미국 관리들은 봉쇄해야 할 심각한 위협이 더 이상 존재하지 않으며, 해외에 광범위하게 개입하거나 전 세계에 군을 배치할 필요가 더 이상 없다고 결론을 내릴 수도 있었다. 아니면 미래의 우환에 대비하는 수단으로서 소수의 핵심 동맹만 유지하고 핵심 지역에서 더 큰 이해관계를 지닌 역내 국가들에게 부담을 대부분 떠넘길 수도 있었다. 그러나 자유주의 패권 전략에 따라 미국 지도자들은 유럽과 아시아, 중동에서의 안보 공약을 확대하고 아프리카와 라틴아메리카에서 부담스러운 새로운 임무를 떠맡기로 했다. 부분적으로는 자유주의적 이상을 전파하려는 이유도 있었지만, 이렇게 하면 분쟁 가능성을 낮출 수 있고 미국의 안보가 증진될 것이라고 믿었기 때문이었다.

유럽에서 미국은 NATO 확대를 밀어붙였다. 2009년이 되자 NATO 회원국이 16개국에서 28개국으로 증가했다.[32] 이 정책은 유럽에서 민주적 지배를 공고히 하고 다시 부활하는 러시아를 상대로 신규 회원국을 보호하며 유럽이 다시 분단되는 상황을 미리 막는다는 목적이 있었다. 그러나 많은 신규 NATO 회원국들은 작고 허약했으며 러시아에 가까이 있었기 때문에 NATO가 확대됨에 따라 미국은 군사적으로 거의 기여할 여지가 없는 취약하고 방어하기도 힘든 국가들을 보호해야 하는 부담을 떠안게 되었다. 이 시기에 NATO라는 틀 밖에서 군사역량을 개발하려는 유럽의 노력에 대해서는 미국은 기껏해야 양면적인 태도를 보였다. 그런 조치가 유럽 파트너들에 대한 미국의 영향력을 축소시킬 것이고 장기적으로는 미국의 힘에 대한 견제세력을 만들어낼 것이기 때문이었다.[33]

중국에 대한 우려로 말미암아 미국의 아시아에 대한 안보공약이 꾸준히 증가했고, 중국이 더 강력해지고 공세적으로 나옴에 따라 중국에 맞서 균형을 유지하는 데 더욱 초점이 맞춰졌다. 미국은 1990년대 중반에 일본과의 양자동맹을 강화했고, 싱가포르, 인도네시아, 베트남과 가까워졌다. 부시 행정부는 궁극적으로 인도와 "전략적 동반자 관계"에 대해 협상했다. 이런 과정이 오바마 행정부에서도 이어졌고, 오바마 행정부는 증가일로에 있는 아시아의 경제적, 전략적 중요성을 강조하면서 미국의 힘을 아시아로 "재균형(rebalancing)"하기 시작했다.

미국의 중동에 대한 관여는 훨씬 더 극적으로 확대되었고, 이에 따른 비용도 훨씬 더 커졌다. 중동 석유의 중요성과 이 지역 몇몇 국가들에 대한 오래된 안보공약에도 불구하고 미국은 과거에 세력균형을 유지하기 위해 주로 역내 동맹국들에 의지했고 지상군과 공군을 주둔시키지 않았다. 클린턴 행정부가 "이중 봉쇄(dual containment)"라는 새로운 정책을 발표하면서 이런 접근법이 1993년에 바뀌었다. 이란과 이라크가 서로 대립하도록 해서 중동지역의 세력균형을 유지하는 대신에 두 나라를 봉쇄하기 위해 미국은 사우디아라비아, 바레인, 쿠웨이트에 상당한 규모의 지상군과 공군을 유지하기로 했다.[34]

9월 11일의 테러 공격 이후 부시 행정부는 탈레반을 제거하고 알카에다를 분쇄하기 위해 우선 아프가니스탄을 침공했다. 그러고 나서 미국이 2003년에 이라크를 침공해서 사담 후세인을 축출함에 따라 더욱 깊숙하게 숙명적으로 중동에 빠져들었다. 이라크의 정권 교체는 미국의 힘을 과시하고 다른 불량 국가들에게 메시지를 보내며 중동을 반미 테러리즘의 근원에서 친미 민주주의 국가들의 바다로 바꿔놓겠다는 의도가 있었다.[35] 그러나 안정된 민주주의 국가들을 수립하고 미국의 영향력을 증진하기는커녕 미국의 침략과 점령으로 말미암아 이라크를 심각하게 분열시킨 폭력적 반란 활동이 촉발되었고, 이란의 역내 위상이 강화되었으며, 궁극적으로는 ISIS라는 훨씬 더 급진적인 극단주의 단체가 2014년에 이라크와 시리아 일부 지역에 자리잡게 되었다.

버락 오바마는 아프가니스탄과 이라크에서 지속되고 있는 전쟁을 끝내겠다는 공약을 내걸고 2008년 선거에서 당선되었으나, 그렇게 하려는 노력도 어디까지나 부분적으로 성공을 거두었을 뿐이었다. 오바마는 궁극적으로 이 두 나라에서 지상군 규모를 상당히 줄였고 그 대신 공군과 드론, 특수부대, 테러리스트 의심 인물에 대한 표적 살인과 같은 전술에 의존했다. 하지만 오바마의 대통령 임기가 끝났을 때에도 미군은 여전히 이라크와 아프가니스탄에서 싸우고 있었고, 예멘, 소말리아, 리비아, 시리아, 그리고 여타 많은 나라의 대테러 작전에도 여전히 적극적으로 참여하고 있었다.

갈수록 커지는 부담은 여기에서 그치지 않았다. 미국은 1998년에 FARC 반군을 퇴치하고 불법 마약의 미국 유입을 막는 데 도움을 주고자 콜롬비아

정부에 군사 훈련을 제공하고 수십억 달러에 달하는 경제적 원조를 제공하기 시작했다. 아울러 테러와의 전쟁에 따라 아프리카에서 미국의 안보적 역할이 극적으로 증가했는데, 소말리아 문제에 반복적으로 개입했고 드론 작전을 확대했으며 다수의 군사훈련과 자문을 제공했다. 실제로 2016년이 되자 거의 2천 명에 달하는 미군 특수부대 병력들이 "7개의 주요 작전을 지원하기 위해 아프리카 20개국에서 활동"하고 있었다.[36]

요컨대 자유주의 패권하에서 미국은 다른 의무들을 줄이지 않으면서 계속 새로운 안보공약을 떠맡고 있었다. 앞 장에서 설명한 것처럼 2016년이 되자 미국은 미국 역사상 그 어느 때보다도 더 많은 국가를 보호해주겠다고 약속하고 있었으며, 전쟁으로 황폐해진 먼 곳의 몇몇 국가들을 안정시키려고 노력하면서 동시에 많은 다른 지역에서 맹렬하게 대테러 작전을 수행하고 있었다.[37] 미국의 "세력권(sphere of influence)"이 이보다 더 방대했던 적이 없었다. 비록 미국이 이 지역들에서 어느 정도 영향력을 발휘했는지는 명확하지 않지만 말이다.

자유주의적 가치의 증진

미국의 안보공약 확대는 자유주의 가치와 제도의 확산이라는 더 큰 목표와 긴밀히 연계되어 있었다. 가령 유럽에서의 민주주의 강화는 NATO 확대를 정당화하는 핵심 논거가 되었고, 1996년에 보스니아에서 평화를 중재하려는 미국의 노력과 1999년에 코소보에서 전쟁을 하기로 결정한 주요 원인이 되었다. 미국은 또한 조지아와 우크라이나에서 각각 2003년과 2004년에 있었던 민주주의를 지향하는 "색깔 혁명"을 지원했고 이어서 2013년에는 빅토르 야누코비치Viktor Yanukovych 우크라이나 대통령에 맞서는 민중봉기를 지지했다.[38] 종교적 관용과 여성의 권리를 포함한 자유주의적 가치를 전파하겠다는 거의 반사적인 본능은 왜 미국이 아프가니스탄과 이라크에서 수십억 달러를 지출하고 수천 명의 목숨을 희생시키면서까지 실행 가능한 민주주의를 창출하려고 했는지를 설명해준다.

또한 자유주의적 세계질서 구축에 대한 이러한 지속적인 전념은 "아랍의 봄"에 대한 오바마 행정부의 무계획적이고 궁극적으로 실패한 대응을 설명해준다. 오바마는 잠시 망설이기는 했지만 "이 지역 전체에서 개혁을 증진하고 민주주의로의 전환을 지지하는 것이 미국의 정책이 될 것이다."라고 선언했다. 미국은 이어서 튀니지에서 막 싹트고 있던 민주주의를 지지했으며, 2011년에는 이집트의 독재자인 호스니 무바라크의 축출을 지원했고, 그해 하반기에는 리비아에서의 무아마르 카다피 타도를 지원했다.[39] 반정부 시위가 시리아에서 시작되자 오바마 행정부는 "아사드가 물러나야 한다."라고 즉각 결론을 내렸고, 이 정권을 축출하려고 하는 단체에 은밀히 수백만 달러를 지원했다.[40] 미국은 또한 비록 단명하기는 했지만 남수단에서 민주주의 정권을 창출하는 산파 역할을 맡았으며, 2012년에는 독재자인 알리 압둘라 살레Ali Abdullah Saleh의 축출을 조직함으로써 예멘에서 민주주의를 지원하려고 했고, 미얀마에서는 군부통치의 부분적 종식을 압박해 성공을 거두었다.[41]

경제적 세계화에 대한 미국의 접근도 암묵적으로 유사한 목표를 추구했다. 세계화는 그 정의에 따라 국제무역과 투자에 대한 장벽을 낮추고 시장의 힘이 보다 폭넓게 작동할 수 있도록 허용하는 것을 의미한다. 미국 지도자들은 이런 목표가 전 세계의 부를 늘리고 신흥 민주주의 국가들을 탄탄하게 해주며 전쟁의 가능성을 낮출 것이라고 믿었다. 더욱이 세계무역기구와 같은 경제 기구나 환태평양 동반자협정(TPP)이나 범대서양 무역투자 동반자협정(TTIP)과 같은 다자통상협정들은 투명성, 공동의 노동과 환경 기준 그리고 양립 가능한 법적, 제도적 틀에 관한 조항들을 점점 더 포함했다. 따라서 실제 실행에서도 세계화에 동참하는 국가들은 국내정치를 포괄적인 국제규범에 일치시키도록 요구 받았으며, 대부분의 이런 규범은 미국의 선호와 가치를 상당 부분 반영했다.[42]

자유주의 원칙을 전파하겠다는 미국의 의지는 분명 굳건했지만, 그럼에도 미국은 사우디아라비아, 우즈베키스탄, 파키스탄 혹은 싱가포르와 같은 나라들의 권위주의 정권을 지지했으며 이스라엘, 이집트 혹은 터키와 같은 긴밀한 동맹국들의 인권침해를 외면했다. 미국은 미국의 정책으로 인해 다른 국가들이 치러야 했던 인적 비용에 대해 그다지 우려하지도 않았다. 이런 모순된 상황으로 말미암아 예상할 수 있듯이(그리고 타당하게) 위선적이라는 비난을 받았고 자유주의 원칙의 일관된 수호자라는 미국의 이미지가 훼손되었다. 이런 상황 전개에도 불구하고 미국의 지도자들은 진정으로 자유주의 세계질서를 확대하는 데 전념했다. 비록 이런 행동이 그런 이상에 미치지 못했지만 말이다.

실제로 제1장에서 길게 설명했듯이 정력적으로 추구했던 자유주의 패권은 대부분 실패했다. 미국은 여전히 강력했지만, 미국의 전략적 지위가 1993년에서 2016년 사이에 급격하게 하락했다. 미국의 안보공약을 멀리 광범위하게 확대했지만 유럽, 아시아, 중동이 더 평화로워지지도 않았고, 몇몇 경우에는 발생하지 않아도 됐을 전쟁을 초래하기도 했다. 우리가 본 것처럼 자유주의 가치를 전파하려는 노력도 성공하지 못했다. 2017년이 되자 실제로 민주주의는 많은 곳에서 쇠퇴하고 있었고 미국 자체에서도 상당한 긴장하에 놓이게 되었다.

자유주의 패권은 왜 실패했는가

자유주의 패권은 기본적으로 세계 정치를 미국이 지향하는 모습에 맞춰서 미국에 이익이 되도록 개조하려고 한다. 미국이 냉전에서 승리했기 때문에 이렇게 야심차고 자부심이 넘치는 전략이 폭넓게 지지를 받았다는 점은 놀랄 만한 일이 아니다. 미국의 가치를 다른 나라들을 위한 이상적인 모델로서 묘사하고 미국이 평화와 번영, 발전에 대한 가장 큰 책임을 맡도록 함으로써 이 전략은 미국인의 도덕 관념과 자부심에 호소했다. 그리고 자유주의 패권은 워싱턴의 외교정책 커뮤니티에 새롭고 고상한 목적을 부여했고, 이런 이상적 목표가 달성하기 쉬운 것처럼 보이게 만들었다.

더욱이 이 전략이 약속했던 이익은 거부할 수 없을 정도로 매력적이었다. 전쟁이 드물어지고, 상품과 투자, 사람들이 자유롭게 이동할 수 있으며, 악인을 통제하고, 더 좋은 경우 처벌까지 하며, 인권이 갈수록 존중받는 세상에 살기를 누가 원하지 않겠는가? 특히 이런 훌륭한 과업을 비용을 거의 들이지 않고 달성할 수 있다면 어떻겠는가? 미국의 외교안보 분야 전문가들이 탈냉전 세계를 바라보았던 방식을 고려할 때 미국이 이런 이상주의적 비전의 유혹에 넘어가지 않았다면 오히려 그게 더 놀라운 일이었을지도 모른다.

하지만 우리가 본 것처럼 초당적으로 추구했던 자유주의 패권은 여러 번 반복해서 엄청난 대가를 치르고 실패했고, 자유주의 패권의 단점이 시간이 지날수록 더욱 뚜렷해졌다. 자유주의 패권에서 주된 결함과 부정적인 결과는 무엇이었는가? 정확하게 뭐가 잘못되었는가?

취약한 토대

우선 자유주의 패권은 국제정치에 관한 왜곡된 이해에 근거하고 있다. 그렇기 때문에 자유주의 패권 옹호론자들은 예상되는 이익을 과장하고 미국이 자유주의 패권을 추구하는 과정에서 수반되는 반발을 과소평가한다. 클린턴 행정부와 오바마 행정부에서 외교정책을 담당했던 자유주의적 국제주의자들은 민주주의가 확산되고 경제적 상호의존이 심화되면 기존의 갈등이 줄어들 것이고 갈수록 조화로운 세계가 창출될 것이며 공고하게 자리 잡은 국제제도가 사소한 잔여 쟁점을 처리할 것이라고 믿었다. 부시 행정부의 외교정책에 영향을 미쳤던 신보수주의자들(네오콘들)은 글로벌한 제도에 별 매력을 느끼지 않았지만(미국의 행동의 자유를 제약한다고 보았다) 그들은 미국의 힘과 결의를 강력하게 과시하는 것이 잠재적 적들을 겁주고 대부분의 국가가 미국에 편승하도록 부추길 것이라고 믿었다. 사소한 차이가 있었지만, 자유주의 패권을 옹호하는 자유주의자나 신보수주의자(네오콘) 모두 다 미국이 심각한 반발을 초래하지 않으면서 이런 야심찬 글로벌한 전략을 추구할 수 있다고 가정했다.

불행히도 이런 낙관적인 기대의 토대가 되었던 이론은 결함이 있었다. 자유민주주의 국가들이 서로 거의 전쟁하지 않았다는 점은 사실이지만, 왜 그렇게 되었는지 만족스러운 설명이 아직 없다. 설득력이 강한 이론이 없다는 사실은 정권의 형태 외에 뭔가 다른 요인이 이런 현상의 이유가 될 수 있음을 의미하며 전 세계에 민주주의 국가가 엄청나게 많아진다고 해서 실제로 더 평화로워지고 미국이 더 안전해질지 여부는 알 수 없다.

하지만 설령 그렇다 하더라도 새롭게 민주주의 국가가 된 경우 국내외 갈등에 휘말리는 경향이 특히 심하다는 사실을 역사는 경고하고 있다. 비록 장기적으로는 유익한 효과가 있다고 판명되더라도 민주주의를 전파하려는 노력이 중단기적으로는 더 많은 골칫거리를 만들어낼 가능성이 있다.[43] 또한 민주평화론은 자유주의 국가들이 권위주의 정권을 어떻게 상대해야 할지에 대해서도 단지 이들을 타도하는 게 항구적 평화로 가는 길이라는 점 외에는 별다른 설명을 제시하지 않는다. 따라서 정책을 위한 지침으로서 민주평화론은 그것이 실현할 수 있는 것보다 더 많은 것을 약속하는 셈이며 자유주의 국가와 비자유주의 국가 간의 갈등을 초래할 가능성이 크다.

경제적 상호의존이라는 자유주의 이론도 마찬가지로 그 가치가 떨어진다. 확실히 무역과 투자에 관한 장벽을 낮추면 전 세계적인 경제성장에 도움이 되며, 경제적으로 상호의존도가 심해진다면 경우에 따라 전쟁 가능성을 낮출 수도 있다. 그러나 두 번의 세계대전과 많은 내전이 우리에게 상기시키듯이 경제 분야에서 상호의존도가 매우 커진다고 하더라도 전쟁이 불가능해지는 것은 아니며, 강력한 경쟁국이 세력균형을 뒤집으려고 무슨 짓을 할지에 대해 국가들이 우려할 필요가 없어지는 것도 아니다.[44] 아무리 세계화가 폭넓게 실현되더라도 상호경쟁과 의심, 전쟁 가능성을 없애지 못할 것이고 어떤 경우에는 이런 문제를 도리어 악화시키기도 한다. 가장 최근에 있었던 세계화의 물결이 또한 반복되는 금융위기로 이어졌고—가장 두드러진 사례가 2008년에 있었다—많은 나라가 정치적, 사회적으로 고통을 겪었다. 간단히 말해 오늘날의 세계화는 만병통치약이 아니며 특히 전통적인 지정학의 종말을 예고하지도 않는다.

마지막으로 자유주의 패권은 국가들 간의 관계를 규율하고 심각한 이익의 충돌을 해소하는 국제제도의 능력을 과장한다. 주권국가들로 구성된 세계조차도 상호작용을 관리하는 규칙이 필요하다는 점에는 의문의 여지가 없다. 자명한 예를 들자면 오늘날과 같은 국제 항공은 공역에 대한 접근권을 규제하고 매일매일의 운항 일정을 관리하는 상세한 협정이 없다면 불가능할 것이다. NATO, 세계은행, 세계무역기구(WTO)와 같은 다자기구가 보여줬듯이 국제제도는 국가들이 협력해야 하는 확실하고 명백한 유인이 있을 때 협력을 촉진할 수 있다. 그러나 국제제도는 강대국이 마음대로 행동하는 상황을 막지 못하며 그렇기 때문에 분쟁이나 전쟁 위험을 제거하지도 못한다. 국제제도는 국가들이 자국의 이익을 증진하는 도구일 뿐이며 필연적으로 가장 강력한 국가의 이익을 반영한다.[45] 대부분의 기존 국제제도는 미국의 선호에 오랫동안 맞춰져왔으며, 중국이 기존 국제기구에서 더 많은 역할을 맡으려고 하고 경우에 따라서는 자신만의 유사한 제도를 창출하려고 하는 게 마찬가지로 놀라운 일은 아니다.[46]

아울러 미국 지도자들은 다자제도라는 가면을 쓰고 권력을 행사하는 것이 다른 나라들에게 미국의 지배가 더 괜찮아 보이게 할 수 있고 효과적인 국제협력을 가로막는 일부 장애물을 극복하는 데 도움이 된다고 인식했다. 하지만 가장 강력한 제도조차도 중동에 평화를 가져다주지 못했고, 테러리즘을 제거하지도 못했으며, 아프가니스탄, 이라크, 시리아, 혹은 수단에서 안정된 국가를 창설하지도 못했다. 2008년 금융위기를 막지도 못했고, 유럽연합(EU)의 원심력을 되돌리지도 못했다. 아시아에서의 해양분쟁을 해결하지도 못했다. 기후변화라는 장기적 문제에 대한 시의적절하고 효과적인 대응책도 마련하지 못했다.

균형잡기, 책임전가, 역풍

동시에 자유주의 패권은 국제관계에서 훨씬 더 중요한 원칙을 무시하고 있다. 즉, 세력 불균형이 발생하면 국가들이 불안해하는데, 특히 가장 강력한 나라가 다른 나라들의 이익을 거의 신경 쓰지 않고 힘을 사용할 때 더욱 그렇다. 예를 들자면 소위 불량 국가들이 미국의 힘을 견제할 수 있는 방안을 모색하는 게 당연히 예상 가능했다. 미국이 민주주의의 확산을 대전략의 핵심 목표로 삼았고 수많은 이런 불량 국가들을 정조준했기 때문이다. 마찬가지로 중국과 러시아, 그리고 많은 다른 나라들이 미국이 자유주의 가치를 확산하려고 하자 경악했다는 점도 놀랄 만한 일이 못 된다. 만약 이런 노력이 성공한다면 비자유주의적인 국가들의 정치체제가 위협받고 지배계층이 누리고 있는 특권이 흔들리기 때문이다.[47]

하지만 미국의 지배적 지위는 또한 미국의 가장 가까운 동맹국들 중 일부 국가마저 불안하게 만들었는데, 그중에는 민주주의 국가도 있었다. 위베르 베드린Hubert Vedrine 프랑스 외교장관은 1990년대에 미국이 "극초강대국(hyperpower)"이라고 여러 번 불평했으며, 한때 "내일의 세계를 단극체제가 아닌 다극체제로 바꿔놓는 게 프랑스 외교정책의 전부다."라고 말했다. 게르하르트 슈뢰더Gerhard Schroder 독일 총리도 이런 우려에 공감하면서 미국의 일방주의에 따른 위험을 "부인할 수 없다."라고 경고했다.[48] 놀랍지 않게도 두 나라 다 이라크 침공 등 미국의 대담한 구상을 여러 계기에 적극적으로 반대했다.

이들의 우려는 충분히 이해할 만하다. 미국이 프랑스와 같은 우방국들에 해를 주려고 힘을 사용해서가 아니라 미국의 방대한 능력으로 말미암아 우연히 우방국들이 쉽게 피해를 입을 수 있기 때문이다. 이라크 침공이 완벽한 사례가 되었다. 이라크 침공이 결국 ISIS의 출현으로 이어졌기 때문이다. 이들은 온라인을 통한 추종자 모집과 잔혹한 행위로 수많은 유럽 국가에서 테러리스트들의 공격을 부추겼으며 2015년에 유럽을 집어삼킨 난민 위기에도 일조했다. 유럽 관리들이 2003년 전쟁을 반대했던 게 옳았다. 이들은 중동이 불안정해지면 완벽하게 예측할 수는 없지만 예상 가능한 방식으로 자신들이 피해를 입을 것임을 알고 있었다. 사담 후세인을 제거하면 또한 이란의 역내 최대 경쟁국을 제거하는 셈이 되어서 페르시아만에서 이란의 입지가 강화될 것이고, 이로 인해 사우디아라비아와 같은 미국의 긴밀한 파트너 국가가 위협받게 될 것이다. 미국은 이라크를 침공할 때 동맹국에 피해를 줄 의도는 분명히 없었지만, 바로 정확하게 그렇게 되었다. 옥스퍼드 대학의 역사학자인 가튼 애쉬Garton Ash가 2002년 4월에 지적했듯이 "미국의 힘과 관련된 문제는 미국이라는 게 아니다. 문제는 단지 힘이다. 설령 대천사가 그렇게 큰 힘을 휘두른다고 하더라도 위험할 것이다."49

미국의 핵심 동맹국들은 미국의 우위를 불안하게 여겼지만 동시에 무임승차 방식으로 미국을 이용했다. 그리하여 아프가니스탄과 같은 곳에서 미국이 훨씬 더 많은 부담을 짊어지도록 강요했다. 이런 행동은 뻔하게 예상되었다. 미국이 더 많이 일을 하고 싶어 하는데 왜 다른 나라들이 굳이 어렵고 큰 비용이 드는 부담을 짊어져야 하겠는가? 미국이 힘든 일을 하도록 방치하면서 이들은 자신들의 돈을 다른 분야에 투입했는데, 미국이라는 거인을 옭아매는 추가적인 장점도 있었다. 그러고 나서 미국이 동맹국들로 하여금 그들의 이해관계가 걸린 사안들—가령 1990년대의 발칸반도에서의 전쟁이나 2011년의 리비아 개입 등—에서 더 많은 역할을 하게 했을 때, 미국은 자신의 상당한 지원 없이는 동맹국들이 제대로 일을 할 수 없다는 사실을 알게 되었다.

반대세력들은 다른 방식으로 미국의 힘에 맞서고자 했다. 일부 적국은 대량살상무기를 추구함으로써 미국의 압력을 억제하려고 했고, 다른 나라들은 미국의 목표를 좌절시키기 위해 서로 가까워졌다. NATO가 동쪽으로 확대되고 미국이 아시아로 중심축을 돌리자 러시아와 중국 간의 협력이 증가했다. 그리고 결국 러시아는 조지아와 전쟁을 했고, 우크라이나로부터 크림반도를 빼앗았으며, NATO의 추가 동진을 막고 유럽의 자유주의 질서를 훼손하고자 사이버공격과 "하이브리드 전쟁"(hybrid war. 정규전 외에 사이버전과 무역전쟁 등 다양한 수단을 동원하는 새로운 전쟁수행 방식—옮긴이)을 감행했다. 마찬가지로 시리아와 이란은 이라크에서의 미국의 노력을 좌절시키고 미국이 두 나라 중 어느 하나를 다음 목표로 삼지 못하게 만들기 위해 협력했다. 이런 노력 중 어떤 것도 전 세계적 세력균형을 바꾸기에는 충분하지 못했지만, 미국이 야심찬 목표를 달성하기 어렵게 만들었고, 이 국가들이 미국의 압박을 차단하는 데 도움이 되었다.

마지막으로 미국은 또한 다양한 이슬람 극단주의자들의 갈수록 거세지는 반발에도 직면했다. 미국이 이스라엘과 이집트, 요르단, 사우디아라비아를 지원하고 무슬림 세계 전역에 미군이 주둔함에 따라 이들의 적개심이 커졌다. 시간이 지나면서 알카에다, 탈레반, 헤즈볼라, 하마스, ISIS, 보코하람, 그리고 여타 극단주의 단체들에 대해 미국이 대응함에 따라 예멘, 소말리아, 이라크, 시리아, 파키스탄, 아프가니스탄, 그 외 몇몇 나라에서 끝없는 충돌이 빚어졌다.

더욱이 미국이 근본적으로 이슬람에 적대적이라는 인식이 커지자 수많은 나라에서 테러리스트 공격이 조장되었고 미국도 여기에 포함되었다. 예를 들면 2009년 11월에 육군 심리치료사 니달 하산Nidal Hasan 소령은 포트 후드(Fort Hood) 육군 기지에서 13명을 살해하고 30명 이상에게 부상을 입혔다. 미국이 이슬람에 대해 전쟁을 선포했다는 그의 믿음이 범행 동기였다.[50] 그리고 2012년, FBI의 대테러부서가 발표한 보고서에 따르면 "해외에서의 미군 작전에 대한 분노가 '자생적' 테러 사건에 연루된 사람들의 동기로 가장 많이 인용되었다." 이 보고서에 대해 테러리즘 전문가인 마크 세이지먼Marc Sageman은 "미국의 군사행동이 계속된다면 필연적으로 이 나라에서 테러 활동을 부추기게 될 것이다. 일부 현지 주민들은 자신을 해외에서의 미국의 군사행동으로 인한 희생자와 동일시할 것이기 때문이다."라고 예견했다.[51]

따라서 탈냉전 세계는 평화로운 세계질서와 자애로운 미국 지도력에 대한 거의 보편적인 수용으로 이어지지 않았고, 대신 계속해서 보다 전통적인 현실정치의 명령에 따라 움직였다. 다른 국가들은 여전히 세력균형에 아주 예민하게 반응했고, 이익이 되지 않는다면 미국과의 협력을 거부했으며, 핵심적인 전략적 우선순위를 지켜야 할 때는 강경한 태도를 취했다. 미국 주도의 자유주의 패권에 반대하는 세력들은 때로는 폭력에 의존하기도 했다. 크림반도를 탈취할 때 러시아가 그랬고, 이슬람 극단주의자들이 테러를 이용할 때도 그랬다. 비록 자신들에게 엄청난 비용과 위험이 따르더라도 폭력을 사용했던 것이다. 이런 행동은 당연히 예견되었던 것이었다. 미국이 이걸 예상하지 못한 게 오히려 놀라웠다.

무력사용의 효용성 과장

자유주의 패권은 미국 지도자들이 미국의 힘—특히 미국의 군사력—이 성취할 수 있는 것을 과장했기 때문에 실패했다. 미국의 막강한 무기 덕택에 미국인들은 정복당하거나 강압을 당할지 모른다는 두려움으로부터 자유로워졌지만, 그렇다고 해서 미국이 다른 나라에 이래라저래라 할 수 있게 되거나 미국 지도자들이 다른 나라들의 국내 정치 발전에 대해 믿을 만한 통제력을 갖게 되지는 않았다.

어떤 국가가 우월한 힘을 갖고 있다고 해서 확실한 통제력이 생기는 것은 아니다. 미국으로부터 압박을 받는 나라들이 이해관계가 걸린 사안에 더 관심을 가지며 독립이나 사활적 이익을 지키기 위해 더 높은 대가를 기꺼이 치르려고 하기 때문이다. 세르비아, 리비아, 이란, 이라크, 시리아, 그리고 북한과 같은 나라들은 미국보다 훨씬 약하지만, 이들 중 아무도 미국이 압박하려는 조짐이 보인다고 해서 항복하지 않았다. 실제로 미국에 반대하는 대부분의 세력들은 "항복"하지 않고 상당한 정도의 응징을 기꺼이 감수하려고 하며, 그럼으로써 이 나라들을 대상으로 자신의 의지를 부과하려는 미국의 능력이 제약된다.

가령 슬로보단 밀로세비치Slobodan Milosevic 세르비아 대통령은 1996년에 결국 보스니아에 대해 합의했고 1999년에 코소보를 억지로 포기해야 했던 것도 물론 사실이다. 하지만 세르비아는 매우 약한 나라였음에도 밀로세비치의 양보를 받아내기까지 78일에 걸쳐 공습을 해야 했다. 더욱이 바시르 알-아사드와 사담 후세인, 김정일, 김정은, 무아마르 카다피, 그리고 이란의 어떤 지도자도 미국의 노골적인 요구에 굴복한 적이 없었다. 실제로 일부 미국의 적수들은 타도당하기 직전까지도 저항을 했다.[52] 아프가니스탄의 탈레반은 17년 이상 전쟁을 겪으면서도 여전히 싸우고 있고, 미국이 오랫동안 이라크를 점령했음에도 불구하고 미국은 후세인 이후의 이라크 지도자들에게 이래라저래라 마음대로 지시할 수가 없다.

이 나라들이 개별적으로 미국보다 훨씬 약하다는 사실을 기억해야 한다. 만약 미국이 자신이 바라는 대로 행동하도록 이 작은 나라들을 겁을 주지도 협박하지도 강요할 수도 없다면, 이는 "단극체제하의 초강대국"이 자유주의 질서를 확대하기 위해서 쓸 수 있는 실제 레버리지와 군사력, 그리고 다른 압박 수단과 관련해 무엇을 드러내는가?

보다 절제된 민주당 방식을 선호하든, 보다 근육질의 공화당 접근법을 선호하든 자유주의 패권 지지론자들은 군사력이 조악한 수단이라는 사실 또한 망각하고 있다. 군사력이 특정한 목적을 위해서는 유용하지만, 다른 목적에 대해서는 그런 유용성이 없고 항상 의도하지 않은 결과를 초래한다. 엄청난 경제력과 정교한 무기, 혁신적인 교리 덕택에 미국은 머나먼 지역까지 힘을 투사할 수 있고 얼마든지 군사적으로 허약한 적들을 전장에서 패퇴시킬 수 있다. 그래서 미국은 신속하고도 인명피해가 거의 없이 탈레반 정권을 무너뜨리고, 사담 후세인을 제거할 수 있었다. 그러나 3류 군대를 파괴하고 외국 지도자를 축출할 수 있다고 해서 미국이 패배시킨 정권을 대체할 새롭고 효과적인 정치체제를 수립할 수 있다는 말은 아니다. 전투와 통치는 상당히 다르며, 정확하게 폭파하는 능력이 있다고 해서 마찬가지로 정복된 지역을 효과적으로 관리할 수 있는 능력이 부여되는 것도 아니다. 벤 로즈Ben Rhodes 국가안보부보좌관이 오바마 대통령 임기 말에 인정했던 것처럼 "미군은 엄청난 일을 할 수 있다. 전쟁에서 승리할 수 있고 분쟁을 안정시킬 수도 있다. 하지만 군대는 정치 문화를 창조하거나 사회를 건설하지는 못한다."[53]

정밀한 도구에 (가령 원격조종 드론이나 엘리트 특수부대 등) 더욱 의존하더라도 군사력은 특별히 유연한 수단이 되지 못한다. 군사력 사용은 궁극적으로는 그 자신만의 논리와 타성(momentum)이 있고 전등 스위치처럼 껐다 켤 수도 없고 상황에 따라서 단순한 강약조절도 불가능하다. 전투에 병력을 투입한다는 것은 곧 미국의 위신을 거는 셈이다. 동맹국과 적들이 금방 끼어들 것이고, 장병들이 죽거나 다칠 것이며, 대중은 비용에 상응하는 이득을 기대할 것이다. 만약 즉각적인 성공을 예상할 수 없다면 민간인 당국자건 고위 군사 지휘관이건 자신들이 오판했다고 시인하려 하지 않을 것이다. 승리를 달성하기 전에는 기꺼이 중단하려고 하지도 않을 것이다. 차질을 빚을수록 더 확전하라는 압박이 생겨날 것이며, 거짓된 공포나 거짓된 희망에서 시작된 전쟁이 쉽게 무한정하게 계속될 것이다.

자유주의 패권 지지론자들은 자신들이 야심찬 글로벌 의제를 위해 군사력을 선택적으로 그리고 값싸게 이용할 수 있다고 확신했지만 오히려 승리할 수 없는 수렁에 빠졌다는 사실을 깨달았다. 이라크전이 가장 대표적인 사례지만, 1992년 이후 미국이 군사적으로 개입했던 모든 주요한 사례—아프가니스탄, 보스니아, 이라크, 코소보, 리비아, 소말리아, 예멘—들이 미국 지도자들의 예상보다 더 오래 걸렸고 비용도 훨씬 컸던 반면, 성취한 결과는 약속했던 것에 훨씬 미치지 못했다. 전부 다 그랬다.

외교적 경직성

미국의 힘에 대한 과도한 신뢰는 미국 관리들로 하여금 진정한 외교, 즉 상호 이익을 위해 상충하는 이익의 조정행위를 회피하고 최후통첩이나 강압적인 압박에 과도하게 의존하게 만들었다. 전직 국방부 차관보이자 오랫동안 외교관으로 근무했던 채스 W. 프리먼Chas W. Freeman이 지적했던 바와 같이 "우리 정치 엘리트들 대부분에게 있어, 미국의 압도적인 군사적, 경제적 레버리지는 다루기 힘든 외국인들이 동조하게끔 설득하려 노력하는 대신 강압적 수단을 사용하는 것을 정당화한다."[54]

세계 정치를 선한 자유주의 국가와 사악하고 권력을 남용하는 폭군 간의 마니교식 투쟁으로 인식하는 경향이 만연하면서 이 문제가 한층 더 복잡해졌다. 미국 관리들과 영향력이 큰 전문 평론가들은 국가 간의 충돌 원인을 상이한 시각이나 상충하는 역사적 서사, 혹은 국익의 정면 충돌 탓으로 돌리지 않고 판에 박힌 듯이 선과 악의 대립으로 묘사했다. 클린턴 행정부가 목표물로 삼았던 "불량 국가(rogue states)"의 형태이건 부시 행정부가 "악의 축(axis of evil)"이라고 싸잡았던 독재자들이건 미국의 적들은 일상적으로 부도덕하고 정통성이 없는 정부로 묘사되었고 이들의 존재 자체가 미국의 가장 깊은 정치적 신념에 위배되었다.[55] 버락 오바마는 전임자에 비해 이런 도덕주의적 언어를 사용하는 경향이 덜했지만, 노벨상 수락 연설에서 청중들에게 "착각하지 말아야 한다. 세상에 악이 분명이 존재한다."라고 상기시켰다.

적들을 사악한 존재라고 여겼고 자신들이 갖고 있는 카드패가 더 강하다고 믿었기 때문에 미국 관리들은 합의에 도달하기 위해 양보하는 상황을 일종의 항복이라고 여기는 경향이 있었다. 비록 그에 따른 합의로 자신들이 원했던 것을 거의 다 얻었더라도 그렇게 보았다. 간략히 말하자면 미국은 진정한 흥정 대신 단순히 상대방에게 자신이 원하는 대로 행동하라고 명령하는 경향이 있었다. 만약 상대방이 순응하지 않으면 미국 지도자들은 압박의 고삐를 죄거나 칼을 쥐려고 했다.

예를 들어 1999년 코소보 전쟁에 앞서 진행된 협상에서 미국 관리들은 모든 갈등이 세르비아 탓이라고 비난했고, 세르비아의 이익을 최소한이라도 보전하는 합의를 성사시킬 의사가 전혀 없었으며, NATO가 무력을 사용할 의향이 있음을 보여주기만 해도 슬로보단 밀로세비치Slobodan Milosevic 세르비아 대통령이 즉각 항복할 것이라고 가정했다. 하지만 세르비아가 항복하기까지 상당히 오랫동안 공습을 해야 했다. 이로 인해 세르비아의 인종청소가 가속화되었고, 수백 명의 민간인 사상자가 발생했으며, 수십 억 달러 규모의 재산 손실이 있었다. 세르비아는 미국이 제시한 최후통첩안의 내용보다 훨씬 더 유리한 합의를 확보한 후에야 항복했다. 미국이 처음부터 좀 더 공감하는 태도를 보이고 유연했더라면 전쟁 자체를 피할 수 있었을지도 모른다.[56]

똑같이 비타협적인 접근법 때문에 이란은 2000년에 원심분리기가 하나도 없었지만 2015년에는 1만9천기 이상 보유하게 되었다. 이란이 잠재적 핵능력을 향해 나아가는 상황을 막기보다 정권 교체에 관심이 더 컸기 때문에 미국은 몇 년 동안 이란에게 모든 핵농축 활동을 중단하라고 요구했고 테헤란이 완전한 핵 연료 주기를 통제할 수 있게 하는 어떠한 합의도 고려하기를 거부했다. 미국 관리들은 이란 측 협상단과 직접 접촉하는 것조차 거부했고, 이란의 농축 능력을 훨씬 낮은 수준에서 동결시킬 수도 있었던 이란 측의 제안들을 거부하거나 좌절시켰다.[57] 심지어 본격적인 협상이 2009년에 시작되고 나서도 오바마 행정부는 "신뢰구축" 합의를 거부하고 물러났다. 만약 이 합의에 동의했더라면 이란의 저농축 우라늄 보유량을 상당히 감소시켰을 것이다.[58] 미국은 진지하게 협상하는 대신 경직적인 경제 제재를 계속 부과했고, 이란이 순응하지 않으면 무력을 사용하겠다("모든 옵션이 테이블에 있다")고 계속해서 협박했다. 물론 이런 압박이 이란이 궁극적으로 합의하게 하는 데 역할을 했을 수도 있지만 2015년의 핵합의에 도달하기까지는 미국 측도 이란이 모든 농축능력을 포기해야 한다는 요구를 포기하는 등 유연성을 발휘해야 했다. 10년 이상 미국이 비타협적으로 고집을 피운 결과, 이란은 미국이 즉각적으로 진지하게 외교에 임했을 경우와 비교해서 훨씬 더 핵능력에 가까이 다가서게 되었다.

이와 비슷한 경직성 때문에 시리아와 우크라이나 위기에 대한 미국의 대응에도 차질이 빚어졌다. 시리아 위기의 경우에는 미국이 "아사드Assad가 물러나야 한다."라고 고집하고 이란이 평화 협의에 참여하지 못하게 거부함에 따라 전쟁을 막기 위한 초기의 노력이 손상된 반면, 급진적인 이슬람 단체들의 성장이 촉진되었고 도발적인 충돌이 장기화되었다.[59] 우크라이나에서는 미국이 러시아에게 우크라이나에서의 모든 활동을 중단하고 크림반도에서 철수해야 하며, 만약 우크라이나가 EU나 NATO의 회원국 자격을 충족하면 가입할 수 있게 하라고 촉구했다. 양측의 핵심 목표를 충족시키는 타협을 추구하기보다 미국은 러시아에게 우크라이나에서 사실상 모든 이익을 포기하라고 요구했고 다른 말을 덧붙이지 않았다. 그와 같은 결과는 순전히 미국의 관점에서는 상당히 바람직할지도 모르겠지만, 러시아의 역사와 우크라이나에 대한 러시아의 인접성, 그리고 러시아의 안보 우려를 분별 없이 무시하는 것이었다. 우크라이나에 심각한 피해를 입히게 될 길고 값비싼 투쟁 없이 이런 요구에 굴복해버릴 러시아 지도자가 누가 있을지 상상하기가 어렵다.

마지막으로 협박, 최후통첩, 타협 거부에 기초한 외교는 오랫동안 지속되는 결과를 만들어내는 경우가 드물다. 약한 당사자도 대체로 어느 정도는 협상력을 보유하기 마련이고, 특히 핵심 이익과 관련해서는 더욱 그렇기 때문에 아무리 강력한 국가조차도 상대방으로부터 원하는 것을 전부 다 얻어내기가 어려워진다. 마찬가지로 만약 약한 편이 강압적이고 자신이 생각하기에 불공정하다는 방식으로 굴복하도록 강요당한다면 그 결과에 분개할 것이고 상황이 좀 더 유리해질 때 이 사안을 다시 제기하려고 할 것이라는 점이 중요하다. 외교가 작동하려면 양측이 자신들이 원하는 것 일부를 가져야 하며, 그렇지 않을 경우 가장 많이 양보를 한 쪽이 장기적으로 굳이 합의를 준수할 동기가 거의 없어질 것이다.

미국 지도자들은 다른 나라들을 미국의 의지대로 굽힐 수 있는 미국의 능력을 과장함으로써 자신들의 외교적 노력을 훼손시켰고 무력을 사용하지 않고 분쟁을 해결할 수 있는 좋은 기회를 놓쳐버렸다.

사회공학의 한계

당연히 자유주의 패권은 미국이 다른 사회를 개조하는 데 전념하게 만들었다. 자유주의 세계질서는 다른 국가들이 자유주의 원칙을 수용할 것을 요구하며, 미국은 이들 국가가 그 방향으로 나아가도록 떠밀려고 노력했지만 실패했다. 역사와 국내적 특성, 사회 제도가 미국과 근본적으로 다른 사회에서 대규모 사회공학을 추진할 수 있는 미국의 역량이 과장되었기 때문이다. 미국이 이룬 성취 덕택에 민주당과 공화당 모두 자유민주주의가 경제성장과 정치적 안정을 위한 마법의 공식이라는 착각을 하게 되었고, 부와 자유를 향한 보편적 열망이 "해묵은" 민족적, 인종적, 혹은 종교적 정체성을 압도할 것이고 다른 나라들에서는 서로 경쟁하는 집단들이 상대적 권력에 대한 관심을 버리게 될 것이라고 확신했다. 만약 역사가 이렇게 발전적인 방향으로 나아가고 있고 다른 나라들이 하루 빨리 미국처럼 되기를 원한다면, 그들은 구식의 사고방식을 당장이라도 폐기하고 민주주의를 즉각 포용하며 국내적 갈등을 평화롭게 해결하려 할 것이다. 또한 미국이 창조하고 있는 자유주의 세계질서에 참여하기를 간절히 바랄 것이다. 만약 이런 장밋빛 비전이 정확했다면 아무도 다른 나라들을 21세기로 인도하려는 미국의 선의에 가득 찬 노력에 저항할 생각을 품지 않았을 것이다.

아쉽게도 이런 시각은 좋게 봐줘야 순진했고 최악의 경우에는 완전히 틀린 생각이었다. 동유럽의 "벨벳 혁명"과 라틴아메리카의 "민주주의 물결"은 1990년대가 시작될 당시에는 고무적인 징조였지만, 자유민주주의를 선호하는 세속적인 흐름은 결코 보편적이지 않았다. 러시아, 중국, 중동, 아시아 일부에서 권위주의 정권은 놀라울 정도로 복원력이 강했던 것으로 입증되었다. 서유럽과 북아메리카에서 상당히 안정적인 민주주의 제도가 출현하기까지 수 세기가 걸렸고, 또한 그렇게 오랜 시일이 걸린 과정 자체도 다툼이 많았고 자주 폭력적이었다. 미국이 발칸반도와 아프가니스탄, 이라크, 혹은 중동의 다른 곳에서 몇 년 내로 자유주의 질서를 창조할 수 있다는 믿음은 상상 속에나 나올 법한 일이었고 그렇지 않다면 완전히 기만적이었다. 실제로 2017년이 되자 일부 유럽 지역에서 자유민주주의가 살아남을 수 있을지조차도 명확하지 않았다.

정권 교체를 통해 민주주의를 확산하려는 노력은 다른 이유로도 실패할 수밖에 없었던 운명이었다. 정부의 전체 체제를 바꾸면 필연적으로 승자와 패자가 생기기 마련이며, 후자는 종종 새로운 질서에 반대하려고 무기를 집어 들기 마련이다. 동시에 정권 교체는 이러한 저항 활동을 부추기는 권력의 공백도 초래한다. 민족이건, 종족이건, 부족이건, 종파건, 무엇이 되었던 간에 정체성, 충성, 의무와 같은 원천은 폭군이 타도된다고 해서 갑자기 사라지지 않는다. 그리고 미국이 도움을 주려고 했던 사람들 중 일부는 미국의 강압적 간섭에 분개하며 이런 간섭에 저항하기 위해 기꺼이 싸우다 죽으려고 할 것이다. 전직 국방부 장관실 아프가니스탄 · 파키스탄 담당 보좌관이 이끈 조사팀이 2016년에 기술한 바와 같이 "미군, 국제군, 아프간군에 의한 민간인의 피해가 탈레반이 성장하는 데 상당히 기여했고, 미국과 아프가니스탄 간의 관계를 긴장시키고 미국의 임무와 아프간 정부의 정통성을 약화시킴으로써

〈그림 1〉 아프가니스탄의 안정 / 대 반군전 역학 관계

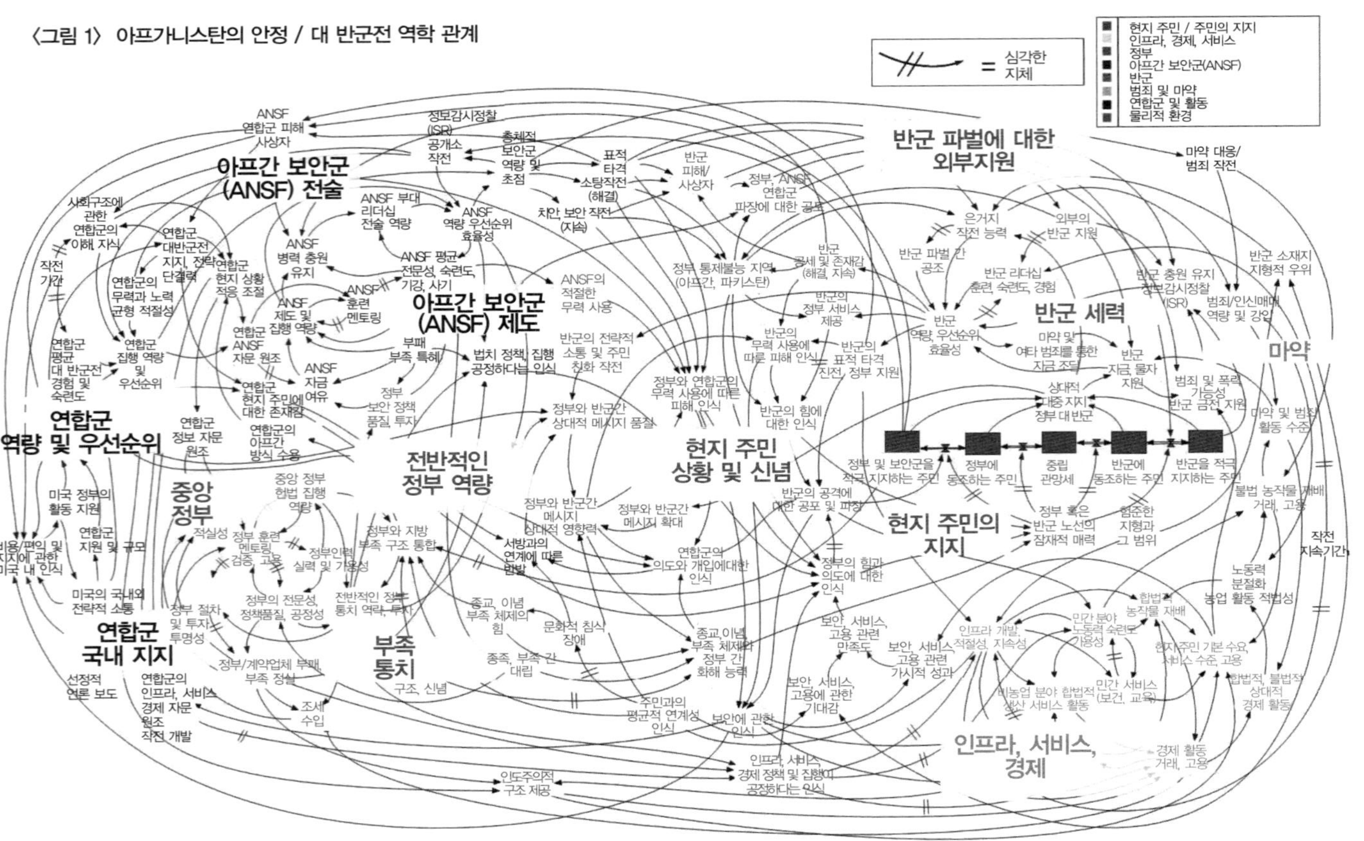

전쟁에 투입된 자원에 큰 부담을 주었다." 동일한 조사팀은 예멘과 이라크, 시리아, 파키스탄에서도 비슷한 효과를 목격했다.[60] 미국이 자유주의 원칙을 더 전파하려고 노력할수록 더 많은 저항을 불러일으켰다.

더 나아가 아프가니스탄, 이라크, 예멘, 혹은 리비아에 파견된 미국 관리들은 성공적인 국가건설을 지도할 세부적인 현지 지식이 부족했다. 아프간전 당시 만들어졌던 악명 높은 파워포인트 슬라이드(〈그림 1〉 참고)[61]가 보여주듯이 반군진압 작전의 맥락에서 추진된 국가건설은 거의 이해될 수 없을 정도로 복잡했고, 성공적인 실행 가능성은 말할 나위도 없었다. 이런 활동에 참여했던 사람들로부터 개인적인 이야기를 들으면, 이런 활동의 책임자들은 어떤 지역 지도자들을 믿고 지지해야 할지 몰랐고, 복잡하고 미묘하게 얽혀 있는 충성과 권한의 체계를 이해하지 못했으며, 불가피하게 지역 풍습과 민감한 사항을 무시하고 짓밟았다.[62]

시간이 지나면서 미국 사령관과 외교관 중 일부는 목표 달성에 도움이 되는 지식을 마침내 획득했다. 그러나 이들의 근무기간이 끝났고, 후임자들은 똑같은 교훈을 처음부터 다시 배워야 했다. 어떤 전직 육군 사령관은 후회하듯이 이렇게 회상했다. "우리는 지난 15년 동안 전쟁을 하지 않았다. 우리는 한 번에 1년씩 지난 15년에 걸쳐 전쟁을 해왔다."[63] 이와 같은 문제는 2016년에 왜 미 육군 지휘관이 코란 문구를 개의 이미지와 나란히 배열해놓은 반(反)탈레반 전단에 대해 사과해야 했는지를 설명해준다. 아프간 무슬림들에게는 지독하게 모욕적인 조합이기 때문이다.[64] 미국은 아프가니스탄에서 15년째 싸우고 있었지만, 최고위급 지휘관들은 여전히 자신들이 작전을 벌이고 있는 지역 문화의 핵심 요소를 이해하지 못했다.

더욱이 현지 주민을 지원하려는, 좋은 의도를 지닌 노력도 부패와 행정적 무능력이라는 바다에서 침몰했다.[65] 효율적 제도가 없는 사회에 개발 및 재건 원조를 부어넣자 원조 중 상당 부분이 낭비되거나 더 나쁜 경우에는 결국 미국의 적들의 수중에 들어가는 상황이 되었다. 예를 들자면 아프가니스탄에서는 "미군이 보급 후송단을 보호하고자 엄청난 돈을 아프간 경비회사에 지불하고 있었고, 그 돈의 상당 부분은 안전한 통과를 위해 탈레반에게 전달되었다."[66] 설상가상으로 카불 중앙정부는 미국이 탈레반을 패배시키는 데 도움이 될 만한 개혁을 실천할 동기가 거의 없었다. 전쟁에서 승리하면 카불의 지도자들이 의지하는 수십 억 달러 규모의 미국 원조가 사라질 것이기 때문이다.[67] 미국 관리들은 패배나 철수가 옵션이 아니라고 계속 고집했기 때문에 현지 당사자들에게 이제 떠날 테니 알아서 각자 운명을 챙기라고 협박하면서 의미 있는 개혁에 착수하라고 압박하지도 못했다.

물론 이와 같은 많은 개입 활동이 중동에서 있었지만, 이 지역에서 미국이 특히 인기가 없었기 때문에 별로 도움이 되지 않았다. 정권을 무너뜨리거나 민주주의를 전파하기 위한 군사력과 경제적 압박 동원은 아랍/무슬림 세계에 공고하게 형성되어 있었던 서방의 개입에 대한 반발을 한층 더 강화시켰고, 그럼으로써 미국이 지지하고자 했던 새로운 엘리트 계층은 신뢰를 얻지 못했다. 시리아 내전에서 온건파를 지지하려고 했지만 실패로 돌아간 미국의 시도에 대한 시리아 전문가인 조슈아 랜디스Joshua Landis의 언급이 다른 곳에서도 똑같이 적용된다. "미국이 실패한 이유는 그들이 노력하지 않았기 때문이 아니라 온건파들이 무능했고 인기가 없었기 때문이다. 이들이 미국으로부터 돈과 명령을 받자마자 급진주의자들로부터 부패한 CIA 첩자이자 혁명에 대한 반역자라는 오명이 씌워졌다. 미국에게는 독성이 있었고, 미국이 손만 대면 모든 게 손에서 모래가 되었다."[68]

반복해서 일어나는 이러한 실패는 놀랍거나 이례적이지 않다. 오히려 미국이나 영국, 그리고 여타 민주주의 국가들 같은 외세들이 강요한 초창기 "정권교체" 시도들에 관한 엄밀한 학술적 연구를 보면 외국 정부를 타도하더라도 성공적인 민주주의가 등장하거나 법의 지배가 강화되거나 인권의 괄목할 만한 개선으로 이어지는 경우가 아주 드물다.[69] 놀라운 점은 이런 교훈을 충분히 이해하기까지 너무나 오래 걸렸다는 사실이다.

거리의 영향력(The impact of distance)

자유주의 패권을 정당화하는 마지막 근거는 세계가 축소되고 있다는 주장이었다. 즉 심각한 위험이 거의 어디에서건 나타날 수 있으며 따라서 미국이 거의 모든 곳에서 일어나는 사건을 감시하고 지도하는 게 필요하다는 것이다. 만약 우리가 축소되고 있는 "지구촌" 시민이라면 세계 질서를 유지하는 것이 미국을 보호하는 데 필수적이라는 주장이다.

하지만 패트릭 포터Patrick Porter가 설득력 있게 주장했듯이 "지구촌"이라는 일반적인 이미지는 대체로 허구였다.[70] 군사기술의 발전에도 불구하고 적대국가들이 미국 본토를 위협할 수 있는 가용한 역량을 갖추지 못했다. 미국의 방대한 보복 역량이 이들을 충분히 억제할 수 있기 때문이다. 세계화로 인해 테러리즘, 사이버전쟁, 그리고 감염병의 위험이 더 커졌을 수도 있겠지만 이런 위험은 여타 위협과 비교하면 아직 그리 크지 않다. 여하튼 더 많은 지역으로 미국의 힘을 투사하는 것은 이런 도전에 효과적으로 대응하는 방식이 아니었다.

이와 같은 다양한 기술적 발전이 있었다고 해서 미국이 멀리 떨어진 지역을 지배하기가 더 수월해진 것은 아니다. 위성정찰, 정밀한 표적 체계, 장거리 항공기, 드론 덕분에 미국은 많은 지역에 군사력을 투입할 수 있게 되었지만, 정치적 통제력을 구축하기 위해서는 여전히 "현지에 파병된 지상군(boots on the ground)"이 필요했고 여기에는 비용과 위험이 수반되었다. 본토로부터 멀리 떨어진 지역에 파병된 원정군을 지원하려면 여전히 많은 비용이 들었다. 아프가니스탄처럼 멀리 떨어진 내륙국의 경우는 더욱 그랬다. 빈약하게 무장한 현지 반란군은 자기 구역에서 싸울 때만큼은 놀라울 정도로 잘 싸운다는 사실이 드러났다. 다양한 많은 지역들에 개입함으로써 미국을 더 안전하게 만들겠다는 시도는 폭력적 극단주의 문제를 더욱 악화시켰고, 많은 비용이 드는 해외에서의 성전(聖戰)에 대한 국민들의 지지는 얼마 안 가 시들해졌다.

국내전선 방치

마지막으로 자유주의 패권은 2016년 선거 때까지 완전히 뚜렷하게 드러나지 않았던 단점이 한 가지 있었다. 세계 모든 곳의 정치를 바꾸려고 하면서 글로벌 리더십의 다른 부담들을 짊어지는 것은 비용이 엄청났고 많은 시간을 필요로 했다. 그리고 국내적으로 시급한 사안에 투입할 시간과 관심, 자원을 전용(轉用)해야 했다. 대통령이 이라크나 아프가니스탄, 아니면 소말리아나 콜롬비아 문제로 짜증내며 시간을 쓰다보면 그 시간만큼 국내적 현안에 전념할 수 없었고, 외국에 있는 군 기지와 해외작전에 투입된 돈은 미국인들의 삶을 개선하는 데 쓰이거나 납세자의 호주머니에 남아 있을 수 없었다. 제3장에서 보겠지만 미국인들은 결코 자유주의 패권을 열광적으로 지지하지 않았고, 그럴 만한 이유도 충분히 있었다.

세계화와 급속한 기술변화가 결합되어서 미국의 노동자들에게 중대한 영향을 미치고 있기 때문에 이런 기회비용이 특히 중요했다. 세계화는 고등교육을 받은 엘리트와 특히 월스트리트에는 득이 되었을 수도 있지만, 중산층 소득은 정체되었고 블루칼라 제조업 일자리는 사라져갔으며, 미국 정부가 제공하는 재교육, 재훈련 프로그램은 전혀 충분하지 못했다. 미국의 다 쓰러져가는 인프라는 수리가 시급했다. 세계은행이 2017년에 발표한 보고서에 따르면 미국은 인프라 투자를 위해 부족한 비용이 4조 달러에 달했다. 전 세계 어떤 나라보다도 더 큰 비용이 소요되었지만 인프라 지출은 기존의 복지 프로그램과 엄청난 비용이 드는 해외 개입과 경쟁해야 했다.[71] 자유주의 패권은 스스로 내건 국제적 목표만 달성하지 못한 게 아니라 도널드 트럼프의 놀라운 승리에 일조했던 국내적 불만에도 기여했다.

성공 사례

자유주의 패권의 단점은 미국 외교정책이 제대로 성공했던 드문 사례를 살펴보면 더욱 뚜렷해진다. 제1장에서 논의했던 것처럼 미국 외교는 보스니아 내전을 종식시키고 이스라엘과 요르단 간의 평화조약을 중재하는 데 도움이 되었다. 그리고 넌-루가(Nunn-Lugar) 프로그램 덕택에 러시아와 여타 구소련 공화국 내의 핵안보는 적어도 우크라이나가 위기의 희생물이 되기 전까지는 개선되었다. 세계무역기구(WTO)의 창설, 아프리카에서의 PEPFAR 프로그램, 확산방지구상(PSI), 2015년의 이란 핵합의, 2015년의 파리기후협약, 쿠바와의 외교관계 복원 등은 다 정당한 성과였다. 또한 리비아의 대량살상무기 프로그램을 해체하도록 리비아를 설득한 성공적인 다자주의 노력도 이에 포함된다.

이런 성공 사례의 공통점은 무엇인가? 개별 사례를 보면 미국은 최후통첩을 하거나 압박을 높이는 식으로 상대에게 해결책을 강요하거나 미국과 이견이 있는 적대적인 정부를 전복하려고 하지 않았다. 오히려 이런 사례에서 미국은 자신의 레버리지가 한계가 있다는 점을 인식했고, 국제적으로 더 많은 지지를 받아내고 상대와 상호 수용 가능한 합의에 도달하기 위해 자신의 목표를 조절했다. 미국이 상대로부터 협력을 추구하고 상대방의 이익을 고려했을 때 미국의 노력은 대체로 성공을 거두었다.

앞에서 논의한 바와 같이 이런 범주에 속하는 대표적인 사례는 이란의 핵무기 확보 능력을 차단한 2015년의 포괄적 공동행동계획(JCPOA)이다. 이란이 농축능력 일체를 포기해야 한다고 미국이 고집하는 동안은 전혀 진전이 없었고, 이란은 계속 원심분리기와 농축 우라늄을 늘리고 있었다. 하지만 미국이 진지하게 협상에 임하자 광범위한 국제적 연합체를 구축할 수 있었고 보다 효과적으로 경제제재를 부과할 수 있었다. 마찬가지로 중요한 사실은 미국 협상가들이 압박만으로 이란이 농축능력 일체를 포기하게 만들 수 있다는 허황된 희망을 버렸다는 점이다. 이렇게 현실을 받아들이자 전쟁을 피하고 이란이 핵무기를 획득하는 길을 차단하면서도 이란의 체면을 살려주는 타협으로 가는 문이 열렸다. 이란의 온건파 대통령인 하산 로하니Hassan Rouhani가 2013년에 당선되면서 이런 합의가 확실히 촉진되기는 했지만, 이런 기회를 잡기 위해서는 미국도 유연성을 발휘해야 했다.

2003년에 있었던 리비아의 무장 해제도 비슷한 교훈을 준다. 강력한 다자적 경제제재를 포함한 강력한 압박이 경제적, 외교적 관계를 복원하는 대가로 비교적 초보단계에 있던 대량살상무기 프로그램을 포기하도록 무아마르 카다피를 설득하는 데 도움이 되었다는 점은 의심의 여지가 없다. 미국의 이라크 침공 이후 정권 교체에 대한 두려움이 또한 카다피가 이런 결정을 내리는 데 일부 역할을 했을지도 모르지만, 다른 핵심 요인은 알카에다에 대한 카다피의 두려움과 대량살상무기 프로그램만 내놓으면 권좌를 유지하도록 해주겠다는 부시 행정부의 약속이었다. 오바마 행정부가 2011년에 이런 약속을 어기는 결정을 내렸지만, 그렇다고 해서 더 큰 교훈이 부정되는 것은 아니다. 2003년에는 외교가 작동했다. 미국이 채찍 못지않게 당근을 제시했기 때문이다.[72]

더욱이 이런 사례들 중 많은 경우에 미국은 미국과 가치와 통치원칙이 전혀 다른 정권과도 진지하게 협상할 의향이 있었다. 미국은 다른 국가들이 가령 대량살상무기 확산 방지 구상에 참여하거나 넌-루가 프로그램을 받아들이기 전에 먼저 민주화하라고 요구하지 않았고, 베트남과 브루나이가 환태평양동반자협정(TPP) 협상에 합류하기 전에 먼저 민주주의 국가가 되라고 고집하지도 않았다.

똑같은 측면은 미국의 중국에 대한 접근법에서도 볼 수 있다. 미국 지도자들은 중국한테 이래라저래라 하기에는 너무나 큰 나라라고 인식했고 그래서 최후통첩을 제시하거나 협박이나 제재에만 의존하는 태도를 지양했다. 중국의 권위주의적 체제와 인권 상황에 대해 때로는 비판적이었지만, 클린턴, 부시, 오바마는 이런 이슈를 놓고 중국을 괴롭혀도 얻어낼 게 거의 없다는 사실을 빠르게 깨달았다. 미국 지도자들은 미중 관계가 갈수록 갈등을 겪을 것이라고 인식했고, 중국의 영향력을 제한하려고 많은 조치를 취했지만 기후변화, 세계보건, 북한, 국제경제 문제 등에서 협력이 여전히 필요하다는 점도 이해했다. 요컨대, 중국을 다룰 때 미국 관리들은 정권 교체나 자유주의 패권의 다른 수정주의적(revisionist) 요소에 대해서는 생각하지 않았고, 세계 제2위의 강대국과의 관계를 관리하는 데 집중했으며, 기대했던 만큼 잘 해냈다.

교훈은 명확하다. 미국이 자유주의 패권을 포기하고 보다 현실주의적이고 유연한 접근방식을 채택했을 때 특정한 외교정책 목표를 달성할 수 있는 능력이 비약적으로 개선되었다.

결론

20년 이상 지난 후에야 자유주의 패권의 실패를 숨기기가 불가능해졌다. 하지만 도널드 트럼프가 취임할 때까지 자유주의 패권의 핵심 원칙은 여전히 미국 외교정책의 담론에 강하게 내재되어 있었고 권력의 상층부에서 대체로 문제를 제기하지 않았다. 전임자들의 무절제한 행동을 시정하라고 오바마가 선출된 것일 수도 있겠지만, 심지어 오바마조차 민주주의 원칙이 지배하는 영역을 확대하면서 독재자를 축출하려 했고, 빌 클린턴과 조지 부시가 그랬던 것처럼 새로운 안보의무를 기꺼이 떠맡으려고 했다. 오바마는 더 제한된 수단을 사용하려고 했고 다른 나라들이 더 많은 부담을 짊어지게 하려고 했지만, 외교안보 분야 기득권층은 미국의 우위 유지와 자유주의 가치 전파, 미국의 개입 확대에 대한 의지가 여전히 확고했다. 미국은 자유주의 패권이 성공적으로 작동하게 하는 법을 여전히 알지 못했지만, 자유주의 패권은 미국 전략의 길잡이 별(guiding star)로 남아 있었다.

도널드 트럼프가 당선되면서 자유주의 패권 전략의 최종적인 결함이 드러났다. 자유주의 패권은 미국에 과도하게 의존하는 세계질서를 창출했다. 그렇기 때문에 이런 세계질서는 미국 국내정치의 변덕에 잠재적으로 취약해졌다. 미국의 정부 관리들은 미국을 "필수불가결한 나라"라고 여기고 전 세계 안보 협정의 핵심축으로 만들어 놓음으로써, 부지불식간에 세계 모든 곳이 미국의 관여와 힘, 결단, 효율성에 의지하는 안보 구조를 만들어냈다. 미국의 지도자들은 역내 국가들끼리 서로 이견을 해소하고 미국의 적극적인 지도가 불필요한 안보체제를 개발하도록 장려하기보다는 미국이 한때 열렬히 받아들였던 전 세계적 부담을 짊어지기를 멈춘다면 급격하게 해체될 세계질서를 창조했던 것이다. 그렇기 때문에 미국 외교정책 엘리트들은 당연히 트럼프의 등장을 불안하게 바라보았다. 이들이 그토록 전념했던 자유주의 세계질서는 겉으로 보이는 것보다 훨씬 연약했고, 이런 사실을 이들도 잘 알고 있었다.[73]

뒤늦게 깨닫고 보니, 자유주의 패권 전략을 받아들이고 계속된 실패에도 불구하고 이 전략을 추구하기로 한 결정은 상당히 당혹스럽게 보인다. 고작해야 세계 인구의 5퍼센트에 불과한 미국인들이 자신들이 현대 사회에서 유일하게 실행 가능한 모델이자 영속적이고 평화로운 세계질서를 위한 유일무이한 청사진을 발견했다고 믿었던 것은 과도한 자만심이 정점에 달한 것이었다. 민주주의 경험이 전무했고 극도로 분열되어 있던 사회에서 안정적이고 성공적인 민주주의를 창조할 수 있다고 생각했던 것 자체가 순진한 발상이었다. 이런 목표가 신속하면서도 적은 비용으로 달성 가능하다는 가정 자체가 망상이었다. 다른 나라들이 세계 정치를 재구축하려는 미국의 노력에 불안해하지 않을 것이라고 믿고, 더 나아가 적들이 미국의 구상을 효과적으로 좌절시키는 방안을 마련하지 않을 것이라는 가정도 비현실적이었다. 그리고 그토록 반복해서 좌절을 겪었음에도 불구하고, 좀처럼 달성하기가 어려운 이 똑같은 목표를 계속 쫓아가는 태도는 거의 미쳤다고 볼 정도로 고집스러웠다.

그런데 왜 자유주의 패권이 여전히 미국의 대전략에서 기본조건으로 되어 있는가? 이에 대한 부분적인 대답으로—어디까지나 부분적이다—미국이 보유한 방대한 힘과 소련 붕괴 이후 누려왔던 유리한 지정학적 상황을 들 수 있다. 백악관 인턴과의 당혹스러운 사건에 대한 빌 클린턴의 해명을 빌리자면, 미국은 자유주의 패권을 선택했고 계속 자유주의 패권이 작동하도록 노력했다. "왜냐면 할 수 있었으니까."

냉전이 종식된 후 미국은 로마제국 이래 유래를 찾을 수 없을 정도로 압도적으로 우월한 지위에 남겨졌다. 이런 행운에도 불구하고 모든 상상 가능한 위험으로부터 보호받을 수는 없었지만 미국은 여전히 현대사에서 가장 안전한 강대국이었다.[74] 역사학자인 C. 밴 우드워드C. Vann Woodward가 지칭했던 천우신조의 지리적 위치에서 기인하는 "공짜 안보(free security)"와 막강한 힘이 합쳐진 덕택에 미국은 위험을 무릅쓰거나 국내에 미칠 단기적 여파를 너무 걱정할 필요가 없이 전 세계 모든 곳에 개입할 수 있었다.[75]

이토록 부유하고 강력하면서 안전했기 때문에 미국은 스스로를 완전히 파탄내거나 외국의 침공에 취약하게 노출시키지 않은 채 그릇된 대전략을 오랫동안 추구해올 수 있었다. 만약 미국이 1993년 이후에 필적할 만한 경쟁국이나 몇몇 강력하고 적대적인 인접국이 있었다면 미국의 본토를 보호하는 데 더 신경을 많이 써야만 했을 것이고, 비용이 많이 드는 새로운 개입을 떠맡거나 멀리 떨어진 나라의 정치적 상황을 바꾸려는 의향이 상대적으로 크지 않았을 것이다. 하지만 제2차 세계대전 이래, 특히 1993년 이래 미국은 자신이 선택하는 어디에든 개입했다가 상황이 악화되면—베트남과 이라크, 소말리아, 리비아에서 그랬듯이—현지 주민들에게 그들의 운명을 맡겨놓고 철수해버리는 호사를 누릴 수 있었다.

동시에 이런 장점으로 인해 이 나라는 세계를 개조하겠다는 야심찬 활동을 해도 상대적으로 얻을 수 있는 이익이 거의 없었다. 야심차고 성공적인 외교정책으로 얻는 이익이 전혀 없었다는 말은 물론 아니지만, 1993년 당시 미국은 이미 부유하고 안전했으며, 이미 많은 강대국들과의 안정적인 동맹을 이끌고 있었고, 수많은 여타국들과도 아주 좋은 관계를 유지했으며, 세계화가 진행 중이던 세계경제에서 선전할 수 있는 위치에 있었다. 예를 들어 이라크나 아프가니스탄을 번성하는 민주주의 국가로 성공적으로 전환시키는 등, 자유주의 패권이 지금보다 더 잘 작동했다 하더라도 미국의 전반적 위상이 그렇게 많이 개선되지는 않았을 것이다.

미국은 이미 부유하고 강력하며 안전했기 때문에 오히려 해외 개입을 다소 줄이고 특정 지역의 안보 부담을 역내 국가들에 떠넘긴 다음에 더 많은 시간과 돈, 관심을 국내에서 자국민들의 삶을 향상하는 데 쏟아부을 수도 있었다. 이런 식으로 접근했다면 동맹국들에 대한 미국의 레버리지가 향상되었을지도 모른다. 동맹국들은 미국의 지원을 확보하기 위해 더 많이 노력했을지도 모르며 미국의 희망사항에 더 예민하게 반응했을지도 모른다.[76]

우리는 당혹스러운 모순에 처해 있다. 미국의 우위는 자유주의 패권을 추구하는 것을 가능하게 했지만, 또한 불필요하게 만들었다. 왜 자유주의 패권이라는 운명적인(fateful) 선택을 하게 되었는지 그리고 왜 세 명의 대통령이 그 실패에도 불구하고 이런 선택에 집착했는지 이해하려면, 이런 결정에 대해 미국인들이 사고하는 방식과 선출된 관리들이 궁극적으로 행동을 선택하는 방식에 영향을 미치는 제도와 조직을 유심히 들여다봐야 한다. 이런 과제는 제3장에서 시작된다.

03

자유주의 패권의 보루: 미국 외교정책 커뮤니티

Defining "The Blob": What Is The "Foreign Policy Community"?

2016년 대선 활동 기간 중 도널드 트럼프는 미국 외교안보 분야에 종사해왔던 인사들에게 별로 관심을 보이지 않았다. 트럼프는 "새로운 인재를 찾아야 한다."라면서 "이력서만 보면 완벽하지만 오랫동안 실패해온 역사가 있는 정책에 대한 책임 외에는 내세울 것이 없는 사람들에게 포위되지 않을 것"이라고 말했다. 공화당 소속의 저명한 외교안보 분야 고위인사들이 트럼프의 자질과 성품을 의문시하는 공개서한을 발표하자 트럼프는 "이 서한에 등장한 이름들이 바로 왜 세상이 엉망이 되었는가에 대한 답을 찾기 위해 미국인들이 살펴봐야 할 이름들이다. 이렇게 전면에 등장해서 이 나라의 모든 사람들이 누구 때문에 이 세상이 위험해졌는지를 알게 해줘서 감사드린다."라고 말했다.[1]

트럼프의 냉소주의가 타당했을까? 이에 대한 답은 불행히도 그렇다. 미국 외교정책을 괴롭히는 대부분의 문제가 예측 불가능한 숙명적인 행동이기보다 의도적인 선택에 따른 결과이기 때문이다. 우월한 지위와 "공짜 안보(free security)" 덕택에 미국은 멀리 떨어진 지역에 간섭할 수 있었고, 이렇게 간섭해도 그런 활동의 여파로부터 차단되어 있었다. 그러나 미국 지도자들이 약속했던 구체적인 개입과 구상안은 여전히 정치적 선택의 문제이다. 토머스 오틀리Thomas Oatley가 지적한 대로 "미국은 외세의 침략 때문에 어쩔 수 없이 국내에서 전쟁해야 했던 적은 없었다. 오히려 미국 정책 입안자들은 모든 경우에 언제 어디서 전쟁을 해야 할지 그리고 전쟁에 참여할지 여부를 선택할 수 있었다. 무력을 사용하지 않기로 선택해도 미국의 영토보전과 주권을 위험에 빠뜨릴 염려가 없었다."[2] 하지만 최근 몇 년 동안에는 무력을 사용하거나 무력을 사용하겠다고 위협하는 일은 그 실망스러운 결과에도 불구하고 종종 기본 옵션이 되어 왔다.

따라서 결정을 내리거나 결정에 영향을 주는 사람들과 기관을 좀 더 유심히 들여다보고, 무엇이 이들의 선택을 안내하는지 탐구해보도록 하자.

외교정책과 민주적 정치체제

민주주의 국가에서 외교정책은 단순히 대통령이 갖고 있는 비전의 산물이 아니다. 외교정책은 또한 시민사회 내부에서 경쟁하는 세력과 소위 "외교정책 커뮤니티"에 의해 만들어진다. 시민사회의 영향력은 정부권력의 분할(divided government), 헌법이 보장하는 표현과 결사의 자유, 중앙집중된 권력에 대한 양면적 태도 등의 전통이 있는 미국과 같은 자유민주주의 국가에서 특히 강력하다. 국민의 관심을 집중적으로 받을 만한 위험이 없고 정책 입안자들이 자신들이 적절하다고 여기는 대로 자유롭게 행동할 수 있을 때 이런 힘들이 훨씬 더 강력해진다.

이론적으로는 이런 특징으로 인해 미국의 민주주의는 외교정책을 실행하는 데 있어 모두는 아닐지라도 대부분의 권위주의 체제보다 더 효과적이다. 실제로 많은 학술 자료가 이렇게 주장하고 있으며 민주주의 국가들이 대체로 많은 공공정책 분야에서 독재 국가보다 성과가 뛰어나다고 제시하고 있다.[3] 마오쩌둥과 사담 후세인의 사례에서 드러나듯이 무능한 독재자는 엄청나게 해로운 정책을 시행해도 군과 경찰, 여타 통제수단을 확실히 장악하기만 하면 수십 년간 집권할 수 있다. 민주주의 국가의 지도자들은 이와 대조적으로 대중에 책임을 지며, 선거결과로 제약을 받을 수 있다고 항상 두려워하기 때문에 권력을 신중하게 행사하고, 유능한 부하직원을 임명하며, 경솔하거나 위험한 구상을 포기한다고 한다.

더욱이 권력의 분립이나 여타 "견제와 균형"의 제도 덕분에 민주적 지도자들이 권력을 자의적으로 남용하기가 힘들어진다. 대통령이 행정부의 수반이며 군통수권자이지만, 의회가 예산을 움켜쥐고 있어 이론적으로 대통령이 국내외에서 할 수 있는 행동을 제한할 수 있다. 독립된 사법부는 행정부의 권력을 더욱 견제하며 행정부가 책임을 지게 하는 강력한 원천이 될 수 있다. 불법행위를 저지른 관리들이 고발당하고, 기소당하며, 처벌받을 수 있기 때문이다.

세 번째로 민주주의 국가들은 언론의 자유와 공개 담론, 독립된 언론을 장려하기 때문에 "사상의 자유시장(marketplace of ideas)"에서 이득을 볼 수 있다고 한다.[4] 민주주의 국가의 시민들은 정보에 자유롭게 접근할 수 있어야 하며 격렬한 토론을 거쳐 나쁜 아이디어를 걸러내고 더 좋은 대안이 나오게 된다. 실책이 발생하면 민주주의 국가의 시민들과 관리들은 전형적인 독재 정권보다도 문제를 더 빨리 파악하고 시정할 수 있다.[5]

이런 구조적 장점 외에도 미국의 외교정책 결정은 미국의 외교관계를 담당하는 사람들이 대체로 제공받는 극적으로 확대된 국가 역량과 전문화된 훈련으로부터 혜택을 보리라고 기대할 수 있다. 역사학자인 어네스트 메이Ernest May는 19세기에는 소수의 미국 지도자들과 일부 개인들만 "외교 문제에 깊은 관심"을 보였다고 언급했다.[6] 미국이 세계적 강대국으로 등장했음에도 불구하고 정부 내부와 외부에 대규모의 외교정책 커뮤니티가 바로 형성되지 않았다. 우드로우 윌슨 대통령이 파리강화회의를 1919년에 준비할 때 정부 내 외교정책 분야 전문가가 부족해서 최측근인 에드워드 하우스Edward House 대령이 "조사단(The Inquiry)"이라고 알려진 임시단체를 조직해서 미국의 이익과 목표에 관해 대통령에게 자문해줬다.[7]

국제 문제에 주로 관여하는 조직과 개인들은 전간기(interwar period. 제1차 세계대전과 제2차 세계대전 사이의 기간—옮긴이)에 수적으로 증가했지만, 여전히 외교협회(CFR), 외교정책협회(Foreign Policy Association), 혹은 카네기 국제평화재단(Carnegie Endowment for International Peace)과 같은 엘리트 단체로 대변되는 "동부 기득권층(Eastern Establishment)"이 정부고위직을 지배하고 있었다. 포드 재단(Ford Foundation)이나 록펠러형제 재단(Rockefeller Brothers Fund)과 같은 자선단체도 제2차 세계대전 이후 활발히 활동했고, 대학이나 시민단체 등 다양한 국제 문제 프로그램에 자금을 지원했다.[8] 그리고 〈워싱턴포스트〉 칼럼니스트인 조지프 크래프트Joseph Kraft가 이후 언급한 것처럼 "〔기득권층〕의 주요 기능은 고립주의를 몰아내고 국제주의가 존중받는 차원을 넘어 아예 심각한 도전을 받지 않게 하는 것이었다."[9]

하지만 1960년대가 되자 미국의 전 세계적인 역할이 커졌고, 교육이 확대되었으며, 외교정책 결정 과정에서 보다 특정한 전문지식이 필요해졌다. "미국 외교안보 분야 리더십 구조에서 혁명이 일어나고 있었다. 권력이 거의 알아차릴 수 없게 예전 동부 기득권층으로부터 신흥 전문 엘리트로, 잠시 시간을 내서 정부 업무를 다루던 은행가나 변호사로부터 풀타임 근무를 하는 외교안보 전문가에게 넘어간 것이다."[10]

얼핏 보면 이와 같은 전문 지식층의 확대는 기득권층인 "창단 멤버(Old Guard)"보다 훨씬 더 발전한 것처럼 보였고, 따라서 더 지적이고 성공적인 정책 결정이 나올 것으로 여겨졌다. 미국 외교정책은 주로 기업체에서 활동하다가 자원한 엘리트 집단에 의존하는 대신 경제, 군사, 역사, 외교, 지역연구 등을 전공하고 훈련을 받은 보다 다양한 전문가 그룹에 맡겨지게 된 것이다. 이론적으로는 이렇게 박식한 전문가 사이에서 다양한 의견이 경쟁하고 충돌하면서 보다 활발한 토론으로 이어질 것이고, 이에 따라 대안적인 정책 선택이 사전에 검토되어서 심각한 실책이 발생할 가능성이 낮아질 것이다. 설령 불가피하게 실수가 발생하더라도, 훈련이 잘된 이 같은 정책 커뮤니티가 문제를 즉각 파악하고 정책노선을 변경하게 될 것이다.

앞으로 이어지는 세 장(章)에서 나는 이런 낙관적 비전이 허구라고 주장하고자 한다. 특히 미국의 우월한 지위로 인해 겉보기에 낮은 비용으로 심각한 갈등을 초래할 위험도 거의 없이 야심찬 외교정책을 추구할 수 있게 된 시대에는 더욱 그렇다고 주장하고자 한다.[11] 미국의 민주적 기관들은 낙관적인 시나리오가 상상했던 만큼 좋은 성과를 거의 내지 못했다. 오늘날 외교정책 커뮤니티의 특징은 유능함과 책임성이 아니라, 현실적인 목표를 설정하고 효과적으로 추구하는 역량을 훼손시켜온 병적 증세라 볼 수 있다.

아주 직설적으로 말하자면 오늘날 외교정책 엘리트들은 관련 지식을 지닌 대중에 의해 제약을 받고 우선순위를 정하고 책임을 져야 할 필요성에 압박을 받는 전문가 집단이라기보다는, 종종 대안이 될 만한 시각을 경멸하면서 자신들이 주장했던 정책의 결과에 대해서는 직업적으로나 개인적으로 책임을 지지 않는 기능부전에 빠진 특권 계급(caste)이다. 벤 로즈Ben Rhodes 국가안보부보좌관이 이 커뮤니티를 "블롭(The Blob)"(작은 방울 덩어리라는 의미로 한 줌의 무리라는 경멸적 의미가 내포되어 있다—옮긴이)이라고 폄하했던 사실 자체는 부적절했지만, 그럼에도 불구하고 이런 꼬리표에는 중요한 진실이 담겨 있다.[12]

오늘날 미국 외교정책 커뮤니티는 자유주의 패권 전략에 전념하고 있다. 그 커뮤니티 내에는 미국의 세계적 리더십 역할과 야심찬 외교정책 의제를 중시하는 단체나 개인이 미국이 절제력을 발휘해야 한다고 주장하는 단체보다 훨씬 더 많으며 경제적 후원도 더 많이 받고 있다. 전술을 둘러싼 이견이나 지난 20년간의 역효과에도 불구하고, 오늘날의 외교정책 커뮤니티는 미국이 세계를 관리해야 한다는 방향으로 여전히 놀라울 정도로 의견이 일치되어 있다.

외교정책 커뮤니티의 정의

나는 국제 문제 이슈에 정기적이고 적극적으로 관여하는 개인과 기관을 "외교정책 커뮤니티(foreign policy community)"라는 용어로 규정하고자 한다. 이런 식으로 정의하면 공식 정부기관뿐만 아니라 일상적 활동의 일부로서 외교안보 문제를 다루면서 국제 문제에 관한 대중들의 인식을 형성하거나 정부의 정책에 직접적으로 영향을 미치는 수많은 단체와 개인까지 포함된다.[13] 개인이 이런 커뮤니티의 일부로 간주되려면 특정한 외교정책 사안에 대한 관여가 주된 업무거나 아니면 일상생활에서 상당한 시간을 들이는 주된 개인 활동이어야 한다.

이렇게 설명할 수도 있다. "외교정책 커뮤니티"의 구성원에는 외교관, CIA 정보 분석관, 외교정책 분야 싱크탱크 선임 연구원, 국제관계학 교수, 상원 외교위원회 전문위원, 혹은 미국 외교정책이 취재 영역인 언론인이 포함된다. 아울러 세계문제협회(World Affairs Council) 지부, 의회예산처(Congressional Budget Office)나 랜드 연구소(RAND Corporation)의 국방 분석관, 휴먼라이츠워치(Human Rights Watch)를 위해 활동하는 로비스트, 혹은 국제 문제도 주요 관심사로 다루는 자선단체의 담당관도 포함된다.

물론 어디에 경계선을 그을지를 둘러싼 문제가 항상 있겠지만, 이런 정의에 따르면 보건 문제를 다루는 싱크탱크 소속 직원이나 법사위에 배정된 의회 전문위원은 다른 자격으로 외교정책 문제에 적극적으로 관여하지 않는 한 포함되지 않는다. 외교정책과 관련된 활동이 선거에서 투표를 하거나 지역 신문 편집장에게 편지를 쓰는 정도에 국한되면서 글로벌 이슈에 정례적으로 관여하지 않는 개인도 포함되지 않는다.[14]

공식 정부기관

외교정책 커뮤니티는 다양한 미국 외교관계 관련 업무를 담당하는 개인이나 정부기관부터 시작한다. 이와 관련된 명단은 방대하다. 대통령, 부통령, 국가안전보장회의, 국무부와 국방부, 에너지부, 재무부, 다양한 정부기관, 관련 의회 위원회, 의회예산처 또는 로스 알라모스 국가 연구소(the Los Alamos National Laboratory) 그리고 특정한 외교정책 업무를 수행하는 방대한 소규모 기관의 관련 인사들이 여기에 포함된다.

지난 반세기 동안 이 세계가 극적으로 커졌다. 예를 들면 국가안전보장회의(NSC)에 소속된 대통령의 외교안보 정책 담당 직원이 1961년에는 20명도 안 되었지만 조지 W. 부시 대통령 시절에는 약 200명으로 성장했고, 오바마

대통령 시절에는 400명 이상이 되었다.[15]

미군 규모는 냉전 당시 정점에서 내려왔지만, 여전히 현역으로 복무하는 남성과 여성이 140만 명에 달하며, 약 100만 명의 주방위군과 예비군이 있다. 국방부는 70만 명 이상의 민간인을 고용하고 있고, 국무부는 약 2만5천 명의 외무공무원(Foreign Service)과 행정공무원(Civil Service)으로 구성되어 있고(세계 각지에서 고용된 4만5천 명의 현지 행정원도 있다), 정보 커뮤니티에는 17개의 독립 기관이 있고 연간 500억 달러 이상의 예산이 투입되며 약 10만 명이 고용되어 있다. 400만 명 이상의 미국인들이 여러 가지 비밀취급 인가증이 있으며, 100만 명에 가까운 미국인들이 1급비밀 문건 접근을 허용 받았다.[16]

이렇게 명백하게 팽창일로에 있는 관료 집합체의 구성원 대부분이 주요 외교정책 결정 과정에서 상당한 권한을 부여받은 것은 아니다. 그러나 마이클 글레넌Michael Glennon이 지적하듯이, 외교정책에서 대통령과 각료, 다른 정치적 지명자들이 다른 노선을 채택할 수 있는 능력은 소위 "트루먼 네트워크"(1947년 국가안보법을 지칭한다)의 규모와 관성, 사실상의 자율성에 의해 제약을 받는다. 이 네트워크의 상임 구성원들은 행정부가 바뀌어도 계속 유지된다.[17]

외교정책 및 국가안보 관료조직의 규모만으로도 효과적인 정책결정이 어려워진다. 첫 번째로 다수의 기관과 지지층을 상대로 의견을 조율하는 데 시간이 많이 소모된다. 특히 새로운 정책이 만들어져야 하고 정부부처간 조정 과정을 거쳐야 할 경우는 더욱 그렇다.[18] 두 번째로 외교정책 관료조직이 방대하기 때문에 책임소재가 희박해진다. 어떤 주요 정책 결정이 많은 사람들의 손을 거치면 성공하거나 실패할 경우 책임을 묻기가 더 어려워지며, 그래서 좋은 평가에 대해 보상을 하거나 무능을 처벌하기도 더 어려워진다.

회원제 단체

정부 밖에 있는 엘리트와 대중들의 외교정책에 대한 태도는 또한 미국과 외부 세계와의 관계에 대한 특별한 관심이 있는 자발적인 개인들로 구성된 다양한 "회원제 단체(Membership Organization)"의 영향을 받는다. 대표적 사례로 세계문제협회(World Affairs Council), 외교정책협회(Foreign Policy Association), 외교협회(Council on Foreign Relations), 혹은 해외참전용사회(Veterans of Foreign Wars)가 있다. 이 개별 단체들은 중요한 국제 문제에 대한 대중의 관심을 제고하고 회원들이 이런 문제에 대한 이해를 심화하는 데 도움을 주는 활동에 종사하고 있다. 이런 범주 안에서 또한 그린피스(Greenpeace)나 옥스팜(Oxfam)처럼 보다 전문화된 회원단체도 찾아볼 수 있다. 이들의 업무는 주로 다른 문제에 초점을 두고 있지만 때로는 중요한 외교안보 분야가 포함될 때도 있다.

싱크탱크

제임스 맥건James McGann에 따르면 오늘날 미국에는 1,800개가 넘는 공공정책 "싱크탱크"가 있으며, 그중에 약 4분의 1이 미국의 수도에 소재하고 있다.[19] 이 집단에는 브루킹스연구소(the Brookings Institution), 미국기업연구소(AEI), 헤리티지재단(the Heritage Foundation), 캐토연구소(the Cato Institute), 전략국제문제연구소(CSIS), 초당파정책센터(the Bipartisan Policy Center), 카네기국제평화재단(the Carnegie Endowment for International Peace) 등 광범위하면서도 일반적인 목적의 연구 기관이 있고, 이와 더불어 규모가 좀 더 작고 보다 전문화된 기관인 전략예산평가센터(the Center for Strategic and Budgetary Assessments), 신미국안보센터(CNAS), 애스펜연구소(the Aspen Institute), 허드슨연구소(the Hudson Institute), 국제정책센터

(the Center for International Policy), 워싱턴근동정책연구소(WINEP), 미래를 위한 자원(Resources for the Future), 국가이익센터(the Center for the National Interest), 혹은 피터슨국제경제연구소(the Peterson Institute for International Economics) 등이 있다. 명망이 높은 외교협회(CFR)는 싱크탱크이자 동시에 자격이 까다로운 회원 단체이며, 70명이 넘는 외교정책 전문가들을 직원으로 두고 있고 뉴욕과 워싱턴에 사무소가 있다.

싱크탱크는 외교정책 커뮤니티 내부에서 다양한 기능을 수행한다. 싱크탱크 직원들은 독자적으로 연구를 하고, 의회와 여타 정부 기관에 증언하며, 언론에서 평론가로 자주 등장한다. 대부분의 싱크탱크는 홈페이지, 블로그, 출판, 세미나, 입법 조찬회 및 여타 행사를 통해 폭넓게 외부 활동을 한다. 이런 모든 활동은 워싱턴에서 존재감을 드러내고 자금조달을 용이하게 하며 정책에 대한 영향력을 늘리려는 의도가 있다. 또한 싱크탱크는 외교정책에 종사하는 전문가들의 경력에서 중요한 역할도 맡는다. 정부에서 일자리를 얻으려고 하는 정책분야 관련 젊은 일벌레들에게 기초적인 일자리 기회를 제공하며, 나중에 다시 공직으로 복귀하려는 인사들을 비롯해서 전직 정부 관리에게 괜찮은 한직을 제공하기도 한다. 이런 의미에서 워싱턴에 소재한 싱크탱크 커뮤니티는 외교정책에 대한 아이디어가 논의되고 토론되며 비판되고 옹호되는 무대를 제공하며, 이 중 일부는 미래의 행정부를 위한 인사와 정책을 준비하는 "그림자 정부(shadow government)"로 활동하기도 한다.[20]

비록 일부 싱크탱크와 연구기관은 분명히 공개적으로는 당파성이 없으며 높은 학문 수준을 지향하지만, 연구와 정책 지지 사이의 경계가 갈수록 모호해지고 있다.[21] 다양한 싱크탱크에서 경륜을 쌓은 전문가인 스티븐 클레먼스 Steven Clemons가 몇 년 전에 인정한 것처럼 이런 조직들은 "계몽된 정책결정을 자극하기 위한 진정한 연구에 갈수록 덜 전념하는 반면 마비되어버린 토론에서 진부한 논의를 심화시키는 데 점점 더 익숙해지고 있다."[22]

실제로 워싱턴에 소재한 싱크탱크의 학문 수준이 지난 30년 동안 눈에 띌 정도로 떨어졌다. 예를 들면 1980년대에는 브루킹스연구소의 외교정책연구 그룹에는 최고 수준의 학술지와 대학출판물에 정기적으로 논문을 기고하는 학자들이 즐비했고 몇몇 선임 연구원들은 이후 명문대학에 종신직 교수로 채용되었다.[23] 비록 브루킹스연구소의 전임 연구원은 오늘날에도 가끔씩 인근 대학에 비상근교수로 강의하지만, 이들이 학술지에 논문을 게재하는 경우는 드물며 학술 분야에서 최고 수준이라고 여겨질 가능성은 크지 않다.

실제로 많은 경우 싱크탱크는 사실상 독립적인 연구기관으로 가장한 특정 정책 옹호단체이다. 진보정책연구소(the Progressive Policy Institute)나 미국진보센터(the Center for American Progress)는 민주당을 위해 이런 역할을 맡고 있으며, 미국기업연구소(AEI)나 헤리티지재단은 대부분 공화당을 위해 활동한다. 이런 조직들은 당파적인 정치전을 위한 지적 탄약을 제공하기 위해 존재하며 당연히 주요 기부자들과 증진하려고 하는 정책 구상과 연관된 정치 지도자들에 대해 예민하다. 이런 면에서 많은 저명한 싱크탱크들은 다음에 소개되는 부류의 주요 부속 기관 역할을 맡기도 한다.

이익단체와 로비

이익단체는 미국 민주주의의 핵심 요소이다. 미국 헌법이 언론과 결사의 자유를 보장하기 때문에 특정 이슈를 놓고 시민들이 단결해서 단체를 형성해 정치인들에게 자신들이 선호하는 정책을 채택하도록 설득 활동을 한다. 이들은 의원과 정부 관료를 직접 로비하고, 의회 결의안이나 공식 법안의 초안을 작성하는 데 도움을 주며, 자신들의 견해를 지지하는 정치인들에게 선거자금을 기부하는 활동을 벌이고, 자신들이 선호하는 정책을 대중들이 수용하도록 설득하는 활동에 관여함으로써 정책이 채택되게 할 수 있다.[24]

"국내정치는 국경선 앞에서는 멈춘다(Politics stops at the water' s edge)." 라는 상투적 문구에도 불구하고 외교정책은 이익단체의 영향력으로부터 거의 자유롭지 못하다. 오히려 대부분의 중요한 외교정책 이슈마다 수많은 이익단체와 로비 활동이 존재한다. 이들은 대중과 엘리트의 여론을 형성하고 정부 관리들이 자신들이 선호하는 조치를 취하도록 설득하려고 노력한다. 이런 단체로 앰네스티인터내셔널(Amnesty International), 휴먼라이츠워치(Human Rights Watch), 군비통제협회(the Arms Control Association) 등이 있다. 특정 인종과 관련된 로비단체로는 미-이스라엘공공정책위원회(the American-Israel Public Affairs Committee), 미국-아르메니아총회(the Armenian Assembly of America), 혹은 미국-인도정치활동위원회(the United States India Political Action Committee) 등이 있다. 국방비 지출 증가를 지지하는 기업으로부터 자금을 후원받는 로비스트들과 싱크탱크도 있다. 평화를 지지하는 단체인 미국퀘이커봉사위원회도 있다. 기업 단체인 미상공회의소도 있고, 그 외에도 아주 많은 로비단체가 있다.

이 부류에는 또한 현존위험위원회(the Committee on the Present Danger), 이란의 핵에 맞선 단결(United Against Nuclear Iran), 미국의 새로운 세기를 위한 프로젝트(the Project for the New American Century), 혹은 현실주의외교정책연합(the Coalition for a Realist Foreign Policy) 등 소위 "레터헤드 단체(letterhead organizations)"들도 포함된다. 레터헤드 단체는 공개토론을 형성하고 정책 어젠다에 영향을 주려는 의도로 작성된 공개서한과 성명을 발표하기 위해 저명한 인사들을 끌어모은 임시 단체를 일컫는다.

언론매체

외교정책에 관한 나의 정의에 따르면 외교 문제를 다루는 언론매체도 외교정책 커뮤니티에 포함된다. 이들이 엘리트들과 대중들이 세계정세 전반과 미국 외교정책 그 자체에 대한 인식과 신념을 구축하는 데 중요한 역할을 맡기 때문이다. 두드러지게 주목할 만한 요소를 들자면 주요 뉴스기관(로이터, AP

등), 〈뉴욕타임스〉, 〈월스트리트저널〉, 〈워싱턴포스트〉 등과 같은 주요 신문사 및 잡지사, NPR, 폭스뉴스, MSNBC, C-Span, 혹은 PBS 뉴스아워와 같은 영향력이 강한 방송국이 여기에 포함된다. 〈포린폴리시〉, 〈포린어페어즈〉, 혹은 〈내셔널인터레스트〉와 같은 전문 학술지도 여기에 포함된다. 아울러 국제문제를 자주 다루는 일반 대중지인 〈뉴리퍼블릭〉, 〈뉴요커〉, 〈애틀란틱〉도 포함된다. 물론 토머스 프리드먼Thomas Friedman, 대너 프리스트Dana Priest, 헬렌 쿠퍼Helene Cooper, 혹은 데이비드 이그내시어스David Ignatius와 같은 개별 언론인과 파리드 자카리아Fareed Zakaria, 레이첼 매도우Rachel Maddow, 울프 블리처Wold Blitzer, 혹은 션 해니티Sean Hannity와 같은 유명 호스트도 광범위한 외교정책 커뮤니티의 일부로 간주되어야 한다. 이와 더불어 외교 문제에 상당히 초점을 두고 있는 수많은 블로그와 홈페이지도 있다.

학계

대학에 적을 두고 있으면서 정책이슈나 여타 현실세계의 사안에 관심을 거의 보이지 않는 일부 학자들도 있지만, 많은 정치학자, 변호사, 역사학자, 경제학자와 여타 분야의 학자들은 외교정책에 관한 책과 논문을 저술하거나 혹은 다른 방식으로 이런 주제에 관한 공공담론에 참여한다. 또한 대학에 적을 둔 학자들은 정부, 언론매체, 싱크탱크 세계에서 일을 하게 될 수많은 사람들을 가르치고 훈련시키며, 일부 학자들은 본인들이 직접 정부에서 근무할 때도 있고 그중에는 상당히 높은 직위에 올라가는 경우도 있다. 예상할 수 있듯이 대부분의 공공정책이나 국제관계 분야 대학에 있는 교수진은 학문적 경력과 공직경험을 겸비한 사람들로 채워져 있으며 이 중 많은 사람들은 공직을 떠난 후에도 정책과 관련된 다양한 활동에 계속 참여한다.[25]

재정적 후원의 원천

이런 많은 활동에 재정적 지원을 제공하는 민간 조직과 개인들을 빼놓을 수 없다. 대표적으로 포드 재단, 맥아더 재단, 스미스 리처드슨 재단, 스탠튼 재단, 스케이프 재단, 록펠러 재단, 코흐 재단, 휼렛 재단 등 국제 문제에 관한 연구나 옹호 활동을 지원하는 자선단체들을 꼽을 수 있고, 외교정책 분야에서 활동하는 그룹들을 도와주는 규모가 작은 많은 유사한 자선단체들도 있다. 외교정책에 관심이 있는 개인도 특정한 외교정책 목표를 증진하기 위해서 정치활동위원회, 대학, 싱크탱크, 로비단체에 기부를 할 수 있으며, 때로는 상당한 액수의 기부를 할 때도 있다. 금융가인 조지 소로스는 신미국재단(the New America Foundation)과 미국진보센터(the Center for American Progress)를 후원했으며, 이스라엘계 미국 국적의 기업가인 헤임 서밴Haim Saban은 수백 만 달러를 민주당에 기부했고 브루킹스연구소 내 서밴중동정책센터(the Saban Center for Middle East Policy)에 초기 자금조달 당시 기부를 했다. 민주주의의 방어를 위한 재단(the Foundation for Defense of Democracies)과 여타 신보주수의 단체들도 도박계의 큰손인 셸던 애델슨Sheldon Adelson과 헤지펀드 억만장자인 폴 싱어Paul Singer로부터 큰 후원을 받았다. 카네기국제평화재단은 실업가인 앤드류 카네기로부터 받은 유산에서 시작되었고, 외교협회(the Council on Foreign Relations)는 오랜 역사를 거치면서 많은 개인들로부터 많은 지원을 받아왔다.

외교와 국가안보에 분명한 이해관계가 있는 기업들도 또한 적극적이며, AEI나 전략예산평가센터(the Center for Strategic and Budgetary Assessments), 신미국안보센터(the Center for a New American Security) 등과 같은 싱크탱크는 모두 다 방위산업체와 여타 주요 기업들로부터의 기부에 상당히 의존하고 있다. 보다 우려스러운 부분은 최근 몇 년 동안 많은 수의 저명한 싱크탱크가 부분적으로는 외국정부의 기부에 의존하게 되었으며, 이

들의 객관성에 대한 심각한 의문이 제기되었다는 점이다.[26]

대학도 마찬가지로 기부자의 지원에 의존하고 있으며, 일부는 분명히 기부자의 외교정책에 대한 관심 때문에 동기가 부여된 경우도 있다. 예를 들면 신보수주의(네오콘) 성향의 금융가인 로저 허톡Roger Hertog은 미국 내 몇몇 명문대학의 대전략 프로그램에 자금을 기부했다. 이런 기부 활동은 예일 대학의 기존 프로그램을 거울로 삼았으며 대학 캠퍼스에서 강경파의 입장을 보다 증진하려는 의도가 있었다.[27] 이와 유사하게 찰스코흐연구소(the Charles Koch Institute)는 최근에 MIT, 터프츠(Tufts), 하버드(Harvard), 텍사스 A&M, 노트르담(Notre Dame) 등의 국제 안보 연구 및 훈련 프로그램에 자금을 지원하기 시작했다.[28] 그리고 2016년에는 피어슨 가문 재단(the Pearson Family Foundation)은 시카고 대학의 글로벌갈등 연구센터(center for the study of global conflict at the University of Chicago)에 1억 달러라는 엄청난 기부금을 제공하기로 약속했다.(이 재단은 이후 유감을 표명하고 반환소송을 했다.)[29]

이 같은 외교정책 커뮤니티의 큰 그림은 무엇을 말해주는가? 칼 마르크스Karl Marx의 표현을 바꿔 표현하자면 정부 최고위급 인사들이 외교정책을 구상하기는 하지만, 이들이 외교정책을 전적으로 자신의 마음대로 구상하지 않는다. 이들은 싱크탱크 세계와 학계로부터의 전문지식에 의존하며 때로는 관료들의 저항, 회의적인 여론, 언론의 감시, 사회 내 이익단체들 간의 상호작용 등에 의해 제약을 받는다. 심지어 대통령조차도 완전한 자유를 누릴 수 없다. 이들이 내린 결정은 외교정책 커뮤니티 내의 폭넓은 컨센서스와 부하직원들에 의해 제시된 선택안에 의해 제한을 받기 때문이다. 마이클 글레넌Michael Glennon이 언급했던 대로 "근본적인 정책을 지시하는 진정한 톱다운(top-down) 방식의 결정은 드물다. 국가안보에 관해서는 대통령은 결정권자(decider)이기보다 회의 주재자(presider)에 가깝다."[30] 따라서 미국 외교정책에서 반복해서 나타나는 경향들을 이해하려면 이렇게 폭넓은 커뮤니티의 특징을 보다 깊이 검토해야 한다.

"블롭(Blob)"에서의 삶

공동체 의식

당파적 차이에도 불구하고, "외교정책 커뮤니티"의 핵심 특징은 공동체(community)라는 것이며, 특히 최고위급 인사들에서 그 특징이 두드러진다. 주요 회원들은 서로 알고 지내며 서로 중첩되는 활동과 단체에 참여한다. 이런 많은 단체들 간의 경계는 개방되어 넘나들 수 있고, 이 커뮤니티의 저명인사들은 다양한 경력을 거치며 때로는 몇몇 다른 단체에서 근무하기도 하며 어쩔 때는 동시에 근무할 때도 있다.

예를 들면 전형적인 외교안보 분야 경력 경로는 월스트리트나 학계에서 시작해서 일정 기간 동안 정부 경험을 거치고 싱크탱크나 심지어 언론계로 이동할 수도 있다.[31] 다른 방식으로는 민간 분야나 학계, 혹은 언론계에서 두각을 드러낸 다음에 그 평판을 이용해 정부에서 경력을 쌓거나 아니면 기업 활동을 통해 축적한 부를 이용해 자신의 정치적 견해를 지지하는 연구 활동이나 로비단체에 자금을 댈 수도 있다. 마찬가지로 실현 가능한 경로로써 정부에서 시작해서 학계나 싱크탱크, 민간분야로 이동했다가 나중에 다시 정부로 돌아오는 방법도 있다.[32] 일부 개인은 여러 가지 직위를 동시에 보유한다. 대학에서 강의하고, 벨트웨이(Beltway. 워싱턴 주변을 순환하는 495번 고속도로—옮긴이) 내부의 싱크탱크 비상주 회원으로 근무하며, 정부기관이나 개별 공직자, 영리단체를 위한 사설 자문을 제공하기도 한다.[33]

외교정책 커뮤니티는 또한 고도로 서로 연계되어 있으며 주요 회원들이 개인적인 관계와 서로 겹치는 단체나 활동에 참여하면서 엮여 있다. 고위 인사들은 서로 개인적으로도 잘 알고 지내며, 다른 저명한 인사들을 평판으로 들어서 알고 있고, 많은 사람들은 중첩되는 전문적인 사회단체에 같이 속해 있다. 또한 피터 베이커Peter Baker(뉴욕타임스)와 수전 글래서Susan Glaser(포린폴리시와 폴리티코), CNAS 설립자이자 전 국무부 차관보인 커트 캠벨Kurt Campbell과 전 재무부 차관인 래얼 브레이너드Lael Brainerd, 혹은 전 국무부 차관보인 빅토리아 눌런드Victoria Nuland와 신보수주의 전문가인 로버트 케이건Robert Kagan 등 저명한 "파워 커플"이 있다.

엘리트 외교정책 네트워크의 고전적인 사례로서 애스펜 전략 그룹(ASG)을 떠올려보자. 이 단체는 "미국이 직면한 두드러진 외교정책 분야에서의 도전을 탐색해보는 초당적 포럼 제공"을 명시적으로 임무로 내세우고 있다. 이 단체의 대표적인 행사는 나흘간 지속되는 워크숍이지만, 또한 태스크 포스와 여타 회의를 조직하며 종종 관심 있는 사안에 관한 브리핑과 보고서를 발간하기도 한다. 참석자들은 외교정책 권위자들의 "인명록"이나 다름없다. 전직 정부관리로는 매들린 올브라이트Madeleine Albright, 브렌트 스코우크로프트Brent Scowcroft, 니콜라스 번즈Nicholas Burns, 토머스 도닐런Thomas Donilon, 앤-마리 슬로터Anne-Marie Slaughter, 로버트 젤릭Robert Zoellick 등이 있다. 언론인으로는 CNN의 파리드 자카리아Fareed Zakaria나 〈월스트리트저널〉의 칼라 로빈스Carla Robbins를 꼽을 수 있다. 싱크탱크 회장으로는 외교협회 회장인 리처드 하스Richard Haass, 전 카네기재단 회장인 제시카 매슈스Jessica Mathews, 전 브루킹스연구소장인 스트로브 탈봇Strobe Talbott이 포함된다. 학계 인사로는 존스 홉킨스 대학의 엘리엇 코언Eliot Cohen, 윌리엄앤매리 대학의 미첼 리스Mitchell Reiss, 버지니아 대학의 필립 젤리코Philip Zelikow 등이 있다. ASG 회원들은 다른 자격으로도 활동하기도 한다. 탈봇, 스코우크로프트, 그리고 클린턴 행정부 당시 국가안보보좌관이었던 샌디 버거Sandy Berger는 모두 다 외교협회(CFR)의 글로벌자문회 이사를 역임했다. 코언은 미국기업연구소(AEI)의 학술자문관의 일원이며, 슬로터는 프린스턴 대학의 우드로우윌슨 국제공공정책대학원 학장이었고 현재는 신미국재단의 총재를 맡고 있다.

신보수주의(네오콘) 운동도 잘 연계된 인사이더들 간의 상호 지원 네트워크를 잘 보여주는 또 다른 사례다. 지난 30년 동안 리처드 펄Richard Perle, 로버트 케이건Robert Kagan과 맥스 부트Max Boot, 대니엘 플렛카Danielle Pletka, 에릭 에델먼Eric Edelman, 엘리엇 에이브럼스Elliott Abrams, 윌리엄 크리스톨William Kristol, 제임스 울시James Woolsey는 미국기업연구소(AEI), 안보정책센터(the Center for Security Policy), 허드슨 연구소(the Hudson Institute), 미국의 국가안보를 위한 유대인 연구소(JINSA), 이란의 핵에 맞선 단결(United Against Nuclear Iran), 중동포럼, 민주주의의 방어를 위한 재단(FDD)과 여타 기관 등 어지러울 정도로 많은 센터, 싱크탱크, 로비단체, 자문단체, 레터헤드 단체 등에 적을 두었다. 그러면서도 동시에 위클리 스탠더드(the Weekly Standard)와 같은 출판사나 일부의 경우 외교협회(CFR)나 전략예산평가센터와 같은 주류 외교정책 단체에서 근무하거나 기고 활동을 했다.[34]

이런 종류의 연줄은 외교정책 커뮤니티에서 출세하거나 살아남고 싶은 사람에게 아주 중요하다. 미국 정치제도 내부에서 권력에 이르는 확립된 단일 경로가 없기 때문이다. 법률이나 의료, 회계와 같은 여타 전문직과 달리 외교안보 분야에 종사할 수 있게 되기 전에 반드시 이수해야 하는 필수 과정은 없으며 전문 자격증을 주는 과정도 없다. 이 커뮤니티의 저명한 구성원들은 정치학, 역사학, 국제관계학, 혹은 공공정책에서 고급 학위가 있을 수도 있지만, 이런 교육훈련이 이 분야에 진입하거나 승진하기 위한 전제조건이 되지 않는다. 샌디 버거Sandy Berger는 빌 클린턴의 국가안보보좌관이었고, 토머스 도닐런Thomas Donilon은 버락 오바마 시절 똑같은 직위에 있었다. 둘 다 변호사였고 국제 문제와 관련된 공식 훈련을 거의 못 받았거나 전무했다. 하지만 둘 다 결국 이 분야에서 중대한 책임을 떠맡았다.[35] 마찬가지로 버락 오바마의 외교안보 분야 연설 작성가였던 벤 로즈Ben Rhodes 국가안보부보좌관은 라이스 대학(Rice University)에서 영문학과 정치학 학사를 받았던 소설가 지망

생이었고, 뉴욕 대학(NYU)에서 문예창작학 석사를 받았다. 그러나 외교정책, 국가안보, 외교 혹은 국제경제학에 관한 고등훈련을 받은 적이 없었다. 도널드 트럼프가 첫 번째 국무장관으로 뽑은 렉스 틸러슨Rex Tillerson은 토목공학 학사 학위가 있고 직장생활 전체를 엑슨(Exxon)에서 보냈으나, 2017년에 임명되기 전까지 정부에서 근무한 경험이 없었다.

요점은 이들이 자격이 없다는 말이 아니다. 외교정책 커뮤니티에서 요직에 오르는 경로는 상당히 우발적이며 공식적인 전제조건이 없다. 의사와 변호사, 회계사, 여타 전문직은 반드시 몇 년간 공식적인 전공과정을 밟아야 하며 힘든 자격시험을 통과해야 하지만, 외교안보 분야에서 출세지향적인 전문가들은 출세한 정치인들과 돈독한 관계를 맺거나 기존 커뮤니티 내부의 기성 인물들 사이에서 좋은 평판을 쌓으면 된다.[36] 예를 들면 전 국가안보보좌관인 도닐런은 몇몇 골수 민주당원을 위해 근무했고 동시에 워런 크리스토퍼Warren Christopher 국무장관과 같은 로펌에서 일을 했다. 그리고 샌디 버거도 1972년 맥거번McGovern의 대선운동 시절부터 빌 클린턴의 절친이었다.

기득권층에 새로운 피를 수혈해야 한다는 필요성을 감안해서 수많은 외교정책 기관이 이 바닥에서 경력을 쌓기를 원하는 젊은이들을 파악하고 채용하며 사회화시키고 경력을 개발해주기 위한 장학금과 인턴 자리를 마련했다. 외교협회(CFR)는 35세 미만의 인재들을 위한 5년 "기간 회원제"를 유지하고 있으며, 외교협회의 국제 문제 펠로우십(International Affairs Fellowship)은 학계 인사나 여타 전문가들을 미국 납세자들의 돈이 들어가지 않게 돈을 주면서 1년 동안 정부에서 근무하도록 하고 있다. 이와 비슷하게 신미국안보센터(CNAS)도 "차세대 국가안보 펠로우십(Next Generation National Security Fellowship)"을 운영하고 있으며, 이 프로그램의 수혜자들은 리더십 개발 프로그램, 월례 만찬 간담회, 그리고 "이들을 이끌어왔던 사람들과 어울리고 미국의 국가안보 이익과 정책에 대해 더 깊이 이해할 수 있는" 비공개 토의에 참여한다.[37] 다른 종류로 트루먼 국가안보 프로젝트(the Truman National

Security Project)가 수여하는 연례 펠로우십이 있으며, "미국의 미래 글로벌 분야 지도자가 될 장래성이 있는 특별한 개인들을 위한 고도로 경쟁력 있는 리더십 개발 프로그램"이라고 스스로 설명하고 있다.[38]

이런 의미에서 오늘날 외교정책 커뮤니티는 유력한 기성 인사들이 내린 판단에 기초해서 신입생을 채용하고 육성하며 승진시킨다는 측면에서 볼 때 예전의 "동부 기득권층"처럼 작동하고 있다. 그러나 중요한 차이점이 있다. 1950년대 즈음이 될 때까지 외교안보 분야의 최고위직 인사들은 대체로 정부 외부에서 성공적으로 경력을 쌓아왔고 생계수단으로써 외교안보 분야에 종사하지 않았다. 폴 니체Paul Nitze, 맥조지 번디McGeorge Bundy, 제임스 포레스털James Forrestal, 존 맥클로이John McCloy, 애버렐 해리먼Averell Harriman, 딘 애치슨Dean Acheson, 로버트 로벳Robert Loett, 존 포스터 덜레스John Foster Dulles 등과 같은 인물들은 성공적인 변호사, 은행가, 학자, 혹은 사업가였다. 이들은 공직에 들어서기 전에 민간 분야나 학계에서의 활동으로 재정적으로 든든했다. "동문" 네트워크와 외교협회(CFR)와 같은 단체는 이들이 공공분야에서 예전에 눈에 띄는 존재감이 없었음에도 외교정책 분야에서 중요한 직책을 맡을 수 있도록 도왔다.

이와 대조적으로 오늘날 외교안보 분야 전문가들은 외교정책 커뮤니티 내부에서 살아남아야 한다. 비록 소수의 개인이 외교정책 업무와 전혀 다른 별개의 활동(외교정책과 무관한 로펌이나 투자은행 근무 등)을 번갈아 할 수도 있겠지만, 오늘날의 외교정책 전문가들은 직업을 바꾸는 일 없이 다양한 부문을 오가는 경향이 있다. 이들은 어디에서 일하건 간에 "외교정책" 업무에 종사한다. 그리하여 전 주 유엔 미국대사인 사만사 파워Samantha Power는 인권 문제에 초점을 두는 전문가로서 두각을 드러냈고, 하버드 대학에서 몇 년간 이 주제에 대해 강의했으며, 그 후 버락 오바마가 상원의원이었을 때 참모진에 합류해 대선 활동을 했고, 이어서 2009년에 백악관 보좌관으로 임명되었다. 이후 2013년에 주 유엔 대사가 되었고 2017년에 하버드 대학으로 돌아왔다.

파워의 역할은 변했지만 그동안 내내 "외교정책 업무에 종사"하고 있었다. 정부관리가 정부를 떠나도 이 분야를 떠나는 경우는 드물다. 그리하여 전 브루킹스연구소 연구원인 이보 달더Ivo Daalder가 주 유럽연합 미국대사에서 물러나자 바로 시카고글로벌문제협의회 회장으로 선정되었다. 이와 유사하게 더글러스 피스Douglas Feith 전 국방장관도 부시 행정부를 2005년에 떠나고 허드슨연구소의 선임 연구원이 되었고, 오늘날도 여기에서 외교정책 문제를 계속 다루고 있다.

외교정책이라는 일자리 시장의 특성은 기업가정신과 끊임없는 자기 홍보를 조장한다. 외교안보 분야의 어떤 특정 사안에 대해 총명하고, 창의적이며, 박식하다는 평가를 얻는 게 직접적으로 출세하는 길이기 때문이다. 재닌 위델Janine Wedel이 제시한 바와 같이, 이 바닥에서 직업적으로 성공할지 여부는 "빠른 학습 능력뿐만 아니라 정치계, 경제계, 언론계 등과의 교류와 회의 참석을 통해 인맥을 형성하고 강화하는 데 달려 있다."[39] 야심이 있는 외교안보 분야 전문가들은 기고문과 언론 논평, 정책보고서, 태스크포스 보고서, 관심을 끄는 책을 저술하고, 유력한 내부자들과 인맥을 다지며, 헌신과 효율성으로 상사에게 좋은 인상을 주고, 자신이 믿음직하고 무엇보다 충성스럽다고 정치인들을 설득함으로써 출세한다.

더욱이 조지 마셜George Marshall과 같은 공직자가 공직 근무로부터 이득을 얻는 것을 거절하던 시절은 오래 전에 지나갔다. 오늘날은 워싱턴에서 성공적인 경력을 쌓으면—때로는 심지어 심하게 손상된 경력일지라도— "존경받을 만하다"라는 대체적인 세간의 평가에서 비껴나지만 않는다면 민간 분야에서 수입이 짭짤한 일자리로 이어진다. 최고위직 관리들이 공직 생활을 하면서 체결한 계약이나 얻은 지식으로부터 이익을 얻기 위해서 자문단체나 로비단체를 설립하거나 참여하는 게 공통의 관례가 되었다.(키신저 협회, 처토프 그룹, 스코우크로프트 그룹, 올브라이트 스톤브리지 그룹, 코언 그룹, 바버 그리피스 앤 로저스 등이 있다.) 언론인 마크 레이보비치Mark Leibovich가 신랄하면서도 흥미롭게 워싱턴을 묘사한 『디스 타운This Town』이라는 책에서 관찰한 바와 같이 "이제 모든 사람이 사실상 특별 이익단체이고 자유계약 선수로서 다양한 환경에서 다양한 업무를 수행하고 있다."[40]

전 주 인도 미국대사였던 로버트 블랙윌Robert Blackwill의 경력은 흥미롭지만 특이하다고 보기 어려운 사례다. 그는 외교정책 커뮤니티의 인사들이 어디에서 활동하건 간에 정책과 인식에 영향을 미치는 방식을 보여준다. 전직 외무공무원이자 헨리 키신저의 제자였던 블랙윌은 상당히 긴 세월 동안 하버드 케네디스쿨에서 강의했고 2000년 대선운동 기간 중 조지 W. 부시에게 자문을 제공했던 "벌컨(Vulcan)"의 일원이었다.(벌컨은 조지 W. 부시를 대통령으로 만들기 위해 외교안보 분야 자문을 제공했던 핵심 인사 그룹을 일컫는다—옮긴이)[41] 부시 행정부 시절 주인도 대사로서 블랙윌은 미국과 인도 간의 안보 파트너십을 확대하는 데 일조했고, 2008년에 체결되었지만 논란거리였던 미-인도 민간 원자력 협정(US-India Civil Nuclear Agreement)을 지지했다. 그는 나중에 부시의 국가안전보장회의(NSC)에서 근무했으며, 여기에서 이라크를 담당했고 아야드 알라위Ayad Allawi가 임시 총리로 임명되도록 노력했다. 정부를 떠나고 나서 블랙윌은 로비회사인 바버, 그리피스 앤 로저스(Barbour, Griffith & Rogers)의 사장이 되었고, 여기에서 자신이 정부에서 일하던 시절 밀어왔던 정책(인도와의 긴밀한 관계와 이라크에서 알라위의 출마 등)이 유지되게 계속 압력을 넣었다.[42] 이어서 외교협회의 헨리 A. 키신저 선임연구원으로 임명되었고, 다양한 외교 문제에 관한 저술, 강연 및 저명 정치인들에 대한 조언 활동을 계속하고 있다. 평생 공화당원이었고 굳건한 국제주의자였던 블랙윌은 또한 처음부터 강경하게 도널드 트럼프를 반대했고, 2016년 대선운동 당시 트럼프가 대통령직에 적절치 않다고 판단했던 전직 공화당원 관리들을 규합해서 공개서한을 작성하는 데 일조했다.

블랙윌의 사례는 외교정책 커뮤니티의 저명한 구성원이 자신이 어디에 소속되었는지와 무관하게 어떻게 영향력을 행사할 수 있는지를 잘 보여준다.

부분적으로는 이들이 경륜이 있고, 인맥도 좋으며, 권력자들로부터 존중받기 때문이다. 그러나 제4장에서 길게 논의하겠지만 이런 환경은 또한 순응하도록 하는 강력한 유인을 만들어낸다. 업무에서 성공할지 여부가 무엇보다 평판에 달려 있기 때문에 출세를 원하고 계속 영향력을 행사하고 싶다면 수용 가능한 의견의 범위를 벗어나지 않도록 해야 한다. 〈파이낸셜타임스〉의 워싱턴 특파원인 에드워드 루스Edward Luce가 언급한 것처럼 "오늘날 분위기에서 정부 내에서 출세하려면 반대의견을 표출하기가 어렵다. 좋은 친구들과 있으면서 틀리는 것이 옳지만 외톨이가 되는 것보다 낫다."[43] 이처럼 순응하라는 압박은 또한 정치적 성향이 분명히 다른 워싱턴 싱크탱크들이 왜 때로는 공동행사를 후원하는지 설명하는 데 도움이 된다. 가능한 한 최대한의 청중을 끌어모으는 게 목표이며, 이견의 범위가 흔히 생각할 수 있는 것보다 훨씬 좁다.[44]

역설적으로 이 세계에서 고위직으로 올라간다고 해서 대부분의 사람에게 인기가 없는 입장을 취하거나 자신들이 실제로 생각하는 바를 말할 더 많은 재량이 주어지는 것도 아니다. 오히려 순응하라는 압박이 권력 상부층에 가까이 갈수록 더 커진다. 대학에 적을 두고 있는 학자들(특히 종신직을 임명받은 사람들)과 정부 자리를 간절히 탐내지 않는 사람들이 지배적인 컨센서스에 도전하는 데 더 자유롭고, 때로는 그렇게 했다고 보상을 받을 때도 있다. 이와 대조적으로 벨트웨이 내부의 기득권층에서 출세하기를 갈망하는 사람들은 우세한 분위기에 따라 입장을 바꾸려는 성향이 더 커지기 마련이다. 따라서 2003년 이라크전에 대해 권력 상층부 내에서나 벨트웨이의 담론을 지배했던 주요 싱크탱크 내에서 반대가 거의 없었다는 점은 놀랍지 않다. 민주당 상원의원 대다수(힐러리 클린턴과 조 바이든을 포함해서)가 2003년에 이라크 전쟁에 찬성한다는 표를 던졌고, 민주당 소속의 저명한 외교정책 전문가인 리처드 홀브루크Richard Holbrooke와 제임스 스타인버그James Steinberg도 공개적으로 지지했다. 미국기업연구소와 브루킹스연구소, 외교협회도 가장 큰 소리로 가장 집요하게 전쟁을 지지하는 측에 속했다. 심지어 전면 침공을 반대했던 온건파인 제시카 매슈스Jessica Mathews 카네기재단 회장도 "강제적 사찰(coercive inspection)"을 집행하기 위한 "선별적인 무력 사용"을 지지했다.[45] 예상할 수 있듯이 워싱턴 외곽에서 일관되게 침공을 반대하는 목소리는 이 결정에 거의 영향이 없거나 아예 없었다.

또한 개인적인 측면도 있다. 외교정책 커뮤니티에서 폭넓게 존경받고 인맥도 풍부한 인사가 되면 기회가 생기고, 지위가 부여되며, 금전적 이익도 생길 뿐만 아니라 자부심과 자존감도 생긴다. 백악관 출입증과 1급비밀 취급 인가증을 부여받는 건 흥미진진한 일이고, 외교협회 같은 엘리트 단체의 회원이 되거나 의회에 증언하기 위해 초대받는 것 또한 흐뭇한 일이다. 외교정책 분야 고위인사들이 참석하는 회의에 참여하거나 지역 사령관에게 조언해주거나 혹은 국가정보위원회에 자문해줄 정도로 자신이 "사안에 정통"하다고 느끼는 것은 아주 의기양양한 경험이다. 특히 젊고 야심차며 다소 불안정하면서 출세하고 싶을 때는 더욱 그렇다. 그러나 고위급으로 승진하고 더 혜택이 많아지고 자신이 속한 집단이 더욱 배타적이 될수록, 이렇게 높은 천계에서 추락할 수도 있는 실수를 피하려는 동기도 더욱 커지기 마련이다. 꼭대기까지 오르느라 얼마나 고생했는지를 고려한다면 외교안보 분야 기득권층에 속한 대부분의 인사들이 거기에 계속 머무르려고 하는지 이해하기가 쉽다. 이는 자신들의 평판에 흠집이 안 가도록 하고 자신들의 생각과 권고안이 "선을 넘지 말아야 한다."(적어도 공개적으로는)라는 뜻이 된다.

확실히 공동체 의식과 순응하라는 압박에도 불구하고 외교정책 커뮤니티 내부에서 많은 정책 사안에서 의견이 일치하는 사람들 사이에서도 개인적 반감이나 전술적 이견, 심각한 내부적 갈등이 발생하는 상황을 막을 수가 없다. 기득권층에 속한 사람들은 때로는 정부 요직의 사다리 위로 올라가려고 서로 경쟁하며 필연적으로 특정한 이슈나 관심사에서 더 많은 관심과 자원을 받기를 원하기 마련이다. 최고위직 자리는 부족하고 자원은 한정되어 있기 때문에 자유주의 패권에 똑같이 전념하는 사람들 사이에서조차 뒤통수치기, 인신공격, 자기홍보, 언쟁이 끝없이 이어진다.

또한 이란 핵합의나 시리아 내전 개입의 필요성처럼 미국의 정책이 어느 방향으로 나아가야 할지 등에 대해 심각하게 이견이 있는 사례도 있다. 그러나 이런 이견은 미국의 우위와 적극적인 세계적 리더십이 미국과 세계에 좋다는 폭넓은 의견의 분위기 내에서 발생한다.

분명히 말하건대 외교안보 분야 대부분의 전문가들은 적어도 자신들이 규정한 방식에 따라 더 좋은 세상을 만들기 위해서 노력하고 있는 진정한 애국자들이다. 그러나 이들도 미국이 야심찬 세계적 구상을 추구하는 데 있어서 분명히 개인적인 이해관계도 있기 마련이다. 미국 정부가 해외 활동을 하느라 더 분주해질수록 외교정책 전문가들에게 더 많은 일자리가 생길 것이고 국가의 부가 더 많이 이런 글로벌한 문제를 다루는 데 할당될 것이며, 이들의 잠재적 영향력도 더 커질 것이다. 보다 절제된 외교정책을 구사한다면 외교정책 커뮤니티 전체가 할 일이 적어질 것이고, 대학원 내 외교정책 강좌가 덜 중요해질 것이며, 심지어 유명한 자선단체들이 이런 사안에 기부를 덜하게 될 수도 있다. 이런 점에서 자유주의 패권과 끊임없는 세계적 행동주의는 외교정책 커뮤니티의 완전고용을 위한 전략이 된다.

"그냥 가만히 있지 말고 뭐라도 좀 해봐!": 미국 외교정책의 행동주의적 편향성

위에서 언급한 특성은 왜 미국이 일을 많이 하지 않아서가 아니라 일을 많이 벌여서 계속 실수를 저지르는지 이해하는 데 도움이 된다. 미국과 전 세계 다른 나라들 간에 힘의 불균형이 있듯이 미국 외교정책 커뮤니티 내에서도 힘의 불균형이 있다. 전 세계 문제에 대한 광범위한 개입과 적극적인 리더십 발휘를 지지하는 단체나 기관이 보다 절제하고, 덜 개입하며, 핵심 동맹국들에 더 많이 부담을 지우면서 전반적으로 보다 현실적인 외교정책을 펼치자는 단체나 기관보다 숫자가 훨씬 많을 뿐만 아니라 자금도 더 풍족하게 후원받으며 워싱턴에서 영향력도 더 크다. 실제로 후자들은 완전히 없다고 볼 수는 없지만 사실상 존재하지 않는 편이다. 외교정책 커뮤니티의 개인이나 단체가 모든 정책에서 의견이 일치하지는 않지만 미국의 힘을 적극적으로 발휘하자는 점에 있어서는 강력하게 의견이 일치한다.

정부 내에서도 외교안보정책과 관련된 부처들은 국가 자원을 놓고 다른 부처들과 경쟁해야 한다. 따라서 예산 측면에서도 당연히 예상할 수 있듯이 세계적 문제를 다루는 정부 부처들은 미국의 소극적이기보다는 적극적인 활동을 선호하는 경향이 있다. 군 고위 지휘관들은 민간인들보다 군사 개입을 대체로 경계하는 경향이 있지만, 펜타곤과 정보 당국, 군인들은 여전히 세계에 위험이 득실거리고 있으며 미국의 힘, 특히 군사력이 다양한 세계 문제에 대한 해답이라고 설명한다.[46] "선을 위한 전 세계적 힘(A Global Force for Good)"이라고 최근까지 홍보 광고를 했던 미 해군을 떠올려보라. 실제로 미국 외교관계의 일부 측면을 담당하는 어느 정부 부처가 단지 현재 상태의 예산 비중을 유지하기 위해서라도 더 많은 일을 하기를 원하지 않는다면 상당히 놀라운 일일 것이다.

이와 마찬가지로, 미국세계문제협회(WACA)나 외교정책협회(FPA)와 같은 회원제 단체들은 세계 문제를 대중들에게 알리고 적극적인 외교정책에 대한 관심을 장려하기 위해 만들어졌다. WACA의 홈페이지에 명시되어 있듯이, 긴밀하게 연관이 있는 단체의 설립자들은 "제1차 세계대전이 끝났을 때 미국인들이 관여보다 고립 정책을 택할 것이라고 우려해서 국제 문제에 대한 일반 대중들의 참여를 독려하려고 노력했다."[47] 비록 공식적으로는 초당파적이지만 이 두 단체 다 세계 문제에 미국이 적극적인 역할을 맡도록 열성적으로 헌신하고 있다.

가령 WACA의 2012년 전국회의 당시 기조연설자에는 데이비드 페트리어스David Petraeus 당시 CIA 국장, 마크 그로스먼Marc Grossman 전 국무부 차관, 폴라 도브리언스키Paula Dobriansky 전 대사, 데이비드 생어David Sanger 〈뉴욕타임스〉 기자, 스티븐 해들리Stephen Hadley 전 국가안보보좌관, 중동문제자문관을 오랫동안 역임한 데니스 로스Dennis Ross 등이 있었고 그 외에도 주요 학계, 언론계, 전직 인사들이 즐비했다. 이와 비슷하게 2014년에도 데이비드 퍼킨스David Perkins 육군 대장, 발리 나스르Vali Nasr 존스 홉킨스 대학 고등국제대학원 학장, 폴리티코의 수전 글래서Susan Glasser, 카네기재단 소속 모이제 네임Moises Naim 등 화려한 경력의 소유자들이 등장했다. 2015년과 2016년의 행사도 다르지 않았다. 브루킹스나 카네기재단과 같은 주류 싱크탱크 소속 연사들과 에반 토머스Evan Thomas 혹은 마이클 더피Michael Duffy와 같은 기성 언론인도 포함되었다. 국무부 출신 인사이자 인맥이 풍부한 에번스 리비어Evans Revere 혹은 라이스해들리게이츠(RiceHadleyGates LLC) 소속 애냐 매뉴엘Anja Manuel도 참석했다. 로버트 젤릭Robert Zoellick, 제프리 가튼Jeffrey Garten, R. 제임스 울시R. James Woolsey도 자리를 빛냈다.[48]

이와 같은 연사들은 모두 다 헌신적인 국제주의자들이며, 그렇기 때문에 초대받은 것이다. 미국 외교정책에 대해 보다 비판적인 인사들—가령 앤드류 배서비치Andrew Bacevich, 피터 밴 뷰런Peter Van Buren, 미디어 벤저민Medea Benjamin, 글렌 그린월드Glenn Greenwald, 제레미 스캐힐Jeremy Scahill, 패트릭 뷰캐넌Patrick Buchanana, 존 뮬러John Mueller, 제슬린 래덕Jesselyn Radack과 같은 인물이나 이와 조금이라도 유사한 사람들—은 눈에 띄게 참석하지 않았다. 이런 모임의 비용은 누가 부담하는가? 놀랍지 않게도 NATO, 레이시온(Raytheon), 노스롭 그루먼(Northrup Grumman), 골드만 삭스(Goldman Sachs), 독일 마셜 펀드(the German Marshall Fund) 등으로부터 특히 재정적 후원을 많이 받고 있으며, 이들은 모두 다 미국이 세계적 리더십을 유지해야 한다는 데 대한 의지가 확고하다.

미국인들에게 세계 문제를 교육시키는 일도 가치 있는 활동이다. WACA와 WACA 대도시 지부, FPA는 특정한 외교안보 사안에서 공식적인 입장을 취하지 않는다. 그럼에도 불구하고 기획된 측면이나 실제 관행을 보면, 이 단체들은 국제 문제에서 미국이 보다 적극적인 역할을 맡도록 권장하고 미국의 관여 수준을 낮추거나 미국 정책의 기본노선을 변경하려는 어떠한 경향과도 싸우기 위해 존재한다.

자유주의 패권을 지지하는 편향성은 브루킹스연구소, 카네기재단, 미국기업연구소, 혹은 헤리티지재단과 같은 주류 싱크탱크나 연구기관에서 한층 더 두드러진다. 이 기관들은 많은 사안에서 엄격하게 견지하는 "기본 방침(party line)"은 없고 이 기관에 종사하는 사람들도 항상 특정한 정책 문제나 외교정책 우선순위에 동의하는 것은 아니다. 그럼에도 불구하고 이 단체들 중 일부는 미국인들이 세계 문제에서 더 적극적인 역할을 맡도록 설득하기 위해 애초에 창설되었으며 모든 단체들이 미국의 더 많은 관여라는 방향으로 강하게 경도되어 있다.

예를 들어 1922년에 창립된 5천 명에 달하는 정회원과 약 80명에 달하는 소속 직원을 거느리고 있는 회원제 단체이자 싱크탱크인 외교협회(CFR)는 적극적인 외교정책을 홍보하는 데 전념해왔다. 레슬리 겔브Leslie Gelb 전 CFR 회장이 1995년에 기술했던 것처럼 "만약 CFR이 단체로서 지난 75년간 표방해온 것이 있다면 미국의 이익에 기반한 미국의 국제주의였다." 외교협회의 대표적 간행물인 〈포린어페어즈Foreign Affairs〉는 미국이 직면하고 있는 국제 문제에 대해 무엇을 해야 할지 제시하는 기고문을 수시로 게재하지만, 미국의 세계적 목표에 대한 정통적 견해에 도전하는 내용은 어쩌다가 드물게 게재할 뿐이다. 뉴욕에서 개최되는 연례 총회에서는 외교협회 소속 연구원들과 외교안보 분야 주류 인사들이 연설하고 발표할 뿐, 이견을 내는 목소리는 거의 들리지 않는다.

이와 비슷하게 카네기국제평화재단도 글로벌한 평화를 증진한다는 원래의 임무를 포기하고 이제 "국가 간의 협력을 촉진하고 미국의 적극적인 국제적 관여를 증진한다."라고 자신의 역할을 설명하고 있다.[49] 보다 강경노선을 고수하는 미국기업연구소(AEI)는 한층 더 나아가서 국방비 지출 증액을 일관되게 옹호하고 소위 고립주의 성향의 주장을 노골적으로 겨냥해서 반박하는 보고서를 발간한다.[50]

애틀랜틱카운슬, 신미국안보센터(CNAS), 전략예산평가센터, 전략국제문제연구소(CSIS), 미국진보센터, 신미국재단 등에서도 동일한 패턴이 보인다. 애틀랜틱카운슬의 강령은 "전 세계적 도전에 맞서는 데 있어 대서양 공동체의 중심적 역할에 기반해서 국제 문제에 대한 건설적인 리더십과 관여를 촉진"한다고 되어 있으며, 지도부 인사들과 직원들은 외교정책 분야에서 경험이 풍부한 초당파 내부자들로 구성되어 있다. 미국이 내부지향적으로 바뀔 수도 있다고 우려하면서 애틀랜틱카운슬은 2015년에 "전 세계에서 미국과 범대서양 리더십에 새롭게 힘을 불어넣으려는" 목적으로 새로운 "전략 구상(Strategy Initiative)"을 내놓았다. 요컨대 벨트웨이 내부 대부분의 싱크탱크처럼 애틀랜틱카운슬은 자유주의 패권과 미국의 전 세계적인 리더십에 대한 의지가 확고부동하다.

CNAS의 경우도 마찬가지다. 공동 창설인인 커트 캠벨Kurt Campbell 전 국무부 차관보와 미셸 플루노이Michele Flournoy 전 국방부 차관은 민주당이 외교 및 국방정책에서 보다 근육질적이며 친(親)군사적인 목소리를 내게 하고 민주당이 국가안보 분야에서 "유약"하다는 인식을 불식시키기 위한 조직을 창설했다. 록히드 마틴과 같은 방산업체로부터 주로 자금을 후원받고 있으며 예전에 국방부에 몸담은 적이 있거나 미래에 국방부에서 근무할 인사들과 전직 군인들이 이끄는 CNAS는 미국의 해외 개입을 적극 증진하는 데 전념하고 있다. 예를 들면 2014년에 미셸 플루노이와 CNAS 회장인 리처드 폰테인Richard Fontaine은 소위 "비관여라는 유혹적인 노래"를 공개적으로 비판하면서 "만약 미국이 국제질서의 최우선 수호자라는 역할을 포기한다면 여타 국가들이나 혼돈의 세력이 이 공백을 채울 것이다."라고 경고했다.[51] 그리고 앞으로 보게 되겠지만 2016년이 되자 CNAS는 미국의 세계적 역할을 조정하려는 어떤 의미 있는 시도던 간에 훨씬 더 노골적으로 반대하게 되었다.

현저하게 민주당 성향인 싱크탱크 미국진보센터(CAP)는 CNAS보다 대체로 온건한 입장을 취하지만, 그럼에도 불구하고 외교정책 문제에서 자유주의 패권에 전념하겠다는 입장은 확고하다.[52] 예를 들면 2014년에 CAP 선임 연구원인 브라이언 캐털리스Brian Katulis는 미국이 전 세계적으로 관여해야 한다고 큰 소리로 주장했는데, 진보주의를 "혼돈의 사고(muddled thinking)"라고 비난하면서 미국의 군사력이나 세계적 역할에 있어 어떤 의미 있는 축소에도 반대했다.[53]

또 다른 민주당 기관인 진보정책연구소는 외교정책 분야에서 한층 더 매파적인 노선을 제시한다. 연구소장인 윌 마셜Will Marshall은 이라크와 리비아에서의 전쟁을 노골적으로 옹호했으며, 소위 "근육질 자유주의"와 미국의 군사적 우위를 공개적으로 지지하고, 단지 수사(rhetoric)가 아닌 실제로 민주주의를 증진시키는 것은 본질적으로 민주당의 유산이며, 민주당의 대의명분이자, 민주당의 책임이다."라는 글을 기고했다.[54] 마셜은 2017년에 민주당 내 좌파 성향에 맞서 싸우고, "안보 분야에서의 신뢰도 격차"를 줄여야 할 필요성을 경고하고, "자유주의 국제주의라는 활력 넘치는 원칙"을 확고히 하려는 의도에서 새로운 싱크탱크와 정치활동위원회(New Democracy)를 발족했다.[55]

신미국재단(NAF)의 진화는 어떤 면에서 이와 같은 상황을 가장 적나라하게 보여준다. 1999년에 설립된 NAF는 원래 외교 및 내정, 경제 정책에서 기존 사고에 얽매이지 않는 아이디어를 배양하겠다는 의도가 있었다. 이런 임무에 맞추어 NAF는 스티브 클레먼스Steve Clemons가 이끄는 현실주의 지향의 미국안보프로그램(American Security Program)을 주관했다. 이 프로그램에는 혁신적인 중동정책 프로젝트가 포함되었는데, 이스라엘 평화 협상대표였던 대니얼 레비Daniel Levy가 주도하고 남아시아와 중동 전문가인 애너톨 리븐Anatol Lieven과 전직 정부 관리이자 중동정책에 대한 독자적인 관점을 지닌 플린트 레버렛Flynt Leverett과 힐러리 레버렛Hillary Leverett 부부가 동참했다. 신미국재단에는 또한 레이건 행정부 시절에 활동했던 저명한 보수주의자이면서 미국의 개입주의에 대해 점점 더 회의적 시각을 갖게 된 마이클 린드Michael Lind와 같은 지식인도 있었다. 따라서 신미국재단은 초창기에 워싱턴의 싱크탱크 세계에서 두드러진 아웃라이어였다.

하지만 시간이 지날수록 신미국재단도 점차 벨트웨이 내부의 주류에 동조해갔다. 신미국재단의 제2대 회장이며 언론가 출신인 스티브 콜Steve Coll은 미국의 세계적 관여를 일관되게 옹호했고 아프가니스탄과 이라크에서의 국가건설 노력을 적극적으로 지지했다. 콜의 후임자인 앤-마리 슬로터Anne-Marie Slaughter(프린스턴 대학 우드로우 윌슨 스쿨 학장과 국무부 정책기획실장을 역임했다)는 미국의 이라크, 리비아 그리고 최근에는 시리아 개입까지 공개적으로 지지했던 충실한 자유주의 국제주의자였다. 2015년이 되자, 미국의 개입주의 성향에 대해 공개적으로 의문을 제기했던 이 단체는 주류 외교정책 싱크탱크의 대열에 합류했다.

정책학연구소, 국제정책센터, 미국퀘이커봉사위원회와 같은 한 줌의 좌파 혹은 반전단체를 제외하면 자유주의 패권이라는 교리에 일관되게 도전하는 벨트웨이 내부의 유일한 주류 싱크탱크는 캐토연구소다. 자유지상주의적(libertarian)이며 작은 정부를 중시하는 철학을 고수하는 이 싱크탱크는 미국의 과도한 외교정책 구상에 회의적인 입장을 갖고 있다. 하지만 예전에 정부에 몸담았거나 미래에 정부에서 일하기를 원하는 사람들과 국제주의적 임무를 힘주어 강조하는 야심찬 정책 연구가들이 훨씬 더 많으며, 이 사람들이 더 많은 재정적 후원을 받고, 반대하는 온건파의 목소리보다 더 시끄러울 뿐만 아니라 후자 성향의 사람들을 힘들이지 않고 잠재울 수 있다.

그 결과 복스닷컴(Vox.com)의 잭 보챔Zack Beauchamp이 지적한 대로, "워싱턴의 외교정책 토론은 대체로 중도파와 우파 사이에서 벌어지는 경향이 있다. 미국이 힘을 사용해야 할지 여부보다 얼마나 힘을 사용해야 할지, 그리고 자유무역협정을 수용해야 할지보다 자유무역협정을 얼마나 비틀어서 수정해야 할지가 이슈가 된다. 좌파는 두드러진 목소리를 전혀 내지 못한다."[56]

외교정책 이슈에 관해 적극적인 특정한 이익단체나 로비단체가 미국의 광범위하고 세계적인 역할을 강화하는 데 도움을 준다. 이들의 주된 목적은 대중과 미국 정부를 설득해서 자신들이 특별히 중시하는 프로젝트를 지지하는 조치를 취하도록 만드는 것이기 때문이다. 인권 옹호자들은 외국 정부의 인권 침해로 인한 피해자들을 보호하기 위해 미국이 더 많은 행동을 하기 원하며, 이런 측면에서 일부 저명한 "자유주의 매파" 인사들이 2003년에는 사담 후세인, 2011년에는 무아마르 카다피, 그리고 2014년에는 바시르 알-아사드에 맞서는 군사조치를 지지했다는 사실을 설명할 수 있다.[57] 특정 민족의 로비단체들은 미국이 이스라엘, 인도, 아르메니아, 폴란드, 그 외 어느 나라든 미국이 더 많이 지지해주기를 원하며, 쿠바나 이란 같은 나라로부터 망명 온 사람들은 미국이 자신들이 도망쳐온 나라의 정권을 약화시키기 위해 더 많은 조치를 취해주기를 원한다.[58] 군축 단체들은 미국 관리들이 갖고 있는 권한을 활용해서 대량살상무기의 확산을 막거나 기존의 핵무기를 더 안전하게 해주기를 바란다. 기업들은 정부 관리들이 해외 시장에 대한 접근을 더 확대하도록 도와주기를 바라며, 방산업체는 국방부(그리고 미국의 동맹국들)가 더 많은 무기를 구매해주기를 원한다.[59] 이런 목표들 중 일부는 적어도 당분간은 바람직할 수도 있겠지만, 이렇게 다양한 단체들이 각각 자신들이 원하는 것을 조금씩이라도 갖게 된다면 미국은 실제로 상당히 분주해질 것이다.

행동주의적 편향성은 대부분의 기성 언론에서도 마찬가지로 상당히 두드러진다. 비록 〈뉴욕타임스〉와 〈월스트리트저널〉, 〈워싱턴포스트〉와 같은 주류 신문사의 논설위원들이나 칼럼니스트들이 때로는 특정한 외교안보 구상에 대해 비판적 시각을 보이기도 하지만, 자유주의 패권이 여전히 기본 전제로 남아 있으며, 독자들에게 다른 대안이 될 만한 견해를 제시하는 경우가 드물다. 한때 고립주의 성향이었던 〈시카고트리뷴〉의 편집국장이었던 비개입주의자인 고(故) 로버트 맥코믹Robert McCormick 정도가 언론계에서 두드러지는 위상을 점유했지만, 이제 그도 떠나고 없다. 오늘날 보다 통상적인 견해는 〈뉴욕타임스〉의 토머스 L. 프리드먼Thomas L. Friedman이다. 프리드먼은 이라크 침공을 지지했던 저명인사 중 한 명이었고 여전히 미국의 세계적 행동주의를 일관되게 옹호하고 있다.[60] 하지만 프리드먼조차도 〈폴리티코Politico〉의 마이클 허시Michael Hirsh에는 미치지 못한다. 허시는 한때 "실수에도 불구하고 미국이 맡았던 역할은 전 세계가 수 세기 동안 받았던 선물 중 가장 위대했던 것이며, 아마도 기록된 역사상 가장 위대한 것일지도 모른다."라고 글을 쓴 적이 있다.[61]

하지만 허시는 아웃라이어가 아니다. 예를 들면 〈뉴욕타임스〉의 외교안보 분야 칼럼니스트 필진에는 프리드먼 외에 데이비드 브룩스David Brooks, 브렛 스티븐스Bret Stephens, 니콜라스 크리스토프Nicholas Kristof, 그리고 로저 코언Roger Cohen 등이 있다. 이들은 개별적으로 보면 미국이 다소 다른 목적을 위해 힘을 사용하기를 원하지만 이들 모두 헌신적인 국제주의자들이며 미국이 멀리 떨어진 곳에서도 다양한 목표를 추구해야 한다고 믿는다. 브룩스는 〈뉴욕타임스〉로 이직하기 전에 〈내셔널리뷰〉, 〈월스트리트저널〉, 〈위클리스탠더드〉 등에 기고했던 신보수주의자(네오콘)이고, 이라크 침공을 열렬히 지지했으며, 여전히 미국의 외교정책에서 근육질의 접근방식을 찬성하고 있다. 예를 들어 2014년에는 버락 오바마의 외교가 "남성성" 문제를 겪고 있다고 불만을 터뜨렸으며 미국인들이 해외에서 이상주의적인 임무를 추구하지 못하고 좌절하게 되는 "영적 후퇴"가 있을 수도 있다고 경고했다. "만약 미국이 보편적인 민주주의를 옹호하지 않는다면, 이 나라가 뭐 때문에 존재하는가?"라고 짜증을 냈다. 스티븐스도 브룩스와 비슷한 경력의 소유자였다. 전혀 미안해하는 기색이 없는 신보수주의자(네오콘)였으며, 전 〈월스트리트저널〉 칼럼니스트이자 『후퇴하는 미국America in Retreat』의 저자이고, 오바마 행정부의 "고립주의"를 격렬하게 비판했다.[62] 코언과 크리스토프는 인권 문제에 더 초점을 두었고 프리드먼이나 브룩스, 스티븐스에 비해 군사적 해결책을 덜 선호하는 성향이 있었지만, 이들은 다들 심지어 미국의 사활적 이익이 걸려 있지 않더라도 머나먼 곳에서 일어나고 있는 잘못된 일들을 시정하기 위해서 미국의 힘을 사용하는 것을 적극 지지했다.[63]

〈워싱턴포스트〉와 〈월스트리트저널〉의 논설을 보면 〈뉴욕타임스〉보다 훨씬 더 일관되게 개입주의적 성향을 띠고 있다. 가령 냉전 종식 이래 〈워싱턴포스트〉의 기명 칼럼난은 찰스 크로쌔머Charles Krauthammer, 로버트 케이건Robert Kagan, 리처드 코언Richard Cohen, 데이비드 이그내시어스David Iganatius, 전 부시 행정부의 연설문 작성가인 마이클 거슨Michael Gerson, 조지 윌George Will, 짐 호글랜드Jim Hoagland, 고(故) 마이클 켈리Michael Kelly, 맥스 부트Max Boot, 윌리엄 크리스톨William Kristol 등이 있다. 비록 조지 윌은 미국이 계속 실패를 거듭함에 따라 갈수록 군사적 개입에 회의적인 입장을 띠게 되었지만, 그래도 개별 평론가들은 개입주의적인 외교정책을 지지했다.[64] 자유주의 패권에 대해 회의적이거나 미국의 보다 절제된 역할을 찬성했던 객원 평론가들도 〈워싱턴포스트〉에 가끔씩 등장했지만, 이들은 절대로 정기적으로 기고하지는 않았다. 말할 필요도 없이 논설분야 편집장인 프레드 하이어트Fred Hiatt도 자유주의 패권을 열렬히 지지하고 있다.

물론 이런 시각은 당연히 미국의 주류 언론에서 한 자리를 차지할 만한 자격이 있다. 문제는 대안이 될 수 있는 견해가 없다는 점이다. 특히 이런 신문 중에서 미국의 세계적 역할에 대해 자유지상주의적(libertarian) 견해를 내세우거나 혹은 일관되게 "현실주의적" 성향이라고 특징지을 수 있는 고정 칼럼니스트가 한 명도 없다. 후자가 없다는 점은 특히 놀랄 만한 일이다. 현실주의는 외교정책의 학술적 측면에서 존경을 받는 전통이며, 헨리 키신저, 조지 케넌, 브렌트 스코우크로프트, 리처드 닉슨, 혹은 콜린 파월과 같은 현실주의자들은 저명하면서도 과거에 영향력이 있었기 때문이다. 하지만 오늘날 주요 언론사에서 이와 비슷한 세계관을 옹호하는 사람을 찾아내기가 상당히 어려울 것이다.

폭스뉴스, 브레이트바트, 혹은 드러지리포트와 같은 우파 매체는 어떤가? 이 매체들은 클린턴과 오바마의 외교정책을 일관되게 비판했지만, 이들 또한 미국의 세계적 역할을 대폭 축소하라고 촉구하지 않았다. 더욱이 이들은 여타 수많은 세계적 위험과 더불어 이슬람, 테러리즘, 중국의 부상, 이민자 등으로 증대되는 위협에 관한 간략한 내용을 시청자들에게 소개해왔다. 극우 언론 매체들은 자유주의 국제주의자들이 선호하는 국제 제도들에 대해 회의적이지만, 미국의 군사적 우위를 강력히 지지하고 미국의 세계적 역할을 두드러지게 줄여야 한다고 믿지 않는다.

미국의 언론 환경이 단일한 덩어리는 물론 아니며, 대너 프리스트Dana Priest, 라지브 챈드라세카란Rajiv Chandrasekaran, 제인 메이어Janes Mayer, 맷 리Matt Lee, 제임스 리즌James Risen과 같은 주류 언론인들은 미국의 주요 외교정책 사안에 대해 의미심장한 비판적인 시각을 표출했다. 주류를 벗어나면 〈롤링스톤Rolling Stone〉 기자인 마이클 해스팅스Michael Hastings, 〈더인터셉트The Intercept〉의 글렌 그린월드Glenn Greenwald, 〈트루스딕Truthdig〉의 톰 엥겔하트Tom Engelhardt, 혹은 좌파 아나운서인 〈디모크러시나우Democracy Now〉의 에이미 굿먼Amy Goodman은 미국의 제국주의적 성향에 대해 상당히 깊은 식견을 드러내며 비판을 표출했다. PBS의 다큐멘터리 시리즈 프론트라인(Frontline)은 최근 미국 외교정책의 핵심 요소를 의문시하는 수많은 직설적 프로그램을 제작했고, 존 스튜어트Jon Stewart, 트레버 노아Trever Noah, 존 올리버John Oliver, 사만사 비Samantha Bee, 스티븐 콜버트Steven Colbert와 같은 풍자가들은 날카로운 시각을 갖고 있었고 재치 있게 미국 외교정책의 실책을 비판했다. 이들의 작품들은 외교정책에 관한 언론의 취재가 1차원적이지 않으며 만약 어디를 봐야 할지 안다면 대안적 견해도 존재한다는 사실을 우리에게 상기해준다. 그러나 전반적으로 미국 언론에서 전망이 좋은 고지는 여전히 미국의 적극적인 외교정책을 지지하는 사람들이 차지하고 있고, 이들이 세계 정치 전반과 특히 미국의 외교정책에 관해 독자와 시청자에게 전달되는 내용의 틀을 형성한다.

마지막으로 외교정책 사안과 가장 관련이 있는 교육기관들도 외교정책 커뮤니티 내 여타 구성원들과 많은 동일한 성향을 보인다. 이런 성향은 특히 공공정책 대학원이나 국제관계 대학원에서 두드러진다. 세계 문제의 파악과 해결책 제시가 바로 이들의 존재 이유이기 때문이다. 학계가 대체로 비둘기파 내지 좌파적 사고의 보루라는 평판이 있음에도 불구하고 대부분의 기관들은 자유주의 패권 전략을 문제 삼지 않는다.

이런 상황은 예상이 가능하다. 대부분의 교육기관에서 지도부와 교수진은 외교정책 커뮤니티에서 주도적 인사인 경우가 많으며, 이들은 미국의 리더십을 유지해야 한다고 보는 경향이 있다. 하버드 케네디 스쿨의 예전 학장들이었던 조지프 S. 나이Josephe S. Nye와 앨버트 칸세일Albert Carnesale, 그레이엄 앨리슨Graham Allison 등은 미 정부에서 외교안보정책을 담당하는 고위직을 역임했거나 중요한 자문을 제공했다. 터프츠 대학 플레처 국제관계 및 법학 대학원장은 전 NATO 총사령관인 제임스 스타브리디스James Stavridis이고, 전임자는 오바마 행정부 시절 북한 특사를 맡았던 직업 외교관 출신 스티븐 보즈워스Stephen Bosworth 대사였다. 제임스 스타인버그James Steinberg 전 국무부 부장관은 텍사스 대학 린든베인스존슨 공공문제 대학원 학장이었고 지금은 시라큐스 대학 시민공공정책 대학원 학장을 맡고 있다. 군축 전문가이자 전 국무부 관리였던 마이클 낙트Michael Nacht는 매릴랜드 대학 공공정책 대학원장과 UC 버클리 공공정책 대학원장을 역임했으며, 국무부 정책기획실장을 역임했고 이후 신미국재단(NAF)에 채용된 앤-마리 슬로터Anne-Marie Slaughter는 프린스턴 대학 우드로우 윌슨 스쿨 학장이었다. 이런 명단은 계속 이어진다. 국무부 직업 외교관 출신인 로버트 갈루치Robert Gallucci는 조지타운 대학의 외교대학원 학장이었고 맥아더 재단 회장이 되었다. 클린턴 행정부 당시 NSC에서 근무했던 제임스 골드가이어James Goldgeier는 최근까지 아메리칸 대학의 국제대학원 학장이었다.

이런 교육기관이 자유주의 패권과 미국의 적극적인 리더십을 지지하는 성향이 있다는 사실에 뭔가 음모와 같은 것은 전혀 없다. 이와 같은 공공정책이나 국제관계 분야 학교에 다니는 학생들은 결국 현실세계에 관심이 있고 세계를 더 좋게 만들고 싶기 때문에 진학한 것이다. 이런 교육기관이 교수진들도 비슷한 이유로 책과 논문을 쓰고 정부에서 근무한다. 이들은 미국을 더 안전하거나 더 번영하게 만들고 싶고 아니면 더 광범위하게 인류 전체에게 이득을 주고 싶어 한다. 따라서 국제 문제와 관련된 분야에 종사하는 대부분의 학자들—특히 전문대학원에서 근무하는 사람들—이 세계무대에서의 미국의 적극적인 역할을 반대하거나 혹은 가치가 있다고 생각되는 목표를 증진하기 위해 미국의 힘을 사용해야 한다는 통념에 대해 일관되게 회의적인 태도를 보인다면 오히려 그게 이상할 것이다.

세계를 향상시키겠다는 확고한 의지는 감탄스럽지만, 개인적 이익과 야심도 마찬가지로 중요한 역할을 한다. 미국이 해결하려는 외교안보 문제가 많을수록 이 문제를 다루기 위한 훈련받은 전문가들에 대한 수요가 커지기 마련이고, 이런 훈련을 제공할 수 있는 학교들도 더 많이 필요해지기 마련이다. 새롭고 시급한 문제를 파악한다면 재단과 동문으로부터 자금을 조달하기가 수월해지고 야심이 있는 교수들이 자신들이 중시하는 문제를 다루기 위해 워싱턴으로 가게 될 기회가 더 많아진다. 자유주의 패권을 지지하면 또한 인지부조화도 감소시킨다. 만약 당신이 미국이 세계적 리더십을 발휘해야 한다고 옹호하면서 인생에서 몇 년을 바쳤는데 이런 역할로 인한 단점, 비용, 혹은 실패를 떠올려야 한다면 아주 고통스럽지 않더라도 불편해질 수 있다. 따라서 외교정책 결정이라는 현실세계에 관심이 있는 대부분의 중요한 교육기관들은 자유주의 패권 전략을 강하게 지지하는 성향이 있기 마련이다.

"행동주의 편향성(activist bias)"이 외교정책 커뮤니티 내에 광범위하게 존재한다는 사실만으로 이런 접근법이 필연적으로 잘못되었거나 이 커뮤니티가 개발하고 촉진하며 실행하는 정책이 항상 잘못되었다는 의미는 아니다. 마찬가지로 광범위한 외교정책 커뮤니티에 종사하는 사람들이 상당히 많은 미국의 해외 개입에 관심이 있다는 사실만으로 이들이 순전히 이기적이거나 탐욕스럽거나 혹은 속세의 영화를 누리겠다는 이유만으로 자유주의 패권을 포용한다고 시사하는 것도 아니다.

오히려 국제 문제와 외교정책이라는 이슈를 고정적으로 다루는 사람들 사이에서 이들을 단결시키는 광범위하고 강력한 컨센서스가 존재하는 것으로 관찰된다. 트럼프라는 실험이 닥칠 때까지 두 주류 정당, 대부분의 정부 관리와 이 이슈를 다루는 정책 분석가, 언론인, 편집인, 학계 인사들이 이런 컨센서스를 공유해왔다. 지난 20년간 계속해서 실수를 반복했음에도 불구하고 자유주의 패권은 대체로 외교정책 커뮤니티 내에서 문제가 제기되지 않았다.

흔들림 없는 자유주의 패권: 세 가지 태스크포스 이야기

이런 현상을 좀 더 명확하게 이해하기 위해, 21세기에 미국이 어떤 대전략을 가져야 하는가를 파악하기 위한 널리 알려진 세 가지 시도를 분석해보도록 하자. 첫 번째 시도는 9월 11일의 여파가 있고 2008년 금융위기가 발생하기 전에 있었다. 두 번째 시도는 금융위기가 닥치고 나서 그리고 이라크와 아프가니스탄 개입이 잘못되고 있다는 게 확실해진 다음이었다. 세 번째 시도는 오바마 행정부 임기가 끝나가고 우크라이나 위기와 ISIS의 출현 이후 추진되었다. 이 세 개의 보고서는 전부 다 초당적으로 추진되었다. 각각의 발표 사례는 놀라울 정도로 서로 유사하게 미국의 세계적 역할에 대해 두드러지게 야심찬 청사진을 제시했다.

국가안보에 관한 프린스턴 프로젝트: 법에 따른 자유 세계 구축(2006년)

2003년부터 2006년 사이에 프린스턴 대학의 우드로우 윌슨 공공국제문제 대학은 국가안보에 관한 프린스턴 프로젝트라고 알려진 "미국을 위한 지속가능하며 효과적인 안보 전략"을 목표로 하는 야심찬 초당파적 구상을 후원했다.(윌슨 대통령이 인종차별주의자라는 지적이 있고 나서 2020년에 우드로우 윌슨을 생략하고 공공국제문제 대학원으로 이름을 바꿨다—옮긴이) 이 프로젝트는 앤-마리 슬로터Anne-Marie Slaughter와 G. 존 아이켄베리G. John Ikenberry가 총괄했고, 명예 공동의장은 전 국무장관인 조지 슐츠George Shultz와 전 국가안보보좌관인 앤서니 레이크Anthony Lake였다. 포드 재단과 칼라일 그룹의 독지가인 데이비드 루벤스타인David Rubenstein으로부터 후원받은 이 프로젝트는 다양한 회의, 워크숍, 원탁회의 간담회, 작업반 등을 개최했고 외교정책 커뮤니티에 참석한 사람이 거의 400명에 달했다. 이 프로젝트의 목표는 "집단적 'X 보고서(the X Article)'를 작성하고 고도로 전문화되고 급속도로 변화하는 세계에서 아무도 혼자 해내리라고 기대할 수 없는 과제를 공동으로 작업하는 것"이라고 명시적으로 제시되었다.[65](X 보고서는 조지 케넌이 1947년에 Mr. X라는 필명으로 〈포린어페어즈〉에 기고한 글로서, 소련에 대해 상세히 분석하고 대응책으로 봉쇄정책을 제시했다—옮긴이)

2006년에 완성된 결과물은 〈법에 따른 자유 세계 구축: 21세기 미국의 국가안보Forging a World of Liberty Under Law: U.S. National Security in the 21st Century〉라는 제목의 60페이지 분량의 보고서(이후 FWLL이라고 부르겠다)였다. 이 보고서는 냉전 종식 이후 신보수주의자들과 자유주의자들을 단결시킨 자유주의 패권 전략을 표현한 교과서와 같았다.

FWLL의 첫 문장은 엄중한 경고로 시작한다. "9월 11일 (테러 공격) 5주년을 맞이하는 가운데, 세계는 그 어느 때보다도 더 위협적으로 보인다." 미국은 "갈수록 고립된 것처럼 느껴지고" "수많은 현존하는 위험에" 직면해 있다. 보다 광범위하고 야심찬 대응이 필요하다. 미국의 국가안보전략은 "우리가 직면하고 있는 모든 위험—분산되어 있고, 계속 변화하며, 불확실한—을 다루어야 하며 우리 스스로와 세계를 보다 안전하게 바꿀 수 있도록 활용 가능한 모든 기회를 확보해야 한다." 간단히 말해서 대부분의 국가안보전략 문서처럼 이 보고서도 세계에는 수많은 위협이 득실거리고 있다고 묘사하면서 시작하고 있으며 이 모든 위협에 미국이 대응해야 한다고 되어 있다.

이 보고서는 그러고 나서 "미국이 법에 따른 자유 세계를 지지하고 추구하며 확보해야 한다."라는 중요한 신념에 기반해서 숨막힐 정도로 일련의 국가안보상의 책무를 제시하고 있다. 요컨대 미국 외교정책의 궁극적 목표는 미국인들의 안녕을 보호하는 것이 아니라 이 지구상의 모든 사람이 안정적이고 올바른 통치 체제인 자유민주주의 하에서 살도록 해야 한다는 것이다. 이를 위해 미국은 단순히 현상유지(status quo)를 추구하는 국가가 되어서는 안 되며 "성공적인 자유민주주의를 위한 심도 있는 전제조건을 인식하고 증진하는 보다 세련된 전략을 개발해야 한다." 특히, 미국의 힘은 전 세계에 "민주적이고, 책임감 있으며, 권리를 보장하는(Popular, Accountable, and Rights-rewarding: PAR) 정부"를 수립하는 데 사용되어야 하며, 이는 "세계를 PAR 수준까지" 끌어올리는 과정이라고 설명하고 있다.

그러나 이게 전부가 아니었다. 미국은 또한 "자유주의 국제질서를 재구축하려는 폭넓은 노력의 일환으로서 UN 개혁을 최우선순위로 삼아야 한다." 이 보고서는 "민주주의 국가들의 협조체제(Concert of Democracies)" 창설을 권고하며 "NATO 동맹의 부활"을 촉구해야 한다.(나폴레옹 전쟁 이후 19세기 유럽에서는 유럽 강대국 간의 협력을 통해 국제질서를 유지하는 체제를 유럽협조체제Concert of Europe라고 불렀다—옮긴이) 그리고 미국이 "주요 국제 금융 및 무역 제도를 개혁하는 노력"을 주도해야 한다고 말한다. 거액의 국방비 지출은 "자유민주주의에 유리한 세력균형"을 유지하기 위해 필요하며, 미국은 "비확산 체제에 새로운 활력을 불어넣기" 위해 노력하면서 동시에 강력한 핵 억지력을 유지해야 한다. 후자를 달성하려면 "다양한 비확산 조치"가 필요하며 (최후의 수단으로서) "예방 차원의 군사적 조치"도 여기에 포함된다. 부상하는 중국에 대한 미국의 "최우선 과제"는 "중국이 현재의 국제질서 하에서도 정당한 야심을 달성"할 수 있다고 중국을 설득하는 것이다. 물론 중국의 야심이 "정당"한지 여부를 결정하는 것은 미국의 몫이지만 말이다.

잠깐! 아직 더 많이 있다. 미국은 또한 "우리의 공중 보건 시스템에 많은 투자를 해야 하고," "동아시아 주요국들을 단합시키는 동아시아 안보제도를 구축해야 하며," 이스라엘과 팔레스타인 간의 "평화적 합의를 달성하기 위해 가능한 모든 것을 해야 한다." 미국은 다른 나라의 정치체제에 간섭하는 일에서 손을 뗄 수도 없다. 오히려 "미국의 전략은 국제 공동체가 무력 사용이나 정당하지 않은 강압 방식의 사용 없이 국가들 내의 건전한 관행을 증진시킬 수 있는 제도와 메커니즘의 창설을 포함해야 한다."

이런 내용은 단지 이 보고서에서 제시한 권고사항의 일부 맛보기에 불과하다. 이 보고서는 "우리의 무책임한 재정 정책"을 교정하고 "미국인 노동자의 경제적 안보를 위해 충분하게 공적 재원을" 재할당하라고 일갈하고 있다. 이 보고서를 다 읽고 나면 이 보고서를 작성한 사람들이 미국의 사활적 이해관계가 없다고 여기는 국제적 이슈가 무엇인지 떠올리기가 어렵다. 비록 어떤 대통령도 여기서 제시된 구상 중 몇 가지 말고는 달성은커녕 시도해본 적도 없지만 말이다.

프린스턴 프로젝트에서 드러난 자신만만한 야심은 부분적으로 이 프로젝트의 포괄적인 구상의 결과이다. 만약 400여 명의 전문가들에게 대전략을 고안해달라고 요청한다면 모든 사람이 각자 선호하는 분야를 언급할 것이며, 이 과정에서 서로 결탁하고 협력하는 상황이 불가피하게 일어날 것이다. 하지만 FWLL은 클린턴 행정부의 관여와 확대 국가안보전략(1995년), 부시 행정부의 9/11 이후 국가안보전략(2002년) 등 여타 중요한 성명이 반영되어 있다는 점에서 그다지 특이한 사례가 아니다. 이전의 이런 문서와 마찬가지로, FWLL은 세계에 다양한 위험이 도사리고 있다고 묘사하고, 미국을 선을 지향하는 한결같은 힘으로 바라보며, 미국이 자신이 증진하려는 원칙을 굽히지 않고 세계를 자신이 지향하는 모습에 맞춰 재구축해야 한다고 믿는다. 이 보고서는 "미국 외교정책의 궁극적인 시험"은 "국제체제를 재구축할 수 있게 된 보기 드문 기회"를 지켜낼 수 있을지 여부에 달려 있다는 헨리 키신저의 언급으로 마무리된다. 만약 이런 숭고한 목표가 실제로 미국 외교정책의 "궁극적인 시험"이라면 미국은 해야 할 일이 엄청나게 많은 셈이다.

"단합되고 강력한 미국을 위한 프로젝트"(2013년)

프린스턴 프로젝트가 공식적인 논의를 시작한 지 대략 10년이 지난 후에 두 번째로 초당적인 태스크포스가 미국의 대전략을 위한 새로운 권고안을 제시했다. 아메리칸 대학 국제대학원의 민주당원인 제임스 골드가이어James Goldgeier와 애리조나 주립대학 매케인 연구소의 공화당원인 커트 볼커Kurt Volker가 공동주관한 초당파적 성향의 "단합되고 강력한 미국을 위한 프로젝트(Project for a United and Strong America)"도 "미국이 전 세계에서 맡아야 하는" 역할을 검토한다는 비슷한 목표가 있었다.

많은 것이 변할수록 여전히 그래도 남아 있는 것도 더 많은 법이다. 이 프로젝트의 최종 결과 보고서는 비록 2008년 금융위기와 부시 독트린이 이라크와 아프가니스탄에서 처참하게 실패한 후에 작성되었지만 그 전에 나왔던 프린스턴 프로젝트와 마찬가지로 야심적이었다. 실제로 이 보고서의 핵심 메시지는 해외에서의 난관과 국내에서의 금융적 압박이 미국의 전 세계적 개입을 축소해야 하는 이유가 되지 못한다는 것이다. "어떤 식으로든 단기적으로 비용을 절약하다 보면 나중에 엄청나게 큰 장기적인 비용을 초래할 것"이라고 확신하면서 이 보고서는 미국이 "민주적 가치 증진과 미국의 강력한 글로벌 리더십 발휘라는 원칙에 충실해야 한다."라고 촉구하고 있다.

저자들은 흔한 수사적 표현과 논거를 통해 주장을 내세우고 있다. 미국은 "미국 자신만의 국익과 가치를 수호하기 위해서 이끌 수 있는 독특한 능력과 이끌어야만 하는 책무가 있는" 예외적 국가로 묘사되고 있다. 미국은 "전 세계에서 비범할 정도로 강력한 위치에 있지만" (그렇기 때문에 야심찬 외교정책을 펼칠 수 있다.) 그럼에도 "미국의 이익과 가치가 직면하고 있는 도전들은 여전히 엄청나면서도 복잡하다." 이런 도전은 "폭넓은 영역에 걸친 안보적 위협에서 기인하며" 경제, 환경, 이념, 정치, 인도주의적 도전 등을 망라한다. 더욱이 인터넷과 세계화가 "개인과 소규모 행위자들에게 전례가 없는 힘을 가져다주었고" "전례 없는 위험"을 만들어냈다. 미국은 필적할 만한 상대가 없는 세계적 초강대국일지는 몰라도 여전히 문제가 많고 위험한 세계를 직면하고 있다.

해결책은 항상 그렇듯이, 민주주의의 확산이라는 궁극적인 목표를 지닌 미국의 "리더십"이다. 미국은 "사건들에 영향을 미치는 데 적극적이고 일상적인 역할을 수행해야 하며" "구체적이고 일관된 행동"(군사력의 사용도 포함된다)을 통해 "자유주의적이고 민주적인 세계질서를 증진하기 위해 노력해야 한다."

이 보고서는 재정적 압박으로 미국이 "국방비가 일부 감소되는 상황을 받아들여야 한다."라고 분명히 인정하면서도 심각한 수준으로 삭감하면 안 된다고 주장하고 있다. 미국이 "어떠한 잠재적 군사적 경쟁자도 억제하고 어떠한 잠재적인 적국이든 간에 패배시킬 수 있는 역량"을 유지하라고 촉구하고 있다. 이에 덧붙여서 미국은 글로벌 공공재(global commons)를 보호해야 하고, 핵확산을 차단해야 하며, 전 세계에서 대테러 작전을 펼쳐야 하고, 몇몇 머나먼 지역에서 "지역적 안정을 확고히 해야 한다." 미국은 가능할 경우 동맹국과 같이 행동하겠지만 그럼에도 여전히 "전 세계 어디에서건 독자적으로 성공적인 활동을 펼칠 수 있는 역량"을 보전해야 한다.

왜 그래야 하는가? 답은 간단하다. 모든 곳에 사활적 이익이 걸려 있기 때문이다. "유럽은 세계적 도전을 관리하기 위한 공동의 노력에 있어서 여전히 중요하다."라고 보고서는 못박고 있고, "미국은 또한 아태 지역에서의 동맹 관계에 우선순위를 두어야 하며," "중동에서 우리의 안보 파트너십을 위해서도 비슷한 노력을 기울여야 한다." 하지만 이게 전부가 아니다. 미국은 브라질, 인도네시아, 터키와의 파트너십을 업그레이드해야 하며, 이란이 핵능력을 보유하지 못하게 막아야 하고, 아프가니스탄의 안정이 퇴보하는 상황을 막아야 하며, 파키스탄과의 협력적 관계를 재건해야 하고, (어디에서건) 알카에다에 맞서야 하며, (무엇보다도) 시리아 내전을 끝내야 한다. 이 보고서를 다 읽으면 이 지구상에서 그냥 남겨진 곳이 한 평도 없다.

경제적 제약을 염두에 두면서 이 보고서는 또한 국가채무를 줄이고, 경제적 경쟁력을 강화하며, 글로벌한 시장에서 공정한 경쟁을 유지할 수 있는 조치를 즉각 취하라고 권고하고 있다. 이런 행동을 정당화하는 근거는 미국인들의 안녕이나 안락을 위해서가 아니라는 점이 두드러진다. 오히려 이 보고서는 "세계 속에서 미국의 강력한 역할을 뒷받침하기 위해서 국내에서 강력해져야 하는 데 우선순위"를 두고 있다. 강력한 경제는 바람직하다. 그래야 미국인들이 보다 풍요롭고 보람찬 삶을 살 수 있기 때문이다. 미국이 세계에서 큰 몽둥이를 휘두를 수 있기 위해서도 필요하다.

미국의 힘 확대:
경쟁적인 세계질서에서 미국의 관여 확대(2016년)

자유주의 패권을 옹호하는 우수한 마지막 사례는 신미국안보센터(CNAS)의 미국의 힘 확대(Extending American Power) 보고서다. 이 보고서는 2016

년 5월에 발표되었다. 이미 논의된 보고서처럼 이 보고서도 미국을 현대 세계질서의 "필수불가결한" 핵심축으로 간주하고 있다. 세계 속에서의 미국의 역할을 어떻게라도 바꾼다면 대재앙에 가까운 결과가 나올 것이라고 경고하고 있고, 미국이 전 세계에서 착수해야 하는 엄청나게 긴 과제들을 제시하고 있다.

이 보고서를 작성한 태스크포스의 면모를 고려하면 이런 결론은 정확히 예상했던 대로였다. 공동의장은 클린턴 행정부 당시 국무부 관리였던 제임스 루빈James Rubin과 흔히 볼 수 있는 신보수주의 계열의 권위자인 로버트 케이건Robert Kagan이다. 참가자 중에는 외교안보 분야에서 잔뼈가 굵은 고위인사도 포함되었다. 미셸 플루노이Michele Flournoy, 로버트 젤릭Robert Zoellick, 커트 캠벨Kurt Campbell, 스티븐 해들리Stephen Hadley, 제임스 스타인버그James Steinberg, 에릭 에델먼Eric Edelman, 그리고 이 단체의 토의 세션에서 발언하도록 초대받았던 인사들도 마찬가지로 익숙하다. 스티븐 세스타노비치Stepehn Sestanovich, 엘리엇 에이브럼스Elliot Abrams, 데니스 로스Dennis Ross, 빅토리아 눌런드Victoria Nuland, 마틴 인디크Martin Indyk 등이 포함되었다. 온건하게나마 반대의견을 제시했던 유일한 인사들은 유라시아 그룹의 이언 브레머Ian Bremmer와 존스 홉킨스 대학 고등국제대학원의 발리 나스르Vali Nasr였지만, 둘 다 외교정책의 주류에서 벗어나 있다.

놀랍게도 결과물은 또다시 자유주의 패권을 옹호하는 진부한 내용이었다. 보고서는 현재의 세계질서가 만들어낸 "엄청난 혜택"을 칭송하면서 시작하고 "이런 질서를 보전하고 강화하기 위해서는 국제체제에서 미국의 리더십을 부활시켜야 한다."라고 선언한다. 그러나 이 보고서는 독자들에게 이 "질서"가 무엇인지 설명하지도 않고 질서를 "연장"하려는 미국의 노력이 대가가 큰 수렁을 만들어냈고 다른 주요국들과의 관계를 악화시켰다는 점을 시인하지도 않는다. 기존 질서에서 다시 생각해봐야 할 요소가 있는지에 대해서도 묻지도 않는다. 오히려 이 보고서는 자유주의 세계질서가 존재하며 미국의 힘이 폭넓게 적용되지 않으면 이 질서가 살아남을 수 없다고 단순히 사실로서 상정한다.

미국의 "리더십 역할"을 유지하기 위해 이 보고서는 국가안보와 관련된 지출을 대폭 증가하라고 촉구하며 미국이 유럽, 중동, 아시아라는 3대 주요 지역에서 군사적 활동을 확대하라고 권고하고 있다. 미국이 다른 지역에서도 더 많은 행동을 할 수도 있다면서 그 가능성도 열어 놓고 있다. 따라서 이 보고서가 상상하고 있는 실제 어젠다는 훨씬 더 야심찰지도 모른다.

유럽에서 미국은 반드시 "우크라이나를 안정시키고 유럽에서 기반을 공고히 다져야 하며" "중유럽과 동유럽에서 미국의 존재가 보다 굳건해져야 하고" "유럽의 전략적 리더십 역량을 복원"해야 한다. 하지만 이 중 마지막 목표는 미국이 혼자서 달성할 수 있는 것이 아니며, 바로 여기에서 모순을 쉽게 포착할 수 있다. 미국이 그러한 역할을 단독으로 맡으려 하고 있고 유럽의 지도자들이 여전히 미국이 구해주리라는 것을 확신할 수 있다면, 왜 유럽이 새로운 "전략적 리더십" 역량을 개발하도록 기대해야 하는가?

아시아에서 미국은 오바마 행정부의 "아시아 회귀(pivot to Asia)"를 지속하고 환태평양경제동반자협정(TPP)을 이행해야 한다. 그리고 미국은 남중국해에서의 중국의 행동에 대해 중국에 "지역적 비용(regional costs)"을 부과하고 "중국의 지배를 늦추기 위해 상응하는 경제적 제재를" 가해야 할지도 모른다. 동시에 미국은 "중국의 지속적인 통합을 촉진해서 '봉쇄'라는 중국의 역사적 두려움을 불식해야" 한다. 다시 말하자면 미국은 중국을 봉쇄하기 위해서—어쩌면 심지어 중국의 부상을 늦추기 위해서—지속적인 노력을 기울여야 하지만, 만약 미국이 그렇게 하더라도 정중하게 한다면 중국이 신경쓰지 않을 것이다.

보고서 작성자들은 중동에서 ISIS에 맞서는 노력을 "확대"하기를 원하며 미국이 주도적 역할을 맡기를 희망하고 있다. 또한 시리아에서 비행금지 구역을 설정하라고 촉구하고 있으며, 미국이 "중동을 지배하려는 이란의 완강한 시도를 좌절시키는 것을 정책으로 채택해야 한다."라고 말하고 있다. 이 보고서는 이란이 미국 국방비의 5퍼센트에도 미치지 못하는 국방비와 이스라엘, 이집트, 사우디아라비아, 터키 등 훨씬 더 중무장한 국가들에 맞서서 어떻게 아랍계 중동을 "지배"할 수 있을지에 대해 설명하지 않고 있다.[66]

요컨대 CNAS의 보고서는 미국이 현재 하고 있는 모든 국제적 개입을 지속하고, 이미 실패한 정책에도 노력을 배가하며, 다양한 지역에서 비용이 많이 들고 위험하며 불확실한 계획을 동시에 착수하라고 권고하고 있다. 비록 개별 권고사항 중 일부는 일리가 있지만 전반적인 권고안은 소련이 붕괴된 이래 미국 외교정책의 지침이 되었던 미국 "리더십"의 무한 비전이다.

앞에서 논의한 두 보고서와 마찬가지로 미국의 힘 확대 보고서는 미국의 지리적 위치나 부존자원, 인구학적 특성, 근간이 되는 경제적 이익, 핵심 전략 요구사항에 대해서는 침묵하고 있다. 사활이 걸린 이익들의 순위를 정하거나 이런 이익에 대한 잠재적 위협을 평가하지도 않으며, 이런 위험이 감소될 수 있는 다른 방안을 고려하지도 않는다. 이전의 보고서처럼 CNAS 보고서는 모든 곳에 미국의 사활적 이익이 달려 있다고 단순히 선언하며 자유주의 세계질서가 이런 이익을 보전해줄 것이라고 말하며, 이런 질서를 유지하려면 전 세계 모든 곳에서 미국의 힘을 배치해서 사용해야 한다고 주장하고 있다.

내가 주장하려는 요지는 이 세 연구 보고서(그리고 이와 비슷한 다른 보고서)가 특정 행정부의 외교정책에 직접적이고 즉각적인 영향을 주는 행동을 위한 구체적 청사진을 제공했다는 것이 아니다. 오히려 이 보고서들은 미국 외교정책 커뮤니티의 사고방식을 들여다볼 수 있게 한다. 실제로 이 보고서들은 미국이 직면하고 있는 실제의 도전에 대해 이 커뮤니티가 취하고 있는 방식에 대해서 더 많은 것을 이야기해주고 있다.[67] 이런 문서들은 이 커뮤니티 내에서 "수용 가능한" 의견의 범위를 규정하고, 그럼으로써 자신의 직업적 평판을 위태롭게 하지 않으면서 제시 가능한 정책 옵션의 한계를 설정하는 역할을 한다. 대안이 애초에 등장하지 못하게 배제함으로써 이런 활동은 미국의 대전략이 동일하게 편협하고 익숙한 윤곽을 벗어나지 않게 하는 데 도움이 된다.

주류의 대전략을 수립하는 이러한 세 가지 활동에 관해 가장 놀라운 사실은 그들이 세계의 실제 상황에 둔감하다는 점이다. 미국의 처지와 국내적 상황이 어떤지, 가장 주된 위협이 어디에 있을지, 지역 내 세력균형이 어떻게 변할 수 있을지, 혹은 미국이 직면하고 있는 주된 도전이 과거 소련과 같은 크고 잘 무장된 경쟁국일지, 중국과 같은 부상하고 있는 수정주의 세력일지, 지역 강국들이 서로 경쟁하고 있는 복잡한 다극체제 세계일지, 아니면 알카에다와 같은 어둠 속의 테러리스트 네트워크인지 여부는 그들에게 중요하지 않다. 질문이 어떻든 간에 대답은 항상 똑같다. 미국은 모든 세계적 문제를 해결하는 데 앞장서야 하며 자유주의 세계가 살아남기 위해서 다른 국가가 간섭하지 못하게 반드시 막아야 한다는 것이다.

인식의 격차: 엘리트와 일반 대중

하지만 미국인들의 시각은 다르다. 외교정책 커뮤니티의 구성원들은 서로 유사한 정책선호를 공유할 수도 있겠지만 정치학자인 로렌스 R. 제이콥스Lawrence R. Jacobs와 벤저민 페이지Benjamin I. Page의 말을 인용하자면 "일반 대중은 다소 옆으로 비켜서 있다."[68] 외교정책 커뮤니티는 자유주의 패권을 확고하게 고집하고 있으나, 미국인들은 무엇이 바람직하고 실현 가능한지에 대해 보다 이성적이고 현실적인 시각을 갖고 있다.

페이지와 다른 공저자인 제이슨 배라바스Jason Barabas에 따르면, "시민과 지도자 간에 가장 두드러지는 격차는 익숙하면서도 오래되었다. 시민보다는 지도자들이 '국제주의자'가 되려는 경향이 있는데, 적어도 이들은 미국이 세계 문제에서 "적극적인 역할"을 맡는 것을 찬성한다고 말한다는 점에서 단순히 그렇게 볼 수 있다."[69] 보다 최근에 페이지와 세계문제 시카고 협의회의 마셜 버튼Marshall Bouton은 외교 문제에 관한 엘리트와 대중의 태도 간에 지속적인 "단절"이 있음을 밝혔고, 이런 현상이 "민주주의 가치에서 심각한 문제"가 된다고 믿고 있다. 다시 말하자면 "공식적인 미국 외교정책은 때로는 대부분의 미국인들이 원하는 정책과 두드러지게 다르다."라는 의미이다. (즉, 비용이 덜 들고, 덜 야심차며, 부담이 적은 외교정책을 선호한다.)[70]

두말할 필요도 없이 바로 이런 정서를 도널드 트럼프가 2016년에 건드렸다. 한편으로는 대부분의 미국인들은 극단적인 고립주의를 배격한다. 60퍼센트 이상의 미국인들은 미국이 ("관여하지 말고 바깥에 머물러야 한다."에 반대한다는 의미에서) "세계 문제에 적극적인 역할을 맡아야 한다."라고 말하고 있다. 다른 한편으로는 대부분의 미국인들은 미국이 유일한 "글로벌한 리더"가 되어야 한다고 믿지 않으며, 미국의 일방주의적 행동에 대해서도 경계하고 있다. 이런 비중은 1970년대 말부터 어느 정도 일관되었다는 점에서 주목할 만한 가치가 있다.[71] 예를 들면 2016년에는 10퍼센트 미만의 미국인들이 미국이 "국제적 문제의 해결에서 뚜렷한 세계 리더"가 되어야 한다고 생각하고 있으며, 불과 37퍼센트만이 "다른 나라들을 보다 적극적으로 이끌어야 한다."라고 생각하고 있었다.[72]

미국인들은 또한 미국이 전 세계적 부담의 너무 많은 몫을 짊어지고 있다고 보며 외교정책 커뮤니티의 대부분 구성원들보다 "행동주의적"인 외교정책에 대해 더욱 회의적이다. 예를 들면 2002년에는 9/11 테러 공격 직후에 미국의 군사적 행동에 대한 대중적 지지와 세계 문제에 대한 일반적인 관심이 급격하게 증가했다. 하지만 그 당시에도 미국인 중 62퍼센트는 미국이 "세계의 경찰관" 역할을 맡을 책임이 없다고 믿었고, 65퍼센트는 "미국이 해야 하는 것보다 더 많은" 역할을 맡고 있다고 생각하고 있었다.[73] 2006년에는 57퍼센트의 미국인들이 미국이 세계에서 "자신의 몫 이상으로" 다른 나라를 돕고 있다고 말했다.[74] 2013년이 되자 설문조사에 참여했던 미국인 중 52퍼센트 이상이 "미국은 국제적으로 자신의 일에만 신경 써야 하며, 다른 나라들은 그들이 알아서 잘 지내도록 해야 한다."라는 말에 동의했다. 1960년대에 이 질문이 제시된 이래 가장 높은 수치가 나왔다. 1964년에는 미국인 중 54퍼센트가 "국제적 관점에서 생각하기보다는 우리 자신의 국내 문제에 더 집중해야 하고 국내적으로 힘을 키워야 한다."라고 믿었다. 2013년이 되자 이런 정서를 지지하는 수치가 80퍼센트까지 올라갔다.[75] 그리고 2016년에는 64퍼센트가 "미국이 해야 하는 것 이상으로 세계의 경찰관 노릇을 하고 있다."라고 느꼈다.[76]

엘리트와 일반 대중의 격차는 특정한 시나리오가 제시되었을 때에도 마찬가지로 명백했다. 예를 들면 2009년에는 외교협회(CFR) 회원 중 50퍼센트가 오바마의 아프가니스탄 병력 "증원(surge)"을 지지했고 아프가니스탄 내 미군 병력 규모가 증가되어야 한다고 말을 했지만, 이에 동의하는 일반 대중은 32퍼센트에 불과했다. CFR 회원 중 87퍼센트는 무력을 사용하기로 한 미국의 초기 결정이 옳다고 생각했으나 이런 견해에 공감한 대중은 56퍼센트였다. (역설적으로 CFR 회원들은 미국의 군사적 노력을 더 암울하게 바라보았다. 90퍼센트가 전쟁이 제대로 풀리지 않고 있다고 보았고, 이와 대조적으로 일반 대중은 57퍼센트만이 그렇게 보았다.)[77] 엘리트와 대중 간의 비슷한 격차가 2013년에도 두드러졌다. 일반 대중 중에서 51퍼센트는 미국이 세계 문제들에서 "너무 많이" 활동하고 있다고 믿었고, 17퍼센트는 "너무 적게" 활동하고 있다고 보았다. 하지만 CFR 회원 중에서 불과 21퍼센트만이 미국이 너무 많이 활동하고 있다고 생각했고 41퍼센트는 "너무 적게" 활동하고 있다고 주장했다.[78]

이와 똑같은 형태가 아사드 정권이 시리아 내전에서 화학무기를 사용한 것에 대해 오바마 행정부가 군사 행동으로 대응해야 할지 논의하는 과정에서도 반복되었다. 〈뉴욕타임스〉의 설문조사에 따르면 75퍼센트의 미국인이 비록 아사드 정권이 화학무기를 사용했다고 믿었고 52퍼센트가 이런 행동이 미국에 잠재적으로 위협이 된다고 보았지만, 80퍼센트가 넘는 대다수는 미국의 개입이 민간인 사상자를 초래할 것이고, 오래 걸리고 비용이 많이 들 것이며, "더 확대된 전쟁으로 이어질 것"이라고 "아주" 혹은 "다소" 우려한다고 말했다. 그리고 미국의 가치를 확산하겠다는 외교정책 커뮤니티의 반사적인 공약과는 대조적으로 일반 시민들은 미국이 "독재정권을 민주주의로 바꿀 수 있을 때 바꿔야 할지 혹은 다른 나라의 문제에 관여하지 말아야 할지"에 대해 질문을 받았을 때, 72퍼센트는 "관여하지 말아야 한다."라고 답했고 불과 15퍼센트만 "가능하다면 변화시켜야 한다."라고 답했다.[79] CNN의 설문조사도 비슷한 결과가 나왔다. 응답자의 69퍼센트는 시리아 내전 개입이 미국의 국익에 도움이 되지 않는다고 보았다.[80]

세계적 행동주의에 대한 대중의 지지는 그 후 수년 동안 계속해서 줄어들었다. 〈월스트리트저널〉과 NBC 뉴스가 2014년 4월에 공동으로 실시한 설문조사에 따르면 질문을 받은 사람들 중에서 불과 19퍼센트만이 미국이 세계 문제에서 "보다 적극적"이기를 원한다고 답했으며(2001년의 37퍼센트에서 줄어들었다), 반면 "덜 적극적인" 역할을 찬성하는 비율은 2001년의 14퍼센트에서 47퍼센트로 늘어났다.[81] 2016년 선거운동이 그해 봄에 심화되자 퓨리서치센터(the Pew Research Center)는 미국인 중 57퍼센트는 미국이 "국내 문제를 다뤄야 하고 다른 나라는 각자 알아서 하게 해야 한다."라고 믿었고, 반면 37퍼센트만이 미국이 "다른 나라의 문제 해결을 도와줘야 한다."라고 느꼈다고 보고했다. 41퍼센트는 이제 이 나라가 세계 문제에서 "너무 많이" 활동하고 있다고 느꼈고, 불과 27퍼센트만이 "너무 조금" 활동하고 있다고 생각했다.[82] 2007년에는 대통령이 국내정책에 초점을 두어야 할지 아니면 외교정책에 초점을 두어야 할지에 대해 여론이 똑같이 갈렸지만(39퍼센트 대 40퍼센트) 2013년이 되자, 83퍼센트가 전자를 택했고 불과 6퍼센트만 후자를 택했다.[83]

여론은 변덕스러울 수도 있고, 종종 생생한 사건이나 엘리트들이 제공한 유인들에 반응할 때도 있다. 예를 들면 ISIS를 상대로 하는 군사행동에 대한 여론의 지지는 2014년 여름에 미국인 기자 두 명이 이 단체에 의해 참수되자 치솟았지만, 불과 몇 달이 지나자 다시 바닥으로 떨어졌다.[84] 더욱이 엘리트들이 특정한 외교정책 행동을 지지하면서 강력하게 뭉칠 경우 여론도 이를 따르는 경향이 있다.[85] 다음 장(章)에서 보게 되겠지만 외교정책 기득권층이 미국인을 대상으로 과도하게 야심찬 외교정책이 필요하며, 그런 정책이 실현 가능하고 비용도 부담할 만한 수준이라고 말해왔기 때문에 미국인들이 이런 정책을 용인해왔다.

그럼에도 불구하고 자유주의 패권—이에 수반되는 비용과 위험을 포함해서—을 지지하는 외교정책 커뮤니티와 일반적인 미국인들의 시각 사이에는 지속적이고 중대한 격차가 있었다. 평범한 미국인들이 미국 요새로 퇴각하거나, 국무부를 폐쇄하거나, 아니면 외국과의 모든 동맹을 다 단절하기를 원하는 것은 아니다. 하지만 일반적인 대중들은 외교정책 기득권층이 냉전 종식 이래 전개해왔던 야심찬 성전(聖戰)에 대해 훨씬 덜 지지하며 국내 상황에 대해 훨씬 더 관심을 갖고 있다.

따라서 외교정책 엘리트들이 비용이 많이 드는 해외 개입을 대중들이 내켜하지 않고 있는데, 이를 어떻게 극복해왔는지가 궁금하지 않을 수 없다. 이렇게 내켜하지 않는 태도는 미국이 이미 누리고 있는 놀라울 만한 안보 환경에서 유래되었다. 이 문제를 다음 장(章)에서 좀 더 직접적으로 다루고자 한다.

04

실패하는 자유주의 패권 납득시키기

Selling a Failing Foreign Policy

만약 어떤 나라가 미국만큼 안보가 확실하다면 국민에게 세계적인 리더십을 맡아야 한다고 설득하기가 쉽지 않을 것이다. 실제로 외교 문제에 대해 미국은 전통적으로 권력정치와 연관된 음모와 경쟁, 잔혹함으로부터 초연하게 거리를 두고 자유에 깊이 전념해서 미국만이 갖고 있는 예외적인 특성을 보전해야 한다고 생각해왔다. 예를 들어 조지 워싱턴George Washington은 1796년 대통령 이임 연설에서 국민에게 다른 나라의 문제에 연루되면 안 된다고 경고했고, "우리가 이토록 멀리 떨어져 있기 때문에 다른 노선을 추구할 수 있었다."라고 주장했다.[1] 저명한 반(反)제국주의 인사인 찰스 에임스Charles Ames도 1898년에 "일단 우리가 군사강대국이나 해상강대국으로서 국제 갈등의 장에 들어서는 순간 우리는 약자를 괴롭히는 또 다른 국가가 될 것이다."라고 경고했다.[2] 이런 전통을 잘 인식하고 있었던 빌 클린턴 대통령은 임기 초에 조지 스테파노폴러스George Stephanopolous 백악관 공보 비서관에게 "미국인들은 근본적으로 고립주의자"라고 말했다.[3] 마치 신의 섭리에 따른 것 같은 이 나라의 지정학적 위치와 복받은 역사를 고려한다면 미국인들을 상대로 자유주의 패권을 추구하도록 설득하기가 상당히 힘들다.

자유주의 패권 옹호론자들은 대중들의 지지를 얻기 위해 자유주의 패권이 필요하지만 그 비용이 부담할 만한 수준이며 도덕적으로 바람직하다고 설득해야 한다. 하지만 모든 사람이 이 정책을 받아들이도록 설득할 필요는 없다. 나머지 국민들이 따라온다고 가정할 때 일단 핵심 엘리트들만 지지하면 충분하다. 만약 비용이 너무 크더라도 성공한 사례를 어느 정도 제시할 수만 있다면 자유주의 패권 지지론자들은 별다른 반대에 직면하지 않을 것이다.

하지만 "특정 정책에 관한 미국인들의 자원이나 생명에 대한 부담이 커질수록 이런 정책을 지지하는 기반이 더 폭넓고 깊어야만 한다."라고 역사학자인 존 A. 톰슨John A. Thompson이 경고한 바가 있다.[4] 따라서 외교정책 커뮤니티는 미국의 구상에 맞춰 세계 정치를 변화시키려는 자신들의 노력을 대중이 지지하도록(적어도 묵인하도록) 설득하기 위해 수많은 논거를 사용한다.

첫 번째로 적극주의(activism) 옹호론자들은 이 세상이 위험하며 미국인들의 안보가 미국의 적극적 관여에 달려 있다고 설득하기 위해 위협을 부풀린다. 두 번째로 행동주의를 지지하는 사람들은 자유주의 패권의 이익을 과장하며, 자유주의 패권이 잠재적인 위험을 제거하고 번영을 증진하며 미국이 소중히 여기는 정치적 가치를 전파할 수 있는 최선의 방식이라고 주장한다. 마지막으로 정부 관료들은 이처럼 야심찬 외교정책이 성공한 적이 드물더라도 남는 장사라고 미국인들을 설득시키기 위해 이런 외교정책에 따른 비용을 은폐하려고 한다.

사상의 시장 조작하기

사실상 자유주의 패권은 납득시키기가 생각보다 쉽다. 외교정책과 국가안보정책에 관한 토론은 경쟁하는 대안들 간의 공정한 싸움이 아니기 때문이다.

제3장에서 논의했던 것처럼, 정보에 대한 접근과 공개 토론 즉, "사상의 시장(marketplace of ideas)"은 민주주의 국가들이 중대한 정책적 실수를 모면하고, 이런 실수가 발생하더라도 그 결과를 최소화할 수 있게 한다.[5] 하지만 해당 주제가 외교정책일 경우에는 종종 이렇게 되지 않는다. 정부와 외교안보 분야의 기득권층이 국제정치와 외교정책에 관해 대중들이 무엇을 알아야 하는지에 영향을 미치는 데 상당한 이점을 갖고 있고 , 이러한 이점은 정책 대안들 사이의 경쟁을 자신들에게 유리하게 기울여 놓는다. 다시 말하자면 사상의 시장이 조작되어 있다.

정보 조작

우선 일반 국민들은 대부분의 외교 사안과 관련하여 신뢰할 만한 정보에 직접 접근하지 못한다. 만약 경제가 무방비로 추락해서 수백만 명이 일자리를 잃거나, 도로나 다리가 붕괴하거나, 아니면 정부 기관이 재난구호 과정에서 큰 실책을 범할 경우 일반 국민들이 이런 상황을 직접 볼 수 있다. 하지만 알카에다의 내부 공작이나 미국 무역 협정의 세부 사항, 이란의 핵프로그램 개발 역사, 미국의 드론 작전 범위, 러시아의 2016년 민주당 전국위원회 컴퓨터의 해킹 여부 등에 대해서 독자적 정보가 있는 미국인은 거의 없다. 이러한 사안과 여타 수많은 국제 문제에 대해 국민들은 정부 당국자나 아니면 전문가들이 말해주는 내용에 의존해야 하며, 이런 사안을 보도하는 언론매체도 똑같은 정보 출처에 의존하고 있다. 결과적으로 외교정책 커뮤니티 내부자들은 핵심 사안에 관한 대중들의 인식 내용을 형성하는 데 상당한 재량이 있다.

정부는 또한 최고위급 정부 관계자들의 행동에 대해 국민들이 알지 못하게 기밀로 처리해서 대중들이 인지하는 내용에도 영향을 미칠 수 있다.[6] 뻔한 사례로, CIA의 고문 논란에 대해 상원이 많은 비용을 들여서 대규모 조사를 실시했지만, 아직까지 많은 내용이 삭제된 형식으로라도 공개되지 않았다. 미국 납세자들이 상원 위원회가 이 범죄를 조사하도록 돈을 댔고 보고서 작성을 위해서도 수백만 달러를 지불했음에도 이런 결과가 나왔다.[7]

또한 최고위급 정부 관리들은 자신들이 선호하는 정책이 정당하다고 주장하려고 비밀 정보를 일부러 누설할 때도 있다. 예를 들면 미국인들이 이라크 침공을 지지하게 하기 위해서 부시 행정부는 사담 후세인이 생물학무기와 화학무기를 축적했고, 적극적으로 핵무기를 개발하고 있으며, 오사마 빈 라덴과도 공모하고 있다고 미국인들을 설득하려고 기밀을 유출하고 허위진술을 하는 등의 작전을 펼쳤다.[8] 딕 체니Dick Cheney 부통령은 2002년 3월에 CNN과의 인터뷰에서 사담 후세인이 "적극적으로 핵무기를 추구하고 있다."라고 말했고, 8월에는 "이제 사담 후세인이 대량살상무기를 갖고 있다는 데 의심의 여지가 없다."라고 선언했다. 2002년 9월에 부시 대통령은 기자들에게 "테러와의 전쟁을 이야기한다면 알카에다와 사담 후세인을 구분할 수가 없다."라고 말했으며, 도널드 럼스펠드Donald Rumsfeld 국방장관은 기자와의 인터뷰에서 사담 후세인과 알카에다의 연계설은 "정확하고 이론의 여지가 없다."라고 말했다. 콘돌리자 라이스Condoleezza Rice 국가안보보좌관도 CNN과의 인터뷰에서 "버섯구름(mushroom cloud)이 명백한 증거(smoking gun)가 되는 상황을 원하지 않는다."라면서 이라크가 이미 핵무기를 보유하고 있을지 모른다고 시사했고, 부시 대통령도 10월에 똑같은 경고를 여러 번 반복했다.[9] 존 슈슬러John Schuessler가 언급했던 것처럼 "민주적 절차는 지도자가 전쟁을 개시하는 능력을 제약할지도 모르지만, 기만행위는 이런 제약을 우회하는 길을 제공한다."[10]

또한 기밀 정보에 접근할 수 있는 당국자들은 이런 기밀을 유출해서 대통령의 손을 묶어버릴 수도 있다. 버락 오바마가 대통령에 선출되고 나서 2009년 봄부터 여름까지 아프가니스탄 주둔 미군 병력 수를 늘려달라는 군의 요청에 대해 고심하고 있을 때, 군 지휘관들은 만약 이 요청이 받아들여지지 않으면 전쟁이 "실패로 끝날 가능성이 높다."라는 스탠리 맥크리스탈Stanley McChrystal 사령관의 보고서를 유출해버렸다. 이처럼 대통령을 꼼짝 못하게 하려는 뻔한 술책이 효과가 있었고, 오바마는 그 해 말에 병력 "증원"을 지시했다.[11]

대중을 통제하려는 욕망 때문에 정부 관리들은 내부고발자나 유출된 정보를 게재한 기자를 뒤쫓으려 하기도 한다. 실제로 오바마 대통령은 미국 역사상 가장 "공개적으로" 정부 활동을 하겠다고 약속했지만, 기밀 유출을 처벌하려는 정부의 시도가 2008년 이후 급증했다.[12]

기밀이 유출되고 선별적으로 기소되는 상황이 합쳐지면서 정보를 통제하는 사람들에게 힘이 실렸고, 정부 측 주장의 장점에 대해 비판가들이 평가하기가 더 어려워졌다.[13] 벤저민 페이지Benjamin Page와 마셜 버튼Marshall Bouton에 따르면 이런 비대칭성은 왜 정부 당국자들이 때로는 외교안보정책에 대한 여론을 무시할 수 있는지 설명하는 데 도움이 된다. 다시 말하자면 "행정부는 자신들이 해외에서 하고 있는 활동을 은폐하거나 부정확하게 보고하려고 정보 통제를 활용할 수도 있다. 이렇게 되면 유권자들이 관리들에게 책임을 추궁하기가 어려워진다."[14]

집중된 이익 대 국익

자유주의 패권으로 이득을 보는 세력들이 공개 토론에서 대중들보다 더 영향력이 크기 때문에 사상의 시장은 한층 더 왜곡된다. 이런 현상은 민주주의를 공부한다면 잘 알 수 있는 있는 내용이다. 만약 특정 정책에 이해관계가 집중된 핵심 단체가 존재하는 반면 대부분의 국민이 이 특정 정책에 무관심하거나 다른 문제에 관심이 쏠려 있다면 이처럼 이해관계가 집중된 단체가 매번 원하는 대로 모든 것을 다 얻지는 못하겠지만, 특정 정책에 대해 불균형하게 영향력을 행사하기 마련이다.[15]

제3장에서 기술한 싱크탱크와 로비단체가 이런 상황을 잘 설명한다. 이 단체는 자신의 활동을 홍보하고, 그들의 전문가를 토크쇼나 기명 칼럼 등에 출연시키고, 외교정책과 관련한 토론에서 균형에 맞지 않을 정도로 많은 분량을 할당받기 위해 열심히 노력한다. 대다수의 외교정책 싱크탱크와 로비단체가 자유주의 패권과 미국의 "세계적 리더십"을 지지하기 때문에(비록 일부가 때로는 이런 목표를 달성하는 최선의 방안에 대해 이견을 보일 수도 있지만), 일반 대중들이 이 이슈에 대해 접하는 내용은 개입주의적 접근에 편향되어 있다.

물론 서로 경쟁하는 이익단체들이 똑같이 강력하다면, 엘리트와 여론을 뒤흔들려는 각각의 노력은 "사상의 시장(marketplace of ideas)"이라는 은유적 표현이 말해주듯이 풍성하고 활기찬 토론을 만들어낼 수 있다. 2015년에 있었던 이란과의 핵합의를 둘러싼 열띤 토론이 적절한 사례다. 지지세력과 반대세력 둘 다 아주 잘 조직화되어 있었고 자신들의 주장을 펼칠 수 있는 비슷한 기회가 있었다.[16] 그러나 미국 외교안보 분야에서 균형 잡힌 토론은 별로 많지 않다. 특히 자유주의 패권 그 자체의 타당성에 대해서는 더욱 그렇다.

자유주의 패권 지지론자들은 또한 애국적인 봉사의 구현으로서 군에 대한 존경을 비롯해서 민족주의의 영속적인 힘으로부터 이득을 보기도 한다. 스포츠 경기가 국가 연주, 기수단(旗手團) 행진, 참전용사에 대한 예우 표명, 혹은 B-2 폭격기의 축하 비행과 함께 시작한다면 군의 우위와 세계적 리더십을 옹호하는 사람들은 수사적으로 강력한 우위를 누리기 마련이다. 이와 대조적으로 절제된 정책을 주장하는 사람들은 미국이 약해져야 한다고 옹호하는 것처럼 비쳐질 위험도 있다. 대중들의 지지를 더욱 강화하고 모병을 촉진하는 폭넓은 캠페인의 일환으로써 스포츠 경기에서 애국주의적인 행사를 하도록 국방부가 적어도 50개 이상의 프로 스포츠팀에게 1,000만 달러를 지불했다는 사실이 놀랄 만한 일도 아니다. 실제로 미국 납세자들은 더 많은 세금을 내라고 설득하는 홍보 프로그램을 위해 세금을 내고 있었던 셈이다.[17]

이런 사실에서 분명한 함의가 있다. 외교정책과 대전략을 둘러싼 토론은 가장 훌륭한 사상이 승리하는 진정한 "시장"이기는커녕 공정한 싸움이 아니라는 점이다.

금기사항, 독선적 신조, "일반 통념"

만약 토론의 주제가 금기시 되는 사항이거나 문제를 삼으면 경력에 불이익이 될 수 있는 사항이 토론 주제가 될 경우 공개토론의 장점이 더욱 줄어든다. 특정 주제가 금기시 된다고 해서 아무도 이 이슈를 제기하지 못하거나 통설에 도전하지 못한다는 말이 아니다. 단지 정부나 외교안보 분야 기득권층에서 한 자리를 원하는 사람에게는 정치적으로 위험할 수도 있는 이슈일 뿐이다. 존 케네스 갈브레이스John Kenneth Galbraith가 "일반 통념(conventional wisdom)"이라고 지칭한 사항은 문제제기가 되지 않고 실수가 시정되기보다는 반복될 가능성이 크다. 혹은 월터 리프먼Walter Lippmann이 예전에 경고했던 대로 "모든 사람이 똑같이 생각하는 문제는 아무도 그렇게 많이 생각하지 않는다."[18]

앞 장에서 설명한 태스크포스가 보여주듯이, 자유주의 패권을 지지하는 엘리트들의 컨센서스는 완전히 당파성을 뛰어넘는다. 이런 태도가 외교안보 분야 기득권층에 뿌리 깊게 박혀 있다. 외교안보 분야에서 전문가가 되려는 야심을 가진 사람들은 미국의 우위가 바람직하다거나, 핵 우위와 NATO가 필요하다거나, 이스라엘과의 "특별한 관계"가 바람직하다거나, 중동산 석유에 대한 접근을 보호해야 한다거나, 아시아 동맹국들을 지켜줘야 한다거나, 북한이나 이란과 같은 "불량 국가"와의 충돌이 불가피하다는 명제에 의문을 제기하는 경우가 드물다.[19] 전혀 의심받지 않는 이런 교리(dogma)의 근원은 다양하지만, 개별 교리가 미국이 실천해야 한다고 여겨지는 세계적 임무에 덧붙여진다. 아주 최근까지 이런 기본 원칙에 의문을 제기하거나 좀 더 절제된 외교정책을 제시하는 사람들은 누구건 간에 "고립주의자"라는 딱지가 붙을 위험이 있었다. 이토록 부담스러운 지칭은 미국의 제2차 세계대전 참전에 반대했기 때문에 불명예스러운 낙인이 찍힌 사람들과 연관시킴으로써 대안이 될 만한 견해를 배제하겠다는 의도가 있다.[20]

이와 비슷한 편견이 군사력 사용을 둘러싼 토론마저 왜곡해버린다. 외교정책 전문가들은 가령 시리아 내전에 개입할 가치가 있는지 여부 등 특정한 군사행동에 대해서는 갑론을박을 벌이지만, 미국이 원할 경우 어디서든 언제든 무력을 사용할 수 있는 권리가 있는지 그 자체에 대해서는 토론하지 않는다. 이런 원칙에 따른 당연한 귀결로서 워싱턴 내부자들은 자신들이 "유화적"으로 보이는 게 두려워서 평화가 오히려 미국으로서는 더 이익이 크지만, 그럼에도 불구하고 미국 외교정책의 핵심 목표로 평화를 주장하기를 꺼린다.[21] 외교협회(CFR) 명예회장이자 외교안보 분야에서 전형적인 인사이더였던 레슬리 H. 겔브Leslie H. Gelb가 2009년에 시인했던 대로 초창기에 보여준 이라크전 지지 행보는 "외교정책 커뮤니티 내부의 불행한 경향이 드러난 증상이었다. 즉, 정치적으로나 직업적으로나 신뢰성을 유지하려고 전쟁을 지지하는 성향과 동기가 있었던 것이다."[22]

최악의 경우 이런 금기사항 때문에 정치인들과 정치인을 자문해주는 사람들은 "수용 가능한" 테두리 안에서 있으려고 진정한 소신을 밝히지도 못하고 억지로 자제하게 된다. 이와 같은 비공식적인 금지 조치 때문에 확립된 정책이 노골적으로 실패하더라도 외교정책 커뮤니티의 구성원들이 이 정책에 대해 냉정하게 질문조차 하지 못할 때도 있다. 의문시 되지만 정치적으로 안전한 생각이 공적 영역을 오염시키고 있다. 임금님이 벌거벗고 있다고 말하는 사람이 거의 없으며, 설령 그렇다고 공개적으로 말하더라도 진지하게 받아들여지지 않을 것이다.

언론에 대한 제약

언론도 자유주의 패권을 굳건하게 떠받치는 지배적인 내러티브에 도전할 것이라고 기대하기 어렵다. 적어도 일관되게 문제 삼기 힘들 것이다. 뻔한 사례를 들자면 가장 인기 있는 일요일 TV 토크쇼에서 벨트웨이 주류에서 벗어나는 시각이 등장하는 경우가 드물며, 오히려 매파 입장에 상당히 경도되어 있다. 이는 부분적으로는 기획상의 문제이기도 하다. NBC의 '밋더프레스Meet the Press'나 ABC의 '디스위크This Week'와 같은 프로그램은 대중들의 의식을 고취하거나 광범위한 토론을 조성하기보다는 고위 관리나 여타 저명한 정치인을 집중 조명하는 데 주력하기 때문이다. 공세적 정책을 지지하는 사람들이 절제를 옹호하는 사람들보다 이 프로그램에 훨씬 더 자주 출연한다. 최근 몇 년 동안에는 존 매케인John McCain, 린지 그레이엄Lindsay Graham, 마이크 로저스Mike Rogers와 같은 세 명의 강경파 의원들의 출연이 특히 두드러졌다.[23]

더욱이 제3장에서 본 것과 같이 많은 언론계 저명인사들은 미국이 전 세계도처에 개입해야 한다고 진심으로 믿고 있기 때문에 자유주의 패권이 처방하는 팽창적인 역할을 적극 옹호하고 있다.[24] 예를 들면 1990년대에 〈워싱턴포스트〉, 〈로스앤젤레스타임스〉, 〈뉴욕타임스〉와 같은 주요 언론은 국방부 증액을 강력하게 지지하는 쪽으로 편향되어 있었고, 매파와 국방부 관리가 국방비 삭감 옹호론자보다 세 배 넘게 자주 인용되었다.[25] 마이클 글레넌Michael Glennon이 지적했던 대로 외교안보 분야에 종사하는 많은 기자와 칼럼니스트는 이 벨트웨이 내부 문화의 일부이면서 동시에 이 집단의 논리에 순응하라는 압박을 받게 된다. 자유주의 패권에 대한 컨센서스에서 벗어난다면 야심이 있는 기자로서는 생명줄이나 다름없는 최고위급 관리들에 대한 접근이 위태로워지고 그간 쌓아왔던 우호적인 관계와 장래의 직업적 기회도 위험에 처하게 된다.[26]

물론 정부 당국자들은 야심찬 외교정책을 지지하는 여론이 지속되려면 언론이 유리한 방향으로 기사를 작성하는 게 필요하다는 점을 알고 있기 때문에 좋은 기사가 나오도록 상당히 많은 애를 쓰고 있다. 예를 들어, 2008년에 〈뉴욕타임스〉 기자인 데이비드 바스토우David Barstow는 펜타곤(Pentagon)이 기밀정보 접근권이 있는 퇴역 군인들의 네트워크를 고용했다고 폭로했다. 방송에 출연시킬 전문 "군사 분석가"들을 찾고 있던 언론매체들에게 이들의 명단이 전달되었다. 펜타곤 내부 보고서가 적시한 바와 같이, 퇴역 장교들은 부시 행정부의 정책을 지지하는 권위 있고 독자적인 목소리로 보이는 "메시지 증폭부대"이자 "대리인"이 되었다. 참석자들은 펜타곤과의 관계를 드러내지 말라는 지침과 "메시지"에 충실해달라는 요청을 받았다. 한 참가자는 바스토우에게 만약 이에 동의하지 않는다면 "모든 접근권을 잃을 것"이라고 말했고, 어떤 예비역 장교는 미국의 이라크 상황이 "매끄럽게 풀리고 있지 않다."라고 폭스 뉴스에 이야기한 뒤에 이 프로그램에서 배제되었다.[27]

그 이후 이어진 펜타곤 감사관실과 회계감사원의 조사 결과 이 프로그램은 연방법에 저촉되지 않았다고 확인되었지만, 군사작전의 진행 경과에 대한 편파적이지만 겉보기에는 "권위 있는" 설명이 미국인에게 제공되었다는 게 문제였다. 이런 은밀한 홍보 작전은 미국이 이라크나 아프가니스탄에서의 전쟁에서 승리하는 데 도움이 되지 못했지만, 이 전쟁이 얼마나 잘 진행되고 있는지에 관해서 미국인들을 오도했다.

기자들을 전투부대에 "파견"하는 오늘날의 관행도 비슷한 효과가 있을 수 있다. 기자들이 전투부대와 동행하도록 허용 받으면 생생한 보도가 가능해지고, 이론적으로는 보다 충실한 기사가 작성될 것이다. 반면 동시에 기자들은 "전선에서의" 이야기에 접근하기 위해 펜타곤에 더 의존하게 되고 기자들을 보호해주는 군인들을 아무래도 호의적으로 묘사하도록 조장하는 효과도 있기 마련이다.[28]

마지막으로 주요 외교안보정책에 대한 언론의 엄밀한 감시 또한 비밀을 기꺼이 존중하려는 언론의 태도로 인해 영향을 받는다. 특히 9/11 이후 언론계 간부들은 적에게 도움이 될 만한 내용의 보도를 갈수록 기피하게 되었고, 정부 관리들은 논란이 될 만한 사안의 보도에 영향을 주려고 이런 우려사항을 잽싸게 활용했다.

예를 들면 2004년에 〈뉴욕타임스〉는 부시 대통령이 직접 요청한 사안을 포함한 정부의 압박에 고개를 숙였고, 국가안보국의 국내 감청 프로그램을 폭로하는 기사를 거의 일 년 가까이 늦춰서 보도했다. 왜 그랬을까? 행정부 관리들은 〈뉴욕타임스〉 측에 만약 기사가 나오면 "진행 중인 수사가 위태로워질 수 있고 현재 감시받고 있는 잠재적 테러리스트들이 경계하게 될 것"이라고 이야기했기 때문이다.[29]

앞 장에서 논의한 바와 같이 수많은 기자, 학계 인사, 언론계 인사들은 최근의 미국 외교정책의 핵심 요소에 대해 중요하고 결정적인 역할을 수행한다. 또한 미국의 세계적 활동에 관한 전통적인 내러티브에 대조적인 요소(counterpoint)를 제공하기도 한다.[30] 미국 내 외교정책에 관한 다양한 담론은 검열과 관용 언론 때문에 다른 목소리를 내기 훨씬 더 힘든 여타 권위주의 국가와 비교할 경우 아주 다양하다. 실제로 2008년 버락 오바마의 당선이나 2016년 도널드 트럼프의 당선은 많은 미국인들이 미국의 외교정책이 경로를 벗어났다는 점을 인지하고 있음을 확인해준 사례였다. 따라서 "사상의 시장"이 전혀 작동하지 않는다거나 외교 문제에 관한 언론 보도가 미국인들을 완전히 무지한 상태로 놔두도록 고안된 "가짜뉴스"에 불과하다고 결론짓는다면 이 또한 잘못된 것이다.

그럼에도 불구하고 사상의 충돌과 정책 제안 경쟁이 공정하게 벌어지고 있는 것은 아니다. 돈과 지위가 있는 개인과 단체의 우위는 강력하며, 특정 사안에 대한 선호가 확고한 특수 이해집단들이 보도나 출간, 방송에서 대체로 불균형할 정도로 영향력을 휘두른다. 앞 장에서 소개한 것처럼 대부분의 단체가 다양한 형태의 자유주의 패권을 강하게 선호한다. 따라서 대중의 마음을 얻으려는 경쟁에서 자유주의 패권 옹호론자들은 이 정책의 반복되는 실패에도 불구하고 자신들의 목소리를 내기가 여전히 수월하다.

하지만 어떻게 이런 일이 벌어지는가? 일반적으로는 세계적 관여, 구체적으로는 자유주의 패권을 정당화하기 위해 외교정책 기득권층은 주로 어떤 논거를 사용하고 있는가?

1단계: 위협 부풀리기

야심찬 외교정책을 납득시키려고 예전부터 답습해온 방식은 외국의 위협을 과장하는 것이다. 만약 대중들이 이 나라가 해외로부터의 임박한 위협에 직면해 있다고 믿는다면 이 위협을 봉쇄하거나 퇴치하거나 약화시키거나 아니면 제거하겠다는 열정적인 노력을 지지할 가능성이 커진다.

위협 부풀리기는 미국 외교정책에서 그 역사가 오래되었고, 특히 미국이 제2차 세계대전 이후 세계적 리더십을 떠맡은 후에 한층 더 두드러졌다.[31] 예를 들어 냉전 초기에 아서 반덴버그Arthur Vandenberg 상원 외교위원장은 해리 트루먼 대통령에게 그리스와 터키에 제공하기로 되어 있었지만 논란이 많았던 원조 프로그램을 통과시키는 최선책이 "미국인들을 엄청 겁주는" 연설을 하는 것이라고 조언했다. 트루먼은 바로 그렇게 했다. 그러자 미국인들은 "단일한 공산주의" 세력으로부터의 거대한 위협에 직면하고 있다고 확신했다. 현존위험위원회(the Committee on the Present Danger)와 같은 강경파 옹호단체가 이런 공포를 과장했다. 소련의 역량과 의도를 우려스럽게 묘사했으며, 소련의 원자탄 획득이 자유진영 전체를 위협한다면서 미국이 방위력을 대폭 증강해야 한다는 내용을 제시한 국가안전보장회의(NSC)의 정책 보고서인 NSC-68(1950년)과 같은 공식문서도 마찬가지로 공포를 과장했다.[32]

1950년대 초가 되자 미국인들은 국제공산주의가 진격하고 있다고 믿었다. 많은 사람들은 수많은 공산주의자들이 국무부와 여타 핵심 미국 정부기관에 침투했다는 조지프 매카시Joseph McCarthy의 주장도 받아들였다. 그 후 20년 동안 미국 지도자들은 미국이 1960년대 말까지 미국이 명백하게 핵 분야에서 우위였음에도 불구하고 폭격기 격차(Bomber Gap)와 미사일 격차(Missile Gap), 그리고 (적의 역량에 비해 우리의 방어 역량이 부족한) 취약성의 창(Windows of Vulnerability)이 존재한다고 짜증을 냈다. 인도차이나반도 전쟁 시절 미국 지도자들은 만약 전쟁에서 패배하거나 철수한다면 다른 도미노가 차례대로 넘어갈 것이고, 동맹국들로부터 신뢰를 잃어서 미국의 전 세계적인 지위가 무력해지고 "불쌍하고 무기력한 거인"이 될 것이라고 여러 번 반복해서 경고했다.[33] 그러나 사이공이 함락되고 나서 14년이 지나자 역사의 잿더미가 된 것은 소련이었다.

요컨대 냉전기 내내 미국의 정책은 종종 직면한 위협에서 최악의 상황을 상정해서 추진되었다. 그럼에도 불구하고 소련은 산업화된 경제를 갖춘 강대국이었고, 소련의 방대한 재래식 전력과 핵무기는 유럽과 아시아에서 미국의 동맹국들을 실제로 위협했다. 소련 지도자들은 볼셰비즘에 따른 혁명 목표를 결코 공식적으로 폐기한 적이 없었고, 전 세계에 있는 수백 만 명의 동조자들이 마르크스-레닌주의를 진심으로 받아들였다. 미국 지도자들이 이런 위험과 다른 위험을 과장했을지 몰라도, 이 위협은 결코 환상이 아니었다.

실제로 위협 부풀리기는 오늘날 더 심각한 문제일지도 모른다. 미국이 직면하고 있는 해외의 위험은 예전 시기만큼 부담스럽지 않기 때문이다. 심각한 위협을 다룰 때 실수를 저질러도 안전한 범위 내에서 정책을 수립하는 것과 사소한 문제가 정말로 중대하고 임박한 위험이라고 국민을 설득시키는 것은 완전 별개이다. 만약 미국인들이 사소한 문제가 실존적 위협이라고 정말로 확신한다면 상상 속의 괴물을 쫓으면서 엄청난 돈을 탕진할 것이다. 더 나쁜 상황으로는 정책 입안자들이 역효과만 낳는 예방적 조치를 취할 수도 있고 오히려 이 때문에 사소한 문제가 더 큰 문제로 변질될 수도 있다. 위협을 부풀리는 사람들이 해외에서의 더 많은 활동을 정당화하는 근거로 제시하는 수사적 수단에는 무엇이 있을까?

"지연은 패배를 뜻하고, 지금 행동에 나서면 승리가 보장된다"

위협을 부풀리는 사람들은 세계가 위험으로 가득 차 있고, 신속하게 대응하지 않으면 불길한 결과가 있을 것이라고 본다. 만약 자신들이 제시한 조언을 진지하게 받아들인다면 이 똑같은 위협을 쉽게 극복할 수 있다고 설명하고 있다. 다시 말하자면 위협을 부풀리는 사람들은 세계를 아주 전형적으로 탄력적이라고 묘사하고 있다. 만약 신속하게 행동하지 않는다면 우리 삶의 방식 전체가 위험해지겠지만, 강력하고 신속하게 대응한다면 적들을 격퇴시킬 것이고 수십 년간 오래 지속될 평화가 올 것이라고 주장한다.

이런 주장은 세계 정치의 근본 속성에 관한 독특한 신념에 기반하고 있다. 위협을 부풀리는 사람들은 강력하고 공격적인 국가가 갈수록 더 큰 저항에 직면한다는 전형적인 세력균형 논리를 거부하고 그 대신 국가들이 그 위협적인 국가에 "편승"할 가능성이 더 크다고 주장한다. 이 주장에 따른다면 만약 미국이 군사적 우위를 확실하게 유지하지 못하거나 멀리 떨어진 어떤 곳에서 대응하는 데 실패한다면 미국에 대한 신뢰가 실추되어서 동맹국들이 잽싸게 적의 편에 설 것이라는 주장이다. NSC-68을 작성했던 폴 니체Paul Nitze는 이 유명한 보고서에서 "우리가 적극적인 조치를 취하지 않는다면(즉, 주요한 군사력 증강) 우방국들은 우리에게 골칫거리가 될 것이고, 이들 때문에 소련의 힘이 더욱 증강될 것이다."라고 밝혔다.[34] 만약 이런 경향이 확산된다면 세력균형이 조금만 변해도 불길한 결과가 초래될 수 있을 것이다.

이와 관련해서 위협을 부풀리는 사람들은 미국에 대한 신뢰가 극도로 중요하지만 이런 신뢰가 근본적으로 약하다고 믿고 있다. 맥스 피셔Max Fisher가 지적했듯이 이런 생각은 "워싱턴의 외교정책 커뮤니티 내에서 상당히 만연해 있고 거의 컨센서스 수준에 이르고 있다."[35] 미국이 외부에서 발생하는 일부 사건에 대해 대응하지 않을 때마다 위협을 부풀리는 사람들은 이런 결정이 미국의 신뢰성을 파괴할 것이고, 동맹국들의 결의를 훼손시킬 것이며, 미국의 적들이 대담해질 것이라고 경고한다. 그리하여 아사드 정권이 2013년에 화학무기를 사용한 후에도(그럼으로써 오바마 대통령이 암묵적으로 설정했던 "레드라인"을 넘어서자) 미국이 공격하지 않자 매파 인사들은 미국의 신뢰성에 "재앙과 같은" 결과를 야기할 것이라고 주장했다.[36] 하지만 미국이 실제로 대응을 해도 그 효과는 일시적일 뿐이며, 추후에 잠재적 도전이 대두될 때마다 미국이 다시 의지와 기량을 보여줘야 한다.

평판과 신뢰성에 대해 여러 번 진행되었던 학술연구 결과에 따르면 세계는 그렇게 작동하지는 않는다. 국가들은 다른 나라들이 어떻게 행동할지를 주로 이해관계에 근거해 판단하지, 전혀 다른 맥락에서 그 나라가 어떻게 행동했는지에 근거해서 판단하지 않는다.[37] 확실한 실례를 들자면 멀리 떨어진 약소국에서 벌어지는 위기에 대한 미국의 대응 방식을 놓고 미국 본토나 중요한 동맹국이 직접 공격받을 경우 어떻게 대응할지에 대해 설명해줄 만한 내용이 거의 혹은 아예 없다. 하지만 위협을 부풀리는 사람들은 정반대로 주장한다. 즉, 정말로 중요한 곳에서 행동할 것이라고 적들을 납득시키기 위해서 중요하지 않은 곳에서도 미국이 반드시 대응해야 한다는 것이다.

마지막으로 미국이 부유하고 군사력도 막강하면서 자국 근처에 강력한 적도 없다는 점을 감안할 때, 위협을 부풀리는 사람들은 멀리 떨어진 곳에서 일어나는 사건이 미국인에게 심각하게 해를 끼칠 수 있다고 설득시키기 위해서 정교하면서도 개연성이 낮은 방식으로 사건이 전개되는 상황을 고안해내야 한다.[38] 예를 들면 어떠한 실패 국가(failed states)라도 반(反)미 테러리스트의 온상이 될 수 있다는 주장 때문에 아프가니스탄이나 예멘처럼 전략적 중요성이 낮은 지역도 사활이 걸린 전쟁터로 둔갑했고, 이 나라에서 무제한적인 대테러 작전과 국가건설 노력이 정당화되었다. 하지만 이런 논거는 다음과 같은 명제가 모두 다 참이어야 한다.

1. 멀리 있는 테러리스트 세포 분자들이 미국을 공격하는 데 높은 우선순위를 두고 있다.
2. 이들은 미국이 본토 안보를 향상하려고 9/11 이후 취한 조치를 전부 다 피할 수 있다.
3. 만약 공격이 일어난다면 엄청난 비용이 발생한다.
4. 이들이 현재 활동하고 있는 지역이 그들의 성공에 아주 긴요하며, 여타 대안이 될 만한 "은신처(safe haven)"가 존재하지 않는다.

막강한 대량살상무기를 동원한 테러리스트 공격이라는 아주 낮은 가능성을 제외하면 해외에 근거지를 둔 채 상당한 피해를 끼칠 수 있는 테러 공격을 상상할 수 없다. 더욱이 미국을 공격하고자 열망하는 모든 단체를 박멸하면서 이와 동시에 상상 가능한 모든 은신처를 제거한다는 것은 이런 테러단체들이 초래할 수 있는 피해보다 더 큰 비용이 들 것이다.

적의 능력 과대평가하기

위협을 부풀리는 사람들은 냉전기 당시 미국과 동맹국들이 바르샤바 조약국들보다 통상적으로 매년 국방비를 25퍼센트 이상 지출하고 있었음에도 불구하고 판에 박힌 듯이 소련을 군사대국으로 묘사했다.[39] 그러나 소련이 과대포장되었지만 불가사의한 괴물은 아니었다. 소련이 붕괴하자 적의 능력을 과대평가하는 성향이 더 만연하고도 심각해졌다.

예를 들면 1990년대 초부터 미국 정부 당국자와 전문가들은 이라크나 이란과 같은 3류 국가가 미국을 직접 공격할 능력도 전혀 없고 미국의 해외 여타 이익을 공격할 역량이 부족했음에도 불구하고 마치 재래식 무기 차원에서 상당히 위협적인 국가처럼 여기기 시작했다. 미국과 동맹국들은 1991년 걸프전 당시 상대조차 되지 않았던 이라크군을 패배시켰고, 10년의 가혹한 제재로 사담 후세인의 군대는 2003년에 훨씬 더 약해져 있었다. 하지만 클린턴 행정부와 부시 행정부 둘 다 이라크를 강력하고도 위험한 적으로 계속 묘사했다.

이라크의 능력에 대한 과대평가는 부시 행정부의 예방전쟁 준비 과정에서 핵심 요소이기도 했다. 미국 관리들은 이라크가 핵무기를 추구하고 있다고 비난했고, 상당히 정교한 화학무기와 생물학무기도 대량으로 보유하고 있다고 주장했다. 예를 들면 콜린 파월 국무장관은 UN 안보리 브리핑에서 이라크의 소위 대량살상무기(WMD) 프로그램이 심상치 않다는 진술을 했지만, 이 주장이 완전히 거짓이었던 것으로 밝혀졌다.

마찬가지로 강경파들은 이란의 재래식 군사력이 보잘것없고 2016년의 국방비가 불과 123억 달러였음에도 불구하고 이란이 마치 페르시아만 지역을 점령하기 직전의 주요 군사 강국인 것처럼 오랫동안 묘사해왔다.(이와 대조적으로 사우디아라비아의 국방비는 637억 달러였고, 이스라엘은 178억 달러였으며, 미국은 6,000억 달러 이상이었다.)[40] 경제제재와 더불어 가능하다면 예방적 타격도 타당하다고 주장하기 위해서 강경파 반(反)이란 단체들은 국가정보평가서(National Intelligence Estimates)가 반복해서 이란이 핵무기 프로그램을 적극적으로 추진하지 않고 있다는 결론을 내렸음에도 불구하고, 예전에 사담 후세인을 비난했듯이 여러 번 반복해서 이란 정부가 핵무기를 적극적으로 추구하고 있다고 비난했다. 더욱이 이란의 핵능력은 이제 포괄적공동행동계획(JCPOA)에 따라 상한선이 설정되었다.[41] 아니면 이들은 이란의 현지 대리세력(가령 레바논의 헤즈볼라, 시리아의 아사드 정권, 혹은 예멘의 후티 반군 등)이 신흥 "페르시아 제국"을 뒷받침하고 있다고 주장하고 있다. 이런 다양한 단체의 영향력과 이들을 조종하는 이란의 능력을 과대포장하고 있다.[42]

위협 부풀리기는 국제 테러리즘에 대한 미국의 대응에 일관되게 영향을 미쳐왔다. 물론 위협이 전혀 없었던 것은 아니지만, 알카에다나 ISIS, 여타 테러 단체의 실제 위협은 그간 강박 수준에 가까울 정도로 관심을 받을 만한 가치가 없다. 비록 9/11 공격에 따른 희생자 수를 포함하더라도 미국인이 테러리스트 공격으로 죽거나 다칠 위험은 거의 없다고 볼 정도로 미미하다. 아마도 매년 4백만 명 중에 한 명 정도 되지만 미국 관리들은 계속해서 외국 테러리스트들을 아주 불길하게 묘사했다.[43] 예를 들면 2014년에 척 헤이글Chuck Hagel 국방장관은 이슬람국가(ISIS)를 "우리가 본 그 어떤 것 이상의" 위협이라고 묘사했고, 2015년에 제임스 코미James Comey FBI 국장은 ISIS를 "본토에서 우리가 가장 우려하고 있는 위험"이라고 언급했다.[44] 2016년 6월에 ISIS에 대해 증언하면서 당시 CIA 국장이었던 존 브레넌John Brennan은 상원 정보위원회에서 "국가안보를 위협하는 이렇게 다양한 위협들을 미국이 직면했던 적이 없었다."라고 말했다.[45] ISIS와 같은 조직은 그들의 통치를 받는 사람들에게는 상당히 위험했고 다른 지역에서도 어느 정도 피해를 주기는 했지만, 이들은 여전히 취약하며 자원도 충분하지 못하고 전혀 실존적인 위협이 되지 못한다.[46]

가령 미국 국립 대테러센터에 따르면 2012년부터 2016년 사이에 서방 국가에서 47건의 이슬람 테러리스트 공격이 있었다. 이 공격으로 269명이 죽었고, 이 중 절반 이상은 2015년 11월 프랑스 파리 나이트클럽에서 있었던 단 한 번의 공격에 따른 사망자였다.[47] 이와 대조적으로 약 1만5천 명의 미국인들이 매년 총기로 사망하지만, 연방정부는 이 문제를 해결하려고 별다른 조치를 거의 취하지 않는다. 심지어 2012년 12월의 샌디훅Sandy Hook 대학살과 같은 대규모 총기난사 사건이나 2017년 10월 라스베이거스에서 있었던 58명의 콘서트 관람객 학살 사건 이후에도 특별히 취해진 조치가 거의 없었다. 낙뢰사고와 욕실사고로 테러리즘보다 더 많은 미국인들이 죽지만 어떤 정치인도 뇌우에 대한 전쟁을 선포하거나 미끄러운 타일을 막자고 국민적 캠페인을 선포하지 않는다.

정부 관리들과 싱크탱크 전문가들, 다양한 이익집단들이 위협을 부풀린다고 해서 미국이 직면하는 위험이 전혀 없다거나 적대세력이 미국의 이익에 전혀 영향을 못 준다는 말은 아니다. 그러나 그들이 제기하는 위험을 과장한다면 그 대가는 여전히 크다. 미국의 지도자들이 다른 문제로부터 관심을 돌리게 되거나 문제를 더 악화시키는 방식으로 행동하게 되기 때문이다.

"적들이 적대적이고, 비이성적이며, 억제가 안 된다"

위협을 부풀리는 사람들은 적의 역량 과대평가에 덧붙여서 잠재적 적들이 구제불능 수준으로 비이성적이고 억제할 수 없다고 대체로 설명하며, 그렇기 때문에 반드시 제거해야 한다고 암시하고 있다. 예를 들면 이라크전으로 치닫는 과정에서 큰 영향력을 미쳤던 책인 『위협적 폭풍the Threatening Storm』에서 브루킹스연구소 선임연구원인 케네스 폴락Kenneth Pollack은 사담 후세인을 전혀 통제가 불가능하며 고질적으로 위험을 무릅쓰는 인간으로 묘사했다. 이렇게 우려를 자아내는 묘사는 회의적인 자유주의자조차도 사담 후세인을 그냥 내버려두면 너무 위험해진다고 여기게 만들었다.[48]

이와 아주 동일하게 이란을 상대로 더 강력한 제재나 예방전쟁, 혹은 이 두 가지를 다 촉구하는 사람들은 통상적으로 이란의 지도자들이 순교를 기꺼이 반기기 때문에 당장이라도 핵무기를 사용하려는 광신적인 종교 극단주의자로 묘사한다. R. 제임스 울시R. James Woolsey 전 CIA 국장은 이란 지도자들을 "신정주의적이고, 전체주의적이면서 집단살해를 저지르려는 미치광이들"로 묘사했다. 칼럼니스트인 브렛 스티븐스Bret Stephens는 이란을 "순교에 집착하면서 세계적 야심이 있는 비서방 문명"으로 묘사했고 예방전쟁을 정당화했다. 미국기업연구소의 마이클 루빈Michael Rubin은 "이슬람의 이익 때문에 〔이란 지도자들이〕 이란이 핵 보복 타격을 받는 것을 감수할 만하다고 여길 수도 있다는 게 충분히 가능한 일이다."라고 말했다.[49] 이런 식으로 묘사가 이어지면 종종 터무니없이 지나친 수준에 이를 때도 있었다. 가령 신보수주의 성향의 역사학자인 버나드 루이스Bernard Lewis는 2006년 〈월스트리트저널〉 기명 칼럼난에 이란이 이스라엘에 대해 핵공격을 계획하고 있을지도 모르며 심지어 8월 22일이라고 날짜까지 박아서 경고했다.[50] 루이스는 이 특정한 날짜가 의미심장하다고 주장했다. 이 날은 "예언자 무하마드가 날개가 달린 말인 부라크(Buraq)를 타고 먼저 예루살렘으로 알려진 '가장 멀리 있는 모스크로' 간 다음에 승천했다가 다시 돌아온 날로, 많은 무슬림들이 기념하는 날이기 때문이다.(코란 17:1) 이는 이스라엘의, 필요하다면 세계의 종말론적 최후에 적합한 날짜가 될 수도 있었다." 루이스의 설명에 따르면 이란 지도자들은 자신들까지 몰살되는 대규모 살육전을 개시할 상징적 날짜를 고대하는 종교적 광신도들이었다. 물론 8월 22일이 왔고, 아무런 공격이 없었다. 이란은 오늘날까지도 가동 중인 핵무기 프로그램이 없다. 놀랍게도, 이렇게 기이하면서 근거조차 없는 경고가 잘 알려지지 않은 극우파 홈페이지가 아니라 이 나라의 가장 유력한 신문 중 한 곳에 기명 칼럼으로 실렸다.

이와 동일한 주제가 미국에 대한 적개심이 이익의 충돌이나 특정 정책에 대한 반발에서 비롯된 것이 아니라, 오히려 미국이 표상하는 가치 그 자체에 대한 깊은 반감에 기인한다는 주장으로 변형되기도 한다. 9월 11일 공격 이후 조지 W. 부시 대통령이 했던 유명한 발언인 테러리스트들이 "우리의 자유를 싫어한다."라는 표현이 바로 여기에 해당한다. 아니면 부시 대통령이 나중에 메인 뉴스 시간대의 기자회견에서 말했던 "이 사람들이 우리를 미워한다는 데 경악을 금치 못했다. 우리가 얼마나 선한지 내가 잘 알기 때문이다." 등의 표현도 있다. 수많은 독자적인 설문조사 결과에 따르면 실제로 전 세계적인 반미감정은 대체로 미국 정책에 대한 반발이지 "미국의 가치"에 대한 반발이 아니다.[51]

그럼에도 불구하고 위협을 부풀리는 사람들은 여전히 외국이 반발하는 이유가 미국 그 자체에 대한 깊은 반감에서 나온 것처럼 설명하고 있다. 이런 주장은 자유주의 패권을 지지하는 사람들의 핵심 신념을 더욱 강화해준다. 즉 미국이 전 세계에서 항상 선의 힘(force for good)인 예외적 국가이며, 오직 오도되었거나 악한 세력만이 미국이 세계에서 무엇을 하던 반대할 수 있다는 것이다. 반대세력이 "우리의 자유를 미워한다."라는 주장은 외부의 적대감에 대해 아무 책임이 없다고 미국의 책임을 사면해주면서 이런 적대감을 줄일 수 있는 방법이 전혀 없는 것처럼 시사한다. 만약 미국의 적들이 우리가 뭘 하건 간에 돌이킬 수 없을 정도로 적대적이라면 그들을 제거하는 게 유일한 옵션이다. 아니면 딕 체니 부통령이 2003년에 말했듯이 "우리는 악과 협상하지 않고 악을 퇴치할 뿐이다."[52]

"악의 축"

위협을 과장하는 또 다른 뻔한 방식은 미국의 이익에 최대한의 피해를 입히기 위해 적들이 연합체를 결성하고 있다고 가정하는 것이다. 예를 들면 냉전 기간에 매파들은 계속해서 "거대한 공산주의 단일체"에 대해 경고했으나, 막상 국제 공산주의 운동을 분열시켰던 심각한 내적 갈등을 아주 늦게 깨달았다. 심지어 중-소 분열이 뚜렷해진 후에도 최고위직 당국자들은 소련과 제3세계 피후견국 간의 관계가 상당히 안 좋다는 수많은 증거에도 불구하고 여전히 소련을 좌익 정부들이 의지할 수 있는 동맹국이라고 간주했다.

하지만 미국 정부 관리들과 외교정책 분석가들은 계속해서 오늘날에도 유사한 논거를 원용하고 있고, 반복해서 다양한 국가나 단체가 공통점이 거의 없음에도 불구하고 하나로 묶어 놓는다. 예를 들어 1990년대에는 미국의 최고위직 정부 관계자들과 외교안보 분야 전문가들은 여러 번 반복해서 잡다한 "불량 국가" 집단의 위협에 대해 경고했다. 여기에는 이라크, 쿠바, 이란, 북한, 세르비아, 리비아, 시리아가 포함되었다.[53] 이렇게 골치 아픈 정권 중에서 어떤 나라도 그다지 강력하지 않았고, 이들은 거의 협력하지도 않았다. 심지어 이란과 이라크처럼 일부 경우에는 오히려 철천지 원수였다.

하지만 1992년이 되자 미 하원 테러리즘 태스크포스는 "테헤란, 바그다드, 다마스커스: 새로운 추축국 조약"이라는 제목이 붙은 의회 보고서를 발표했다. 이 보고서는 "지중해로부터 이란까지 뻗어 있는, 이란이 통제하고 있는 전략적 축은 아주 거대한 '이슬람권'의 본질적인 구성요소이며, 다시 이란에 의해 공고해지고 있고, 수단과 중앙아시아, 남아시아의 무슬림 국가까지 포함하고 있다."라고 경고했다. 거의 비슷한 시기에 클린턴 행정부의 첫 번째 국가안보보좌관이었던 앤서니 레이크Anthony Lake는 "반발하는 국가들(backlash states)"이라고 이름을 붙인 국가들의 위협이 갈수록 커지고 있다고 경고하면서 이들을 통제하기 위해 미국이 적극적으로 행동에 나서야 한다고 촉구했다.[54] 레이크가 명단에 올린 국가들은 쿠바, 이라크, 리비아, 이란, 북한이었고, 모두 이런저런 이유로 미국과 사이가 안 좋았지만, 아무도 미국의 안보를 심각하게 위협하지 못했고 이들 간에도 서로 조율이 거의 이루어지지 않았다. 이들을 다 합쳐도(세르비아와 탈레반 정권이 있는 아프가니스탄까지 다 포함시켜도) GDP 합계는 1998년에 1,650억 달러였다. 이 금액은 당시 미국의 국방예산보다도 약 3분의 1가량 적었고, 미국 경제의 약 2퍼센트에 불과했다. 하지만 이렇게 다양하고 대체로 고립된 국가들을 "불량 국가"라는 일반적인 제목을 붙여서 하나로 뭉쳐놓으면 국제적으로 위험한 사고뭉치들로 구성된 단결된 패거리처럼 보였다.

조지 W. 부시도 2002년 상하원 합동 연설에서 똑같이 행동했다. 유명한 "악의 축"이라는 표현으로 이란과 이라크, 북한을 싸잡아 말했다. 전직 백악관 연설문 작성가인 데이비드 프럼David Frum에 따르면 이렇게 오도하는 표현은 위협을 과장하고 이라크에 대한 군사행동을 정당화하는 데 도움을 주고자 신중하게 선정되었다고 한다.[55] 또한 부시 행정부는 이라크가 적대적이면서 위험하고 마땅히 공격해야 할 대상처럼 보이게 하려고 사담 후세인을 오사마 빈 라덴과 알카에다와 연계하려고 온갖 노력을 다 기울였다. 허위정보 작전이 너무나 성공적이어서 대부분의 미국인은 이라크가 9/11 공격에 직접 연루되었다고 잘못 믿게 되었다.

9/11 이후 "테러와의 전쟁"이 진행되면서 다른 매파 인사들이 "이슬람 파시즘"의 위협이 점점 커지고 있다고 말하기 시작했고, 그러면서 다양한 종류의 이슬람 테러리스트들이 공통된 구상과 통일된 전략이 있다고 암시했다. "축"과 같은 용어처럼 이런 표현은 이렇게 다양한 단체 간에 고도로 잘 짜인 조율이 이루어지고 있다고 암시하며 이들을 수사적으로 상상 가능한 가장 사악한 사례였던 나치 독일과 연계시키게 된다. 그럼으로써 이슬람 급진주의자들이나 불량 국가들, 혹은 이 둘이 다 같이 세계가 1930년대에 직면했던 위험과 동등하다고 암시하는 것이다. 이런 용어는 또한 미묘하게 제2차 세계대전 당시 미국의 내러티브를 환기시킨다. 제2차 세계대전은 선한 미국인들이 공격적인 독재정권으로부터 세계를 구하기 위해 단결했던 "좋은 전쟁"이었다. 강경파들이 테러와의 전쟁을 잽싸게 "제4차 세계대전"이라고 이름을 붙인 것도 놀라운 일이 아니다. 그렇게 함으로써 미국은 1941년에 직면했던 것과 같은 부류의 위협에 맞서게 된 것이며, 이들을 격퇴시키기 위해 그때와 맞먹는 노력이 필요하다는 점을 암시하는 것이다.[56]

불행히도 이토록 엉성한 역사적 비유 때문에 다양한 적들을 고립시키고 분열시키면서 궁극적으로는 패배시킬 수 있는 효과적인 전략을 개발하기가 더 어려워지고 있다. 테러리즘을 구사하는 모든 단체들을 공통된 세력의 일부로 간주하면 이들 중 일부에게 서로 합세하라는 유인을 제공하게 된다. 바로 미국이 가장 원하지 않는 상황이 발생한다.

"동맹국들이 약하고 믿을 수 없다. (하지만 여전히 보호해줘야 한다)"

적이 단결되어 있다는 과장의 반대 면에는 많은 미국 동맹국들이 취약하고 무책임하다는 과장이 있다. ISIS나 중국, 이란과 같은 잠재적인 적과 비교하면 미국은 부유하고 능력도 있는 많은 파트너들을 두어서 축복을 받은 셈이다. 예를 들어 전 세계 10대 국방비 지출 국가 중에서 6개국은 미국의 공식 동맹국이다. 중국과 러시아만이 유일하게 이 10대 국가 중에서 미국과 사이가 좋지 못하며, 이 두 나라 중에서 어느 쪽도 상당히 세계적 영향력이 있는 다른 동맹국이 없다.

실제로 오늘날의 동맹을 감안한다면 미국의 전략적 입지는 냉전이 절정에 달하던 시기보다 일부 측면에서 더 괜찮은 상황이다. 1980년대에는 미국과 미국의 동맹국들은 다 합쳐서 잠재적 위협이 되는 국가들(소련, 바르샤바 조약국, 쿠바, 이란, 이라크, 리비아, 북한, 시리아, 베트남)에 비해 약 2 대 1의 비율로 국방비를 더 많이 지출했다. 이 비율은 소련이 붕괴하자 비록 이 기간 동안 미국의 국방비 지출이 감소했음에도 불구하고 5 대 1까지 늘어났다.[57]

이렇게 유리해진 상황을 감안할 때 위협을 부풀리는 데 헌신하고 있는 사람들은 어떻게 해야 할까? 미국 동맹국들을 믿을 수 없다고 가정하고 만약 미국이 모든 상상 가능한 위험으로부터 이들을 보호해주지 않는다면 이들이 미국을 버리고 미국의 경쟁자에게 편승할 것이라고 경고하는 게 첫 번째 대응방식이 될 수 있다. 따라서 매파 인사들은 이란이 핵무기를 획득하면 페르시아만의 동맹국들이 미국을 잽싸게 버리고 이란에 유화적인 태도를 취할 것이라고 경고하고 있다.[58]

두 번째 대응방식은 동맹국들의 역량을 폄하하고, 동맹국이 많아지면 미국의 핵심 이익을 보호하기가 더 수월해지는 게 아니라 더 어려워진다고 제시하는 것이다.[59] 미국이 보호해주겠다고 약속해준 가령 에스토니아, 라트비아, 혹은 몬테네그로와 같은 일부 국가들은 군사력이 거의 전무하며, 반면 예를 들어 독일과 같은 여타 동맹국은 갈수록 미국의 보호에 과도하게 의존한 채 자신들의 군사력이 위축되도록 놔두고 있다는 점에서 이런 주장에는 어느 정도 진실이 담겨 있다. 실제로 미국의 현재 동맹 중 일부는 새로운 역량을 제공하기보다 미국의 방위부담을 가중시키는 일방적인 "피보호국"으로 보는 게 더 적절하다.[60]

그러나 만약 동맹국들이 미국의 안보를 향상하지 못하고 미국의 부담만 가중한다면 더욱 선별적으로 안전을 보장하고 동맹국들이 더 많은 부담을 짊어지라고 요구하는 게 적절한 대응방안이 될 것이다. 그러나 만약 미국 지도자들이 많은 비용을 들여서 다른 나라들의 안보부담을 짊어질 때마다 이게 중대한 전략적 성과라고 계속 믿는다면 그와 같은 합리적인 조치가 이루어지지 않을 것이다.

불확실성을 악용하기

위협 부풀리기는 위험을 측정하기 어려울 때 나타나기 마련이다. 전차와 항공기, 선박, 국방예산은 계산하고 비교하기 쉽지만, 다른 위험은 측정하기가 훨씬 더 어렵다. 적당히 상상력이 있는 사람이라면 누구라도 위협적인 시나리오를 무한하게 꿈꿀 수 있으며, 때로는 일부 가정적인 상황에서의 위험이 지나치게 부풀려졌다고 입증하기가 힘들다.

오늘날 이런 문제는 테러리즘 위협과 이보다는 덜하지만 사이버전쟁 위협을 부풀리는 경향에서 볼 수 있다. 물론 테러단체가 비밀리에 음모를 꾸미기 때문에(동시에 충격적인 위협을 발표한다) 엄청난 피해를 야기할 만한 공격이 준비되고 있지 않다고 절대로 100퍼센트 장담할 수 없다. 비록 9/11 이후 미국을 겨냥한 음모의 대부분이 FBI의 "함정수사"였거나 아니면 형편없이 무능한 실책이었고, 미국이 알카에다나 "이슬람 국가"를 포함한 여타 다양한 분파로부터 직면했던 실제 위협이 지나치게 과장되었다고 하더라도 다음에 있을 테러리스트의 음모가 실패할 것이라고 완벽하게 확신할 수는 없는 법이다.[61]

마찬가지로 사이버 위협도 항상 진화하고 있고 위험을 정확하게 파악하려면 정교한 기술적 지식이 필요하기 때문에 위협을 과장하는 사람들로서는(혹은 할리우드 대본 작가로서는) 해커와 테러리스트, 외국 정부, 혹은 머리가 좋은 10대 청소년이 우리 군을 눈멀게 하고, 항공관제 시스템을 마비시키며, 전력망을 차단하고, 세계경제에 큰 구멍을 내거나 아니면 뭐든지 상상하고 싶은 악몽과 같은 사태를 개시할 수 있다는 충격적인 시나리오를 지어내기가 수월해진다.[62]

브루킹스연구소의 벤저민 위츠Benjamin Wittes와 하버드 로스쿨의 가브리엘라 블룸Gabriella Blum은 새로운 위험을 상상해내는 능력을 이렇게 생생히 묘사하고 있다. "새로운 세계에서 지구상에 있는 모든 국가와 모든 사람이 위협받을 수 있다. 개인이나 국가가 당신을 위협할 수도 있다. 오늘날 개인은 불과 10년 전과 비교하더라도 기하급수적으로 더 많아진 사람과 단체를 두려워해야 한다. 당신의 개인적 안보를 위협하는 주체에는 단순히 정부나 기업뿐 아니라 스토커, 신분 도용자, 사기꾼, 스팸 메일 발송자, 경쟁자, 라이벌 같은 전 세계의 개인도 포함된다. 모든 사람과 모든 것—중국 정부에서 NSA에 이르기까지—이 어디서든 당신을 공격할 수 있다."[63] 짧게 말하자면 두려워하라, 그것도 매우 두려워하라는 말이다.

그렇다고 해서 이런 위험이 상상 속에서만 존재한다는 말은 아니다. 실제로 2016년 미국 대통령 선거에 영향을 주려고 했던 러시아의 시도나 이란과 북한, 러시아, 미국, 여타 민간단체에 의한 바이러스, 랜섬웨어, 서비스 거부 공격 등은 이런 위협이 결코 일시적인 것이 아니라는 점을 증명하고 있다.[64] 그러나 더욱 폭넓게 보자면 이렇게 널리 퍼져 있고 급속도로 진화하는 기술을 둘러싼 불확실성 때문에 우리가 실제로 직면할 위험을 과장하거나 오판할 가능성이 더 커질 것이라는 사실이 중요하다.

예를 들면 전문가들이 정교한 사이버전, 사이버 스파이 행위, 사이버 범죄, 사이버 테러리즘 등에 대해 이구동성으로 경고했지만, 단언컨대 현재 존재하는 디지털 기술 중에서 정치적으로 가장 중요한 부분이 어떻게 사용될지 제대로 예측하지 못했다는 사실은 명백하다. 바로 페이스북과 트위터, 인스타그램, 여타 소셜 미디어 플랫폼에서 수많은 가짜 계정을 동원해서 허위 사실을 퍼뜨려서 미국 내 여론 분열을 심화시키고 힐러리 클린턴 민주당 대선후보를 약화시키려고 했던 러시아의 시도 말이다. 러시아는 개표기를 해킹하지도 않았고 선거 당일에 전력망을 차단하지도 않았지만, 첨단 기술이 아니라 저급한 기술을 동원해서 허위 사실을 심어놓았다. 언론 보도에 따르면 페이스북만으로도 약 1억 2,600만 명의 미국인에게 이 허위 사실이 유포되었다고 한다.[65] 선견지명이 있었던 수많은 인터넷 관련 학자들이 소셜 미디어 플랫폼이 강력해져도 선거결과에 미치는 영향력은 두드러지게 크지 않고 미미할 것이라고 예견했지만, 아무도 외국 세력이 미국에서 자신들의 정치적 이익을 증진하려고 이런 플랫폼을 이용하리라고 예견하지 못한 것처럼 보인다.[66]

이 사건에서 또한 미국 민주주의가 허약하고 양극화되었다는 사실도 드러났다. 그렇기 때문에 러시아의 간섭이 실제로 예상보다 영향력이 더 컸던 것이다. 폴 필러Paul Pillar가 2017년 1월에 지적했듯이 "물론 러시아가 저지른 짓은 마땅히 비난받아야 하지만, [기존 민주적 질서에 대한] 신념을 뒤흔들이유가 이미 충분히 많았으며 러시아가 미국의 취약한 부분을 파악하고 있었다는 사실을 가장 불안하게 받아들여야 한다."[67] 어찌 되었건 핵심 요지는 여전히 타당하다. 위협이 본질적으로 측정하기가 어렵다면 위협 부풀리기가 만연할 가능성이 커진다는 것이다.

만약 어떤 종류건 간에 가상적인 공격이 극도로 심각한 피해를 초래한다면 이를 막기 위해 극단적인 조치를 취하더라도 당연히 정당화된다. 바로 이런 논리가 딕 체니 부통령의 악명 높은 "1퍼센트 독트린"의 이면에 있었다. 만약 끔찍한 사고가 발생할 가능성이 불과 1퍼센트라도 있다면(가령 알카에다에게 핵무기를 제공하려는 파키스탄의 음모) 체니는 보좌진에게 마치 그게 확실한 것처럼 대처하라고 말했다.[68] 무서운 시나리오를 떠올리는 게 식은 죽 먹기나 다름없기 때문에 이런 "1퍼센트" 독트린은 위협을 확실히 부풀리게 된다. 이런 식으로 접근하면 무한하게 많은 "완전히 배제할 수 없는 아주 나쁜 일" 중에서 어떤 것이 가장 많은 관심을 받아야 할지 혹은 어떤 것이 정부의 자원을 가장 많이 필요로 하는지 알 수도 없다. 반면 자유주의 패권은 훨씬 더 매력적으로 보인다. 만약 아주 나쁜 일이 어디에서든지 발생할 가능성이 1퍼센트라도 있다면 미국은 그런 잠재적 위험이 어디에서 대두되건 간에 근절하는 게 낫기 때문이다.

위협 부풀리기가 왜 그리 잘 먹히는가?

외부의 위험은 분명히 존재하며, 미국이 늘 이런 위험을 과장하는 것은 아니다. 하지만 위협 부풀리기는 여전히 심각한 문제다. 이런 식으로 위협을 부풀린다면 다른 우선순위로부터 자원이 전용되고, 기존 위협을 더 악화하는 정책이 고안되기 때문이다. 미국인들을 잔뜩 겁준다면 야심찬 외교정책에 대한 대중의 지지를 얻어낼 수도 있지만, 반면에 큰 대가를 치러야 하는 정책적 실수로 이어질 수도 있다. 불행히도 정치인과 전문가 둘 다 대중들이 "새로운 뮌헨 협정"이나 "또 다른 히틀러"와 같은 문구를 덥석 받아들이고 테러리스트 배후세력, 영악한 독재가, 최악의 음모 상황을 가정한 수많은 공포에 기꺼이 쉽게 넘어간다는 점을 너무나 잘 알고 있다.

이런 문제는 부분적으로 불확실한 위험을 다뤄야 할 때 정치 지도자들이 직면하는 유인에 기인한다. 잭 골드스미스Jack Goldsmith가 주장한 대로 미국 지도자들은 실제로 일어날 가능성이 있는 테러 공격에 대해 매일 보고받으며, 만약 충분히 이런 공격에 대비해서 경계하지 않는 것처럼 보이면 정치적으로 대가를 치를지도 모른다고 우려하기 때문에 테러리즘에 과잉반응하게 된다. 그의 말대로 "미국인들의 생명을 보호해야 할 책임이 있는 정부 인사에게 영향을 미칠 수 있는 위협 보고서가 계속 제공되고 있다는 사실은 과장하기 어렵다."[69] 과도하게 경계할 경우 심각한 자원 낭비로 이어질 수도 있지만 적어도 국민보호에 소홀했다는 비난으로부터 자유로워진다.

아울러 위협을 과장함으로써 이익을 얻는 개인과 단체가 이를 폭로하는 사람보다 훨씬 더 많고 더 많은 자금을 후원받으며 때로는 정치적 명망이 높기 때문에 위협을 부풀리는 일이 우세해진다. 군산복합체 업계도 더 많은 정부 자금을 지원받기 위해 외세의 위협을 과장해야 할 분명한 유인을 가지고 있다. 매파 성향의 싱크탱크는 방위산업체와 개인들로부터 넉넉한 후원을 받는다. 이와 대조적으로 위협이 크지 않다고 평가하는 단체들은 대체로 빈약한 후원을 받고 영향력도 적다.

외교협회(CFR) 더글라스 딜런 선임 연구원을 역임했던 미카 젠코Micah Zenko의 이례적 사례는 이런 점에서 교훈을 준다. 젠코는 다양한 국가안보 사안을 연구해왔지만, 외교안보 분야 기득권층 사이에서 만연했던 위협을 부풀리는 견해에 기꺼이 도전하려고 했기 때문에 주목을 받았다. 특히 주류 외교정책 세계의 핵심부인 외교협회에 적을 두고 있었음에도 이렇게 문제제기를 했다는 게 두드러졌다. 인습을 타파하려 했던 젠코의 태도는 충분히 이례적이었고 그 덕택에 〈아메리칸 컨저버티브the American Conservative〉에 "반전 전사(Anti-Warrior)"라는 제목으로 인물란에 등장하게 되었다. 이 기사는 젠코의 작업을 "위협의 풍경을 왜곡해 보여주는 유령의집 거울에서 벗어나 다른 관점을 회복하려는 노력"이라고 평가하면서 "(과대평가된) 위협을 축소하려는 온건한 신성모독"이라고 묘사했다.[70] 물론 젠코가 오늘날 정책 논쟁에서 과장된 위협을 축소하자고 목소리를 내는 유일한 사람은 아니다. 외교안보 분야 주류 싱크탱크의 저명한 위치에서 그렇게 했던 보기 드문 사람 중 한 명이었다.

미국에 의지하는 외국 정부도 미국인들을 겁줄 수 있는 모든 방법을 동원해서 미국의 보호를 계속 확실하게 받으려고 한다. 예를 들어 오바마 행정부가 시리아 내전에 개입하지 않기로 결정하자, 사우디 정보당국 수장인 투르키 알-파이잘Turki al-Faisal을 비롯한 아랍 정부 관리들은 미국의 "신뢰성"이 사라졌다고 개탄하면서 미국의 수동적 태도 때문에 이란이 대담해질 것이라고 경고했다.[71] 우크라이나에서 위기가 발생하자 NATO 동유럽 회원국들로부터 이와 유사한 불만이 불거졌고, 이들이 미국의 보호에 의존하고 있다는 사실이 더욱 부각되었다. 여기에 뒤처지지 않으려고 아시아의 동맹국들도 중국의 부상에 맞서서 막상 자신들의 방위비는 의미심장하게 지출하려 하지 않으면서 대체로 미국의 신뢰성을 문제 삼았다.[72]

국내의 매파 인사들도 물론 이런 경고를 신속하게 전파하면서 자신들이 우려하는 바를 받침해주는 "독립적인" 증거라고 여긴다. 그래서 체니 전 부통령은 9/11 이후 본인이 제안한 권고사항이 중동 정세를 불안정하게 악화시키는 데 크게 일조했음에도 불구하고 2013년에 "우방국들이 더 이상 우리에게 기대지도 않고 신뢰하지도 않으며, 적들도 우리를 두려워하지도 않는다."라고 경고했다.[73] 미국 내 자유주의 패권 지지론자들과 미국의 보호를 누리는 외국 정부와의 이런 상징적인 관계 때문에 전 세계 어디선가 발생하는 사소한 사건이라도 두말할 나위 없이 미국이 대응해야 한다는 인식이 더욱 강해진다.

다시 반복하건대 미국이 해외로부터의 위협에 전혀 직면하고 있지 않다거나 미국의 사활이 걸린 이익이 어떤 도전에도 확실하게 보호받고 있다고 주장하려는 게 아니다. 그렇다고 해서 이런 식으로 위협을 부풀리면 필연적으로 자유주의 패권 전략으로 당장 이어질 것이라고 주장하려는 것도 아니다. 만약 미국 지도자들이 그러한 위협에 대해 심각하게 우려하게 된다면, 자유주의 가치는 별다른 관심을 받지 못할 것이다. 그리고 지도자들은 당면한 현안을 해결하는 데 유용하다면 우호적인 독재자들과도 기꺼이 협력하려 할 것이다.

하지만 모든 점을 감안해도 위협 부풀리기는 자유주의 패권 같이 야심차고 수정주의적인 전략을 조장한다. 결국 만약 이 세상이 위험으로 가득 차 있고 미국인들이 그러한 위험이 더 커지지 않기를 원한다면, 미국은 다양한 지역들에서 일어나는 사건들에 영향을 미치기 위해 자신의 힘을 사용해야 한다는 것이다.

2단계: 이득 과장하기

세계가 위험으로 넘쳐나고 있다고 미국인들을 힘들게 설득하고 나면 자유주의 패권을 옹호하는 두 번째 단계는 미국의 우위와 "세계적 리더십"이 이러한 위험을 다루기 위한 최선의 전략이라고 대중을 설득하는 것이다. 특히 이 사람들은 자유주의 패권—필요하다면 다른 나라의 정권 교체를 포함해서—이 미국의 안보를 향상시켜줄 것이고 미국의 번영도 확대해줄 것이며 기본적인 자유주의 가치를 전파할 것이라고 주장한다. 제1장에서 논의한 바와 같이 이런 주장은 냉전기를 통틀어서 미국의 대전략을 정당화하는 핵심 논거였고, 오늘날 미국이 맡고 있는 광범위하고 세계적 역할을 뒷받침한다.

안보

첫 번째 목표인 안보와 관련해서 자유주의 패권 지지론자들은 미국이 전 세계적인 군사적 우위를 조금이라도 축소한다면 전 세계에 혼돈이 발생할 것이고 궁극적으로 미국인들도 위험해질 것이라고 주장한다. 미국이 우위를 유지하지 못하고 "깊게 관여"하지 않는다면 강대국 간의 대립과 경쟁이 유럽과 중동, 아시아에서 재등장할 것이고, 미국이 현재 보호하고 있는 나라들이 재무장하고 어쩌면 핵무기도 획득할 것이라고 한다. 그리하여 외교협회 회장인 리처드 하스Richard Haass는 "지난 75년 동안 미국의 보이는 손이 다른 그 어떤 요인보다도 상황을 안정적으로 만들고 유지해왔다."라고 주장한다. 그는 더 나아가 "미국이 세계무대에서 영원히 물러난다면 그 결과가 대단히 심각할 것이다."라고 험악하게 경고했다.[74] 미국의 군사력과 정보자산은 테러리즘과 대규모 마약상, 난민과 같은 위협과 여타 비전통적 안보 위협에 대처하기 위해 필수적이라고 한다.[75] 간단히 말하자면 자유주의 패권은 다양한 위험을 저지하기 때문에 미국인이 더 안전해진다는 것이다.

불행히도 이렇게 친숙한 논거는 자유주의 패권이 제공할 것이라고 생각되는 안보 이익을 과대 포장하고 있다. 전 세계에서 펼치고 있는 미국의 수많은 광범위한 개입 활동은 대부분 미국이 정복당하거나 억압받지 않기 위해서 하는 것이 아니다. 기껏해야 미국은 어느 날 불특정한 방식으로 미국의 안보를 침해할지도 모르는—다시 강조하지만, 할지도 모르는—미래 상황을 피하기 위해 머나먼 지역에 관여하고 있는 것이다. 흔히 말하는 이익은 불확실한 위험에 대비하는 것인데, 이런 위험은 미국이 어떻게 하던 간에 전혀 발생하지 않을 수도 있다.

두 번째로 지역 내 대립이 재등장하지 못하게 하기 위해 미국의 군사력이 전 세계에 투입되어야 한다는 논거도 분명하지 않고, 이런 개입이 약속했던 것만큼 효과적이지도 않다. 예를 들어 하스는 미국이 오랫동안 "안정을 창출하고 유지해왔다."라고 주장을 하지만, 막상 미국이 개입해서 정반대의 결과를 낳은 많은 지역(인도차이나반도, 중동, 중앙아메리카 등)을 간과하고 있다. 미국이 유럽에 깊숙하게 개입해서 냉전기에 안보 경쟁을 누그러뜨리는 데 도움을 주기는 했지만, 미국이 어떻게 행동하건 간에 가까운 미래에 유럽 내 경쟁 구도가 1945년 이전으로 되돌아갈 가능성은 낮다. 불안감을 조장하는 사람들은 러시아의 부활을 이제 두려워하고 있지만, EU는 인구가 러시아의 3배가 넘고 매년 러시아보다 4배 이상의 국방비를 지출하고 있다. 러시아는 부상하거나 패권국이 되기는커녕 사실 쇠퇴하고 있는 부패 국가다. 인구가 고령화되어 줄어들고 있고 경제는 에너지 수출에 의존하고 있으며 그 가치도 시간이 지날수록 쇠퇴할 가능성이 있다. 블라디미르 푸틴 러시아 대통령은 적잖은 미국의 실책 덕택에 불리한 상황에서도 나름 선전했지만, 러시아는 미국에 직접 도전하거나 유럽이나 아시아의 주요국들을 위협하기에는 너무나 허약하다.

세 번째로 비록 미국의 안전보장이 몇몇 국가들로 하여금 핵무장 시도를 포기하도록 만들었지만, 오로지 이런 안전보장 때문에 잠재적 핵보유국들이 핵무장을 포기하기로 결정한 것은 아니다. 영국과 프랑스, 이스라엘은 모두 미국과의 긴밀한 안보적 유대에도 불구하고 핵무기를 개발했고, 인도는 미국과의 유대가 강화되고 있음에도 불구하고 핵무기 보유량이 증가하고 있다. 따라서 미국의 우위와 미국의 핵우산은 몇몇 나라들이 핵무기를 추구하지 못하게 하는 데 필수적이지도 충분하지도 않다. 더욱이 북한과 이라크, 시리아, 리비아, 이란이 핵 억지력을 확보하려는 가장 큰 이유는 미국으로부터 위협받고 있다는 생각이다. 물론 이 중에 북한만 성공했지만 말이다. 따라서 핵확산을 좌절시킨다는 측면에서 본다면 자유주의 패권의 이득은 과장되어 있다.

자유주의 패권은 또한 테러리즘에 맞서는 최선의 대응책도 되지 못한다. 미국 정보기관과 미군이 적어도 20년간 대테러 활동의 최전선에서 활동해왔지만, 폭력적 극단주의자와 이들이 활개치는 장소는 1990년대 초 알카에다가 처음으로 등장했을 때보다도 훨씬 더 많아졌다. 이렇게 실망스러운 결과가 놀랍지도 않다. 미국의 광범위한 전 세계적 역할—특히 중동에서의 반복되는 간섭—에 대한 반발이 알카에다와 ISIS, 여타 폭력적 극단주의자들에게 지금까지 오랫동안 핵심 동기가 되었기 때문이다.

자유주의 패권 덕택에 미국이 더 안전해지지 않았다. 오히려 자유주의 패권이 없었을 때보다 미국은 덜 안전해졌다. 비록 군사적 우위와 세계적 행동주의에서 나오는 안보적 이득이 있다 해도 흔히 주장되는 것만큼 크지 않다.

번영

자유주의 패권 옹호론자들은 군사적 우위와 "깊은 관여" 덕에 제공된다는 소위 경제적 혜택도 과장하고 있다. 이론적으로 군사적 우위는 1) 미국을 더 매력적인 해외투자 대상으로 만들고 준비통화로서 달러화의 역할을 더 공고하게 해줌으로써, 2) 미국의 보호에 의지하고 있는 나라들로부터 미국이 일종의 지대(地代)와 여타 지불금을 걷을 수 있게 해줌으로써, 3) 미국(과 다른 나라들)이 이득을 얻는 세계화된 세계경제를 지탱해줌으로써 미국의 부를 강화할 수 있다. 그러나 대니얼 드레즈너Daniel Drezner가 설득력 있게 논증했듯이 각 사례에서 "압도적인 군사 우위에서만 나오는 경제적 혜택은 적어도 정책 및 학문적 범주에서는 과장된 것으로 보인다."[76] 두 가지 사례만 들자면, 냉전 종식 이후 미국의 우위에도 불구하고, 미국은 핵심 동맹국들이 중국과의 경제관계를 급속도로 확대하는 것을 막지 못했으며, 다른 대규모 선진 경제권(예를 들면 EU)이 했던 것보다 더 좋은 조건으로 무역협정을 체결하지도 못했다.[77]

자유주의 패권 옹호론자들이 사실 첫 번째나 두 번째 논거를 원용하는 경우는 드물다.[78] 그 대신 미국의 우위와 미국의 세계적인 군사적 역할이 개방된 세계경제를 유지하는 중추라고 보고 있다. 이런 관점에서 보면 방대한 세계적 경제협력을 위해서는 지정학적 안정, 항행의 자유, 세계은행(the World Bank)이나 WTO와 같은 강력한 제도, 그리고 여타 공공재가 필요하다.[79] 미국은 1945년 이래 이런 것들을 가장 많이 제공해왔고, 단순히 자기 이익을 위해서라도 이런 역할을 계속 수행해야 한다. 이들은 미국의 군사적 역할이 줄어든다면 항행의 자유가 위태로워질 것이고, 에너지와 여타 핵심 자원에 대한 접근권이 축소될 수도 있으며, 보호주의가 재등장할 뿐만 아니라 세계화의 혜택이 사라져서 많은 미국인의 삶이 악화될 것이라고 제시하고 있다.

이런 주장은 모든 경제질서가 그 근간이 되는 정치적, 군사적 힘의 구조에 어느 정도 의존하고 있다는 점에서 일부 사실이기도 하다.[80] 더욱이 많은 자유주의 패권 옹호론자들이 지지하는 글로벌 체제는 경제 분야에서 협력을 촉진하는 데 분명히 도움이 된다. 그리고 트럼프 행정부가 할지도 모른다고 암시했듯이, 미국이 보호주의로 완전히 돌아서서 세계적인 무역전쟁을 촉발한다면 미국과 전 세계는 처참한 결과를 맞게 될 것이다.

그러나 전반적으로 자유주의 패권과 세계적인 군사적 우위에 따른 순수한 경제적 혜택은 이런 논리를 지지하는 사람들이 주장하는 것만큼 크지 않다. 미국인들은 세계적 무역과 투자에서 혜택을 누리고 있지만, 미국의 군사적 우위는 개방된 경제질서나 이를 가능하게 해주는 다자제도를 유지하기 위해 필요한 게 아니다.[81] 거의 모든 국가가 비록 정도의 차이는 있겠지만 오늘날 세계화된 경제에서 다양한 혜택을 누리고 있다는 점을 고려할 때, 미국의 세계적인 군사적 역할이 쇠퇴한다고 해서 왜 어떤 국가들이 이처럼 세계화된 경제로부터 후퇴할 것인지가 명확하지 않다. 예를 들어 만약 미국이 중동에서 군대를 대부분 철수하고 유럽에서 군사적 역할을 축소한다고 해서 왜 일본, 중국, EU, 혹은 G20의 여타 회원국들이 새로운 보호주의 장벽을 설치하거나, WTO를 해체하거나, 아니면 더 빈곤해지는 다른 조치를 취하려고 하겠는가?

더욱이 자유주의 패권을 정당화하려고 제시되는 무시무시한 시나리오가 실제로는 이런 공포감을 조성하는 사람들이 주장하는 것만큼 아주 나쁘지 않을 수도 있다. 페르시아만의 에너지 공급로 보호가 오랫동안 미국의 사활이 걸린 이익으로 간주되어왔다. 페르시아만의 석유 생산이 심각하게 줄어들면 에너지 가격이 상승하고, 세계적 경제 성장도 위축되며, 미국 소비자들도 직접 타격을 받기 때문이다. 이런 이유 때문에 미국은 페르시아만산 석유와 가스가 세계시장에 계속 공급되도록 해왔고, 바로 이 목적 때문에 많은 비용을 들여서 이 지역에 군을 계속 주둔시켰던 것이다.

다행히도 석유와 가스가 차단될 위험은 낮다. 유가는 지난 40년간 크게 요동쳐왔고 유가 폭동이 때때로 경제 문제를 유발했지만, 세계 경제가 붕괴할 뻔한 적은 없었다. 1973년에 있었던 아랍의 석유 보이콧이 미국을 비롯한 많은 국가에서 심각하게 부정적인 결과를 초래했지만 1979년의 이란 혁명이나 오래 지속되었던 이란-이라크전도 세계 경제나 미국 경제에 장기간 지속되는 영향을 미치지는 못했다. 2003년의 이라크 전쟁이나 "아랍의 봄"에서 기인한 다양한 분쟁을 포함해 보다 최근에 있었던 사건들은 훨씬 더 충격이 적었다.[82] 만약 석유가 많이 매장된 페르시아만 지역에서 심각한 충돌이 발생하더라도 세계 번영에 큰 영향을 주지 못한다면 그 지역에 대한 군사적 보호의 혜택이 크지 않은 것이다.[83]

그렇다고 해서 미국의 안보 공약과 미국의 번영이 아무런 관련이 없다는 말은 아니다. 미국이 모든 해외 활동을 중단하고 관여하지 않겠다고 결정한다면 유럽이나 중동, 아시아에서 궁극적으로 중대한 분쟁이 일어날 것이다. 그리고 세계 무역이 급작스럽게 줄어든다면 미국의 경제도 분명히 고통을 받을 것이다. 그러나 비록 다른 국가들 간에 분쟁이 조금 더 심해진다고 해도 미국은 여전히 그들 모두와 무역을 지속할 수 있을 것이다. 다시 말하지만, 자유주의 패권 지지론자들은 자유주의 패권이 미국의 번영에 기여하는 정도를 포함해서 그 혜택을 과장해왔다.

미국의 가치 증진

마지막으로 대부분의 외교안보 분야 기득권층 인사들은 미국의 리더십과 세계적 우위가 미국이 가장 소중히 여기는 정치적 가치를 보호하고 증진하는 데 도움이 된다고 믿고 있다. 우드로우 윌슨은 제1차 세계대전이 "민주주의를 위해 세계를 안전하게" 만들겠다고 약속했다. 프랭클린 루스벨트는 미국이 제2차 세계대전을 준비하면서 "네 가지 자유"를 원용했다. 해리 트루먼은 그리스와 터키에 대한 미국의 원조를 "자유로운 제도, 대의제 정부, 자유선거, 그리고 개인의 자유 보장으로 대변되는 삶의 방식"을 보호하기 위해 필요하다면서 정당화했다. 이와 같은 선언은 야심차고 어려운 국제적 도전을 지지하는 여론을 결집하는 데 도움이 된다. 또한 국내 상황이 미국이 공언했던 이상에 못 미치거나 혹은 민간인을 폭격하고 포로를 고문하고 국제법을 위반하게 되었을 때 비난을 비껴가는 데 도움이 될 수도 있다. 이와 같은 행동은 미국이 표방하는 가치와 분명히 상충하지만 폭정을 종식시키고 (궁극적으로) 보다 좋은 세계를 창출하는 투쟁 과정에서 나오는 필요악이라고 옹호될 수도 있다.[84]

앞 장에서 설명했듯이 소련이 붕괴하고 나서 필적할 만한 경쟁국이 없었기 때문에 이와 같은 복음주의적 충동이 새롭게 활기를 띠고 분출할 수 있게 되었다. 자유주의적 가치를 확산하겠다는 굳은 의지는 빌 클린턴의 "관여와 확대(engagement and enlargement)" 전략, 조지 W. 부시의 "자유 어젠다(Freedom Agenda)," 그리고 버락 오바마의 "아랍의 봄"에 대한 강력한 지지의 토대가 되었다. 또한 NATO의 확대 배후의 도덕적 원칙이고, 소위 자유주의 매파 인사들이 이라크전을 지지했던 주된 이유이다.

자유주의 패권이 미국이 옹호하는 도덕적 가치를 증진시킨다는 주장은 그리하여 최근 미국 외교정책에서 빼놓을 수 없는 요소이자 미국이 세계무대에서 하고 있는 행동을 반사적으로 정당화하는 도구가 되었다. 비록 이런 충동은 미국이 건국되었을 때부터 계속 존재했지만 미국의 힘이 성장할수록 더욱 두드러졌다.

그러나 우리가 보았듯이 미국의 가치를 전파하려는 노력에 따른 효과는 이런 노력을 지지하는 사람들이 주장하는 것에 턱없이 못 미칠 정도로 미미했다. 오히려 미국의 이상을 전파하려고 지나치게 열성적으로 노력함에 따라 부지불식간에 이런 이상이 국내외에서 전복되어 왔다. 냉전이 종식될 당시에 미국 정치제도가 우월하다는 자신감이 있었지만 2016년이 되자 바로 그 똑같은 제도에 대한 감정이 짙은 의구심으로 대체되었다.[85]

3단계: 비용 은폐하기

위협을 부풀리면 자유주의 패권이 필요한 것처럼 보이게 된다. 그 이익을 과장하면 바람직한 것처럼 보이게 된다. 자유주의 패권 옹호론자들의 마지막 근거는 이 전략이 싸다고 주장하는 것이다. 예를 들어 "깊이 관여해야 한다."라고 호소력 있게 옹호하려고 스티븐 브룩스Stephen Brooks와 존 아이켄베리John Ikenberry, 윌리엄 월포스William Wohlforth와 같은 인사들은 미국의 국방비 지출이 GNP에서 차지하는 비중이 1950년대나 1960년대보다 훨씬 낮다고 지적하며 국방비 지출을 좀 더 늘려도 경제성장에 별다른 지장이 없다고 주장한다. 자유주의 패권을 추구하더라도 별로 돈이 많이 들지 않는다는 것이다. 혹은 언론인인 스티브 콜Steve Coll(전 신미국재단 회장이자 현재는 컬럼비아 언론대학원 학장)이 언급했던 것처럼 "공동의 번영(혹은 세계적 패권)에 대한 투자로서 미국의 군사력 운영비용은 역사적으로 볼 때 아주 이윤이 많이 남는 거래일지도 모른다."[86]

만약 이런 주장이 사실이라면 정말 좋겠지만, 의심할 만한 타당한 이유가 충분히 있다. 물론 미국이 국가안보에 투입하는 비용이 GNP 상으로는 과거

보다 더 낮을 수도 있겠지만, 적절한 질문은 미국이 필요한 수준 이상으로 투입하고 있는지 여부가 되어야 한다. 국방비 지출을 조금 더 늘리더라도 대체로 경제성장에 영향을 안 끼칠 수도 있겠지만, 그럼에도 불구하고 군에 투입된 돈은 납세자의 손에 남아 있지 않으며 미래의 번영을 위한 장기적 투자를 비롯해서 여타 공공재에 투입될 수도 있었던 바로 그 돈이다.

더욱이 미국이 세계적 역할을 맡으면서 수반되는 경제적 충격이 자유주의 패권 옹호론자들의 주장보다 훨씬 더 부정적일지도 모른다. 한국전과 베트남전, 혹은 9/11 테러 공격처럼 비상 상황이라고 인식되는 순간 국가안보와 관련된 지출이 급증한다. 미국은 통상적으로 이런 지출을 세금 인상이 아니라—만약 이렇게 하면 전쟁 비용이 분명해지고 즉각적으로 느껴질 것이다—해외차입을 통해 자금을 조달한다. 새라 크렙스Sarah Kreps가 보여준 바와 같이 이런 식으로 비용을 충당하면 전비가 당장 드러나지 않게 숨길 수 있고 부담을 미래세대(결국 대출한 금액을 상환하게 된다)에 전가함으로써 지지 여론을 유지하는 데 도움이 된다.[87] 불행히도 빌려온 돈에 의존하다 보면 또한 국내에서 자산 버블을 유발하고 2008년 월스트리트 폭락과 같은 금융위기가 발생할 가능성이 생긴다.[88] 이런 식으로 자유주의 패권에 따라 미국이 세계적 역할을 맡도록 권한을 위임받은 반면 미국 납세자로부터 비용을 숨기고 싶어 함에 따라 금융 분야의 불안정성이 더 커진다.

자유주의 패권이 부담스럽지 않고 감당할 만한 수준이라고 미국인들을 설득하는 노력은 만약 비용이 실제로 적다면 더 수월할 것이다. 그렇기 때문에 빌 클린턴과 버락 오바마 둘 다 대규모 지상군의 위험지역 파병에 신중했던 것이다. 클린턴은 이라크 상공의 "비행금지 구역" 설정을 8년 동안 승인했고, 때로는 이 불쌍한 나라를 공습하라고 명령하기도 했지만, 군사력을 동원해서 사담 후세인을 타도하자는 요청은 거부했다. 클린턴은 또한 르완다 문제와 거리를 두었고, 1996년에는 보스니아에 평화유지군을 마지못해 파병했다. 1999년 코소보전에는 오로지 공중전으로만 개입하기로 선택했으며, 지상군을 파병해달라는 군의 요청에도 저항했다. 파리드 자카리아Fareed Zakaria는 세계적 리더십에 대한 클린턴의 조심스러운 접근법을 "공허한 패권(hollow hegemony)"이라고 적절한 별명을 붙였다. 비용이 많이 드는 해외 개입에 관한 미국의 욕구가 제한되어 있다는 클린턴의 인식을 반영한 것이다.[89]

버락 오바마 대통령도 비슷한 이유로 상당히 비슷하게 했다. 오바마 대통령은 비록 임기 초에는 지상군 병력의 아프가니스탄 추가 파병에 동의했지만, 철군 시한을 설정했고 이를 고수하려고 노력했다. 이라크로부터는 대부분의 미 지상군 병력을 철수시켰고, 소규모 특수부대와 정보 인력을 예멘, 리비아, 소말리아, 시리아, 나이지리아 같은 분쟁 지역에 파병했다. 또한 시리아에 대해서는 공개적인 무기나 자문인력 제공도 경계했다. 만약 그렇게 한다면 분쟁에 기름을 끼얹을 뿐만 아니라 미국이 더 많이 개입으로 끌려 들어갈 수밖에 없는 미끄러운 비탈길에 서게 될 것이라고 우려했기 때문이다. 오바마는 이 분쟁이 큰 비용을 들여서 대규모 병력 투입을 해야 할 정도로 이해관계가 크다고 보지 않았고, 미국인들도 이런 평가에 동의했다. 그래서 오바마 행정부는 드론 타격과 훈련 임무, 사이버 공격에 의존했고, 미국의 세계적 리더십에 수반되는 비용을 상대적으로 낮게 유지했다. 그럼에도 불구하고 이처럼 자제력을 발휘하자—특히 시리아에 개입하지 않기로 한 오바마의 결정 등—외교안보 분야 기득권층으로부터 강력한 비판에 직면했다. 이들의 "교본(playbook)"은 오바마가 이후 "군사화된 대응(militarized response)"이라고 불렀던 방식을 더 선호하기 때문이다.[90]

하지만 오바마의 신중한 접근법이 자유주의 패권을 부인한 것도 아니었고 덜 야심찬 대전략을 수용한 것도 아니었다. 오바마가 축소한 미국의 안보 공약은 하나도 없었다. 실제로 오바마가 대통령으로 있는 동안 미국의 안보 공약은 오히려 늘어났다. 전임자로부터 물려받았던 전쟁 중에 끝낸 게 하나도 없었고, 여러 차례에 걸쳐 정권 교체를 지지하라는 유혹을 물리치지 않았다. 드론 사용과 표적 살인, 특수전 부대를 줄이지도 않았다.(실제로 대통령으로 있는 동안 더 늘어났다.) 오바마는 단지 전략에 소요되는 비용을 낮추려고 했을 뿐 전략 자체는 전혀 의심하지 않았다.

9/11 테러 공격 이후 이라크 침공을 시작으로 중동을 개조하겠다는 조지 W. 부시의 결정은 단지 이런 패턴과 비교하면 부분적인 예외 사례였다. 도박이나 다름없는 엄청난 일이었지만 부시 행정부 당국자들은 이라크전이 신속하게 끝나고 비용도 적을 것이라고 확신했다. 부시 행정부의 최고위직 경제보좌관 중 한 명인 래리 린지Larry Lindsey가 이 전쟁이 약 2,000억 달러가 소요될 것 같다고 추산하자 도널드 럼스펠드Donald Rumsfeld 국방장관은 이런 추산을 "헛소리"라고 일축했고, 린지는 몇 달 후에 자리에서 물러났다. 마찬가지로 폴 월포위츠Paul Wolfowitz 국방부 부장관은 의회 위원회에서 이라크를 점령하기 위해 수십만 명의 병력이 필요할 것이라는 에릭 신세키Eric Shinseki 육군 참모총장의 추산이 "전혀 정확하지 않다."라고 말했고 이라크 석유 수입이 전후 점령 비용을 충당할 것이라고 언급했다. 물론 회의론자들에게 전쟁 비용이 거의 들지 않을 것이고 어쩌면 이익까지 날지도 모른다고 설득한다는 게 그의 목표였다.[91]

이라크와 아프가니스탄이 수렁이 되어버리자 부시 행정부는 개별 국가에 소요되는 실제 비용을 은폐하려고 최선을 다했다. 정상적인 국방부 예산으로 자금을 조달하는 대신 부시 행정부는 의회에 개별 작전을 위한 "추가" 예산을 승인해달라고 요청했다. 그러나 노벨상을 수상한 경제학자인 조지프 스티글리츠Joseph Stiglitz와 린다 빌름스Linda Bilmes가 작성한 자료에 드러났듯이 이와 같은 추가 예산이 약 8,000억 달러에 달했지만, 이 수치는 이 두 전쟁으로 미국 납세자들에게 최종적으로 청구된 4조 달러 내지 6조 달러의 일부에 불과했다.[92]

아울러 자유주의 패권 옹호론자들은 기회비용을 무시하는 경향이 있다. 반세기도 더 된 예전에 드와이트 D. 아이젠하워 대통령은 신문사 편집국장들에게 "생산되는 모든 총, 건조되는 모든 군함, 발사되는 모든 로켓이 결국 굶주리고 헐벗은 사람들로부터 훔쳐온 것이다."라고 말하면서 과도한 군사비 지출에 따른 희생에 국민들의 관심을 집중시키기 위해 노력했다.[93] 5성 장군이자 제2차 세계대전에서 승리한 지휘관이었던 아이젠하워에게 국가안보의 중요성에 대해 군이 설득할 필요가 없었다. 아이젠하워는 국민들이 지나치게 야심찬 외교정책에 수반되는 기회비용을 무시한다면 더욱 암울한 미래에 직면할 것임을 상기시키고자 했다.

아이젠하워의 신중함은 이제 아주 유별나 보이고 심지어 급진적으로까지 보인다. 앞 장에서 논의되었던 세 개의 태스크포스—국가안보에 관한 프린스턴 프로젝트, 단합되고 강력한 미국을 위한 프로젝트, CNAS의 〈미국의 힘 확대〉 보고서—와 리처드 하스Richard Haass의 저서 『외교정책은 국내에서 시작한다Foreign Policy Begins at Home』는 모두 다 재정 문제를 책임져야 한다는 사실은 확실히 인정하고 있다. 그러나 이들은 미국인들이 보다 윤택한 삶을 살기 위해서가 아니라 미국이 세계 문제에서 "필수불가결한" 존재로 남는 데 필요한 자원을 확보하기 위해 재정적으로 건전해야 한다고 주장한다. "미국이 해외에서 계속 성공적으로 활동하려면 미국은 반드시 국내적으로 힘의 토대를 회복해야 한다."라고 하스는 저서에 명시했다. 평범한 미국인들의 삶의 향상은 부차적일 뿐이며 외교정책 엘리트들은 전 세계에서 일어나는 사건들에 영향을 미칠 수 있는 미국의 역량을 보전하는 게 중요하다고 보고 있다.[94]

사상자 통제: 완전 모병제 군대

당초 베트남전이 끝나갈 무렵에 실시되었던 모병제는 거창한 대전략에 따른 비용을 두 가지 방식으로 숨긴다. 첫 번째로 모병제로 채용된 신병은 징집병보다 더 많은 임금을 지급해야 하지만, 전반적인 사회 비용을 줄일 수 있다. 생산성 있는 노동자들이 군대로 빠지지 않기 때문이다. 순수하게 경제적 관점에서 본다면 재능이 있는 소프트웨어 디자이너, 생물학자, 화학자, 혹은 엔지니어를 강제로 훈련시켜서 순수하게 군사적 목적을 위해 활동하라고 강요한다면 이들의 재능이 가장 효율적으로 발휘되지 않을 것이다.[95]

두 번째로 모병제로 고용된 군인들은 자발적인 지원병이기 때문에 위험한 장소에 파병되더라도 쉽게 불만을 드러내지 못하며, 미국이 해외에서 군사력을 사용하는 게 가치가 있는지 문제를 삼을 가능성이 낮다. 군인을 대상으로 한 최근 설문조사 결과도 이게 사실이라고 증명하고 있다. 대부분의 참전용사는 아주 애국심이 강하며, 자신의 군복무에 자부심을 느끼고 있고, 최근에 있었던 미국의 군사작전을 일반 대중들보다 더 강력하게 지지하고 있다.[96]

아울러 군대가 전원 지원병으로 구성되면 정치권 기득권층은 미국이 세계적 문제에 적극적으로 개입한 데 따른 직접적인 결과로부터 보호받는다. 전쟁이 잘못되더라도 미국 사회에서 직접적으로 영향을 받는 사람은 소수이고, 피의 대가를 치르는 남성과 여성들이 다른 국민에 비해 대체로 교육 수준이 낮거나 정치적 동원력이 아무래도 낮은 성향이 있기 때문에 정치인들이 심각한 정치적 반발을 두려워할 필요가 없다. 최근 학계 연구 결과에 따르면 징병제를 실시하면 대체로 대중들이 전쟁을 지지하는 성향이 낮아진다고 한다. 이는 징병제를 부활할 경우 정치인들이 미군을 위험 지역으로 파병하는 데 훨씬 더 신중해질 것이라는 점을 시사한다.[97] 순전히 추첨으로 운이 안 좋게 징집된 젊은이들이 이라크와 아프가니스탄, 또는 그 외 지역에서 전쟁을 한다면 대학생들이 어떤 반응을 보일지 생각해보라.(20세기에 미국의 징병제는 제1차 세계대전 당시, 그리고 제2차 세계대전부터 1973년까지 시행되었는데, 모든 장병을 징집한 게 아니라 추첨으로 선발했다—옮긴이)

아울러 자유주의 패권을 추구하면서 눈에 보이는 비용을 낮추려는 열망은 "병력 보호 페티시즘"이라고 비판가들로부터 조롱받을 정도로 미국 장병을 보호하려고 엄청나게 노력하는 이유를 설명한다.[98] 어느 정도까지는 이런 우려는 만약 미국인 사상자가 많아질 경우, 특히 사활적 이해관계가 안 걸린 상황에서 이렇게 될 경우 해외 군사작전에 대한 지지 여론이 급속도로 악화될 것이라는 생각에 기인한다. 이와 비슷한 우려는 왜 펜타곤이 1991년부터 2009년까지 미군 전사자들의 귀환 모습을 촬영 금지했는지 설명이 가능하다. 미국인들이 성조기가 덮인 관이 나온 사진을 덜 볼수록 미국의 개입에 따른 인적 손실을 간과하기가 쉬워지기 때문이다.[99]

미국인들은 오늘날의 정책이 시사하는 것만큼 사상자에 그다지 예민하지 않을 수도 있다.[100] 하지만 정치 지도자들과 군사 지도자들이 미국인들이 실제로 그렇다고 생각하는 것처럼 보인다는 사실이 중요하다. 미 육군 야전교범 100-5에 따르면 "미국인들은 결정적인 승리를 기대하며, 불필요한 사상자를 혐오한다. 미국인들은 분쟁이 신속하게 해결되기를 선호하며, 만약 이런 조건이 어떻게든 충족되지 않으면 자신들의 지지를 재고할 권리를 갖고 있다."[101]

전투에서 사람을 보호하는 게 아주 가상한 목표인 것은 맞지만, 만약 이 목표를 너무 심하게 추구하다 보면 역효과가 날 수도 있다. 방탄복, 의료 및 후송팀, 그리고 여타 보호장비가 다 돈이 많이 들기 마련이다. 만약 지휘관이 장병들을 위험에 빠뜨리기를 지나치게 꺼린다면 핵심 군사목표가 위태로워질 수도 있다.[102] 미군 장병을 보호하겠다는 욕망 때문에 또한 공군력에 과도하게 의존하게 되며, 민간인 피해가 커지고 "현지 민심을 얻으려는 시도"도 약화된다. 그 결과 역설적인 상황이 또다시 등장한다. 국내에서의 지지 여론을 유지하기 위해 펜타곤은 미국인 사상자를 낮은 수준으로 유지해야 하지만, 그렇게 하면 이런 전쟁에서 승리하기가 더 어려워지고, 지지 여론도 어차피 결국 사라질 것이다.

내가 이런 문제점을 지적했다고 해서 징병제를 부활하자거나 장병들을 보호하지 말라는 이야기는 결코 아니다. 오히려 이런 사실은 미국인 사망자 수가 너무 커지면 미국인들이 자유주의 패권을 거부할 것이라는 엘리트들의 인식을 드러내고 있다. 이런 제약은 미국인들이 유별나게 사상자에 민감해서가 아니라(비록 장병들의 목숨을 신경 쓰는 게 전혀 잘못된 것은 아니지만) 지난 20년 동안에 있었던 대부분의 전투가 꼭 필요한 게 아니었고, 그렇기 때문에 생명과 재산을 투입할 가치가 없었다는 사실을 대중들이 알고 있기 때문이다.

역풍

자유주의 패권 지지론자들은 미국의 정책이 때로는 다른 나라들로부터 더 많은 반발을 유발한다는 사실을 부인하면서 지정학적 비용을 은폐한다. 외국의 적개심은 미국의 정책과 무관하며 단지 미국의 가치에 대한 질시, 분노, 혹은 뿌리 깊은 거부감의 표현이라고 치부하는 게 한 가지 방법이 될 수 있다. 이런 반응은 특히 9/11 테러 공격 이후 만연했다. 다양한 외교안보 분야 전문가들이 방송에 출연하고 기명 칼럼을 통해 알카에다의 공격이 미국의 이스라엘 지지나 사우디아라비아와의 긴밀한 관계, 미군의 사우디아라비아 현지 주둔, 혹은 미국의 어떤 구체적 중동정책과 무관하다고 부인했다.[103] 심지어 저명 인사로 구성된 9/11 위원회의 보고서도 이 이슈를 조심스럽게 다루었고, 미국 정책이 9/11 테러에 동기를 제공했다는 논의는 사람들이 거의 읽지 않는 부록으로 돌렸다.[104]

하지만 반(反)미 테러리즘은 종종 미국인이 전 세계에서 했던 행동에서 비롯되었다는 압도적인 증거가 있다. 물론 이렇다고 해서 테러리즘이 정당화되는 것도 아니고 미국 정책이 마땅히 잘못되었다는 말은 아니지만, 테러리즘에 따른 위험 고조도 미국의 행동으로 인한 비용의 일부로 포함해야 한다는 의미이다. 더욱이 FBI 대테러과에서 실시한 연구에 따르면 "'자생적' 테러리즘 사건에 연루된 개인은 미국의 해외 군사작전에 대한 분노를 동기로 가장 많이 꼽았다."[105] 만약 이게 사실이라면 자유주의 패권의 비용은 우리가 종종 생각하는 것보다 더 크다.

두 번째로 미국인들은 미국 정부가 무엇을 하고 있는지 인지하지 못할 때 미국 외교정책의 비용을 과소평가하게 된다. 만약 미국인들이 가령 미국의 드론 공격이나 특수부대 작전의 전모를 모른다면 이런 공격에 따른 희생자 중 일부가 왜 분노하고 그토록 보복하고 싶은지 이해 못할 것이다. 고(故) 차머스 존슨Chalmers Johnson은 이런 현상을 "역풍(blowback)"이라고 일컬었고, "미국인들로부터 비밀이라고 감췄던 정책이 의도하지 않게 초래한 결과"라고 규정했다.[106] 일부 국민들은 드론 공격이나 물고문 등 정부가 해왔던 미심쩍은 일들을 인지하고 있지만, 한때 어느 장소에서 취해진 행동과 수년 후 혹은 다른 장소에서 일어난 부정적인 반응 간의 관계는 간파하지 못한다. 이런 식으로 자유주의 패권의 전체적인 비용이 더욱 모호해진다.

소위 이슬람 국가(ISIS)의 출현은 이런 역학관계를 완벽하게 보여준다. ISIS는 이라크와 레반트 지역(이스라엘, 팔레스타인, 요르단, 시리아, 레바논 등 지중해에 접한 중동지역—옮긴이)의 알카에다로부터 등장했고, 미국의 2003년 이라크 점령에 대응해서 결성되었다. 지도자인 아부 바크르 알-바그다디Abu Bakr al-Baghdadi는 한때 성직자였고 미 점령군에 의해 투옥된 경험이 있었으며 이런 경험으로 더욱 급진적으로 되었다.[107] 버락 오바마가 2014년에 ISIS를 "약화시키고 분쇄"하려고 미군을 이라크에 재투입하기로 한 결정은 어떻게 보면 미국이 자초한 문제를 해결하려는 시도였던 셈이다.

대부분의 사회는 자신의 행동 때문에 다른 단체의 적대감이 생겨났다는 사실을 인식하기가 어렵다. 미국은 이런 점에서 최악의 범죄자라고 보기는 어려우며, 실제로 과거에 저질렀던 잘못을 존경스러울 정도로 기꺼이 직시하려고 한다. 그러나 미국의 힘과 야심, 전 세계로 힘을 투사할 수 있는 능력을 고려한다면, 미국의 정책이 초래한 해외 세력의 반발을 은폐하는 것은 미국인들로 하여금 자유주의 패권의 총비용을 과소평가하게 만든다.

상대국 사망자 무시

자유주의 패권 옹호론자들은 미국의 포괄적이고 세계적 역할이 다른 국가들에도 이득이 될 것이라고 주장한다. 미국의 보호를 누리고 있는 많은 국가들로서는 이런 주장이 틀림없이 맞는 말이다. 미국의 보호 덕택에 이런 국가들이 더 안전해지고 더 많은 자원을 다른 목적을 위해 사용할 수 있기 때문이다. 하지만 많은 다른 경우에는 이런 주장이 분명히 사실이 아님에도 불구하고 미국인들이 이런 사실을 깨닫지 못한다. 대부분의 사람처럼 미국인들은 자국민 피해보다 다른 나라 국민의 사망에는 관심을 덜 갖기 마련이다. 그럼에도 불구하고 다른 나라에 초래한 피해를 더 많이 인식할수록 틀림없이 더 많은 사람들이 미국의 행동을 문제 삼을 것이다.[108] 예를 들면 2016년에 사우디아라비아의 예멘 공습에 따른 민간인 사상자에 대해 신뢰할 만한 보고서가 발표되자 언론과 의회에서 상당히 많은 비난이 들끓었다. 결국 미국은 사우디아라비아에 대한 무기 판매를 일부 제한했고 사우디아라비아군에 제공하는 훈련 절차를 개정했다.[109](미국은 바이든 행정부 출범 후 첨단무기 수출 재검토를 지시했다—옮긴이)

따라서 미국의 군사작전에 대한 반발을 제한하기 위해서 미국 정부는 민간인이건 군인이건 미국 외교정책에 따른 희생자와 관련된 정보를 가능한 한 최소한으로 제공한다. 아프가니스탄 침공 초기에 토미 프랭크스Tommy Franks 사령관은 "우리는 전사자 수를 세지 않는다."라고 말했고, 도널드 럼스펠드 당시 국방장관도 그대로 따라했다.[110] 그럼에도 불구하고 부시 행정부 당국자들은 미국 침공 이후의 이라크인과 아프가니스탄인 사상자에 대한 독립적인 추산치가 너무 높다고 여러 번 주장했다. 부시 대통령도 기자들에게 미국의 침공 이후 수십만 명의 이라크인 사망 추산에 대해 "그냥 못 믿겠다."라고 말했다.[111] 하지만 위키리크스가 공개한 비밀 보고서에 따르면 미국 정부가 추산한 이라크 사상자 수가 이라크 바디 카운트(Iraq Body Count)라는 단체와 여타 독립 단체가 추산한 수치와 비슷하다고 적시되어 있었다.[112] 영국 의학 학술지인 〈더 란셋The Lancet〉에 발표된 과도한 사망자 수 조사를 포함해 여타 추산된 수치는 훨씬 더 높았다.[113]

아울러 미국 정부는 무장 드론 타격과 표적 암살의 전모를 은폐하려고 엄청나게 노력했고, 그리하여 민간인 사망자 수를 파악하기가 어려워졌다. 독립적인 연구 기관은 미국의 드론 타격과 표적 암살로 2002년부터 2014년 사이에 약 3,700명(과 민간인 약 500명)이 죽었다고 추산했으나, 미국 정부는 2016년까지 자신들이 집계한 수치를 제공하지 않았고, 나중에 발표된 수치도 이보다 낮아서 논란이 많았다.

똑같은 패턴이 2017년에도 계속 이어졌다. 미 중부사령부 대변인에 따르면 ISIS에 대한 미국의 공습은 "군사 역사상 가장 정교한 공습"이었다. 펜타곤은 연합군의 공습으로 466명의 이라크 민간인이 사망했다고 보고했고 1,500번의 미군 공습 중에 딱 한 번 민간인 사망자가 나왔다고 말했다. 하지만 〈뉴욕타임스〉의 상세하고 치밀한 조사—현지에서 실시했던 수백 번의 현지 인터뷰에 근거했다—에 따르면 대략 미군의 공습이 다섯 번 있을 때마다 적어도 한 번은 민간인 사망자가 적어도 한 명 이상 나왔고, 이 비율은 펜타곤 추정치보다 31배 높았다.[114]

종합해볼 때 미국은 자신이 부담해야 하는 비용을 낮추고 싶어 하면서도 상대방이 부담해야 하는 비용을 기꺼이 무시하기 때문에 지금 치르고 있는 전쟁을 지속하기가 수월해지고 미래에도 전쟁을 하게 될 가능성이 더 커진다. 인터내셔널 크라이시스 그룹의 로버트 맬리Robert Malley와 스티븐 폼퍼Stephen Pomper는 앞에서 인용한 〈뉴욕타임스〉의 보도에 대해 이렇게 언급했다. "세 가지 점에서 기만적이다. 공습의 정밀성을 높이겠다는 약속과 더 적은 미국인 사상자에 대한 확실성 때문에 더 많은 전쟁터에서 대규모 지상군 병력을 동원하지 않은 채 더 자주 전투하게 된다. 이 때문에 공격하기 전에 누구를 표적으로 삼아야 할지 정보를 파악하고 공격한 뒤에 어떤 일이 발생했는지 평가하는 능력도 줄어든다. 전쟁으로 인한 인적 비용을 상대방에 많이 전가함에 따라 전쟁을 개시해서 지속하면서도 잊고 지내기도 훨씬 더 수월해졌다."[115]

다음 장(章)에서 상세히 논의하겠지만 마찬가지로 미국 정부는 미군이 저지른 과도한 행위나 잔혹 행위를 시인하기를 기피하는 편이다. 부시 행정부는 고문행위, 용의자 특별인도(extraordinary rendition), 공세적 감시 활동 등 테러와의 전쟁에서 가장 논란이 되었던 부분을 비밀로 해둠으로써 그에 대한 반발을 최소화하려고 했다. 예를 들어 미 해병대가 2005년에 하디타(Haditha)에서 24명의 이라크 민간인을 학살했을 때 펜타곤은 우선 이 사망사건을 반군의 폭탄 공격 탓으로 돌렸고, 현장에 있었던 기자가 공식 발표를 반박하는 결정적인 증거를 제시하고 나서야 미국의 책임을 시인했다.[116] 그리고 미 공군이 2015년에 국제원조단체인 국경없는의사회가 운영하는 병원을 폭격했을 때, 미국 당국자들은 처음에는 이 병원이 "부수적 피해(collateral damage)"를 입었다고 주장했고, 나중에 가서야 미군이 교전수칙을 적절히 준수하지 않았고 실수로 이 시설물을 겨냥했다고 시인했다.[117] 국방부의 내부조사 결과 이 공격은 "고의가 아니었던 것"으로 결론을 내렸다. 군인 16명이 징계를 받았지만 아무도 형사 기소되지 않았다.[118]

언론의 자유가 있고 표현의 자유를 보장하는 규범이 있는 민주주의 국가에서 많은 비용이 들면서도 성공하지 못하는 외교정책을 계속 추구하다 보면 국민들이 결국 이런 문제를 인식할 수밖에 없다. 위에서 언급했던 예시와 일화가 보여주듯이, 진실은 결국 드러나기 마련이며 어느 정도 공개적인 심판이 시작될 수 있다. 그러나 자유주의 패권 옹호론자들이 무엇이 일어나고 있는지를 더 오래 은폐하고 폭로되는 순간을 늦출수록 여느 때와 다름없이 행동하기가 더 수월해질 것이다. 증거가 드러나고 실패가 명백해질 때가 되면 미국은 이미 다른 새로운 문제로 옮겨가 있는 상태일 것이며, 똑같이 실패한 공식을 되풀이할 것이다.

결론

자유주의 패권을 납득시키기 위한 논거들은 촘촘한 그물망을 이루고 있다. 만약 미국인들은 자신들이 직면하고 있는 다양한 적들이 포용할 수도 억제할 수도 없는 존재라고 설득된다면 이런 적을 제거하겠다는 적극적인 노력을 지지할 것이고, 만약 군사력을 사용하면 상황이 더 악화될 수 있어도 개의치 않을 것이다. 만약 미국의 깊은 관여가 미국의 번영을 강화하고 미국의 핵심가치를 증진시킬 것이라고 믿는다면 미국인들은 미국의 세계적 역할을 더 확대하자는 데 동의할 것이다. 만약 미국이 부담하고 있는 비용이 적어 보이고 다른 나라들이 부담해야 하는 비용을 잘 모른다면 미국인들이 미국 정부가 하고 있는 일에 의문을 제기할 가능성이 더 낮아질 것이다.

자유주의 패권을 미국인들에게 납득시키기 위한 논거들은 상호보완적일 수 있다. 그렇다고 해서 자유주의 패권을 납득시키려는 시도가 애스펜(Aspen), 다보스(Davos), 빌더버그(Bilderberg)에서, 혹은 삼각위원회(the Trilateral Commission)의 후원 하에 비밀리 회동하는 음흉한 엘리트들이 꾸미는 교묘한 음모는 아니다. 오히려 미국 외교정책 커뮤니티는 모든 것을 다 드러내면서 활동한다. 책과 기사, 블로그, 태스크포스 보고서 등을 작성하고, 인터넷에 언론 매체 행사를 게재하며, TV와 라디오에 출현하고, 의회에서 증언하며, 정부 당국에 자문을 제공하고, 정부에서 직접 근무하는 방식으로 일을 처리한다. 미국 외교정책을 운영하는 비밀결사체는 없다. 등잔 밑이 어두운 것처럼 너무 뻔해서 눈에 띄지 않을 뿐이다.

하지만 적극적인 외교정책을 지지하는 개인이나 단체는 대부분 이런 정책으로부터 크건 작건 덕을 보기 마련이다. 미국 외교정책을 집행하는 주요 정부 부처로서는 야심찬 세계적 구상이 분명히 득이 된다. 이런 정책을 추진하다보면 연방 정부 예산에서 상당히 큰 몫을 요구하는 게 타당해지기 때문이다. 군수업체, 공무원, 특정 국가 로비단체, 인권활동가, 그리고 여타 특수 이익집단들이 자유주의 패권을 지지하는 이유는 너무나 명백하다. 특히, 만약 자신들이 원하는 특정한 정책을 대중들이 지지하도록 설득할 수 있다면 더욱 그럴 것이다. 미국 외교정책이 더 많은 것을 성취하려 할수록 외교정책에 관한 더 많은 전문지식이 필요할 것이고, 야심 있는 외교정책 고위관리들에게 출세할 수 있는 더 많은 기회가 주어질 것이다. 오늘날 대부분의 외교정책 커뮤니티 구성원은 개인적인 신념이 어떻든 간에 자유주의 패권의 핵심 전제에 이의를 제기하는 게 경력 관리 측면에서 현명하지 않다는 사실을 알고 있다.

따라서 외교정책 기득권층이 이런 전략에 왜 집착하는지, 그리고 왜 대부분의 기득권층 사람들이 도널드 트럼프에게 적대적이었고 여전히 적대적인지 쉽게 이해할 수 있다. 자유주의 패권은 외교정책 커뮤니티의 권력과 지위를 향상시킬 뿐만 아니라 미국의 세계적 리더십이 필요하고, 실현 가능하며, 도덕적으로도 바람직한 것처럼 보이게 만든다. 그러나 최근 몇 년 동안 자유주의 패권이 초래했던 엄청난 비용과 미심쩍은 혜택을 고려할 때, 어떻게 이렇게 오래 지속될 수 있었는지 설명이 가능할까? 왜 이 나라는 뭔가 더 나은 대안을 요구하지 않고 실패하는 상황을 그토록 오랫동안 용인했을까? 이제 이 질문을 상세히 검토해볼 때가 되었다.

05

외교안보 기득권층은 왜 책임지지 않는가

Is Anyone Accountable?

외교안보 분야 전문가들이 2016년 대선 기간에 트럼프를 초당적으로 비난하자 트럼프는 즉각 반격에 나섰다. 트럼프는 이들을 "권력을 계속 움켜쥐려는 실패한 워싱턴 엘리트에 불과한 존재"라고 불렀고, "이제 이들이 저지른 행동을 책임질 때가 왔다."라고 말했다.[1] 이들이 트럼프에 대해 보인 우려가 타당했을 수도 있지만, 현실과 동떨어진 외교정책 커뮤니티의 고위 인사들이며 자유주의 패권을 추구했음에도 성공한 경우가 상당히 드물었고 오히려 큰 대가를 치러야 했던 실패 사례가 많았다는 트럼프의 언급도 마찬가지로 타당했다.

만약 세상이 완벽하다면 외교정책을 수립하거나 실행하는 기관들이 과거의 경험으로부터 교훈을 배우고 시간이 지나면서 점차 개선될 것이다. 성과가 안 좋은 정책은 폐기되거나 수정될 것이고, 성공적이라고 확인된 접근법은 계속 이어질 것이다. 미국이 더 강력해지거나 더 안전해지거나 아니면 더 번영하는 데 도움이 될 만한 아이디어를 제시한 사람들은 인정과 보상을 받을 것이며, 계속해서 역효과를 초래한 관리들은 더 이상 실패할 기회를 얻지 못할 것이다. 건실한 의견을 개진한 보좌관들은 출세할 것이며, 뭔가 부족하거나 혹은 더 안 좋을 경우 참담한 권고사항을 제시한 사람들은 배제되거나 무시될 것이다.

이런 관념이 이상적으로 보일 수도 있겠지만 전혀 황당한 것만은 아니다. 어떤 조직이라도 성공하고 싶다면 반드시 구성원들, 특히 지도자들이 결과에 책임을 져야 한다. 계속 사업을 유지하려고 한다면 어떤 기업도 분기별 목표를 한 번도 달성하지 못한 경영진을 유임시키지 않을 것이고, 어떤 야구팀도 5년 내내 성과가 계속 부진하더라도 똑같은 감독과 선수단을 그냥 놔두지 않을 것이다. 경쟁 세계에서 책임을 묻는다는 것은 그냥 상식이다.

하지만 미국 정치는 이런 식으로 돌아가지 않으며, 특히 외교안보정책 분야가 그렇다. 오히려 실패한 정책이 종종 끈질기게 생명을 유지하며, 신뢰를 잃은 아이디어가 자주 되살아난다. 한편 실수가 잦은 전문가들은 "실패했지만 승진해서(fail upward)" 시간이 지날수록 더 영향력이 커진다. 미국 지도자들은 때로는 똑같은 사람들에게 반복적으로 의지하며 심지어 이 사람들이 예전에도 주어진 임무를 계속 달성하지 못했으나 의지하는 경우도 있다. 반대 상황이 때로는 사실이 되기도 한다. 일을 제대로 처리한 사람들이 인정도 못 받고 보상도 못 받을 수도 있으며, 심지어 불편한 진실을 들추어냈다고 상당한 대가를 치를 수도 있다.

간단히 말해 외교정책 분야에서는 『위대한 개츠비』의 저자 스콧 피츠제럴드F. Scott Fitzgerald가 했던 말과 정반대의 상황이 벌어진다. "미국인의 인생에서 두 번째 기회는 없는" 게 아니라 외교안보 분야 종사자들은 끊임없는 기회를 제공받는 것처럼 보인다. 이렇게 우려스러운 경향은 아이디어와 정책 그리고 그것들을 고안하고 실행하는 사람 모두에게 적용된다.

나쁜 아이디어가 살아남는 이유

우리는 정부가 갈수록 현명해지고 있고 과거의 어리석은 실책이 되풀이되지 않을 것이라고 믿고 싶다. 그리고 보건, 환경보호, 혹은 교통안전과 같은 일부 분야에서는 많은 발전이 있었다. 그러나 외교정책에서 학습곡선은 일천하며, 나쁜 아이디어들은 놀라울 정도로 복원력이 강하다. 잘못된 관념은 아무리 많은 문제를 일으키거나 잘못되었다는 증거가 아무리 많이 제시되더라도 마치 잡초나 칡넝쿨처럼 뿌리 뽑기가 어렵다.

예를 들어 악명 높은 "도미노 이론"을 떠올려보자. 이 이론은 드와이트 D. 아이젠하워가 대통령이던 시절부터 떠돌아다녔다. 베트남전 당시에 미국 관리들과 영향력 있는 전문 평론가들은 미군이 철수한다면 미국의 신뢰성이 훼손될 것이고, 일련의 세력 재편을 통해 소련의 힘이 강해질 것이며, 최악의 경우에는 미국이 고립되고 포위될 것이라고 계속 반복해서 주장했다. 국가가 실제로 도미노 패처럼 행동한다는 가정적인 은유법을 사용함으로써 이 이론은 다른 나라들이 어떤 초강대국이든 승리할 가능성이 높은 쪽으로 모여들 것이라는 두려움에 기반했다.[2] 하지만 미국이 베트남에서 1975년에 철수한 이래 의미심장한 도미노 패는 하나도 넘어지지 않았고, 오히려 14년 후에 붕괴한 쪽은 소련이었다. 학자들이 이 개념을 연구한 결과, 도미노 이론의 핵심 논지를 뒷받침해줄 만한 증거는 거의 없었고, 위에서 언급한 두 가지 사건으로 이 아이디어는 치명상을 입었다.[3] 그러나 도미노 이론은 아프가니스탄, 시리아, 그리고 이란과의 핵합의를 둘러싼 논란에서 마치 불사조처럼 되살아났다. 미국인들은 아프가니스탄에서 철수하면 미국의 신뢰성이 의문시될 것이며, 미국의 적들이 대담해질 것이고 미국의 핵심 동맹국들이 낙담할 것이라는 말을 다시 한 번 듣게 되었다.[4] 마찬가지로 오바마 대통령이 시리아 문제 개입을 꺼리고 이란과 핵합의를 추구하기로 결정했기 때문에 블라디미르 푸틴 러시아 대통령이 우크라이나에서 더 공세적으로 행동하게 되었다는 주장이 나왔다.[5] 입증할 만한 증거가 부족한 데도 도미노가 넘어진다는 두려움을 잠재우기가 거의 불가능했다.

마찬가지로 베트남에서 프랑스와 미국이 겪었던 경험으로부터 가난하거나 깊게 분열되거나 혹은 이 두 가지 상황이 다 겹친 사회에서는 점령국이 효과적으로 "국가를 건설"할 수 없다는 교훈을 배웠을 수도 있고, 이런 교훈 덕택에 미국 대통령들이 개도국 세계에서의 정권 교체 시도를 멀리하게 되었을 수도 있다. 소련이 1980년대에 아프가니스탄에서 겪었던 패배와 1993년 이후 미국이 소말리아에서 직면했던 혼란으로부터 이런 교훈을 분명하게 얻었어야 했다. 하지만 미국은 이라크, 아프가니스탄, 리비아, 예멘 그리고 여타 지역에서 정권 교체를 시도하느라 15년 이상을 허비했지만 결국 실패했고, 엄청난 비용에도 불구하고 성과가 거의 없었다. 버락 오바마가 취임했던 2009년에는 이런 노력이 허무하다는 게 더할 나위 없이 명백해졌지만, 심지어 오바마조차도 아프가니스탄전을 확전하기로 결정했고, 리비아에서 무아마르 카다피를 무너뜨리겠다는 무분별한 군사 작전을 묵인했으며, 아랍과 이슬람 세계에 개입하면 반미 극단주의만 더 부추길 것이라는 무수한 증거에도 불구하고 이런 활동을 지속했다.

왜 실수로부터 배우는 게 그리 어려운가? 그리고 드물게 국가들이 실수로부터 뭔가 배우더라도 왜 이런 핵심적인 교훈을 쉽게 잊어버리는가?

지식의 한계

외교정책은 복잡하며, 관찰자들은 예외 없이 실패한 외교정책을 놓고 경합하는 설명을 제시하면서 전혀 다른 교훈을 도출한다. 미국이 베트남에서 패배한 이유가 잘못된 군사전략을 구사했기 때문인가? 남베트남이라는 피후견국이 돌이킬 수 없을 정도로 부패하고 무능했기 때문인가? 혹은 언론 때문에 국내에서 지지 여론이 약화되었기 때문인가? 이라크에서 폭력이 2007년 이후 줄어든 게 "증원 작전이 유효했기" 때문인가? 알카에다가 지나치게 행동했기 때문인가? 아니면 그 전에 있었던 인종청소가 수니파와 시아파를 떼어놓아서 서로를 노리기가 더 힘들어졌기 때문인가? 정책에 따른 함의는 과거를 어떻게 해석하고 설명하는지에 달려 있기 때문에 정책 구상을 둘러싼 적절한 "교훈"에 대해서 일치된 의견을 끌어내기가 일반적으로 어렵다.

"이번엔 다르다"

정책 입안자들이 새로운 지식이나 새로운 기술, 혹은 기막힌 새로운 전략 덕택에 비록 전임자들이 실패했지만 자신들은 성공할 수 있을 것이라고 믿는다면 과거의 경험으로부터 얻은 교훈이 폐기될 수도 있다. 켄 로고프Ken Rogof와 카민 레이너트Carmine Reinhart는 수상 경력이 있는 책인 『이번엔 다르다: 8세기에 걸친 금융 분야에서의 어리석은 행동This Time is Different: Eight Centuries of Financial Folly』에서 경제학자와 금융 전문가가 반복해서 금융공황을 막을 수 있는 새롭고 실패할 수 없는 방법을 마련했다고 결론을 내리지만, 금융공황이 또 발생하자 당황하는 모습을 보여주고 있다.[6]

이와 똑같이 베트남은 미국 지도자들에게 한 세대에 걸쳐서 게릴라 활동에 유의하라는 교훈을 주었지만, 이 교훈은 시간이 지나고 새로운 기술과 독트린이 군에 도입되면서 잊혀졌다. 베트남의 경험은 소위 파월 독트린(Powell Doctrine)에 영감을 주었다. 파월 독트린은 미국은 사활이 걸린 이익이 위태로울 때만 개입해야 하고, 압도적인 군사력에 의존해야 하며, 사전에 미리 출구전략을 파악하라고 주문하고 있다.[7] 하지만 2001년에 탈레반을 패퇴시키고 나서 최고위급 당국자들은 특수부대와 정밀유도탄, 첨단기술을 동원한 정보 체제로 인해 미국이 큰 비용을 부담하지 않고 적 정부를 신속하게 전복할 수 있고 장기간 점령도 피할 수 있을 것이라고 확신했다. 파월 독트린에 영향을 주었던 신중함이 배제되었고, 이라크와 아프가니스탄이라는 새로운 수렁에 빠져들었다.

이렇게 불행한 경험으로 말미암아 버락 오바마는 군사적 개입에 더욱 신중해졌고 대체로 지상군보다 공군과 드론에 의존하기로 결심했다. 하지만 이처럼 초창기의 큰 낭패로부터 얻었던 교훈조차 2014년이 되자 근육질 외교의 옹호자들이 진짜 문제는 침공하기로 한 당초의 결정이 아니라 완전히 승리하기도 전에 성급하게 철수하기로 한 결정이었다고 주장함에 따라 점차 퇴색하기 시작했다.[8] 마르코 루비오Marco Rubio 공화당 상원의원은 기자회견에서 "이라크에 쳐들어간 게 실수는 아니었다."라고 말했고, 린지 그레이엄Lindsey Graham 공화당 상원의원은 "나는 결국 이라크와 시리아가 엉망진창이 된 게 부시 대통령이 아니라 오바마 대통령 탓이라고 비난하게 될 것이다."라고 단언했다. 이런 발언은 초창기 실수에 대한 책임을 은폐할 뿐만 아니라 이런 군사작전을 더 많이 그리고 필요하다면 더 오래 끌 수 있도록 엘리트와 대중들의 지지를 끌어내겠다는 의도가 있었다.[9] 이처럼 역사를 다시 쓰려는 노력이 성공하면 예전에 배웠던 교훈이 잊힐 것이고 똑같은 실수가 반복될 것이다.

당신이 강력하다면 영리할 필요가 없다

미국처럼 부유한 국가는 세계적 문제를 분석하고 이런 문제에 어떻게 대처할지 파악하는 자금 사정이 넉넉한 대학교, 싱크탱크, 정보기관이 많이 있다. 바로 이 기관들은 이 나라가 과거의 경험에서 교훈을 얻고, 효과가 없는 정책을 수정하도록 도와야 한다. 그러나 미국이 이미 충분히 강력하고 안전하기 때문에 실수를 저질러도 치명적인 경우가 아주 드물며, 교훈을 얻어야 할 필요도 크지 않다.

미심쩍은 아이디어나 실패한 관행에 집착하는 경향은 관련된 정책 구상이 미국의 핵심가치나 정체성과 불가분하게 연계될 경우 특히 강력해진다. 미국 지도자들이 그동안 보여준 실망스러운 성과에도 불구하고 민주주의를 증진하겠다고 할 때 드러내는 고집스러운 태도를 떠올려보라. 역사를 보면 안전하면서도 안정된 민주주의를 수립한다는 것은 지난하고도 탈이 많이 나는 과정이며, 외세의 군사개입은 대체로 문제가 많다는 사실을 알 수 있다.[10] 제1장과 제2장에서 논의한 바와 같이 민주주의를 확산하거나, 보다 일반적으로 국가를 건설하겠다는 미국의 시도는 성공보다 실패한 경우가 훨씬 더 많았다. 그럼에도 불구하고 미국 지도자들은 자유와 민주주의라는 이상에 깊게 집착하기 때문에 다른 나라들이 미국이 지향하는 모습대로 재형성될 수 없다는 사실을 받아들이기가 힘들다.

따라서 아랍의 봄과 같은 대규모의 격변이 발생하면 미국 지도자들은 잽싸게 미국의 신조를 퍼뜨릴 수 있는 새로운 기회로 인식한다. "우리의 국가적 종교는 민주주의"라고 시리아 전문가인 조슈아 랜디스Joshua Landis는 2017년에 말했다. "의문이 들 때마다 우리는 우리의 민주주의라는 화두로 돌아간다. 이건 신념의 문제다."[11] 로버트 게이츠Robert Gates 전 국방장관이 2009년에 언급했듯이, 심지어 미국 지도자들은 "그들이 일종의 중앙아시아판 발할라(Valhalla. 북유럽 신화에 나오는 오딘의 궁전으로, 죽은 전사들은 이곳에 머물게 된다—옮긴이)"를 창조하는 게 불가능하다는 사실을 인식하더라도 이런 시도를 멈추는 게 거의 불가능하다.

누가 이득을 보는가? 나쁜 아이디어는 저절로 만들어지지 않는다

마지막으로 나쁜 아이디어는 강력한 이익집단이 그것들을 존속시킬 유인을 갖고 있을 때 끈질기게 지속된다. 공개 토론이 미심쩍은 관념을 솎아내고 사실과 논리가 정책 과정을 이끌 수 있게 한다고 여겨지지만, 특정 어젠다에 전념하는 이기적인 행위자들이 이러한 평가 과정을 방해할 수도 있다. 업튼 싱클레어Upton Sinclair가 예전에 빈정댔던 것처럼 "어떤 사람의 월급이 어떤 사실을 이해하지 못하는 데 달려 있는 상황에서 그 사실을 이해시키기는 힘든 법이다."

자기 이익을 챙기려는 사람과 단체가 정책 과정에 간섭하는 능력은 점점 더 문제가 되고 있는 것처럼 보인다. 이는 부분적으로 갈수록 더 많은 싱크탱크와 "연구" 단체가 특정한 이익집단과 연계되고 있기 때문이다. 이들의 존재 이유는 진리 추구나 새로운 지식의 축적이 아니라 오히려 후원자들이 선호하는 정책을 홍보하는 데 있다. 나중에 상세히 논의하겠지만 이런 기관들은 또한 공직자들이 중대한 정책적 실수에 대해 전적으로 책임지는 것을 어렵게 만들 수 있다.

예를 들면 이라크 전쟁은 끔찍한 재앙으로 끝났고, 이 전쟁을 구상했고 국민들을 설득했던 신보수주의자(네오콘)들은 그들이 가정했던 상황이 전부는 아닐지라도 대부분 문제가 많았다는 게 드러났기 때문에 불신받고 퇴출되었어야 했다. 그러나 대부분의 인사들이 일단 자리에서 물러난 뒤에도 넉넉하게 후원을 받는 워싱턴 내 한직으로 되돌아갔고, 공직에서 근무하던 때와 마찬가지로 군사적 자유주의 패권을 계속 홍보했다. 외교안보 분야 핵심 엘리트들이 실수를 저질러도 그로부터 자유롭고, 그 실수에 대해 아무도 책임을 지지 않는다면 과거의 실패로부터 교훈을 얻기가 거의 불가능해진다.

실제로 일부 사례에서 영향력이 강한 단체나 개인이 자신들과 일치하지 않는 견해를 침묵시키거나 억누르기도 한다. 예를 들면 2017년에 미국 홀로코스트 박물관은 오바마 행정부의 시리아 내전 대처에 대한 심도 있는 연구를 후원했다. 이 연구는 만약 미국이 더 개입했더라면 시리아에서의 폭력을 줄일 수 있었는지에 관한 의문을 제기했다. 193페이지에 달하는 결과 보고서는 정치적 의도가 없었고 상당히 면밀하게 분석된 내용이 제시되었을 뿐이었지만, 미국의 개입을 촉구했던 유력 인사들이 분노했고 박물관장을 설득해 이 보고서를 철회하게 했다.[12]

따라서 자유민주주의 하에서조차도 성공하지 못한 정책이 제대로 평가받고 이런 정책에 영향을 미친 아이디어가 영원히 불신 받으리라는 보장은 없다. 놀랍지 않게 이런 정책을 마련하고 옹호했던 사람들에게도 똑같은 원칙이 적용된다.

실패했지만 승진하기

만약 신상필벌이 확실한 정치적 제도가 있다면 미국 외교정책이 보다 효과적이었을 것이다. 이상적이라면 좋은 성과를 낸 사람들은 더 많은 권한과 영향력을 부여받을 것이고, 성과가 나쁜 사람들은 배제되어서 주변부로 밀려날 것이다. 그러나 이렇게 간단한 원칙이 외교정책을 비롯한 정치 분야에서는 일관성 있게 적용되지 않는다. 정부 관리에게 책임을 묻고 저성과자를 솎아내는 대신 책임 문제에 대해 상당히 무관심하다.

대마불사?

책임회피는 맨 윗선부터 시작한다. 정부 최고위직 인사들은 부정행위를 저질러도 대체로 처벌받지 않고 넘어간다. 예를 들면 9/11 테러 공격 이후 부시 행정부와 공화당이 장악한 의회는 이 사건을 조사하고 권고안을 제시하는 독자적이고 초당파적인 위원회를 설치하는 데 내키지 않았지만 마지못해 동의했다. 하지만 유력한 정치인들이 진지한 조사를 정말로 원했는지는 애초부터 불투명했다. 이 위원회의 초기 예산은 고작 300만 달러에 불과했고 (이후에 1,400만 달러로 늘어났다) 부시 행정부 관리들이 이 위원회의 조사 활동을 계속 방해했다.[13]

더욱이 이 위원회의 주요 임무 중 하나는 클린턴과 부시 행정부 당시 있었을지도 모르는 실수를 확인해보는 것이었으나, 공동위원장인 토머스 킨Thomas Kean과 리 해밀턴Lee Hamilton은 역사학자인 필립 젤리코Philip Zelikow를 사무총장으로 임명했다. 당시 국가안보보좌관이던 콘돌리자 라이스와 친분관계가 있고 부시 행정부 정권인수위에서 근무했음에도 불구하고 사무총장이 된 것이다.[14]

이 위원회는 9/11 음모의 전모를 놀라울 정도로 상세하게 설명하는 보고서를 결국 작성했지만, 정부 당국자에 대해서는 아무런 판단도 내리지 않았다. 9/11 테러는 진주만 공습 이후 미 본토에서 일어난 최악의 공격이었고 2,800명 이상이 사망했지만, 겉보기에 정부 당국자 중에 판단착오라는 죄를 저지른 사람조차도 없었다. 〈뉴스위크〉의 이번 토머스Evan Thomas가 이후에 언급한 바와 같이 "손가락질하거나 이름을 대고 싶지 않았기 때문에 9/11 보고서는 아무에게도 책임을 추궁하지 않았고," "결국 정부가 국민을 보호하지 못한 데 대해 구조적 문제를 비난하는 것으로 마무리되었다." 위원회의 보고서 작성에 도움을 주었고 위원회 활동을 지지했던 역사학자인 어네스트 메이Ernest May는 나중에 FBI나 CIA 같은 기관에만 책임소재가 전가되었다고 인정했다. 그리고 이 보고서가 "너무나 균형이 잡혔다."라고 설명했고, "개인들, 특히 두 명의 대통령과 보좌진들에 대해서는 너무나 너그럽게 넘어갔다."라고 인정했다.[15]

미군 장병들이 이라크 포로들을 아부 그라이브(Abu Ghraib) 교도소에서 학대하고 고문했다는 폭로가 있고 나서도 비슷한 물타기가 있었다. 관타나모(Guantanamo)부터 아부 그라이브에 이르는 구치시설에서 자행되었던 "강화된 신문기법(enhanced interrogation techniques)"과 아부 그라이브의 방만한 상황에 대해 최고위직 민간인 당국자들에게 직접 책임이 있었다. 그러나 "이라크 현장에서의 무법성이나 잔혹함은 분명히 부시 행정부 최고위선의 정책에 기인한다."[16]라고 적시한 미 육군 감찰관실의 앤토니오 태구바Antonio Taguba 소장의 보고서와 럼스펠드 국방장관이 임명하고 제임스 슐레진저James Schlesinger 전 국방장관이 이끄는 전직 관계자들로 구성된 조사단의 보고서 등 많은 내부 보고서는 이런 책임을 전적으로 현장 지휘관이나 사병들 책임으로 돌렸다.[17]

특히 육군 감찰관실 보고서는 가혹행위를 "일부 개인이 취한 허가받지 않은 행동" 탓으로 돌렸고, 〈뉴욕타임스〉는 사설에서 "300페이지에 달하는 물타기"라고 결론을 내렸다.[18] 슐레진저 보고서는 "최고위급에서의 제도적, 개인적 책임"을 간략히 언급했지만, 모든 최고위직 민간인들에게 면죄부를 줬다. 실제로 이 조사원단 중 한 명인 퇴역 공군 장성인 찰스 호너Charles Horner는 "만약 언론이 아무개가 책임이 있으니 사퇴시키라고 한다면 이 부서가 장래에 올바로 일을 수행할 방안을 찾는 것을 방해하는 효과만 낳는다."라고 말하면서 가혹행위를 비난하지 말아야 한다고 노골적으로 경고했다.[19] 그리고 보고서를 발표하는 기자회견에서 오랫동안 워싱턴 내 인사이더(insider)였던 슐레진저는 도널드 럼스펠드 국방장관의 사퇴는 미국의 모든 적에게 이익이 될 것이라고 공개적으로 말했다.[20] 결국 소수의 사병만 경범죄로 기소되었고, 육군 장군 한 명은 견책을 받고 퇴역했으며, 이런 활동을 감시하는 민간인 관리 중에는 처벌받은 사람은 아무도 없었다. 휴먼라이츠워치(Human Rights Watch)의 분석가가 이후 결론을 내린 바와 같이, 이 보고서는 "아부 그라이브와 다른 곳에서 자행된 범죄에서 군 고위 관계자들과 민간인 관리들이 어떤 역할이 했는지 수사를 받아야 한다는 논리적인 결론을 외면했다."[21] 오히려 경력에 흠집이 난 공무원들은 이 사실을 세상에 공개하려고 했던 사람들이었다. 특히 태구바 소장은 보고서를 유출한 혐의로 억울하게 비난을 받았고, 많은 육군 동료들로부터 외면당했다. 결국 자신이 의도했던 것보다 더 빨리 전역하라는 지시를 받았다.[22]

고문과 전쟁범죄 자행 혐의가 있는 부시 행정부 관계자를 조사하지도 기소하지도 않기로 한 오바마 행정부의 결정도 이런 패턴에 잘 들어맞는다. 부시 대통령과 체니 부통령이 고문을 승인했다는 증거가 엄청 많음에도 불구하고 법무부는 이들이나 다른 최고위급 정부 관계자들이 미국법이나 국제법 위반 여부를 조사하는 특별검사 임명을 거부했다.[23]

오바마 대통령은 이런 결정을 "우리가 뒤를 돌아보기보다 앞을 내다봐야 한다."라고 말하면서 정당화했다. 만약 수사했다면 정치적 비용이 이득을 초과했을지도 모른다.[24] 그럼에도 불구하고 오바마가 고문을 자행한 자에 대한 심판의 날을 연기하기로 결정함에 따라 앞으로도 비슷한 사건이 재발될 가능성이 높아졌고, 인권과 법의 지배를 수호하겠다는 미국의 공언에도 의구심이 커졌다.[25]

지금 와서 미국 관리들이 미국법과 국제법을 심각하게 위반하고도 책임을 지지 않았다고 지적하는 것은 정확히 말해 폭로가 아니다. 더 중요한 점은 그와 같은 일이 발생했다는 사실 자체가 더 큰 패턴의 일부라는 것이다.

신보수주의의 위기 극복 능력

미국 외교정책과 관련해서 "두 번째 기회"와 "실패해도 승진하기(failing

upward)" 분야에서 신보수주의자(네오콘)들이 가장 뛰어난 기록을 보유하고 있다. 강경파 평론가, 언론인, 싱크탱크 분석가, 정부 관계자들의 막강한 네트워크는 1990년대 중반부터 미국의 힘이 세계 문제에서 긍정적 요소가 된다는 포괄적인 비전을 개발해서 제시하고 이를 퍼뜨리기 시작했다. 이들은 이라크 침공과 사담 후세인 축출이라는 아이디어를 구상했고 홍보했으며, 이런 대담한 행동을 통해 미국이 중동의 많은 지역을 친미 성향의 민주주의의 바다로 바꿔놓을 수 있을 것이라고 주장했다.

국가를 처참한 실패로 끌고 갔던 뛰어난 전략들은 어떻게 되었는가? 이들이 제시했던 장밋빛 비전 중에 제대로 실현된 게 하나도 없었다. 만약 이런 전략을 주장한 사람들이 책임을 진다는 게 외교정책 커뮤니티 내부의 지침이었더라면 이들은 찰스 린드버그Charles Lindbergh가 1930년대에 아돌프 히틀러에 대해 순진하고 동정적인 발언을 한 직후 처한 상황과 비슷할 정도로 영향력이 위축되었을 것이다. 이런 일은 네오콘에게 일어나지 않았다. 〈위클리스탠더드〉의 편집장으로서 이라크전을 일관되게 옹호했던 윌리엄 크리스톨William Kristol의 운명을 생각해보라. 기막힐 정도로 부정확한 예측과 의심스런 정치적 조언을 늘어놓았음에도 불구하고 크리스톨은 여전히 〈위클리스탠더드〉의 편집장이며, 〈워싱턴포스트〉와 〈뉴욕타임스〉 칼럼니스트로 활동하고 있고, 폭스 뉴스와 ABC의 '디스위크This Week'에 고정 출연하고 있다.[26]

마찬가지로 폴 월포위츠Paul Wolfowitz 국방부 부장관은 이라크 침공과 관련된 비용과 결과 둘 다 오판했고 이라크 침공 이후 점령 활동이 엉망이 되는 데 일조했지만, 부시 대통령은 2005년에 그를 세계은행(World Bank) 총재로 임명했다. 세계은행에서 재직하는 동안에도 별 성과가 없었고, 2년 후에는 윤리 문제로 비난받는 와중에 사임했다.[27] 월포위츠는 미국기업연구소(AEI)의 한직으로 도망갔고 부시 대통령 임기 마지막 해에 국무부의 국제안보자문위원장으로 임명되었다.

엘리엇 에이브럼스Elliot Abrams의 파란만장한 이력도 공직자는 책임을 져야 하며 승진은 성과에 근거해 이루어져야 한다고 믿는 사람들에게는 오히려 더 불편할 수 있다. 에이브럼스는 1980년대에 당시 악명이 높았던 이란-콘트라 사건(Iran-Contra Affair. CIA가 적성국인 이란에 불법으로 무기를 판매해서 비자금을 만든 다음, 니카라과 좌파 정부를 무너뜨리기 위해 반정부 게릴라에게 자금을 지원한 사건—옮긴이)에 대해 의회에서 위증하고 정보를 은폐한 혐의로 유죄판결을 받았다. 하지만 1992년 12월에 조지 H. W. 부시 대통령이 사면해줬고, 나중에는 초기의 부정행위에도 불구하고 조지 W. 부시 행정부에서 국가안전보장회의(NSC) 중동 담당 고위직으로 복귀했다.[28]

그런 후에 에이브럼스는 2006년 팔레스타인 의회 선거에서 하마스(Hamas)의 승리를 예측하지 못했다. 하마스의 라이벌인 파타(Fatah) 소속 모하메드 다흘란Mohammed Dahlan에 의한 가자 지구에서의 무장 쿠데타를 부추겼으나 실패로 돌아갔다. 이처럼 경솔한 계략은 완전히 역풍을 초래했다. 하마스는 이 계략을 눈치채고 먼저 공격해 다흘란 세력을 쉽게 패배시키고 파타를 가자 지구에서 축출했다. 하마스를 제거하기는커녕 에이브럼스의 음모로 하마스가 이 지역을 완전히 장악하게 되었다.[29]

이렇게 의아한 경력에도 불구하고 에이브럼스는 나중에 외교협회(CFR) 선임연구원이라는 아주 괜찮은 일자리를 얻었고, 여기에서도 문제가 되는 행동을 계속했다. 2013년에는 훈장을 수여받은 베트남전 참전용사이자 전 상원의원인 척 헤이글Chuck Hagel이 "유대인들과 좀 문제가 있다."라고 말하면서 그의 국방장관 임명을 막으려고 했다. 외교협회 회장인 리처드 하스는 이 같은 에이브럼스의 행동이 외교협회와는 무관하다고 공개적으로 밝혔지만 그를 견책하지는 않았다.[30] 신참 국무장관인 렉스 틸러슨Rex Tillerson이 2017년에 에이브럼스를 국무부 부장관으로 지명하지 못한 유일한 이유는 2016년 대선운동 당시 에이브럼스가 했던 비판적 발언에 대해 트럼프 대통령이 짜증을 냈기 때문이었다.[31]

개방된 사회에서는 신보수주의자들과 다른 자유주의 패권 지지론자들도 정책 사안에 대해 다른 사람들처럼 자유롭게 자신의 의견을 개진할 수 있어야 한다. 그러나 이런 자유를 행사한다고 해서 다른 사회 구성원들이 관심을 둬야 한다는 의미는 아니며, 특히 반복해서 많은 비용을 초래하는 실수를 저지른 사람에 대해서는 더욱 그렇다. 하지만 신보수주의자(네오콘)는 계속해서 저명한 정치인들을 조언하면서 〈월스트리트저널〉, 〈뉴욕타임스〉, 〈워싱턴포스트〉 등의 논설 분야를 비롯해서 미국 언론매체의 요직을 차지하며 영향력을 행사하고 있다. 이들 중 거의 누구도 과거의 실수를 기꺼이 인정하거나 그토록 많은 실수를 초래한 세계관을 재고해보려 하지 않는 점을 고려하면 이렇게 계속해서 명성을 유지한다는 사실이 더욱 놀랍다.[32]

중동평화 담당자들: 회전문 인사

미국이 이스라엘-팔레스타인 "평화 프로세스"라는 해묵은 과제를 다루고 있지만, 이 문제에 대해서도 마찬가지로 책임성은 없다. 이스라엘과 팔레스타인 간의 오래되고 쓰디쓴 갈등이 종식된다면 미국과 이스라엘, 팔레스타인 모두에게 좋은 일이 될 것이다. 그러나 미국이 오랫동안 선호했던 2국가 해법(Two-state solution. 이스라엘과 팔레스타인이 각자 독립국으로서 서로를 인정하고 공존하는 방안이며, 국경선, 예루살렘 지위, 팔레스타인 난민 귀환, 이스라엘 정착촌 등의 쟁점이 있다—옮긴이)은 공화당과 민주당 행정부 똑같이 많은 시간을 소모했음에도 불구하고 이제 빈사 상태에 있다. 하지만 민주, 공화 양당 출신 대통령들은 계속해서 똑같은 익숙한 인물들을 핵심 보직에 임명하고 매번 똑같은 우울한 결과를 얻는다.

가령 부시 행정부 시기에 제임스 베이커James Baker 국무장관의 이스라엘-팔레스타인 문제 선임 보좌관으로 데니스 로스Dennis Ross, 아론 데이비드 밀러Aaron David Miller, 그리고 대니얼 커츠너Daniel Kurtzner가 있었다. 베이커 국무장관 팀은 1991년 제네바 평화회의를 개최했다. 이 회의는 미래의 협상을 위한 기반을 다지는 긍정적인 조치였지만, 이스라엘 정착촌 건설을 중단시키지 못했고 공식적인 평화 합의를 위한 직접 대화도 개최하지 못했다. 이들은 마틴 인딕Martin Indyk과 로버트 맬리Robert Malley와 함께 클린턴 행정부에서 중동팀 핵심 인사로 다시 기용되었고 1993년부터 2000년 사이에 최종지위 합의를 이루기 위해 노력했지만 성과가 없었다.

밀러가 나중에 시인했듯이 당시 미국은 공정한 중개자가 아니라 오히려 "이스라엘 변호인"처럼 행동했다. 미국의 평화 제안은 사전에 이스라엘의 재가를 받았고, 이스라엘의 제안이 마치 미국의 구상인 것처럼 팔레스타인에 제시되었다.[33] 팔레스타인 지도자들이 미국의 선의를 거의 신뢰하지 않았고 팔레스타인의 이익이 보호될 것이라는 미국의 보장을 믿을 이유가 거의 없었다는 점은 놀랄 일이 못 된다.

이렇게 성공적이지 못한 과거는 훨씬 더 성공을 못 거두는 미래의 서막이 되었다. 부시 행정부 당시 저명한 친이스라엘 싱크탱크인 워싱턴근동정책연구소(WINEP)에서 자문관으로 일했던 데니스 로스Dennis Ross는 2008년 오바마의 대통령 선거캠프에 참여했고, 오바마 1기 행정부에서 국가안전보장회의(NSC)에 복귀했다. 로스는 당초 미국의 대이란 정책을 담당하는 보직을 받았으나 시간이 지날수록 이스라엘-팔레스타인 문제에 관여하게 되었고, 오바마가 임명했던 중동 특사이자 전 상원의원인 조지 미첼George Mitchell과 갈등을 빚었다는 보도가 나왔다.[34] 로스는 이란과의 긍정적인 핵합의 가능성에 매우 회의적이었다. 오바마 1기 행정부 막바지에 그가 백악관을 떠나고 나서야 2015년 합의로 나아가는 중요한 진전이 이루어졌다.[35]

이와 비슷하게 인딕도 부시 행정부 시기에 브루킹스연구소의 서밴중동정책센터(Saban Center for Middle Policy) 초대 센터장을 맡았고, 2003년에 공개적으로 이라크전을 지지했다.[36)] 존 케리John Kerry 국무장관이 2013년에 합의가 이루어지도록 밀어붙이겠다고 결심했을 때, 새로운 아이디어가 있는 신선한 인물을 뽑지 않았고 식상한 인딕을 선택했다. 인딕은 자신을 보좌해줄 인물로서 2008년에 로스와 책을 공동으로 저술한 WINEP 출신 매파 성향의 네오콘인 데이비드 마코브스키David Makovsky를 골랐다.[37]

클린턴 중동팀에 속했지만 행정부가 바뀌고 다시 공직으로 돌아오는데 어려움을 겪었던 사람은 미국의 전통적 접근법에 가장 회의적이었던 로버트 맬리Robert Malley였다는 점이 흥미롭다. 맬리는 2008년 당시 잠시 오바마 선거운동에 참여하기는 했지만, 비정부 단체인 인터내셔널 크라이시스 그룹(ICG)의 업무 차원에서 하마스를 접촉했다는 사실이 밝혀지자 중도에 하차했다. 이런 활동이 대선 후보에게 자문을 제공하는 자격을 박탈하지는 않지만—그는 당시에 정부에서 근무하고 있지 않았고 하마스와의 소통은 ICG 업무를 위해 필요했다—정치적 부담이 너무나 컸다. 오바마는 즉각 거리를 두었다. 맬리는 오바마 2기 행정부에서 NSC로 돌아왔지만, 그의 업무는 이란과 걸프지역으로 국한되었다.

오래되고 쓰디쓴 갈등의 해결은 누구에게라도 상당히 벅찬 과제다. 전혀 다른 인물이 미국 정부에서 근무했더라도 1993년부터 2016년 사이에 합의를 달성하지 못했을지도 모른다. 물론 이 사안에 정통하고 노련한 외교관이나 핵심 관계자여야만 그나마 합의를 달성할 가능성이 있었다고 주장할 수도 있다. 그럼에도 불구하고 대통령과 국무장관이 성공적이지 못했던 똑같은 협상가를 기꺼이 재활용하려고 했다는 사실이 우려스럽다. 몇 번이고 반복해서 평화 달성에 실패했던 사람들만 이 사안을 해박하게 아는 것도 아니다. 클린턴, 부시, 오바마가 이 문제를 신선하면서도 보다 공정한 시각을 지닌 전문가들의 손에 맡겼더라면 미국이 오랫동안 다뤄온 평화 프로세스 관리가 지금보다는 성공적이었을 것이다. 1993년 당시와 현재의 갈등 상황을 고려하고 관련국들에 대해 미국이 지녔던 잠재적 레버리지를 감안한다면, 이보다 더 나쁜 결과가 나올 수 없었을 것이다.

정보 관련 내부자들

개인과 단체에 책임을 추궁하기를 꺼리는 태도는 미국의 방대한 정보기관 공동체에 대한 관리와 감독 실태에서도 마찬가지로 찾아볼 수 있다. 2016년이 되자 대충 보기에도 정보 당국에 대한 관리감독이 잘못되었다는 사실을 알 수 있을 정도로 명백해졌다. 정보기관들이 수많은 경고에도 불구하고 9/11 공격을 감지하거나 막아내지 못했을 뿐만 아니라 이라크의 대량살상무기 프로그램이 사담 후세인과 알카에다의 연계에 관한 부시 행정부의 허황된 이야기를 뒷받침해주는 역할까지 맡았다.[38] 미국 정보기관들은 정보원이라고 여겨졌던 사람이(나중에 이중간첩으로 밝혀졌다.) 2009년 12월에 아프가니스탄에서 자살 테러를 감행해서 7명의 CIA 요원과 계약직원을 살해하자 더욱 심한 타격을 받았다. 미국 정보당국이 오사마 빈 라덴을 찾아내기까지 9년이 걸렸고, 아랍의 봄과 우크라이나의 마이단(Maidan) 봉기, 2013년 러시아의 크림반도 탈취를 예측하지 못했다. 그리고 2018년 1월에는 〈뉴욕타임스〉가 전직 CIA 요원이 소위 "최근에 있었던 미국 정부 최악의 첩보 실패 중 하나"였던 사건에서 12명 이상의 정보원 이름을 중국에 제공한 혐의로 체포되었다는 사실을 폭로했다.[39]

마지막으로 계약직원이었던 에드워드 스노우든Edward Snowden이 유출한 NSA 전자 감시 프로그램 사례가 있다. 이 사례에서 정보기관이 엄청난 정보 수집을 함에 따라 보안 문제가 심각하고 수많은 미국법을 위반하고 있었다는 사실이 드러났다. 이후 NSA의 해외 감시 활동(앙겔라 메르켈 독일 총리의 핸드폰 해킹과 같은)도 폭로되면서 NSA가 잠재적인 정치적 파장을 거의 개의치 않으면서 행동하고 있다는 사실이 드러났다.

하지만 이처럼 반복되는 과오와 권력남용에도 불구하고 정보기관 공동체에서는 책임지는 사람이 아무도 없었다. 실제로 2011년에 AP 통신이 CIA의 인사정책에 대해 장기간 탐사 취재한 결과, "징계절차에 따른 결정이 나오는 데 몇 년이 걸리며, 처벌도 일관성이 없고, 정보당국 내부에서 정실인사와 조작이 흔한" 것으로 드러났다. 무엇보다도 이 탐사 취재 결과 신원파악이 잘못되어 무고한 독일인이 납치되었고 아프가니스탄 비밀감옥에 5개월이나 투옥되었는데, 내부심사위원회는 담당 분석관에 대해 징계를 권고했지만, 막상 당사자는 CIA 대테러센터 최고위직으로 승진했다. 아프가니스탄 내 포로들의 사망에 연루되었던 관리들도 징계를 받지 않고 오히려 승진했다. 정보기관 요원이 아주 드물게 사직 당하는 경우에도 나중에 독립적인 계약직으로 채용되어 되돌아왔다.[40]

고위직으로 올라갈수록 면책특권이 커진다. 2013년 3월에는 제임스 클래퍼James Clapper 국가정보국장이 의회감독위원회에서 NSA가 미국 시민에 대한 정보를 "흔쾌하게" 수집했던 것은 아니라고 말했으나, 스노우든의 파일에서 NSA가 바로 그렇게 하고 있었다는 사실이 드러나자 클래퍼 국장은 자신의 진술이 잘못되었다고 시인했다.[41] 의회에서의 허위 증언은 형사 범죄에 해당하지만 클래퍼는 수사를 받지 않았다. 오히려 백악관 대변인은 얼마 안 가서 오바마 대통령이 그를 "완전히 신뢰"하고 있다고 확인해줬다.

존 브레넌John Brennan 전 CIA 국장의 경력도 마찬가지로 테플론 코팅이 된 것처럼 끄떡없었다. 브레넌은 오바마가 2009년에 CIA 국장으로 가장 염두에 두었던 인물이었지만, 부시 행정부 시절 고문 및 구금 관행 연루설로 상원 인준이 불투명해짐에 따라 배제되었다. 이후 브레넌은 백악관 보좌관이 되어서 "대표적인 타격(signature strike)"에 적합하다고 여겨지는 인물들의 "살생부"를 관리했다.[42] 브레넌은 2011년 6월 연설 당시 청중의 질문에 답변하는 과정에서 "지난해에 이례적인 능숙한 솜씨와 정밀성 덕택에 대테러 드론 타격으로 거의 단 한 건의 부수적 피해도 없었다."라고 주장하면서 오바마 행정부의 정책을 옹호했고, 이 발언이 이후 널리 알려졌다.[43]

하지만 독립적인 탐사보도국(Bureau of Investigative Journalism)에 따르면 불과 3개월 전에 파키스탄에서 CIA 드론 타격으로 부족회의를 하던 42명이 사살되었다. 파키스탄 정부가 공개적으로 강력하게 항의했고, 민간인들의 사망에 대해 "아는 정보가 없다."라는 브레넌의 주장에 의문이 제기되었다. 그럼에도 불구하고 오바마는 그를 2013년 1월에 CIA 국장에 지명했고, 상원이 즉각 인준해줬다.

이후 2014년 3월에 다이앤 파인스타인Diane Feinstein 상원 정보위원장은 CIA가 테러리스트 용의자의 구금과 고문, 그리고 여타 불법 활동과 관련된 CIA의 역할을 조사하던 의회 직원들의 컴퓨터를 감시했다고 비난했다. CIA가 예전에도 92개의 비디오테이프에 달하는 고문 관련 기록을 파기해서 가해자들이 추가 조사를 받거나 공소되는 상황을 막으려고 했다는 의도가 거의 확실했다는 점에서 이와 같은 수작이 전혀 새롭지 않았다.[44] 다른 보도에 따르면 CIA 관리들이 내부고발 사례를 담당했던 정보당국자 대니얼 메이어Daniel Meyer와 내부자 고발 보호제도를 옹호했던 척 그래슬리Chuck Grassley 상원의원 간에 오갔던 이메일을 감시하고 있었다는 사실이 제기되었다.[45]

이런 행동은 상원 조사위원들이 고문행위나 다른 불법행동을 놓고 CIA에 책임을 추궁하지 못하게 막으려는 의도가 명백했다. 브레넌은 이런 비난을 강하게 부인했고, 법무부도 수사를 거부했지만, 이후 CIA 감사관실이 자체로 조사한 결과 파인스타인이 처음에 제기했던 비난이 대부분 사실로 확인되었다.[46]

브레넌은 이에 대해 부분적으로나마 사과했고 징계조치를 검토하고자 내부심사위원회를 설치했다.[47] 몇 달 후에 내부심사위원회는 이 문제를 "의사소통상의 오류" 탓으로 돌렸고 범법행위에 연루되었던 모든 CIA 관계자를 무죄로 처리했다.[48] 브레넌의 정직성이 충분히 우려스러웠고 "강화된 신문(즉, 고문)에 의존하면서 미국의 평판과 전략적 입장에 상당한 피해"를 끼쳤다는 증거가 있었음에도 불구하고, 오바마는 예전에 클래퍼 국가정보국장에 대해 그랬던 것처럼 그를 "완전히 신뢰"한다면서 재신임했다.[49]

비밀엄수가 만연해 있기 때문에 정보당국을 효과적으로 감시하고 책임을 묻기가 어렵다. 상원과 하원 정보위원회가 이러한 감시를 하도록 되어 있지만, 자원과 인력이 부족하고 선거 측면에서도 이 업무를 계속 수행할 동기가 부족하다. 의회는 심각한 문제가 폭로될 때만 잠시 진지하게 관여하는 경향이 있으며, 이 경우에도 감시 대상이라고 여겨지는 정보당국은 여전히 뻣뻣하게 저항한다. 이런 상황에서 효과적으로 감시하고 진정으로 책임을 추궁하는 모습은 찾아보기 어렵거나 아예 없을 수밖에 없다.[50]

설상가상으로 정보당국은 배타적이다. 클래퍼는 공군 장교였고 이후 국방정보국(DIA)에서 근무했다. 이어서 국가지리정보국(NGA)을 지휘했고, 국방부 정보담당 차관을 역임했으며, NSA와 NGA, 국가정찰국(NRO)을 관리감독했다. 브레넌은 CIA에서 25년을 근무한 베테랑이었고 공화당과 민주당 정부에서 최고위직을 맡았으며, 국가대테러센터(National Counterterrorism Center)를 운영하다 백악관에서 근무했고 다시 CIA 국장에 임명되었다. 브레넌 CIA 국장의 전임자 중 한 명인 마이클 헤이든Michael Hayden은 퇴역 공군 4성 장군이었고, NSA 국장과 미 사이버 사령부 사령관도 역임했다. 전 NSA 국장인 키스 알렉산더Keith Alexander는 육군에서 다양한 정보 업무를 맡았고, 중앙보안국(Central Security Service)과 미 사이버 사령부의 수장이기도 했다. 로버트 게이츠Robert Gates 전 국방장관은 대부분의 경력을 CIA에서 보냈고 부국장 직위까지 올라갔다가 조지 W. 부시 행정부 때 국방부로 옮겼다.[51]

이런 직위에 노련한 사람을 기용하면 이득이 된다는 게 자명하다. 베테랑 정보 전문가를 훈련받지 않은 아마추어로 대체하면 일을 더 그르칠 수도 있다. 하지만 "조직을 중시하는 인물(company man)"에 너무 많이 의존하다 보면 불가피하게 조직을 강하게 보호하고 엄하게 책임을 묻는 것에 반대하려고 하는 간부 집단이 만들어진다. 그래서 마이크 폼페오 CIA 국장이 국무장관으로 지명되고 나서 후임 국장이 된 지나 해스펠Gina Haspel은 부시 행정부 시절 고문 프로그램을 조사해보게 했고, 언론보도에 따르면 이런 불법행동이 녹화된 비디오테이프의 파기까지 승인했다고 한다. 한 관계자는 해스펠을 이렇게 묘사했다. "해스펠은 CIA를 도와줬다. 핵심은 그녀의 충성심은 흠잡을 데가 없다는 것이다."[52] 정보당국 세계의 동종번식 속성은 그만의 장점이 있을지 몰라도 문제점이 없는 것이 아니다.

비밀엄수가 만연해 있고 국가안보 분야 당국자들이 거의 영구적으로 신분보장을 받고 있다는 사실을 감안하면, 부시에서 오바마로 행정부가 바뀌어도 두드러질 정도로 연속성이 있고 오바마 행정부가 부시나 그의 보좌진들이 저질렀을지도 모르는 위반행위나 실패에 대해 책임추궁을 꺼린다는 점이 쉽게 설명된다. 똑같은 사람들이 정책을 입안하고 공화당과 민주당 출신 대통령에게 조언하는 상황에서 일반인들이 이들의 행동에 대한 독자적 정보가 거의 없고, 의회가 감시하더라도 매번 저항에 직면한다면 나쁜 판단과 심각한 위법행위가 오랫동안 발각되지 않고 처벌도 안 받을 수도 있다. 만약 정보당국과 그들의 최고위 지도자들이 표방하는 만큼 그들이 전지적이라면, 그리고 외부 감시와 내부 책임에 대한 의지가 정말로 확고하다면 이런 상황이 큰 문제가 되지 않겠지만, 지난 수십 년간의 전력을 보면 실제 상황은 그와 정반대다. 외교정책 커뮤니티처럼 정보당국의 세계에서 책임성은 원칙이라기보다 예외에 가깝다.

군

미국이 전쟁을 개시할 때마다 생명이 위태로워진다. 따라서 우리는 미군이 능력주의에 기초하며 나쁜 성과를 용납하지 않고 구성원에게 철저하게 책임을 묻는 조직이라고 기대할 수 있다. 구축함 피츠제럴드호가 상선과 충돌해서 7명의 승무원이 사망하자 함장과 십수 명의 선원을 징계하기로 한 미 해군의 최근 결정처럼 이런 원칙이 지켜지는 경우도 분명히 있다.[53]

하지만 불행히도 여타 외교안보 분야 기득권층처럼 미군도 시간이 지나면서 점점 책임감이 없어지고 있고, 이런 추세에 맞춰 주어진 임무를 수행하는 역량도 떨어졌다.[54] 국방장관은 미국이 "전 세계에서 가장 좋은 군대를 갖고 있다."라고 말하기를 좋아하지만, 이렇게 훈련이 잘 되어 있고 장비도 좋은 미군이 1991년 걸프전 이후 대체로 계속 패배하는 기록을 쌓아왔다. 미국은 1990년 이후 여섯 번 전쟁을 했으며, 완전히 상대가 안 되는 국가와의 전쟁(1990년과 2003년의 이라크, 1999년의 코소보)을 제외하면 그간의 성과가 인상적이지 못했다.[55] 역사학자이자 퇴역 육군 대령인 앤드류 배서비치Andrew Bacevich는 이에 대해 이렇게 요약했다. "사실상 21세기 내내 '전쟁 중'이었던 미군은 여전히 처음으로 승리할 기회를 찾고 있다."[56]

일단 최근 몇 년 사이에 미군을 당혹하게 만든 스캔들 수를 생각해보자. 2011년에는 펜타곤 보고서는 군 내부에 성범죄가 만연하다고 폭로했고, 강간이나 성추행이 매년 약 9,000건 발생하는 것으로 추정된다고 명시했다. 같은 기간에 34명의 ICBM 발사 통제장교들이 자신들의 숙련도 시험성적을 조작하기로 공모하는 등 부정행위도 여러 건 적발되었다. 아부 그라이브(Abu Ghraib) 수용소의 가혹행위는 잘 알려졌지만, 미군 장병들은 또한 2012년 로버트 베일즈Robert Bales 하사가 자행한 16명의 아프가니스탄인 학살을 비롯해 다른 전쟁범죄와 잔혹행위들을 저질러왔다.[57]

더욱이 최근 수십 년간 기술도 정교해졌고 전술도 숙달되었으며 개별 장병들도 용맹함을 보여줬지만, 그럼에도 계속 승리를 쟁취하지 못했다. 수조 달러를 투입하고 수천 명의 장병을 희생시켰지만 이라크와 아프가니스탄의 안정과 민주화라는 목표를 달성하지 못했다. 몇 년에 걸쳐서 수십 억 달러를 투입했음에도 불구하고 아프가니스탄에서 유능한 국가보안군이 창설되지도 못했다. 대담한 급습작전으로 결국 오사마 빈 라덴을 사살했지만, 10년 동안 6개국 이상에서 드론 타격과 표적 살인을 실시했음에도 테러리스트 위협을 근절하지 못했다. 오히려 더 상황을 악화시켰을지도 모른다.[58]

하지만 토머스 릭스Thomas Ricks가 지적했듯이 "이토록 계속되는 리더십 문제에도 불구하고 명확한 해결책 중 하나인 무능한 지휘관의 교체는 여전히 아주 드물다."[59] 그 대신 미군 장교가 보직 해임되는 가장 흔한 이유는 부적절한 성적 언행이며, 2005년 이후 해임되었던 지휘관 중 3분의 1 정도가 이런 이유로 해임되었다.[60] 그러나 패전을 거듭하고 있는 최근 기록은 지휘관들이 통솔력이 없었거나 아니면 승리할 수 없는, 하지 않아도 됐던 전쟁을 끝내달라고 민간인 지도부에 이야기조차 하지 않고 있다는 사실을 말해준다.

그렇다고 이들이 책임을 추궁받는 것도 아니다. 예를 들어 아프가니스탄 전쟁 초기에 토미 프랭크스Tommy Franks 사령관은 미 육군 레인저 부대를 토라보라(Tora Bora) 전투에 투입하지 않았고, 이런 실수 때문에 미국 침공의 핵심 타깃인 오사마 빈 라덴이 파키스탄으로 도주할 수 있다.[61] 몇 달 후 아나콘다 작전(Operation Anaconda) 당시에도 수백 명의 알카에다 요원들이 잡히지 않고 도망갈 수 있었다. 하지만 프랭크스는 나중에 2003년에 이라크를 침공할 때도 사령관으로 선발되었다. 이라크에서의 성과도 시원치 않았다. 한 수 아래인 이라크군은 쉽게 궤멸했지만, 프랭크스 사령관이 침공 이후 단계를 준비하지 않았기 때문에 2004년 이후에 반군 활동이 본격적으로 불거졌다.[62]

더 나쁜 점은 군이 때로는 장교나 부사관, 사병이 저지른 훨씬 더 심각한 부정행위에 대해 책임을 추궁하지도 않았다는 사실이다. 2004년 1월에 네이슨 세서먼Nathan Sassaman 중령 휘하의 장병들이 수갑이 채워진 200명의 이라크 포로에게 티그리스강(Tigris River)으로 뛰어들라고 강요했고, 그중 한 명이 익사했다. 새서먼은 이 사건이 발생했을 때 현장에 없었으나, 나중에 부하들에게 이 사건에 대한 군 수사 활동을 방해하라고 명령했다. 진실이 드러나자 사단장인 레이 오디어노는 새서먼의 행동이 "잘못되었고," "범죄적"이라고 적시된 경고장을 발부했지만, 지휘권을 박탈하지는 않았다. 새서먼은 비록 잘나가는 경력을 곧 접어야 했지만 "조용히 전역하도록 허락을 받았다."[63]

이와 비슷하게 해병대 분대장인 프랭크 워터리치 하사는, 그의 분대원들이 비무장한 이라크 민간인 24명을 하디타(Haditha)에서 살해한 사건이 있고 나서 분대원들에게 "일단 쏘고 나서 확인하라(Shoot first and ask questions later)"는 지침을 내린 사실을 인정했지만, 군 검찰은 그를 "과실에 의한 직무태만" 혐의로만 기소해서 유죄를 받아냈다. 워터리치는 이등병으로 강등되었지만 감옥에 가지 않았고, 결국 "일반 명예 제대"가 허락되어 퇴역군인으로서의 혜택을 완전히 누릴 수 있었다. 이 사건으로 기소된 해병대원 8명 중 누구도 재판대에 오르지 않았다.[64]

심지어 데이비드 페트레이어스David Petraeus와 스탠리 매크리스털Stanley McChrystal처럼 훈장을 많이 받은 장군들의 사례를 봐도 걸출한 지휘관들에게 책임을 묻기를 꺼리는 풍토가 드러난다. 수완이 좋고 홍보감각도 뛰어난 군인이었던 페트레이어스는 2007년 이라크 "증원" 작전을 추진했던 주역이라는 화려한 평판을 누리고 있었다. 매크리스털은 강력한 반군진압 전문가로 묘사되었고, 그의 리더십이 이라크에서 전세를 역전시키는 데 도움이 되었고, 아프가니스탄에서도 똑같은 성과를 냈다. 하지만 두 장군 모두 결국 당혹스러운 개인 문제에 시달렸다. 매크리스털은 〈롤링스톤Rolling Stone〉에 그와 그의 부하들이 오바마 대통령과 조 바이든 부통령을 폄하하는 발언을 한 사실이 게재되면서 지휘권을 박탈당했다. 페트레이어스는 자서전 작가와의 혼외정사가 공개되어서 사표를 내고 CIA 국장직에서 물러나야 했다. 그는 나중에 내연녀에게 비밀정보를 제공하고 FBI에 거짓말을 한 혐의로 유죄판결을 받았지만, 집행유예와 벌금만 선고 받았고 교도소 신세는 지지 않았다.

이러한 과실에도 불구하고 두 사람은 오랫동안 사회 활동을 접지 않았다. 페트레이어스는 사모펀드 회사에 영입되었고, 하버드 케네디 스쿨 선임연구원이 되었으며, 외교협회(CFR) 태스크포스의 공동 의장직을 맡았고, 뉴욕 시립 대학교에서 강의를 했다. 2016년이 되자 다시 대중의 눈에 띄기 시작했다. 정기적으로 언론매체에 등장했고 의회에서 증언을 했으며, 〈파이낸셜타임스〉의 "런치 위드 FT(Lunch with FT)" 난에 소개되기도 했고 트럼프 행정부에서 국무장관 후보로까지 거론되었다. 매크리스털은 예일 대학교로 자리를 옮겼고 학부생을 대상으로 리더십 관련 강의를 했다. 두 사람 다 다른 전임자들처럼 은퇴한 후에 두둑한 강연료를 받았다.

개인적인 무분별한 처신이 엄청나게 부각되는 가운데 군사 지휘관으로서 거둔 제한적인 성과는 그다지 주목받지 않고 넘어갔다. 이라크와 아프가니스탄에서 근무했던 여타 미군 사령관들처럼 페트레이어스와 매크리스털은 승리를 쟁취하지 못했다. 엄청나게 홍보되었던 2007년 당시의 병력 증원은 전술적으로는 성공했지만 전략적으로는 실패했다. 이 작전으로 증진하려고 했던 정치적 화해가 전혀 실현되지 않았기 때문이다.[65] 이런 화해가 없으면 실행 가능한 정치질서를 수립할 수가 없기 때문에 미국이 더 많이 노력했음에도 불구하고 이런 미국의 노력이 거의 쓸모가 없었다.[66] 마찬가지로 매크리스털이 아프가니스탄에서 짧게 근무하는 동안에 전세가 역전되지 않았다. 매크리스털은 오바마가 내켜하지 않았음에도 어쩔 수 없이 아프가니스탄 전쟁을 확전하게 하는 데 일조했지만, 그렇다고 해서 아프가니스탄을 안정시키지도 못했다.

물론 2004년 이후에 어떤 전략을 구사했더라도 이라크나 아프가니스탄에서 미국이 승리할 수 있었는지는 의심스러우며, 페트레이어스나 매크리스털이 이런 실패를 놓고 1차적 책임을 져야 하는 것은 아니다. 배서비치Bacevich가 지적했듯이, 반군과의 전쟁이 계속 이어지는 동안 "전투지휘 능력을 측정하는 전통적인 척도가 그 중요성을 잃어버리기 때문"에 사령관에게 책임을 묻기가 어려워진다.[67] 그러나 베트남 전쟁 당시 전임자들처럼 페트레이어스와 매크리스털, 그리고 여타 사령관들이 이런 현실을 민간인 지도부와 국민에게 설명하지 않은 것에 대한 책임은 분명히 있다. 오히려 이 두 사람은 두 나라에서 전개하고 있는 미국의 노력을 일관되게 긍정적으로 평가했고, 전쟁을 계속해야 한다고 여러 번 반복해서 주장했으며, 미국이 성급하게 철수하지만 않는다면 승리할 수 있다고 장담했다.[68]

좀 더 최근에 있었던 사건은 변한 것이 거의 없음을 시사하고 있다. 주아프가니스탄 미군 사령관인 존 니컬슨John Nicholson 대장은 2017년 11월에 아직도 탈레반이 미국이 침공한 이래 그 어느 때보다도 더 넓은 지역을 장악하고 있음에도 불구하고 미국이 마침내 "고비를 넘겼다."라고 선언했다.[69] 불행히도 그 고비는 예전에도 수없이 많이 넘긴 적이 있었다. 댄 K. 맥닐Dan K. McNeill 사령관은 2007년에 "긍정적 진전"이 있다고 언급했고, 데이비드 페트레이어스David Petraeus와 리언 패네타Leon Panetta 국방장관도 모두 다 미국이 2011년과 2012년 당시에 "고비를 넘겼다."라고 주장했다.[70] 한편 아프가니스탄 재건 담당 미 특별감찰관은 카불에 있는 미군 관계자들이 아프가니스탄 측 사상자와 군사준비태세 상황에 관한 자료를 기밀사항으로 전환해서 전쟁이 잘 되고 있는지 여부를 외부인들이 파악하기가 더 어려워졌고, 현장에 있는 사령관들이 성과를 내고 있는지 여부도 판단하기가 훨씬 더 힘들어졌다고 보고했다.[71]

이와 같은 일화와 이런 일화가 보여주는 큰 패턴이 책임성이 전혀 없다는 것을 의미하지는 않는다. 로버트 게이츠Robert Gates 전 국방장관은 취임한 지 두 달 만에 그의 첫 번째 지휘관을 해임했고, 장관으로 재직하는 동안 무능한 군사 지휘관을 계속 해임했다.[72] 보다 최근 들어서는 미7함대 사령관인 조지프 오코인Joseph Aucoin 제독은 잇따른 선박 충돌사고와 군함 관련 사고로 보직 해임되었다. 고위직 군 관계자들도 또한 윤리적 기준이 약화되는 데 대해 우려를 표명했고 시정하도록 하겠다고 말했다.[73] 하지만 전반적으로는 미군은 외교정책 커뮤니티처럼 지도자들에게 책임추궁을 꺼리는 모습을 보이고 있다.

만성적 실패와 책임성의 부재가 결합되면서 자유주의 패권이 추구하는 국가건설 노력이 반복적으로 훼손되고 있다. 예를 들면 2016년 현재 미국은 아프가니스탄 국민을 돕고, 카불 정부를 강화하며, 탈레반을 몰아내겠다는 광범위한 노력의 일환으로서 다양한 아프가니스탄 재건 프로젝트에 1,100억 달러 이상을 투입해왔다. 하지만 불행히도 펜타곤 내 아프간 재건을 위한 특별

감찰관(SIGAR)이 작성한 감사 보고서에 따르면, 우울할 정도로 많은 낭비 및 사기, 부실관리 사례들, 그리고 애초 제시된 목표 달성에 실패한 수많은 프로젝트들이 적발되었다.[74] 하지만 존 소프코John Sopko 특별 감찰관은 2015년에 기자들에게 "우리 정부에서 아무도 책임을 지지 않았고, 아무도 월급이 깎이지 않았고, 아무도 진급 기회를 놓치지 않았다. 그게 문제다."라고 말했다.[75]

솔직히 말하자면 이런 실패는 최근에 전쟁을 지휘했거나 참전했던 군인들이 제일 먼저 책임져야 하는 것은 아니다. 미군은 여전히 눈부시게 군사작전을 수행할 수 있다. 오히려 이런 부진한 기록은 자유주의 패권이 요구하는 유형의 전쟁을 수행한 데 따른 결과이다. 즉, 전략적 가치가 떨어지는 국가에서 오랫동안 대(對)반군작전을 수행해야 했기 때문이다. 잘못은 전투하러 간 사람에게 있지 않고, 이런 전쟁이 필요하다면서 승리할 수 있다고 계속 주장했던 민간인 지도자와 전문 평론가에게 있다.

언론매체의 책임

앞에서 논의했듯이 활발한 사상의 시장(marketplace of ideas)은 정부가 얼마나 일을 제대로 하고 있는가에 대해 대중들에게 다양한 관점이 제시되도록 하는, 항상 경계하고 회의적이면서 독립적인 언론에 달려 있다. 이런 역할을 다하려면 기자와 언론매체도 책임을 져야 한다. 그래야 오류나 편견, 혹은 의문스러운 언론 관행이 핵심 사안에 대한 대중의 이해를 오염시키지 않는다.

디지털 혁명에 따라 새로운 언론매체가 폭발적으로 등장하면서 정부 권력을 더 강하게 견제할 것이고, 다양한 뉴스 매체 간 경쟁도 심화되어서 이들의 수준이 더욱 높아질 것이라고 생각할 수도 있다. 애석하게도 그 반대가 사실인 것처럼 보인다. 항상 경계를 늦추지 않는 "제4의 권력기관"이 되기는커녕 케이블 뉴스채널, 인터넷, 온라인 출간, 블로그 세계, 소셜 미디어의 증가로 인해 언론 환경은 그 어느 때보다 더욱 무책임해지고 있다. 시민들은 거의 무한한 수의 "현실" 중에서 어떤 버전을 읽고 듣고 볼지를 선택할 수 있다. 익명의 개인과 외국 정보기관은 너무나 자주 심각하게 받아들여지는 "가짜뉴스"를 유포하고, 브레이트바트(Breitbart), 드러지 리포트(the Drudge Report), 혹은 인포워즈(InforWars)와 같은 "뉴스" 사이트는 진실 규명이 아닌 소문과 근거 없는 중상비방, 음모론을 퍼뜨려서 시청자를 끌어모으려고 경쟁한다. 유력한 정치인들—그중에서도 가장 악명 높은 도널드 트럼프를 비롯해서—은 이런 매체가 주장하는 내용을 반복하면서 동시에 기성 언론단체가 편향되어서 믿을 수 없다고 비판함으로써 결과적으로 이런 매체에 더 큰 신뢰성을 실어줬다.[76]

이에 따라 어떤 사건에 관한 자신의 해석에 도전하는 다른 어떤 정보 출처도 불신해버리는 효과가 생겨난다. 뉴트 깅리치Newt Gingrich 전 하원의장이 2016년에 말했듯이, 만약 충분히 많은 사람들이 "〈뉴욕타임스〉가 가짜뉴스다."라고 믿는다면 모든 정보 출처가 타당성 면에서 다를 바가 없게 되고, 민주주의의 핵심 기둥이 무력화된다.[77] 모든 뉴스가 다 의심스럽다면 대중들은 무엇을 믿어야 할지 모르게 된다. 일부 사람들은 가장 큰 마이크를 들고 있는 사람들(혹은 트위터 팔로워가 제일 많은 사람)이 무슨 말을 하더라도 다 받아들일 것이다.

불행히도 미국 언론계의 최상부에 있는 사람들이 일부 중요한 외교 사안에 대해 심각한 오류를 범했고, 그럼에도 책임조차 지지 않았기 때문에 이런 문제에 기여했다. 이들은 신뢰성을 떨어뜨렸을 뿐만 아니라 신뢰할 수 없고 더 무책임한 경쟁자들과 경쟁하게 되는 길을 터놓았다.

주류 언론이 저지른 불법행위 중 가장 두드러진 최근 사례는 2003년 이라크전으로 치닫는 과정에서 명망 높은 뉴스매체들이 했던 역할이다. 〈워싱턴포스트〉와 〈뉴욕타임스〉 둘 다 이라크가 대량살상무기 프로그램을 갖고 있다고 잘못된 기사를 게재했다. 이 기사들은 전적으로 부시 행정부의 소식통이 제공한 날조된 자료에 기반하고 있었다. 〈뉴욕타임스〉가 이후에 시인했듯이 이런 내용은 엉성하게 보도되었고, 사실 검증도 대충했으며, 수많은 오류가 담겨 있었다. 그리고 의심할 바 없이 이 기사들 덕택에 부시 행정부는 전쟁이 필요하다는 대중 설득을 더욱 촉진할 수 있었다.[78]

그러나 〈워싱턴포스트〉와 〈뉴욕타임스〉만 그런 것이 아니었다. 과시욕이 강한 〈뉴요커〉도 오사마 빈 라덴과 이라크의 독재자인 사담 후세인 간에 연계성이 있을 것이라고 추정되는 내용이 담긴 제프리 골드버그Jeffrey Goldberg 기자의 기사를 게재했다. 물론 이런 연계성은 나중에 완전히 허구로 밝혀졌다.[79] 〈워싱턴포스트〉의 리처드 코언Richard Cohen, 프레드 하이어트Fred Hiatt, 찰스 크로쌔머Charles Krauthammer, 〈뉴욕타임스〉의 빌 켈러Bill Keller, 토머스 프리드먼Thomas Freidman, 〈월스트리트저널〉의 폴 지고우Paul Gigot, 폭스뉴스의 프레드 반즈Fred Barnes, 션 해니티Sean Hannity, 조 스카보로Joe Scarborough와 같은 상당수의 저명한 언론계 인사들이 다들 러시 림보Rush Limbaugh와 같은 대중적인 라디오 호스트들과 함께 전쟁을 지지하는 분위기에 편승했다.

하지만 유일하게 예외적인 사례였던 〈뉴욕타임스〉 기자인 주디스 밀러Judith Miller를 제외하면—여러 번 오보를 내서 평판이 완전히 망가졌고, 결국 2005년에 〈뉴욕타임스〉를 떠났다—전쟁을 지지하고 대중을 설득했던 기자나 전문 평론가 중에 아무도 자신이 저지른 실수에 대한 대가를 치르지 않았다.[80] 골드버그는 이라크의 위협을 부풀리다가 다가올 이란과의 전쟁에 대해 부정확한 경고를 했지만, 이러한 그리고 다른 미심쩍은 저널리즘 행동에도 불구하고 2016년에 결국 〈디애틀랜틱The Atlantic〉의 편집장이 되었다.[81] 다른 호전적인 기자도 계속해서 언론계에서 높은 직위에 머무르면서 몇 년 동안 전쟁을 옹호했고 수천 명을 죽게 한 전쟁을 개시하는 데 일조했지만 겉보기에 아무런 책임감이나 죄책감을 느끼는 것 같지 않았다.[82] 아주 드문 사례로 이들 중 한 명이—〈뉴욕타임스〉의 편집주간인 빌 켈러가 그랬다—자신이 잘못했다고 시인했지만, 그럼에도 엄청나게 많은 변명을 곁들이면서 수많은 다

른 사람들도 같이 잘못했다고 상기시켰다.[83]

〈워싱턴포스트〉의 상황도 그다지 더 좋지 않았다. 프레드 하이어트는 2000년에 논설실장이 되고 나서 강성 신보수주의자들을 대거 영입해서 제임스 카든James Carden과 제이콥 헤일브런Jacob Heilbrunn의 표현에 따르면, 논설위원실을 "부끄러움을 모르는 전투적 지식인들의 확성기"로 둔갑시켰다.[84] 〈워싱턴포스트〉는 2003년 당시 이라크 침공을 열정적으로 홍보했으며 콜린 파월 국무장관이 UN 안보리에서 행한 편향적이고 오류로 가득 찬 발표를 "반박의 여지가 없다."라고 묘사했다. 논설위원들은 이 침공을 성공이라고 설명했고, 2004년 5월에는 "미국과 동맹국들이 2,300만 명의 이라크 국민을 위해 대단한 봉사를 했다고 결론을 내리지 않을 수가 없다."라고 쓰면서 이라크에 존재하지 않는 대량살상무기가 결국 발견될 것이라고 자신감을 내비쳤다.[85] 〈워싱턴포스트〉는 그 후 몇 년이 지나고 나서도 미국의 이라크 침공 결정을 옹호했고, 잭슨 딜Jackson Diel 부논설실장은 이 전쟁의 실제 비용은 희생된 생명이나 낭비된 수조 달러가 아니라 오히려 미국이 앞으로 다른 곳에서 개입을 꺼리게 되는 값진 경험일 수 있다는 의견을 피력했다.[86]

하지만 〈워싱턴포스트〉의 혼란스러운 기록은 이라크에만 국한되지 않았다. 논설위원실은 2009년에 채스 W. 프리먼Chas W. Freeman 대사의 국가정보위원장 지명을 방해하려는 공작을 펼쳐서 성공을 거두었고, 2012년에는 척 헤이글Chuch Hagel의 국방장관 지명을 방해하려고 했지만 실패했다. 〈워싱턴포스트〉는 프리먼과 헤이글의 과거 기록과 현재 입장을 왜곡해서 인준 통과를 막으려고 했다. 2010년에는 오바마가 "테헤란의 급진주의 분파가 이란의 핵 프로그램 협상에 궁극적으로 동의할 것"으로 믿고 있다고 경멸하는 논조의 사설을 게재했지만, 결국 이란이 정확히 이렇게 했다.[87] 〈워싱턴포스트〉 칼럼니스트인 마크 티센Marc Thiessen은 워터보딩(피의자를 나무판에 고정시키고 머리를 아래로 향하게 한 다음 수건을 씌우고 물을 쏟는 고문 기법—옮긴이)이 고문이 아니라고 부인했고 가톨릭 교리상 허용된다고 말했다. 나중에 그는 〈워싱턴포스트〉 자체의 사실관계 확인팀으로부터 오바마 대통령이 일일 정보 보고를 건너뛰고 있다고 잘못 비판한 2012년의 칼럼 건으로 "3개의 피노키오" 판정을 받았다. 그러고 나서 2014년에 티센은 테러리스트들이 미국인들을 감염시키려고 스스로 에볼라 바이러스를 몸에 투여하고 나서 비행기를 타고 미국으로 올 수도 있다는 내용의 칼럼을 기고했으나, 관련 분야 전문가들은 이 주장을 즉각 일축했다.[88]

〈워싱턴포스트〉는 이 나라의 수도에서 가장 저명한 신문사로서 엘리트들의 여론을 형성하는 데 상당한 영향력을 행사한다. 만일 미국의 수도에서 발행되는 유력 신문사가 조금이라고 책임감이 있거나 좀 더 대표성이 있는 여론을 반영하는 데 전념했다면, 기사를 점검하는 게이트 키퍼로서의 업무성과를 봤을 때 하이어트는 예전에 이미 해고되었어야 했다. 그리고 〈워싱턴포스트〉 지도부가 기명 칼럼 섹션에 좀 더 다양한 의견을 게재하는 데 관심이 있었더라면 고정 필진 구성이 지금과는 상당히 달라졌을 것이다. 그러나 주요 뉴스 매체가 이런 식으로 운영되는 게 자유로운 사람들의 나라라는 미국의 현실이다.

왜 저명한 언론계 인사들이 이런 문제에 휘말릴까? 제이슨 블레어Jayson Blair, 스티븐 글래스Stephen Glass, 재닛 쿠크Janet Cooke의 사례에서 볼 수 있듯이 노골적인 사실 날조는 언론인으로서의 경력을 파멸시킬 수도 있다. 이와 비슷하게 NBC 뉴스캐스터인 브라이언 윌리엄스Brian Williams는 이라크에서 미국 헬리콥터 승무원과 같이 있었다고 거짓 주장을 해서 일자리를 잃었고 (결국 나중에는 MSNBC 케이블 채널에서 다시 일자리를 얻었지만), 폭스뉴스 호스트인 빌 오레일리Bill O' Reilly, 〈투데이 쇼〉 호스트인 매트 라우너Matt Launer, MSNBC 정치 분석가인 마크 핼퍼린Mark Halperin은 모두 다 지속적으로 성희롱을 범해왔다는 사실이 폭로되자 해고됐다.[89] 공개적 인종차별, 성차별, 동성애 혐오, 혹은 음란한 발언은 해고 사유가 될 수 있으며, 이스라엘을 노골적으로 비판해도 마찬가지로 해고될 수 있다. UPI의 헬렌 토머스Helen Thomas

와 CNN의 짐 클랜시Jim Clancy와 옥타비아 나스르Octavia Nasr는 이런 사실을 슬프게 깨달았다.[90]

지나치게 평화에 전념하는 모습을 보이거나 군사 개입에 너무 회의적이어도 문제가 될 수 있다. 예를 들면 2002년 당시 전설적인 토크쇼 호스트인 필 도너휴Phil Donahue는 MSNBC로부터 해고당했다. 방송시간에 과도하게 반전주의 목소리를 냈고, 그렇게 함으로써 9/11 이후 애국심을 더욱 고취해야 한다고 믿었던 임원진들을 불안하게 했기 때문이었다.[91] 하지만 지속적으로 틀리거나 지독하게 편향적이어도 미국의 명망 있는 매체에서 자리를 계속 보전하거나 승승장구하는 데는 별다른 어려움이 없어 보인다.

이 책에서 내가 의지하고 있는 많은 출처가 보여주듯이, 오늘날 많은 언론인은 정부의 정책에 문제제기를 하고 정부 관계자에게 책임을 묻는 보도나 논평을 발표한다. 그러나 언론계에서의 책임 소재는 여전히 일정하지 못하며, 의문스러운 언론계 관행이 오늘날까지도 이어지고 있다. 이런 관행과 〈브레이트바트Breitbart〉 같은 대안매체의 출현을 함께 놓고 보면, 굳이 "가짜뉴스"라는 극단적인 출처를 언급할 필요도 없이 일반 언론매체에 대한 대중들의 신뢰가 역대 최저라는 점은 놀랄 만한 일이 아니다.[92] 이런 상황은 민주 질서에 심각한 위협이 된다. 시민들이 공직사회 외부로부터 나온 정보를 신뢰하지 않는다면 권력을 쥔 사람들이 실수를 은폐하고 대중들이 신뢰하는 내용을 조작하기가 더욱 수월해지기 때문이다.

명예를 얻지 못한 선지자들:
만약 당신이 옳다면 어떻게 되는가?

실수가 잦은 사람에게 책임을 추궁하지 않으면 그 반대의 상황도 있기 마련이다. 즉, 자신의 분석결과나 정책제언 때문에 대다수가 동의했던 컨센서스에 동참하지 않았던 사람들이 무시당하거나 배제되는 경우가 있고, 사건이 진행되면서 나중에 이런 분석이나 조언이 타당했다고 밝혀지는 경우도 있다.

여러 번 틀리더라도 처벌을 거의 받지 않거나 혹은 옳았더라도 거의 보상을 못 받는 경우도 때로는 있다. 가령 2002년 9월에 33명의 국제안보 분야 전문가들이 〈뉴욕타임스〉의 기명 칼럼 섹션에 4분의 1페이지 크기로 "이라크와의 전쟁은 미국의 국익에 도움이 되지 않는다."라고 선언한 광고를 게재한 적이 있었다.[93] 벨트웨이(Beltway) 내부 대부분의 기득권 인사들이 전쟁을 강력하게 지지하던 당시에 이 광고는 이라크를 침공하면 알카에다를 격퇴하는 데 투입되는 자원이 전용될 것이라고 경고했고, 적절한 출구전략이 없어서 이라크에 몇 년간 발목이 잡힐지도 모른다고 지적했다. 이 광고가 게재되고 나서 16년 동안 이 광고에 서명했던 사람들 중에 아무도 정부에서 근무하거나 대통령 선거운동 당시 자문해달라는 요청을 받은 사람이 없었다. 아무도 애스펜 전략 그룹(the Aspen Strategy Group)과 같은 엘리트 외교정책 그룹에 속하지도 않고 아무도 외교협회(CFR)나 애스펜 안보 포럼(the Aspen Security Forum)의 연례회의에서 연설하지도 못했다. 이들 중 많은 사람들은 학계에서 권위 있는 위치에 있으며 계속해서 국제 문제에 관한 공공담론에 참여하기는 하지만, 2002년에 보여줬던 이들의 선견지명은 대체로 주목받지 못했다.

폴 잉글링Paul Yingling 육군 중령의 사례도 비슷한 교훈을 준다. 잉글링은 이라크에 두 번 복무했으며, 두 번째 근무할 때는 제3기갑기병연대 부연대장이었다. 현지 근무에서 영감을 받은 그는 군 고위지휘부를 강하게 비판하는 글을 작성했고, 그 글이 "실패한 전투지휘능력(Failed Generalship)"이라는 제목으로 〈암드포스 저널Armed Forces Journal〉 2007년 3월호에 게재되었다. 잉글링은 후속작으로 작성한 다른 글에서 "나쁜 조언과 나쁜 결정은 우연이 아니며, 잘못된 행동을 보상해주는 제도의 결과"라고 적었다. 이 글은 이라크에서 고질적으로 지휘권 실패가 있다는 사실을 짚었고, 육군대학과 육군지휘참모대학, 그리고 여타 미군기관에서 필독서가 되었지만 잉글링은 2010년에 대령으로 간신히 진급했다. 그는 육군대학으로 보직을 옮긴 후에(더 이상의 진급 가능성이 희박하다는 것을 의미한다) 퇴역했고 이후 고등학교 교사가 되었다.[94]

플린트 레버렛Flynt Leverett과 힐러리 맨 레버렛Hillary Mann Leverett의 이력을 보면 마치 다르게 위장된 것 같은 동일한 패턴이 드러난다. 2003년까지 레버렛 부부는 외교안보 분야 기득권 내에서 입지가 아주 탄탄했다. 프린스턴 대학교에서 박사학위를 받은 플린트 레버렛은 몇몇 학술연구를 공저했고 평판이 좋았다. CIA 선임 분석관을 역임했고 국무부 정책기획관실에서 근무했으며 2002년부터 2003년까지 NSC 중동담당 선임보좌관으로 일했다. 공직을 떠난 후 플린트 레버렛은 브루킹스연구소의 서밴 센터(the Saban Center)에 몸담았다가 신미국재단(the New America Foundation)의 미국전략프로그램으로 적을 옮겼다. 힐러리 맨은 브랜데이스 대학교와 하버드 로스쿨을 졸업했고, 잠시 AIPAC에서 근무하다가 1990년대에는 국무부에서 근무했고 다양한 부서를 거쳤다. 두 사람은 정부에서 근무하던 시절에 만나서 2003년에 결혼했다.

이라크전을 비롯한 미국의 전반적인 대중동정책의 방향성에 환멸을 느낀 레버렛 부부는 얼마 안 가서 미국의 대이란 접근법과 근본적으로 다른 노선을 강력하게 옹호하게 되었다. 이들은 언론에 자주 등장했고, 이란에서 발생하는 사건을 폭넓게 다루는 홈페이지를 개설했으며, 2013년에는 『테헤란으로 가는 길: 왜 미국은 이슬람 공화국을 받아들여야 하는가Going to Teheran: Why America Must Accept the Islamic Republic』라는 제목으로 도발적인 내용이 담긴 책을 출간했다.[95]

『테헤란으로 가는 길』은 미국이 정권 교체라는 목표를 폐기하고 이란에 관심을 보이면서 손을 내밀라고 권고했다. 그리고 이란 대중이 이란 정부를 별로 지지하지 않으며, 이란을 경제제재로 한층 더 옥죈다면 이란이 핵 프로그램을 결국 다 포기할 수밖에 없게 될 것이라는 미국의 일반적인 인식에 도전했다. 가장 논란이 되었던 부분은 여론조사와 선거결과를 분석해보니 마흐무드 아흐마디네자드Mahmoud Ahmadinejad 대통령이 논란이 많았던 2009년 대선에서 승리한 것이 맞고 선거 직후 등장한 반(反)아흐마디네자드 녹색운동이 많은 지지를 받지 못하고 있다는 결론이었다.

레버렛 부부는 선거부정이 있었다거나 많은 이란인들이 신정체제 정부를 반대한다는 주장을 부인했다. 물론 녹색운동을 탄압(약 100명가량 사망했다)하는 과정에서 반대파를 "물리적으로 학대"하거나 고의로 살해한 정권에 의한 "범죄행위"라고 묘사하기는 했지만 선거결과 그 자체는 선거 전에 광범위하게 실시되었던 예비선거 결과와 일관되며 아흐메디네자드가 선거부정을 저지르지 않았더라도 득표율 차이가 줄어들었을지언정 여전히 승리했을 것이라고 주장했다.

예상할 수 있듯이 미국의 주류 통설에서 벗어난 레버렛 부부의 입장은 분노에 찬 반발을 초래했다. 이들은 이란 옹호자라고 매도당했고, 이란으로부터 돈을 받고 있다는 비난을 받았으며, 선거 이후 시위 과정에서 살해되었거나 체포당한 시위대의 운명에 매정할 정도로 무관심하다고 지적받았다. 하지만 레버렛 부부의 분석이나 예견이 틀렸기 때문이 아니라 이란 정권이 이란 내부적으로 인기가 없어서 미국의 압박에 취약할 것이라는 일치된 견해를 문제 삼았기 때문에 배척당했고 반발을 초래했다.

가령 2010년에 여느 때였더라면 이 부부를 비판하는 기사를 썼을 법한 〈뉴리퍼블릭the New Republic〉도 "레버렛 부부의 분석이 틀린 것인지는 명확하지 않다."라고 인정했고, 터프츠 대학(Tufts University) 플레처 스쿨의 대니얼 드레즈너Daniel Drezner도 나중에 이 부부가 녹색운동이 실패할 것이라고 정확하게 예견했다고 인정했다.[96] 아울러 레버렛 부부는 이란이 절대로 핵농축 능력을 완전히 해체하는 데 합의하지 않을 것이라고 주장했고, 실제로 그렇게 되었다. 그리고 갈수록 수위가 높아지는 제재에도 불구하고 이란 정권이 붕괴

되기 직전이 아니라는 그들의 주장도 옳았던 것으로 증명되었다. 2013년의 선거결과가 사전에 결정되었다는 데 대해서도 의문을 표시했고, 여타 저명한 전문가들이 최종 당선자인 하산 로하니Hassan Rouhani의 가능성이 높지 않았다고 보았던 것과 달리 실제로 당선될 가능성이 높다고 제시했다.[97]

요점은 레버렛 부부가 항상 옳았다거나 이들을 비판한 사람들이 항상 틀렸다는 게 아니다.[98] 분석가로서 그들의 경력이 그들을 비판했던 사람들보다 손색이 없고 어떤 경우는 오히려 더 뛰어났음에도 불구하고, 그들은 이제는 거의 존재감이 없어졌다는 사실이 문제다. 이란 정부를 악마로 모는 분위기에 무모하게 도전했기 때문이다. 물론 레버렛 부부의 공격적인 태도가 잠재적 우군까지 적으로 돌리고 스스로를 외부인으로 전락시키는 데 일조했을 수도 있다. 하지만 이들이 워싱턴 바닥에서 성격이 강한 유일한 인물은 아니었다.[99] 이와 대조적으로 친숙한 반(反)이란 정서에 동조했던 사람들은 계속 잘못된 분석을 했음에도 불구하고 권위 있고 믿음직한 인물로 여겨지면서 여전히 주류 외교정책 기관에서 직위를 차지하고 있고, 정치적 바람만 유리하게 분다면 공직에서 근무할 수도 있다.

명확하게 책임을 따지는 세계라면 단순히 충성심만 높고 "선을 넘지 않는 데" 능숙한 사람을 선호하는 대신 자신의 신념을 용감하게 견지하고, 필요할 때는 권위에도 기꺼이 도전하고, 사건을 통해 나중에 타당성이 입증된 견해를 발표했던 사람을 찾을 것이다. 그와 같은 세계에서는 매슈 호Matthew Hoh처럼 내키지는 않지만 이견을 가진 사람들이 다른 경력을 밟았을 수 있었을 것이다. 전직 해병대 대령이자 국무부 관리로서 이라크에서 두 번 근무했던 호Hoh는 2009년에 아프가니스탄 자불주(Zabul Province)의 고위 민간 당국자 보직을 사임했을 때 처음으로 대중의 주목을 받았다. 그곳에서의 미국의 노력이 성공할 수 없다고 확신하면서 "미국이 아프가니스탄에 주둔하는 전략적 목표를 이해할 수도 없고 신뢰할 수도 없다. 나는 우리의 전쟁 방식 때문이 아니라 전쟁 이유와 목적 때문에 사직하고자 한다."라면서 사표를 냈기 때문이다. 상관들은 호를 재능 있고 헌신적인 장교로 보았기 때문에 군에 계속 머물러 달라고 종용했지만, 그는 자신의 결정을 고수했고 결국 미국의 아프가니스탄 철수를 찬성했던 신미국재단의 아프가니스탄 스터디그룹에서 잠시 국장직을 맡았다.

그 이후 일어난 사건을 보면 아프가니스탄 문제에 대한 향후 전망에서 호의 회의감이 옳았다는 사실이 드러났다. 외교협회(CFR)는 그의 사직서를 아프가니스탄 전쟁에 관한 "필수적인 문서"라고 강조했고, 호는 2010년에 네이션 인스티튜트(Nation Institute)로부터 라이든아워 진실 고백상(Ridenhour Prize for Truth-telling)을 받았다. 그러나 그의 통찰력과 정치적 용기에 대해 보상받기는커녕 그는 "워싱턴의 국가안보 및 외교정책 분야 기득권"이 완전히 자신과 담을 쌓았다는 사실을 깨닫게 되었다.[100] 전쟁 경험으로 인해 외상후 스트레스 장애와 다른 문제에 지속적으로 시달렸던 호는 몇 년간 실업자 신세를 면하지 못했다. 한편, 성공을 거두지 못했던 아프가니스탄 "증원"작전을 옹호했던 사람들은 별다른 목표도 없이 전쟁만 연장시켰음에도 정부와 싱크탱크, 민간 분야, 그리고 학계에서 좋은 자리를 차지했다.

어떤 점에서는 호의 사례는 제슬린 래덕Jesselyn Radack, 피터 밴뷰런Peter van Buren, 토머스 드레이크Thomas Drake, 존 키리애코John Kyriakou, 그리고 이 분야에서 가장 유명한 인물인 에드워드 스노우든Edward Snowden, 첼시 매닝Chelsea Manning처럼 최근에 있었던 반대자나 내부고발자의 사례와 아주 유사하다. 그러나 범법행위를 한 스노우든이나 매닝과 달리 호의 유일한 "실수"는 미국의 전략에 관한 자신의 의구심을 드러낼 정도로 용감했다는 것이었다.[101]

이런(그리고 여타) 사례는 근본적인 의문을 제기한다. 만약 주요 외교정책 사안을 계속 그르치는 사람들이 처벌을 거의 받지 않거나 아예 안 받는 반면, 제대로 짚었던 사람들이 권한과 책임이 있는 자리에서 대부분 배제되는 상황이라면 미국인들이 향후에 더 잘할 수 있을 것이라고 기대할 수 있을까?

결론

분명히 말하자면 소수의 편집장이나 전문 평론가가 교체되거나, 많은 장성들이 성과가 부진해서 직위 해제되거나, 아니면 잘못된 조언을 한 보좌관들이 앞으로 보직을 못 받게 된다 하더라도 미국 외교정책이 실패할 것이라는 우려를 불식시키지는 못할 것이다. 외교정책은 복잡하고 불확실한 분야이며 세계 문제를 놓고 씨름하는 사람 중에 모든 것을 다 올바르게 해결하는 사람은 아무도 없다.

더욱이 책임을 추궁하려고 하다 보면 지나친 결과를 가져올 수도 있다. 우리는 문제가 처음 드러났을 때 정부 관계자들을 자리에서 쫓아내고 싶어 하지도, 복잡한 내용의 기사 중 일부 오류가 있다고 해서 기자를 해고하고 싶어 하지도 않는다. 실수를 전혀 하지 않는 사람은 아무도 없으며, 대부분은 실수를 통해 배워 나가면서 시간이 지날수록 더 향상된다. 더욱이 우리가 정부 관리들이 혁신적으로 행동하고 지적으로 위험을 감수하며 고정관념을 벗어나 색다른 구상을 할 수 있게 되기를 원한다면, 이들이 때로는 실수할 수도 있다는 사실을 받아들여야 한다. 처음에 실수했다고 해서 쫓아내는 대신에 문제를 초래한 아이디어나 개인, 정책을 파악하고 실수를 공개적으로 시인하게 하는 것이 더 나을 것이다. 그러나 어처구니없는 실수가 반복되고 잘못을 저지른 사람들이 그것을 인정하지 못하거나 인정하지 않으려고 한다면, 다른 사람이 대신 그 업무를 맡도록 해야 할 것이다.

불행히 현행 제도는 이런 체계적인 교훈 습득을 권장하지 않으며, 실수가 반복되더라도 우울할 정도로 책임을 묻지 않는다. 제2장에서 논의했듯이, 미국은 힘과 안보를 함께 갖춘 행운 덕분에 정책적 실수로부터 자유롭고, 어리석은 행동을 시정하지 않아도 큰 문제가 되지 않았기에 책임을 추궁하지 않는 상황에 이른 것이다.

그러나 어쩌면 진정으로 책임을 추궁하기가 가장 힘든 이유는 외교안보 분야 기득권층의 이기주의일지도 모른다. 이들은 서로에 대한 가혹한 평가를 기피하며, 심지어 그들 자신들이 평가받지 않으려고 기꺼이 실수를 용서할 준비가 되어 있다. 저명한 내부자가 법을 위반해도 유명한 친구들이나 전직 동료들을 규합해서 어렵지 않게 무죄방면이나 관용을 요청해달라는 활동을 펼친다.[102]

"잘 어울리고 싶으면 같이 따라가라(to get along, go along)"라는 말은 오래된 정치적 격언이지만, 왜 외교안보 분야 기득권층이 단순한 실수와 별로 순수하지 않은 범법행위를 다 용인하는지를 설명하려면 한참 시간이 걸린다. 엄격하게 책임을 묻는다면 인간관계가 위태로워질 것이고, 특히 워싱턴처럼 동종교배된 동네에서는 더욱 그럴 것이다. 그리고 충성심이 능력이나 진실성보다 더 중요한 세계에서 공개 비판하거나 심각한 남용행위에 대해 내부고발을 하면 그 대가는 상당히 크다. 일치된 컨센서스에 맞서거나 금기 사항에 도전하거나 혹은 지나치게 공격적으로 행동하지만 않는다면, 외교정책 커뮤니티에서 나름 기반이 잡힌 구성원들은 성과가 어떻던 간에 계속 그 바닥에 머무를 수 있다고 확신할 수 있다.

초선 상원의원인 엘리자베스 워런Elizabeth Warren은 이런 현상을 놓고 2014년에 출간했던 책인 『싸울 기회a Fighting Chance』에서 흥미로운 시각을 보여줬다. 새롭게 당선되어서 워싱턴으로 떠날 채비를 갖춘 워런은 하버드 대학교 동료이자 전 재무장관이며 워싱턴에서 잔뼈가 굵은 래리 서머스Larry Summers에게 어떻게 하면 유능해질 수 있는지 조언을 요청했다. 워런은 당시 기억을 이렇게 떠올렸다. "그가 나에게 말을 꺼내기 시작했다. 나에게 선택지가 있다는 것이다. 내부자 아니면 외부자가 될 수 있다. 외부자는 뭐든지 하고 싶은 대로 말할 수 있다. 그러나 내부에 있는 사람들은 듣지 않는다. 하지만 내부자는 많은 접근권과 자신의 아이디어를 밀어붙일 기회를 얻는다. 사람들—권력자들—은 내부자들이 해야만 하는 말을 듣는다. 그러나 내부자들은 또한 한 가지 철칙을 이해한다. 내부자는 다른 내부자를 비판하지 않는다는 것이다."[103]

트럼프가 등장할 때까지는 그랬다. 부유한 뉴욕 부동산 개발업자이자 많은 재산을 물려받은 리얼리티 쇼 호스트라면 진정한 외부자라고 보기 어렵지만, 트럼프는 선거운동 기간, 정권 인수 시기, 그리고 임기 초 몇 개월 동안에 양 정당의 기성 인물에 대해 거의 존경심을 보이지 않았고, 특히 외교정책 기득권층과 이들의 핵심 신념에 대해 경멸감을 표출했다. 트럼프의 회의적인 시각은 트럼프 본인이 이 분야에 대해 잘 알지도 못하고 성격 자체도 우려스럽기는 했지만, 어쩌면 이해할 만했다.

그러나 중요한 의문이 여전히 풀리지 않았다. 충동적이고 트위터를 남발하는 대통령과 검증되지 않은 보좌진들이 자유주의 패권과 완전히 단절할 수 있을까? 이들이 외교정책 커뮤니티가 보이는 거의 반사적인 수준의 반발을 극복하거나 아니면 이들을 궁극적으로 통제하거나 포섭할 수 있을까? 만약 트럼프가 외교안보 분야 블롭(Blob)에 도전하기로 했다면, 그는 더 나은 전략을 마련할 수 있을 것인가, 아니면 그냥 상황을 더 악화시킬 것인가? 다음 장에서는 트럼프가 어떻게 했고 성과가 어땠는지 보여주고자 한다. 미리 말하지만 결과가 별로 보기 좋지 않다.

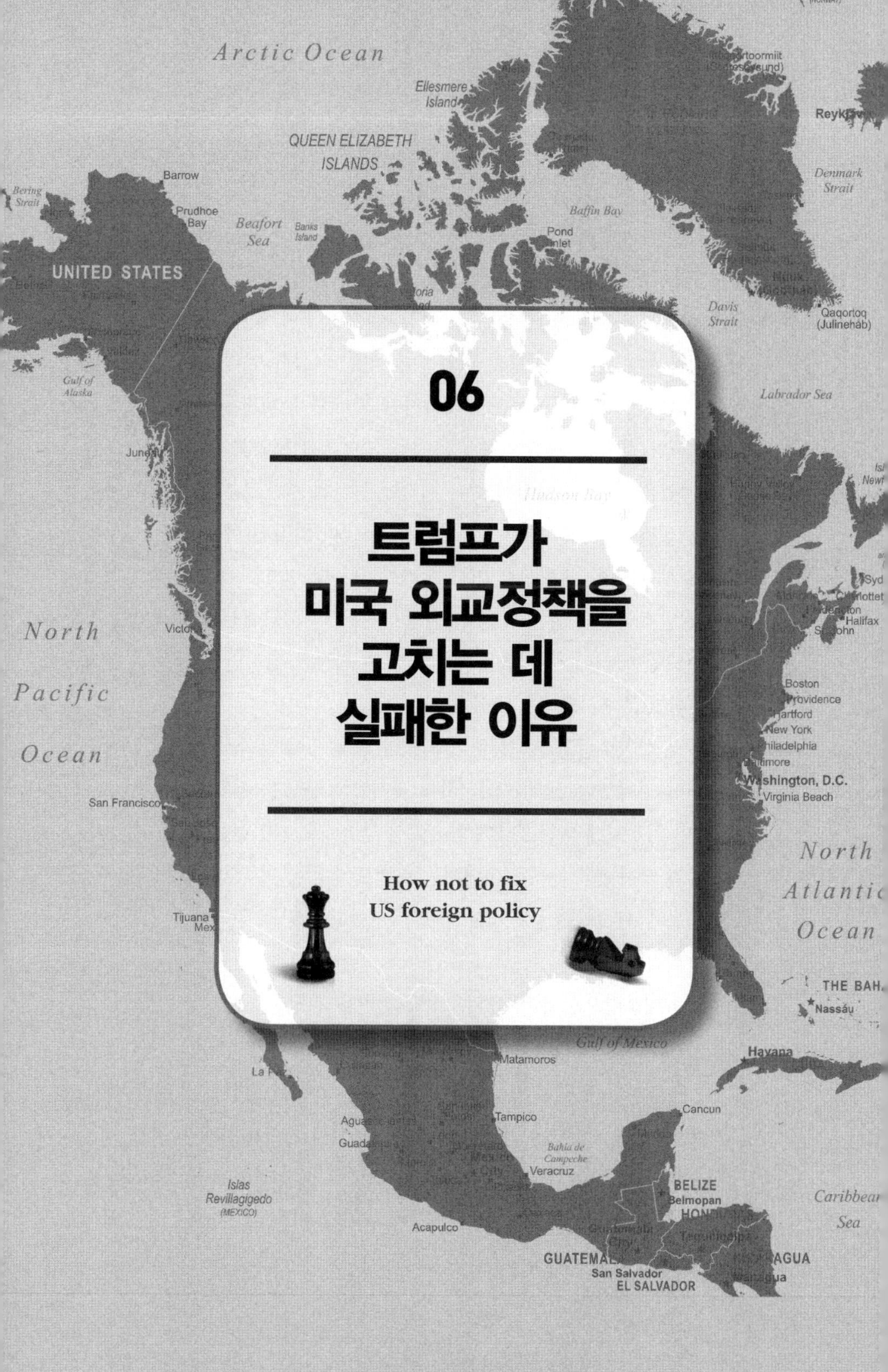

06

트럼프가 미국 외교정책을 고치는 데 실패한 이유

How not to fix US foreign policy

만약 힐러리 클린턴이 2017년 1월에 대통령이 되었더라면 미국 외교정책 상의 핵심 요소들이 그대로 확고하게 남아 있었을 것이다. 클린턴이라면 자칭 세계에서 "필수불가결한" 강대국이라는 역할을 받아들였을 것이고, 전략적 관심을 아시아로 "재균형" 했을 것이다. 보다 공세적인 러시아에 맞서 신속하게 대응했을 것이고, NATO에 전념했을 것이다. 전통적인 중동 피후견국과의 관계도 변함이 없었을 것이며, 의심할 여지없이 지역을 불안정하게 만드는 이란의 활동은 반대하지만 2015년에 체결했던 핵합의를 유지하려고 했을 것이다. 경험이 풍부한 자유주의 국제주의자들로 행정부 요직을 채워 넣었을 것이며, 자신의 주류 시각에 동조하는 새로운 인물들을 꼼꼼히 검증했을 것이다. 만약 클린턴이 대통령이 되었더라면 예를 들어 시리아 내전 등 일부 사안에 대해서는 버락 오바마보다 더 단호했겠지만, 외교정책에 대한 전반적인 접근법은 지난 25년 동안 미국이 해외에서 활동해왔던 방식과 일관되었을 것이다. 자유주의 패권이 문제점이 많지만 멀쩡하게 남아 있었을 것이고 문제시되지도 않았을 것이다.

그러나 도널드 트럼프가 대통령이 되었다. 트럼프의 당선 비결은 부분적으로 클린턴이 지지했던 실패한 대전략에 맞서 선거운동을 펼쳤고 클린턴으로 상징되었던 기득권에 맞붙겠다고 약속했던 사실에도 기인한다고 볼 수 있다. 그리고 과거 실패했던 사례를 비난하는 트럼프에 많은 미국인들이 대체로 동의했기 때문에 선거인단 투표에서 힘을 실어줬고 트럼프가 백악관 집무실로 입성하게 해줬다.

트럼프는 대통령으로서 미국 외교정책 전반을 건전한 토대 위에 얹어놓을 수 있는 절호의 기회를 맞았다. 제3장에서 제시되었던 것처럼 외교안보 분야 기득권층과 대부분의 미국인 사이에는 외교정책을 놓고 입장이 계속 달랐다. 일반 대중들은 고립주의를 거부하면서도 외교정책 커뮤니티에 속하는 대부분의 사람들보다 더 절제된 대전략을 선호하고 있다. 이론적으로는 트럼프가 이런 지지에 근거해서 외교정책을 수립하고 자유주의 패권 정책이 뭔가 잘못되었다고 인식하고 있는 사람들을 발굴하여 기용하고 핵심지역을 불안정하게 하지 않으면서도 미국의 이익과 개입 사이에서 보다 균형을 잡으면서 우방국들과 협력해나갈 수도 있었다. 국제무역과 같은 일부 사안에서 트럼프는 기존 제도와 무역협정이 좀 더 합리적으로 개정되도록 압박할 수도 있었고, 동시에 개방된 경제질서를 보전하고 이러한 질서에서 미국이 주도적 지위를 유지할 수도 있었을 것이다. 보다 현실주의적인 대전략으로 신중하면서도 적절하게 노선을 전환해서 실천하기만 했더라면 미국의 안보가 더욱 증진되고 경제도 번영했을 것이다. 동시에 우선순위가 높은 시급한 국내 문제를 해결하기 위해 필요한 자원도 더 끌어모을 수 있었을 것이다.

하지만 그렇게 되지 못할 운명이었다. "미국 외교정책에서 녹을 털어내겠다."라고 약속하면서 트럼프의 대통령직이 관례에 얽매이지 않는 조치들과 함께 시작함에 따라 외교안보 분야 기득권층의 회의감이 한층 더 강화되었고 트럼프를 반대하는 세력들이 더욱 단결했다. 세계적 현실과 외교안보 분야 "블롭(Blob)"의 저항이 바로 트럼프를 옥죄기 시작했고, 전략을 긍정적으로 발전시킬 수 있는 기회가 사라졌다. 1년이 지나자 트럼프가 물려받았던 정책은 전부 다 그대로 멀쩡했다. 트럼프와 전통과의 전쟁에서 전통이 대부분의 큰 전투에서 승리했다.[1]

그렇다고 해서 트럼프가 아무런 영향도 미치지 못했다는 말은 아니다. 오늘날 대통령은 외교정책 분야에서 상당한 재량권이 있으며, 개인적으로 말하건 트위터에 글을 올리건 발언 내용과 발언 방식이 실제 행동만큼 상당히 중요할 수도 있다. 이런 권한 덕택에 트럼프는 외교정책과 미국의 세계적 위상에 상당한 영향을 줄 수 있게 되었다.

불행히도 트럼프가 끼친 영향은 거의 다 완전하게 부정적이었다. 미국이 여전히 잘못된 대전략을 추구하고 있었지만, 미국이라는 배의 선장은 잘 알지도 못하면서 무능함에도 불구하고 막상 정확한 해도(海圖)도, 유능한 선원도, 분명한 목적지도 없었다. 미국은 여전히 전 세계에 과도하게 관여하고 있었고, 미군이 수많은 나라에서 여전히 반군과 전투하고 있었다. 재정 문제가 여전히 심각했고 국내적 수요도 시급했음에도 불구하고 다른 어떤 나라보다도 지속적으로 더 많은 돈을 국가안보에 쏟아붓고 있었다. 오랫동안 세계경제의 핵심축이었던 미국이 개방된 무역에 대한 강력한 의지가 시들고 있었다. 이와 대조적으로 트럼프의 변덕스럽고, 호전적이며, 자아도취적이고, 무엇보다 대통령답지 않은 행동 때문에 핵심 동맹국들은 불안감을 느꼈다. 반면 미국의 경쟁국들에는 기회가 생겼다. 트럼프는 자유주의 패권에서 벗어나서 보다 합리적인 전략으로 이동하기 위한 정교한 구상을 주도하는 대신 그다지 뚜렷하게 이득도 챙기지 못한 채 힘들게 얻어낸 영향력을 막강하게 휘두를 수 있는 지위를 포기했다. 미국의 외교정책이 성공할 것이라는 신뢰감에 의구심이 불거졌다. "미국을 다시 위대하게" 만들기는커녕 트럼프는 미국의 쇠퇴를 앞당겼다.

대통령으로서 트럼프는 결국 과도한 군사력 의존, 외교에 대한 무관심, 일방주의 성향 등 자유주의 패권에서 가장 안 좋은 특성을 받아들였다. 반면 인권 존중과 개방되고 규범에 기반한 세계경제와 같은 긍정적인 열망은 외면했다. 트럼프의 무지함과 혼란스러운 관리 방식, 충동적 의사 결정이 합쳐지자 결과적으로 전 세계에서 미국의 위상이 지속적으로 잠식되었다.

트럼프의 약속

트럼프는 취임사에서 선거운동 기간 중에 밝혔던 핵심 주제를 견지했다. "이날 이후 앞으로는 오로지 미국 우선주의만 있을 것이다."라고 약속했다. 미국은 더 이상 유럽과 아시아 동맹국들의 안보를 위한 비용부담에 동의하지 않을 것이고 이제부터 "우리가 방어해주고 있는 국가들이 비용을 지불해야 하며, 안 그럴 경우 미국은 이 국가들이 알아서 스스로 방어에 나서게 할 것

이다."라고 강조했다.[2]

이 책의 서론에서 설명한 바와 같이 트럼프는 2016년 선거운동 당시에 이런 발언보다 더 많이 나간 적도 있었다. 한때는 NATO를 "한물갔다(obsolete)."라고 말했고 사우디아라비아처럼 오래된 동맹국을 향해 테러리즘과 여타 다양한 죄악(sins)을 지원하고 있다고 비난했다.[3] 트럼프는 임기 중에 미국이 "국가건설 사업에서 손을 떼게 할 것"이며, 국경에 장벽을 설치하는 비용을 멕시코가 부담하라고 설득할 것이고 "급진적 이슬람 극단주의"에 보다 강력하게 대처하겠다고 약속했다. 환태평양경제동반자협정(TPP)에서 탈퇴하고, 북미자유무역협정(NAFTA)을 파기하며, 중국을 환율조작국으로 지정하고, 중국과 여타 무역 파트너들이 미국의 일자리를 "훔쳐가지" 못하게 막겠다고 말했다. 기후변화에 관한 기념비적인 합의인 파리협정에서 탈퇴하고, 이란의 핵프로그램을 중단시킨 합의를 "사상 최악의 합의"라고 부르며 파기하겠다고 말했다. 또한 미국 대사관을 텔아비브에서 예루살렘으로 이전하겠다고 약속했고, 이스라엘-팔레스타인 갈등을 "최종합의"라고 부르는 방식으로 해결하겠다는 열망을 밝혔다. 트럼프는 러시아와 중국과 관계를 개선하고 싶다는 희망에 집착했고 블라디미르 푸틴 러시아 대통령을 "강력한 지도자"라고 부르면서 존경심을 여러 번 표출했으며 지지자들에게 "푸틴과 러시아와 좋은 관계를 갖게 될 것"이라고 말했다.[4]

전체적으로 보았을 때 외교정책에 관한 트럼프의 접근방식은 매우 국수주의적이고, 제로섬(zero-sum)적인 세계관을 표출하고 있으며, 다른 나라를 전혀 혹은 거의 배려하지 않고 자기만의 이익을 추구하는 방식이었다. 그가 발표한 내용 중 일부는 또한 압도적으로 백인, 앵글로-색슨, 유대-기독교 문화 위주의 국가였으나 외국, 이민자, 특히 이슬람으로부터의 위협에 직면하고 있다는 향수에 젖은 미국의 비전을 반영하기도 했다.[5] 이런 본능은 왜 트럼프가 겉으로 보기에 러시아의 푸틴, 헝가리의 빅토르 오르반Viktor Orban, 혹은 프랑스의 마린 르펜Marine Le Pen처럼 외국인을 혐오하는 국수주의자에게 친밀감을 느끼고 있으며, 반면 유럽연합의 많은 정치인들을 비롯해서 다문화주의 포용성을 옹호하는 사람을 경멸하는지 설명이 가능하다.[6]

그리하여 트럼프의 등장은 자유주의 패권의 배후에 있던 초당파적 컨센서스를 급속하게 단절할 것이라고 예고하는 듯이 보였다. 미국은 더 이상 자유민주주의를 전파하거나 자유주의 가치를 증진하기 위해 힘을 쓰지 않을 것이고, 미국이 과거에 창조해서 육성했고 확대했던 다자주의 제도로부터도 거리를 두려고 할 것이다. 규범에 근거한 국제질서를 강화하고 확대하는 대신에 이제 자력으로 홀로 남아 있으려고 할 것이다. 이제부터 다른 국가와의 관계는 오로지 미국이 이들로부터 더 많은 이익을 얻을 수 있는지 여부에만 근거해서 판단할 것이다.[7] 트럼프는 2017년 9월 UN 총회 연설에서 여러 번 반복해서 국가주권의 중요성을 강조했고, "여러분이 여러분 국가를 가장 우선시해야 하고 항상 그럴 것처럼 나도 미국을 항상 최우선으로 두겠다."라고 말했다.[8]

트럼프의 실제 행동

트럼프의 초기 인사 진용을 보면 그가 현재 상황을 완전히 개편하겠다는 의도가 잘 드러났다. 트럼프는 비록 퇴역 육군 대장이자 전 CIA 국장이었던 데이비드 페트레이어스David Patraeus와 2012년 공화당 대선후보였던 미트 롬니Mitt Romney와 같은 친숙한 인사도 잠시 고려했지만 초기에 임명했던 많은 사람들은 외부인들이었다. 트럼프는 오바마 대통령의 노골적인 경고를 무시하면서 논란이 많았던 퇴역 장성인 마이클 플린Michael Flynn을 첫 번째 국가안보보좌관에 임명했다.[9] 트럼프는 자유주의 세계질서를 비판하는 극우 성향의 비판가인 마이클 앤톤Michael Anton을 국가안보보좌관실 소통국장으로 임명했고, 백악관 보좌관 중에는 전 〈브레이트바트 뉴스Breitbart News〉 평론가이자 자칭 테러리즘 전문가인 세바스찬 고르카Sebastian Gorka처럼 최소한의 경험만 있고 자질도 의심스러운 인사도 있었다.[10]

내각 각료로서 트럼프는 엑슨(Exxon) 회장인 렉스 틸러슨Rex Tillerson을 공직경력이 없고 외교경험도 전무했음에도 불구하고 국무장관으로 임명했다. 또한 국무부 예산의 30퍼센트 삭감을 제안했고, 국무부 고위직 인선을 천천히 진행했다. 4월 폭스뉴스에 "이 많은 임명직 자리를 다 채우고 싶지 않다. … 불필요하다."라고 말할 정도였다.[11] 트럼프는 약속한 대로 행동했다. 취임한 지 1년이 지난 후에도 외교정책 분야의 많은 고위직이 여전히 공석이거나 대행체제로 운영되고 있었다.[12]

트루먼 이후부터 트럼프 이전의 모든 대통령이 그랬던 것과 달리 트럼프는 펜타곤 최고위직에 문민을 앉히는 대신에 퇴역 해병대 장성인 제임스 매티스James Mattis에게 국방장관직을 맡아달라고 요청했다.(군인 출신이 국방장관이 되었던 최근 사례는 트루먼 대통령 당시 조지 마셜이었으며, 바이든 대통령도 로이드 오스틴Lloyd Austin 전 중부사령관을 국방장관에 임명했다—옮긴이) 국토안보장관으로는 또 다른 퇴역 장성인 존 켈리John Kelly를 택했고, 부동산 사업을 물려받았던 36세의 사위인 재러드 쿠쉬너Jared Kushner는 정치적 경험이나 외교 분야 경력이 전무했음에도 불구하고 세간의 주목을 끄는 행정 및 외교 업무를 맡았다.

과거의 관행에서 탈피하는 또 다른 사례로서 트럼프는 처음에 국가안전보장회의(NSC)의 "장관급 위원회"에서 국가정보국장과 합참의장을 배제했고, 그 대신 전 〈브레이트바트 뉴스〉 사장이었던 스티븐 배넌Stephen Bannon 수석 정치전략가를 포함시켰다. 경제학자인 피터 나바로Peter Navarro(중국 비판 서적인 『중국에 의한 죽음Death by China』의 저자이기도 하다)는 트럼프가 신설한 국가무역위원회(National Trade Council)에 보호주의 색채를 입혔고, 강경파 통상법 변호사인 로버트 라이트하이저Robert Lighthizer가 미국무역대표부(USTR) 대표로 임명되었다. 전 사우스캐롤라이나 주지사인 니키 헤일리Nikki Haley는 외교분야 경력이 일천했음에도 불구하고 유엔대사가 되었다.

하지만 이처럼 비정통적인 인사 중 많은 사람들이 상당히 단명했고, 트럼프의 외교정책팀은 얼마 안 가서 보다 정상적인 색채를 띠게 되었다. 플린은 러시아 관리와의 과거 회동에 대해 위증한 혐의로 불과 24일 만에 국가안보보좌관 자리를 내놓았고, 전직 폭스뉴스 평론가인 K. T. 맥팔랜드McFarland 국가안보부보좌관도 며칠 후에 사임했다. 플린의 후임으로 육군 중장인 H.R. 맥마스터McMaster가 임명되었다. 외교안보 분야에 관한 그의 시각은 기득권층의 컨센서스와 확고하게 부합했다. 맥마스터는 얼마 안 가서 브루킹스연구소 소속이자 블라디미르 푸틴을 아주 비판적으로 묘사한 전기를 작성한 피오나 힐Fiona Hill에게 NSC에서 러시아 업무를 맡겼다. 이런 조치는 중요한 대(對)러시아 관계에서 보다 전통적인 접근법을 추구하겠다는 입장을 시사했다. 백악관은 4월에 정치 전략가인 스티븐 배넌이 더 이상 NSC의 "장관급 위원회"에 참석하지 않을 것이며 댄 코츠Dan Coats 국가정보국장과 조지프 던포드Joseph Dunford 합참의장이 원래대로 이 위원회에 참석한다고 발표했다.[13]

2017년 여름에 있었던 백악관의 대규모 인적 개편과 새로운 인력 투입은 벨트웨이의 정통적인 시각에 좀 더 다가가는 신호탄이 되었다. 사면초가에 몰렸던 숀 스파이서Sean Spicer 대변인이 7월에 사임했다. 전 헤지펀드 매니저인 앤서니 스카라무치Anthony Scaramucci가 새로 공보국장에 임명되었지만, 불과 열흘 만에 경질되었다.[14] 국토안보부 장관인 켈리가 라인스 프리버스Reines Priebus 백악관 비서실장을 대체했다. 켈리와 맥마스터가 트럼프가 초기에 임명했던 인사들 상당 부분을 해고하고 노련한 주류 전문가들을 불러들이면서 NSC 내부의 불필요한 인사들을 정리했다.[15] 갈수록 고립된 배넌은 그 이후 얼마 안 가서 백악관을 떠났고, 이로 인해 미국의 대전략을 급진적으로 바꿔야 한다고 가장 두드러지게 주장했던 행정부 인사가 제거되었다.

놀랍지 않게도 이러한 인사 교체는 트럼프의 과격한 성향을 희석하는 데 도움이 되었다. 비록 그의 행동과 수사가 여전히 전통적 규범이나 기대에 도전하기는 했지만, 미국 정책의 실제 내용이 갈수록 익숙해졌다. 2018년 초에 한 번 더 인적 교체가 있었다. 국가경제위원회(NEC) 의장인 콘Cohn이 사임했고, 틸러슨과 맥마스터가 해임된 다음에 CIA 국장인 마이크 폼페오와 전 유엔대사인 존 볼턴John Bolton으로 각각 교체되었다. 이런 최근의 격변에도 불구하고 통상정책 분야만 제외하면 미국 외교정책의 큰 방향성에는 변화가 없었다.

NATO는 결국 "한물간 게" 아니었다

트럼프는 NATO를 "한물갔고(obsolete)" "시대에 뒤처졌다(outdated)"라고 선거운동 기간에 말했지만, 2017년 4월에 입장을 바꿨다. "NATO가 변했기 때문에" 더 이상 그렇지 않다고 말했다.[16] 더욱이 펜스 부통령과 틸러슨 국무장관, 매티스 국방장관 모두 다 유럽 동맹국들을 안심시키고자 서로 조율해서 2017년 상반기에 유럽을 방문했다. 트럼프는 2017년 5월에 개최되었던 NATO 정상회의에서 NATO 조약 제5조의 상호방위 조항(유럽이나 북아메리카에서 어느 동맹국 한 나라 혹은 그 이상에 대한 공격은 모두에 대한 공격으로 간주되고, 모든 회원국이 UN 헌장 제51조에 의해 승인된 개별적 자위권이나 집단적 자위권을 동원해 무력 등을 포함한 수단으로 대응한다고 규정한 내용—옮긴이) 승인을 거부하면서 이 회의에 참석했던 다른 국가원수들에게 각자 임무를 충분히 다 하지 않고 있다고 비난함에 따라 우려를 자아냈다. 하지만 트럼프는 다음 달에 입장을 바꿨다. 기자들에게 "절대적으로 미국이 제5조를 약속하도록 하겠다."라고 말했다. 이 점을 확실하게 하고자 6월에 독일과 폴란드를 방문한 계기에 이 약속을 반복했다.[17] 러시아에 맞서는 NATO의 방위력을 강화하려는 노력은 유럽재보장구상(the European Reassurance Initiative)과 대서양 결의 작전(Operation Atlantic Resolve)이라는 공동군사훈련 등을 포함해서 2017년 내내 지속되었다. 미 행정부의 2018년 회계연도 예산안에는 유럽재

보장구상에 지원하도록 요청된 14억 달러가 있었고, 이는 약 40퍼센트 정도 증액된 규모였다. 처음에는 다소 삐걱거렸지만 유럽을 방어한다는 미국의 공약은 변하지 않았다.[18]

더욱이 NATO 유럽 회원국들이 자신들의 공정한 몫을 기여하지 않고 있다는 트럼프의 불평은 전혀 새로운 것이 아니었다. 비용분담(burden sharing)은 동맹 그 자체만큼 오래되었고, 많은 전임 대통령과 국방장관, 그리고 의회 지도부 인사가 이 문제를 제기했고, 때로는 트럼프만큼 거친 언사로 지적했다. 예를 들어 로버트 게이츠Robert Gates 국방장관은 2011년에 NATO 사령부에서 이임사를 하면서, 만약 유럽 NATO 회원국들이 국방비 지출을 늘리지 않는다면 "우울하지는 않더라도 어두운 미래"를 직면할 것이라고 말했고, "미 의회와 미국 내에서, 자신의 방위를 위해 필요한 자원을 충당하거나 진지하고 유능한 파트너가 되기를 꺼리는 것처럼 보이는 국가들을 위해서 갈수록 더 귀해지는 자금을 쏟아부으려는 욕구와 인내심이 줄어들 것이다."라고 경고했다. 버락 오바마도 2014년 6월 폴란드를 방문한 계기에 비슷하게 비난했으며, 2016년 7월 바르샤바에서 개최된 정상회의에서도 되풀이했다.[19] 맥마스터 국가안보보좌관은 NATO에 관한 트럼프의 접근법을 일종의 "거친 사랑(tough love)"으로 묘사했고, 트럼프는 자신의 강경한 접근법이 효과가 있다고 즉각 주장했다.[20] 따라서 실제 내용 측면에서 NATO에 대한 트럼프의 접근법은 전임자와 별로 다르지 않았다.

러시아 및 중국과의 대립

트럼프가 비록 미국이 러시아 및 중국과 긍정적 관계를 원한다고 말하기는 했지만, 이 두 나라에 대한 미국의 정책은 오바마나 부시 때와 마찬가지로 경계하면서 경쟁하는 관계로 남아 있었다. 백악관이 발표한 2017년도 국가안보전략 보고서에 따르면 러시아와 중국이 미국이 직면한 장기적 도전 중에 가장 중요한 문제로 간주되었고 "미국의 권력, 영향력과 이익에 도전하며 미국의 안보와 번영을 약화시키려 하고 있다."라는 표현이 있었다.[21] 공화당이 장악했던 의회가 2017년 8월에 러시아에 대한 새로운 경제제재를 부과했지만 트럼프는 이를 막지 못했다. 이 때문에 블라디미르 푸틴 러시아 대통령은 러시아 내 미국 영사관 두 곳을 폐쇄하라고 명령했고, 트럼프도 이어서 미국 내 러시아 영사관 세 곳을 폐쇄하라는 국무부의 권고를 승인했다(이 중에는 주샌프란시스코 총영사관도 포함되었다). 그리고 12월에는 NATO 대사를 역임했고 우크라이나 특사로 재직 중인 커트 볼커Kurt Volker와 매파 성향의 유럽 정책분석센터 회장이었다가 국무부 유럽 및 유라시아 담당 차관보로 근무하고 있는 A. 웨스 미첼A. Wess Mitchell과 함께 4,150만 달러에 달하는 무기의 우크라이나 판매를 승인했고, 여기에는 재블린(Javelin) 대전차 미사일도 포함되었다. 이 승인으로 말미암아 전직 오바마 행정부 관리들로부터는 칭찬을, 그리고 러시아로부터는 분노에 찬 비난을 들었다.[22]

2018년에 러시아 용병과 미국이 지원하는 민병대가 시리아에서 충돌하고, 영국에 거주하고 있는 전 러시아 스파이를 러시아 요원들이 화학무기를 사용해서 암살하려고 했다는 사실이 폭로되자 모스크바와 워싱턴 사이의 불화가 한층 더 심해졌다. 백악관은 영국과 프랑스, 독일과 함께 이 공격을 규탄하는 공동성명을 발표했고, 재무부는 2016년의 선거 개입을 근거로 러시아를 응징하는 새로운 제재를 부과했다.[23] 트럼프가 취임한 지 1년 남짓 지난 후에 러시아에 대한 미국의 정책은 트럼프가 오바마로부터 물려받았던 정책보다 어찌 되었건 더 대립적이었다.

전임자들처럼(특히 오바마 행정부처럼) 트럼프는 또한 중국을 주요한 장기적 경쟁국으로 보았다. 트럼프는 시진핑 중국 주석을 2017년에 두 번 만난 적이 있으며 시진핑과 "좋은 관계를 구축했다."라고 주장했다. 두 지도자들은 과거 미국 행정부가 그랬듯이 중요한 양자 현안에 관한 "전략대화"의 연례적 개최를 승인했다.[24] 하지만 트럼프는 시진핑이 북한을 더 많이 압박하지 않자 실망했고 미-중 간의 무역 불균형 때문에 애를 먹었다. 2017년 10월에 있었던 제19차 공산당대회에서 시진핑이 했던 자신만만하고 자부심 넘치는 국수주의적 연설은 중국의 야심이 커지고 있다는 사실에 일말의 의심도 남기지 않았다. 백악관 국가안보전략 보고서와 펜타곤 국가방위전략 보고서 둘 다 중국을 "전략적 경쟁국"으로 지칭했다. 영향력을 확대하고 "역내 안정을 훼손"하려는 중국의 노력을 비판했으며, "자유로운 세계질서와 억압적인 세계질서 간의 지정학적 경쟁이 인도-태평양 지역에서 일어나고 있다."라고 선언했다. 국가안보전략 보고서는 또한 (대만을 포함해서) 동맹국들이 중요하다고 강조했고 미국이 "기존 동맹과 파트너십에 대한 공약을 배가할 것"이라고 말했다.[25]

미 국방부는 부시 행정부와 오바마 행정부 때와 마찬가지로 계속해서 중국을 장기적으로 주요 군사 경쟁국으로 여겼다.[26] 미 해군은 2017년에 남중국해에서 "항행의 자유" 작전 빈도를 늘렸으며, 미국은 이 중요한 국제수역에 대한 중국의 영유권 주장을 거부한다고 명확히 밝혔다. 틸러슨 국무장관이 인준 청문회에서 했던 요지를 그대로 따라한 것이다.[27] 아울러 중국이 장기적으로 심각한 경쟁자가 되고 있다고 인식함에 따라 트럼프는 2018년 3월에 중국의 반복되는 WTO 통상규범 위반과 미국의 지적재산권 절도 행위에 대한 보복 차원에서 표적관세와 투자제한을 부과하기로 결정했다.[28] 이런 조치 중에 어떤 것도 이전의 행정부들이 중국에 대해 취했던 조치와 상충되지 않았다.

북한: 과거와 미래의 적

북한은 클린턴, 부시, 그리고 오바마에게 성가신 문제였고 트럼프에게도 골칫거리로 남아 있었다. 미국은 1990년대 초 이래 북한의 핵무기 프로그램을 우려해왔고, 미국 지도자들은 예방적 군사조치를 진지하게 고려했던 적이

한 번 이상 있었다. 하지만 북한의 핵무기와 장거리 미사일 역량이 지속적으로 성장했고, 이로 인해 버락 오바마는 트럼프 대통령 당선인에게 북한이 대통령으로서 직면할 "가장 심각한 문제"가 될 것이라고 경고했다.[29]

시진핑 중국 주석을 처음으로 만나기 전날 밤에 트럼프는 "중국이 북한을 해결하지 않는다면 우리가 하겠다!"라고 선언하면서 도전장을 던졌다.[30] 트럼프는 임기 첫해 내내 북한 지도자인 김정은과 도발적인 말의 전쟁에 참여했고, 김정은을 "꼬마 로켓맨"이라고 지칭하면서 만약 북한이 계속해서 미국을 위협하면 북한이 "지금껏 세계가 보지 못한 화염과 분노에 직면하게 될 것"이라고 경고했다. 2017년 12월에 김정은이 "미국 본토 전역이 우리 핵 타격 사정권 안에 있으며 핵 단추가 내 사무실 책상 위에 항상 놓여 있다."라고 자랑하자 트럼프는 트위터로 "나도 그가 가진 것보다 더 크고 강력한 핵 버튼이 있고, 내 버튼은 작동도 한다!"라고 응수했다.[31]

하지만 엄포와 무력과시를 제쳐놓고 트럼프는 전임자들이 그랬듯이 결국 제재와 외교에 의지하기로 선택했다.[32] 트럼프는 처음에는 북한의 추가적 미사일 발사실험이 "일어나지 않을 것"이라고 선언했지만, 미국 행정부는 2017년 7월에 있었던 여러 번의 발사실험에 대해 군사행동이 아니라 북한에 새로운 제재를 부과하는 유엔 안보리 결의를 만장일치로 이끌어내는 방식으로 대응했다.[33] 미국 관리들은 계속해서 "시간이 다 되어 가고 있다."라고 경고했고 미국이 실행 가능한 군사적 옵션이 있다고 암시했지만, 트럼프는 여전히 전쟁이라는 무시무시한 도박을 거부하고 있었다.[34]

다른 대통령과 마찬가지로 트럼프도 수십만 명의 한국인들이 사망할 수도 있고 중국과의 공개적인 충돌을 촉발할 수도 있으며, 미국이 제공하는 보호의 가치에 대한 아시아 전역의 의구심을 유발할 수도 있는 전면전의 위험을 무릅쓰지 않고서는 북한의 핵무기를 파괴하거나 미사일 실험 시설을 파괴할 수 없다는 문제에 직면했다.[35] 결과적으로 2017년 말이 되자 트럼프는 한국이 동계올림픽을 개최할 때까지 한국과의 공동 군사훈련을 연기하기로 합의하고 북한과 대면으로 대화한다는 한국의 구상을 지지했다. 트럼프는 2018년 1월에 기자들에게 "〔북한이〕 올림픽에 참여하길 바라고, 어쩌면 거기서부터 일이 진행될 수도 있다."라고 말했다.[36]

거기서부터 전혀 예기치 못한 일이 진행되었다. 3월에 있었던 김정은과 문재인 한국 대통령과의 정상회담으로부터 핵문제와 여타 미국과 북한 간의 사안을 논의하기 위해 김정은이 트럼프를 정상회담에 초청하기에 이르렀다.(이 책에서는 남북 정상회담에서 미북 정상회담으로 연결된 것처럼 되어 있으나, 실제로는 시간적 선후 관계가 다르다. 2018년 제1차 남북 정상회담은 3월이 아니라 4월 27일에 개최되었고, 김정은의 트럼프에 대한 정상회담 초청은 정의용 국가안보실장이 평양을 들른 직후 미국을 방문, 3월 8일 트럼프를 예방하고 나서 처음 공개되었다—옮긴이) 이런 회담의 타당성에 대한 의구심이 만연했고 전혀 준비도 되어 있지 않았음에도 불구하고, 트럼프는 이 제안을 즉각 받아들였다.[37] 트럼프의 충동적 반응은 전형적이었지만, 어쩌면 동시에 북한과의 이견은 외교를 통해 처리하는 게 최선이라는 사실을 어쩔 수 없이 받아들였다는 점이 부각되었다

아울러 북한으로부터의 위험에 대한 대응에서 트럼프의 우선순위가 2016년 선거운동 당시와 상당히 달라졌다는 사실도 주목할 가치가 있다. 대통령이 되기 전에 트럼프는 한국과 일본이 미국의 안전보장에 의존하기보다 핵무기를 독자적으로 개발하는 게 더 나을지도 모른다고 말한 적이 있었다.[38] 중국이 북핵 문제를 해결하게 하려고 했던 초기 시도가 실패하자, 트럼프는 이제 미국이 주도적으로 해결책을 찾아야 한다고 믿었다. 그가 이후에 무력을 사용하건 혹은 전적으로 제재와 외교에 의존하건 간에, 더 큰 교훈은 트럼프와 보좌진이 북한은 이제 미국이 해결해야 하는 문제라고 믿었다는 점이다.

중동에서 예정된 노선으로 나아가기

중동에 대한 트럼프의 접근법도 많이 다르지 않았다.[39] 트럼프는 취임한

지 얼마 안 되어서 이집트, 이스라엘, 요르단, 사우디아라비아 지도자들을 만났고, 오래된 이 동맹국들에 대한 미국의 지원을 재확인했다. 트럼프 대통령은 2017년 5월에 대통령 취임 후 첫 번째 해외 방문국으로 사우디아라비아를 선택했다. 이슬람에 대한 혹독한 비난과 사우디아라비아 왕국에 대한 예전의 비판을 버렸고, 그 대신 급진주의, 테러리즘, 그리고 이란에 맞서는 통일된 아랍 전선을 촉구했다. 트럼프는 모하메드 빈 살만Mohammed bin Salman 사우디아라비아 왕세자의 야심찬 개혁을 열정적으로 지지했고, 한편으로는 예멘, 레바논, 카타르에 대한 이란의 영향력을 차단하려는 왕세자의 무모하고 실패한 시도는 눈감아 주었다.[40] 하지만 이 또한 새로운 정책은 아니었다. 오바마도 사우디의 모험주의를 제어하기 위해 딱히 별다른 조치를 취하지 않았다. 어떤 미국 대통령이더라도 종교적 제약을 완화하고 경제를 다변화하려는 사우디아라비아의 노력을 환영했을 것이다.

아사드 정권이 4월에 화학무기를 재사용(2013년에도 화학무기를 사용했다—옮긴이)하자 트럼프가 단호하게 대응했다는 점 또한 트럼프가 친숙한 벨트웨이 기득권층의 각본으로 되돌아왔다는 사실을 드러냈다. 트럼프는 예전에는 공군력조차 투입되면 안 된다고 말하면서 시리아에 대한 미국의 개입을 반대했지만, 화학무기 공격을 개시한 공군기지를 향해 순항 미사일을 발사하라고 명령하면서 모든 사람을 놀라게 했다.[41] 이처럼 트럼프가 벨트웨이 내부에서 통용되는 정설을 수용했지만, 전쟁 그 자체에는 아무런 영향을 주지 못했다. 실제로 아사드의 입지는 그해 내내 공고해지고 있었다. 그러나 이 공격으로 트럼프는 공화당과 민주당의 전문가, 그리고 저명한 언론계 전문가로부터 칭송을 받았다. CNN의 파리드 자카리아Fareed Zakaria는 "도널드 트럼프가 〔어젯밤에〕 미국의 대통령이 되었다는 생각이 든다."라고 말했다.[42]

이와 비슷하게 이란에 대한 트럼프의 정책도 샤(Shah. 이란의 왕정)가 붕괴된 이후 미국의 대이란 정책을 주도했던 광범위한 반(反)이란 컨센서스에 부합했다. 물론 이란과의 핵합의에 대한 트럼프의 거부 입장은 오바마의 접근법을 분명히 배격한 것이었고, 이 합의에 대해 여러 번 반복해서 "사상 최악의 합의"라고 불렀음에도 불구하고 임기 첫해에는 이 합의를 폐기하지 않았다.[43](트럼프는 이란 핵합의JCPOA에서 2018년 5월 8일에 탈퇴했다—옮긴이)

트럼프가 이란 핵합의를 반대했지만, 그런 입장이 미국 외교정책 커뮤니티 내부에서 과격한 입장이 아니었다는 점이 보다 중요하다. 공동행동을 위한 포괄적 계획(the Joint Comprehensive Plan of Action)은 처음부터 논란이 많았고, 오바마 행정부는 의회로부터 마지못한 동의을 얻어내기 위해 힘겹게 싸워야 했다. 벨트웨이 내부에서 든든하게 재정적으로 후원 받으면서 이 합의를 뒤집으려고 했던 유력 인사들이 상당히 많았으며, 심지어 이 합의를 강력하게 지지했던 사람들 중에서도 이란을 위험한 적이라고 간주하고 미국이 이란의 영향력 확대를 저지하기 위해 더 많은 조치를 취해야 한다고 믿는 사람들도 일부 있었다.[44] 빌 클린턴과 조지 W. 부시, 버락 오바마 모두 다 대(對)이란 제재를 부과했고 역내의 이란 반대세력들을 지원했으며, 이란을 대상으로 하는 비밀작전을 승인했다는 사실을 잊어서는 안 된다.[45] 트럼프의 이란에 대한 적대감은 미국의 예전 정책에서 급진적으로 일탈한 것이 전혀 아니었다.

트럼프와 전임자들 간의 가장 명백한 차이점은 이스라엘-팔레스타인 갈등에 대한 접근법이었다. 트럼프는 이스라엘 정착촌 운동(이스라엘은 자신이 점령한 팔레스타인 지역에 팔레스타인인들의 반대에도 불구하고 이스라엘인 마을을 계속 건설해 오고 있다—옮긴이)을 전혀 미안한 기색도 없이 옹호해 온 데이비드 프리드먼David Friedman을 주이스라엘 대사로 임명함으로써 이 문제를 놓고 이스라엘을 압박하지 않겠다는 명확한 신호를 보냈다.[46] 그리고 클린턴이나 부시, 오바마와 달리 트럼프는 "2국가" 해법에 개인적으로 그다지 집착하지 않았다. 2017년 2월의 인터뷰에서 트럼프는 "나는 2국가와 1국가를 보고 있고, 양측이 좋아하는 방안을 좋아한다."라고 말했다.[47] 그러고 나서 12월에 트럼프는 예루살렘을 이스라엘의 수도로 승인하겠다는 선거공약을 이행했다. 팔레스타인 지도자들이 항의하자 트럼프는 이들이 "미국에 대한 사의나 존경"을 표하지 않는다고 비난했고, 팔레스타인 자치정부에 대한 원조를 끊어버리겠다고 위협했다.[48]

예루살렘의 수도 지위 결정은 이 도시의 지위는 이스라엘의 일방적 행동이 아니라 협상을 통해 결정해야 한다는 국제적 컨센서스와 확연하게 배치되었다. 그렇기 때문에 전직 대통령이 모두 다 뭔가 비슷한 일을 하겠다고 선거공약으로 제시했지만 결국 모두 모른 체했던 것이다.[49] 따라서 트럼프의 무비판적인 이스라엘 포용과 이스라엘 정착촌 반대에 대한 열의 부족은 미국 정책이 상전벽해로 변했다기보다 외관상의 변화에 가까웠다.[50] 전직 대통령들도 여러 계기에 정착촌에 대해 불만을 표했고 평화 합의를 위해 노력하라고 이스라엘의 등을 떠밀었지만, 아무도 미국의 원조나 외교적 보호를 축소하겠다고 위협하면서까지 이스라엘이 순응하도록 강요한 적은 없었다. 오히려 클린턴과 부시, 오바마 모두 다 이스라엘이라는 유대인 국가에 대한 미국의 지원이 "흔들림 없다."라는 사실을 보여주려고 상당히 노력했다.[51]

더욱이 2017년에는 이렇다 할 만한 "평화 프로세스"가 없었고, 이전 대통령들이 지지했던 2국가 해법이 완전히 죽지는 않았지만 생명유지 장치에 의존하는 신세나 다름없었다.[52] 가능성이 적어 보이지만 평화 프로세스가 기적적으로 되살아난다면, 예루살렘에 관한 트럼프의 상징적 조치 때문에 팔레스타인 측이 궁극적으로 동예루살렘을 자신들의 수도로 설정하지 못하는 경우는 없을 것이다. 전반적으로 이 이슈에 관한 트럼프의 접근법은 노련한 관찰자들이 이미 알고 있던 것들을 단순하게 만들어버렸다. 미국 정부는 확고하게 이스라엘의 편이며, 공정한 합의를 위해 미국이 갖고 있는 지렛대를 절대로 사용하지 않을 것이라는 점이다. 최악의 경우에도 트럼프의 행동은 미국이 공정하다는 가식을 단지 없애준 것에 불과했다. 이런 허울은 더 이상 아무도 속일 수 없었다.[53]

국방정책과 대 테러리즘

대통령 후보로서 트럼프는 오바마 행정부가 미국의 방위를 소홀하게 방치했다고 비판했다. 트럼프는 미국의 국방비 지출이 2위에서 10위 이하에 이르는 십수 개 국가의 국방비를 합친 것보다 많고 중국 국방비의 3배 수준인데도 불구하고 미국이 "허약한 국가"가 되었다고 주장했다. 트럼프는 "우리의 군사적 우위가 절대로 도전받으면 안 된다."라고 주장하면서 "군을 재건하기 위해 필요한 만큼 돈을 쓰겠다."라고 약속했다.[54]

일단 취임하자 트럼프는 기본 군사비 지출의 10퍼센트 증가를 즉각 제안했고, 미 하원은 결국 대통령이 요청했던 것보다 더 큰 예산을 승인했다.[55] 위에서 지적한 바와 같이 고위급 군 관계자들이 국방장관, 국가안보보좌관, 백악관 비서실장 등 핵심 정책결정 직위를 차지하고 있었고, 트럼프는 지역전투사령관에게 백악관의 승인 없이 전투작전을 개시할 수 있도록 상당한 재량권을 부여했다. 펜타곤은 몇몇 전역(戰域)에서 전투 활동을 증가시키는 방식으로 대응했고, 미군의 공습 횟수는 오바마 임기의 마지막 142일과 비교해서 트럼프 임기 첫 142일 동안 6배로 증가했다.[56] 또한 트럼프는 트랜스젠더가 계속 군복무를 할 수 있도록 허용한 오바마 행정부의 결정을 번복하려고 했다. 군 고위 관계자나 국방장관의 협의도 거치지 않고 추진되었던 것으로 보였던 이 시도는 결국 트럼프의 행정명령이 연방법원에서 번복됨으로써 무위로 돌아갔다.[57]

그럼에도 불구하고 이런 조치들은 국방정책의 변화에 따른 결과가 전혀 아니었다. 트럼프 대통령도 매티스 국방장관도 미국의 해외 개입이나 군사 전력, 혹은 방대한 펜타곤 관료제도의 일상적인 운영 방식을 획기적으로 바꾸자고 제안한 적도 없었다. 또한 트럼프가 본인이 추진한 예산 증액을 군을 강화하기 위한 전례가 없는 조치라고 설명했지만, 비당파적인 전략예산평가센터가 철저하게 비교 분석한 보고서는 이번 증액이 과거에 있었던 10번의 국

방비 증가 사례보다 적으며 "역사적 증액에 전혀 미치지 못한다."라고 지적했다.[58]

그렇다고 해서 트럼프는 지속되고 있었던 대 테러리즘 전쟁의 큰 틀을 바꾼 것도 아니었다. 미국의 대(對) ISIS 군사작전은 약간 가속화하기만 했을 뿐 오바마 행정부에서 고안되고 실행되었던 전략을 그대로 따르고 있었다. 트럼프는 소말리아와 시리아, 그리고 여타 전역에서의 미군 규모를 다소 늘리는 방안도 승인했다.[59] 하지만 대부분의 측면에서 볼 때 미국의 대 테러정책은 트럼프가 물려받았던 청사진을 계속 고수하고 있었다. 국방부는 외국 군대 훈련 임무를 계속 수행했고 극단주의 세력 용의자에 대한 공습 및 드론 타격을 지속했으며, 때로는 특수부대를 동원해 공격하기도 했다. 아메리칸 대학교 국제대학원의 조슈아 로브너Joshua Rovner에 따르면 "트럼프 행정부의 대 테러리즘 접근법은 전임자와 유사했다."[60] 존스 홉킨스 대학교의 할 브랜즈Hal Brands도 "트럼프의 대 테러리즘 전략의 군사적 요소는 버락 오바마 대통령이 임기 말에 추구했던 방식과 근본적으로 다르지 않다."라면서 동의했다. 대테러리즘 관련 출판물 〈롱워저널Long War Journal〉의 편집장인 빌 로지오Bill Roggio가 언급했듯이 "〔트럼프는〕 기본적으로 오바마 대통령이 했던 것을 해왔다. 아마도 조금 더 강력하게 했을 뿐이다."[61]

여하튼 미국의 군에 대한 변함없는 지지는 미국 대통령으로서는 정치적으로 전혀 새로운 것이 아니었다. 트루먼 이래 모든 대통령이 미국의 군사적 우위를 약속했고, "군 장병"에 대한 무비판적 지지는 9/11 이래로(그 이전은 아닐지라도) 정치인들로서는 관례적으로 필수적인 요소가 되었다. 앞 장에서 지적했듯이 미국 외교정책을 실행하는 과정에서 군의 역할이 수십 년간 확대되었다. 트럼프의 핵심 인사 중에 군 장성들이 넘쳐난다는 사실은 한동안 지속되어온 이런 추세가 정점에 달한 것으로도 볼 수 있다.[62] 따라서 전반적으로 볼 때 트럼프의 국방정책은 돈과 폭탄을 좀 더 많이 썼을 뿐 그야말로 "평소 때와 다를 바가 없었다."

국경 보호

트럼프는 선거운동 기간 중에 해외 테러리스트와 범죄자, 그리고 여타 "나쁜 사람들"(bad hombres. 스페인어로 되어 있어서 히스패닉 불법 이민자를 암시한다—옮긴이)을 상대로 충격적으로 경고했고 멕시코 접경 지역에 장벽을 설치하겠다고 여러 번 약속한 적이 있었다. 그렇기 때문에 대통령이 되고 나서 이민 문제와 원하지 않는 외국인 입국자로부터 미국 본토를 보호해야 한다고 강경한 입장을 취해도 전혀 놀랍지 않았다. 국민 대부분이 무슬림인 6개국으로부터의 입국을 제한하기로 한 행정명령은 법적 검토를 거쳐서 발표되었고, 대법원은 대법원 내부 검토라는 조건부로 결국 행정부의 세 번째 시도에 손을 들어줬다.[63] 트럼프는 불법 이민자들의 추방을 가속했다. 아울러 인도적 비자를 받아서 입국한 20만 명에 달하는 엘살바도르인들에게 "임시보호신분"을 부여해줬던 2001년의 프로그램을 철회했고 이들도 추방 대상이 되도록 법무부를 압박했다.[64] 그리고 트럼프는 2018년 1월에 엘살바도르, 아이티, 그리고 일부 아프리카 국가들을 "똥통 국가(shithole countries)"라고 부르고 미국이 이 나라들로부터 이민자들을 받아들여야 하는지에 대해 의문을 표시하면서 또다시 분노를 촉발했다.[65]

하지만 이러한(그리고 다른) 언행으로 여론의 관심을 끌었음에도 불구하고, 트럼프의 행보는 전임자들과 본질적으로 다르지 않았다. 모든 항공 여행객들이 알다시피 국토안보가 9/11 이래 가장 시급한 문제가 되어 있었고, 세관과 국경보안을 위한 연방정부 예산도 2003년부터 2014년까지 91퍼센트나 증가했다. 버락 오바마는 이민관세집행국(ICE) 인력을 대폭 늘렸고, 오바마 임기 마지막 해에 국토안보부는 2,000명 이상의 세관 및 국경순찰 인력 증원을 요청했다. 실제로 오바마 대통령 두 번의 임기 동안 500만 명 이상이 추방되었고, 트럼프 행정부 첫해의 추방자 수는 실제로 2016년보다 낮았다.[66] 트럼프의 이민과 국경안보 정책을 검토한 피터 돔브로우스키Peter Dombrowski와 사이먼 라이크Simon Reich는 "9/11 이래 미국이 해온 활동과 비교해볼 때 〔트럼프의〕 목표와 발언이 미국 전략의 근본적인 변화라고 볼 수 없다."라는 결론을 내렸다.[67]

아울러 트럼프가 멕시코와의 장벽 설치를 제안했거나 이런 장벽을 설치하느라 어려움을 겪었던 첫 번째 대통령도 아니었다. 조지 W. 부시 또한 멕시코 접경 지역에 장벽을 설치하려고 했으나, 수십 억 달러에 달하는 비용으로 인해 의회가 주저하면서 불과 1,100여 킬로미터의 장벽이 설치되었다. 트럼프가 겪은 상황도 상당히 비슷했다. 공화당이 장악한 의회도 멕시코도 장벽 설치를 위한 비용 부담을 거부했고, 결국 트럼프는 어쩔 수 없이 멕시코가 "궁극적으로는, 하지만 훗날에" 비용을 댈 것이라고 설득력이 떨어지는 주장을 해야 했다.[68] 2018년 1월이 되자 트럼프는 의회 지도부 인사들에게 장벽이 필요하지 않을 것이라고 말했고, 존 켈리John Kelly 백악관 비서실장은 트럼프 대통령이 당초 장벽을 설치하겠다고 약속했을 때 "상황을 완전히 알고 있지 못했고" 그의 시각이 "진화했다."라고 설명했다.[69]

결국 트럼프는 다양한 주요 외교 사안에서 과거와 완전히 단절하지 않았다. 일부 사안에서는 외교안보 분야 기득권층 내부의 일치된 입장과 근본적으로 단절하려고 했지만, 그런 분야조차도 트럼프가 원래 약속했던 것만큼 심각한 변화는 없었다.

아직도 시험 중인 세계화

미국은 규칙에 기반한 국제질서를 증진하려고 오랫동안 노력해왔고, 주로 미국이 핵심 역할을 맡고 있는 다자주의 제도에 다른 나라들을 끌어들이는 방식으로 해왔다. 트럼프는 "미국 우선주의"라는 주문(呪文)과 일관되게, 이런 제도들, 특히 경제 분야의 제도들이 유용성이 있는지 계속 의문을 표시했고, 미국이 영향력을 행사하는 도구가 아니라 오히려 미국의 행동의 자유를 제약하고, 미국의 주권을 저해하며, 미국 경제를 불구로 만드는 "나쁜 합의"로 간주했다.

트럼프는 망설이지 않고 이런 새로운 구상을 행동으로 옮겼다. 취임한 지 사흘 만에 오바마 행정부가 추구해왔던 아시아 "재균형(rebalancing)" 전략의 핵심 요소이자 야심찬 다자주의 무역협정인 환태평양경제동반자협정(TPP)을 탈퇴한다고 발표했다. 트럼프는 후속조치로서 4월에 파리 기후변화협정에서 미국을 탈퇴시켰다. 이에 따라 미국은 이 협정을 거부하는 유일한 국가가 되었다.[70](바이든 대통령은 2021년 1월 20일 취임하자마자 파리협정 복귀를 발표했다—옮긴이) 2017년 3월 G20 정상회의 최종 공동성명에서 "모든 형태의 보호주의를 반대"한다는 예전 성명에 담겼던 표현이 미국의 주장으로 삭제되었고, 스티븐 므누신Steven Mnuchin 재무장관은 그 이후 기자들에게 "우리는 예전 행정부와 다르며, 무역에 관해서도 시각이 다르다."라고 말했다.[71]

트럼프는 캐나다 및 멕시코와 체결한 무역협정인 NAFTA도 계속 비난했고, 이 협정을 600억 달러의 무역적자를 초래하는 "일방적 합의"라고 불렀다. "세계무역기구(WTO)가 우리를 제외한 모든 사람에게 혜택을 주도록 설립되었다."라고 주장하면서 트럼프는 7명으로 구성된 WTO 항소패널의 새로운 인선 구성을 막았고, 이는 향후 통상분쟁을 해결하려는 WTO의 능력을 무력화하겠다고 위협하는 조치나 다름없었다.[72] 트럼프는 7월에 보좌관들의 조언을 뿌리치고 자발적으로 철강 생산량을 감축하겠다는 중국의 제안을 거부했다. 언론 보도에 따르면 트럼프가 더 포괄적인 관세를 부과할 수 있는 근거를 마련하라고 정부 관계자들을 압박했다고 한다.[73] 2011년에 발효된 한미 FTA를 폐기하겠다고 위협함에 따라 한국 정부가 재협상을 하기로 동의했다. 그리고 2017년 9월까지 상무부는 60건 이상의 소위 수입 보조금에 대한 조사를 개시해서 보복관세를 부과할 수 있는 근거를 마련하고 있었다.[74] 2017년 12월에 발표된 공식 보고서인 국가안보전략(National Security Strategy)은 미국이 "공정하고 상호호혜적인 무역을 공언하는 국가들과 양자 무역 및 투자 협정을 여전히 추구"하고 있다고 밝혔지만, 보다 광범위한 다자주의 협정에 대해서는 아무런 언급이 없었다.

그럼에도 불구하고, 트럼프의 세계화로부터의 퇴각은 트럼프가 선거운동 당시 했던 강렬한 수사적 발언과 비교하면 상당히 잠정적이다. 트럼프는 중국을 "환율조작국"으로 지정하지도 않았고, 수출입은행을 폐지하지도 않았다. NAFTA와 한미FTA도 결국 폐기하지 않고 재협상하기로 했다. 이와 같은 입장 선회는 이 협정으로부터 직접 이득을 보는 미상공회의소와 경제계 이익단체들의 반대(여기에는 공화당 핵심 텃밭주의 농산물 생산자들도 포함되었다)에 직면했기 때문이기도 하지만, 동시에 행정부 내 심각한 분열상을 드러낸 사건이기도 했다. 배넌, 라이트하이저, 나바로 등과 같은 인사들이 더욱 보호주의적인 입장을 계속 밀어붙였지만, 므누신 재무장관, 틸러슨 국무장관, 게리 콘Gary Cohn 국가경제위원회 의장은 보복을 야기하는 무역전쟁을 촉발할 수도 있고 핵심 동맹국과의 관계를 악화시킬 수 있다는 사실을 인식하고 있었다.[75]

트럼프의 "미국 우선주의"식 경제 어젠다는 12월에 트럼프가 지명한 수출입은행장 후보자인 스콧 개럿Scott Garrett을 상원 은행위원회가 반대하면서 또다시 차질을 빚었다. 개럿은 오랫동안 수출입은행을 반대해왔던 인물이었고, 상공회의소와 전미제조업자협회, 그 외 다른 기업 관련 이익단체들이 강력하게 반발하고 있었다.[76] 그러고 나서 2018년 1월에 트럼프는 예전에 경멸했던 글로벌주의자들의 가장 유명한 행사인 다보스 세계경제포럼에서 보다 절제된 어조로 연설을 했다. 트럼프는 "미국 우선주의는 미국 홀로서기가 아니다."라고 말하면서 자유로우면서도 공정한 무역을 지지한다고 재확인했고, "미국은 기업 활동을 위해 열려 있다."라고 강조했다.[77]

하지만 트럼프는 아무런 규제가 없는 세계화를 지지하기로 돌아선 것도 아니었고, 태연하게 자유무역을 지지하지도 않았다. 아울러 잃어버린 일자리를 해외로부터 다시 국내로 가져오겠다는 약속을 실천할 것이라는 지지자들의 기대도 틀림없이 알고 있었다. 이와 같은 본능이 2018년 2월에 트럼프가 콘과 틸러슨의 조언을 거부하고 수입산 철강과 알루미늄에 대해 강력한 관세를 부과하겠다고 발표하고 "무역전쟁은 좋은 것이며 승리하기 쉽다."라고 트위터에 남기면서 다시 전면에 등장했다.[78] 콘은 항의 차원에서 사임했고 틸러슨도 몇 주 후에 해임되면서 경제적으로 강력한 국수주의자들인 로버트 라이트하이저Robert Lighthizer 무역대표와 피터 나바로Peter Navarro 국가무역위원장의 영향력이 더 커졌다.[79] 이들이 실권을 장악함에 따라 트럼프가 NAFTA와 여타 무역협정을 개정하는 데 싫증을 내고 자유주의 경제질서를 광범위하게 해체하기 시작할 가능성이 커졌다. 트럼프는 3월에 중국이 미국 지재권을 훔치고 여타 무역규범을 위반했다는 이유로 600억 달러에 달하는 보복 관세를 부과하면서 이 방향으로 한 걸음 더 나아갔다.

하지만 이런 상황에도 불구하고 트럼프의 세계화에 대한 접근법이 도무지 종잡을 수 없다고 과장해서는 안 된다. 철강과 알루미늄에 대한 관세부과 결정은 국내외에서 엄청난 반발을 초래했다. 트럼프 행정부도 얼마 안 가서 이런 조치가 "선택적"으로 취해질 것이라고 발표했고, 이에 따라 예외를 인정받거나 당초 발표와 같이 극단적으로 적용되지 않도록 하기 위한 로비 물결이 엄청나게 몰아닥쳤다.[80] 물론 이런 관세 카드를 구사했던 대통령은 트럼프가 처음이 아니었다. 조지 W. 부시도 마찬가지로 2002년에 수입산 철강에 관세를 부과했고, 리처드 닉슨도 1970년에 수입품에 10퍼센트의 추가세금을 부과했다.

자유무역이 미국 내에서 항상 논란이 되어왔다는 사실을 인식해야 한다. 대부분의 외교안보 분야 기득권층 인사들은 무역과 투자에 관한 장벽을 낮추는 데 찬성하지만, 자유주의 패권의 한 구성요소로서 이 원칙은 강력하게 조직화되고 정치적으로도 막강한 저항에 직면하고 있다. 외국과의 경쟁에서 위협을 받는 산업체와 노조는 오랫동안 자유무역을 경계해왔고 정부의 보호를 열망해왔다. 이들은 또한 특정한 무역협정으로 불리해질 수 있는 지역구 의원으로부터 대체로 지지를 얻어낼 수 있었고, 그렇기 때문에 NAFTA나 TPP처럼 무역자유화를 위한 중대한 조치는 설득시키기가 항상 힘들었다. 따라서 트럼프가 일부 보좌진들이 반발했지만 자유주의 패권의 이런 요소를 어느 정도 일관되게 압박했다는 사실은 그리 놀랄 만한 일이 못 된다. 그럼에도 불구하고 트럼프의 취임 첫해 동안에 세계화를 되돌리는 게 약속했던 것만큼 쉽지도 않고 고통도 없지 않았다는 사실이 드러났다.

민주주의 증진, 인권, 국가건설

트럼프의 자유주의 패권으로부터 두 번째 분명한 이탈은 민주주의나 인권 증진에 대해 그가 보인 최소한의 관심과 이와 연관된 국가건설(nation-building)에 대한 혐오였다. 트럼프는 2016년 선거운동 기간 중에 민주주의와 인권을 거의 언급하지 않았고, 사우디아라비아의 살만 국왕, 중국의 시진핑, 혹은 필리핀의 로드리고 두테르테Rodrigo Duterte와 같은 지도자를 만날 때 이런 이슈를 제기하지 않았다. 2017년에 발표된 국가안보전략 보고서에도 인권이 언급되기는 했지만 딱 한 번 거론되었고, 심지어 "미국식 삶의 방식을 다른 국가에 강요할 수 없다."로 기술되어 있었다.[81]

더욱이 트럼프는 가끔씩 언론의 자유를 혹독하게 공격했으며 확립된 민주주의 규범을 무시했고, 이런 태도로부터 전통적인 자유주의 가치에 대한 트럼프 개인의 헌신이 종잇장처럼 얇다는 사실이 드러났다. 해외의 수많은 독재자들도 자신들의 비자유주의적 관행을 정당화하기 위해 트럼프가 빈번하게 했던 소위 "가짜뉴스"에 대한 비난을 잽싸게 원용했다.[82] 배리 포젠Barry Posen이 제시했듯이 트럼프의 대전략은 "비자유주의 패권(illiberal hegemony)" 전략이라고 지칭될 수 있었다. 미국은 여전히 우위를 추구했고 미국의 세계적 군사적 역할도 줄어들지 않았지만, 자유주의적 가치를 증진하겠다는 의지는 더 이상 강력하지 않았다.[83]

그러나 심지어 이 분야조차도 트럼프는 미국 정책을 180도 전환하거나 미국이 이런 관심사항을 완전히 포기하게 하지는 못했다. 2017년 국가안보전략 보고서는 미국이 계속해서 "미국식 가치를 옹호"하겠다고 밝혔고, "자국민의 권리를 존중하는 정부가 번영, 인류의 행복, 평화를 위한 최선의 수단"이라고 주장했다. 실제로 클린턴, 부시, 혹은 오바마였다면 너무나 쉽게 작성될 수 있었던 이 문장에서 미국은 "자유를 추구하는 사람들과 항상 같이 할 것"이며 "전 세계에서 자유와 기회를 위한 불빛"으로 남아 있을 것이라고 선언했다.[84]

하지만 이런 보편적 원칙마저도 선별적으로 적용될 것이라는 게 드러났다. 틸러슨 국무장관에게 보고된 내부 메모가 보여주듯이 인권에 관한 한, 트럼프 행정부는 "동맹국은 적국과 다르게, 그리고 더 나은 대우를 받아야 한다."라고 믿었다.[85] 다시 말하자면 인권 문제는 미국이 중국이나 러시아, 북한, 이란과 같은 경쟁국들을 약화시키고 당혹스럽게 만들 수 있는 사안이었지만, 국민의 완전한 민주적 권리를 부정하거나 심각한 인권침해를 자행하는 우호적인 정권을 상대할 때는 쉽게 간과할 수도 있는 사안이었다.

이러한 선별적인 접근법은 2017년 12월에 이란에서 반정부 시위가 발발했을 때 분명하게 드러났다. 별로 관심을 보이지 않았던 행정부가 갑자기 맹렬하게 이 사안을 재발견했다. 트럼프는 트위터에 메시지를 폭풍처럼 올렸다. "위대한 이란 국민들이 몇 년 동안 압제에 시달려왔다."라고 말하고 이란 정부의 "수많은 인권침해"를 비난했다.[86] 국무부는 "평화적 시위자"의 체포를 규탄하는 공식성명을 발표했다. 이 성명에는 "이란 내부의 이런 요인이 평화적인 정부 전환으로 이어지는 것"을 지지한다는 틸러슨 국무장관의 의회청문회 증언도 포함되었다.[87] 다른 행정부 관계자, 그중에서도 특히 마이크 폼페오 CIA 국장(이후 틸러슨을 이어서 국무장관이 되었다)도 정권 교체를 부추기는 노력을 지속적으로 지지했다.

정권 교체와 민주주의 증진은 시리아에서도 미국의 궁극적인 목표로 남아 있었다. 2018년 1월의 스탠포드 대학교 연설에서 틸러슨 국무장관은 ISIS를 최종적으로 격퇴시킨 후에도 미군이 시리아에 무기한으로 잔류할 것이라고 발표했고, "안정적이고 통일되며 독립된 시리아를 위해서는 궁극적으로 아사드Assad 이후 새로운 지도부가 들어서야 하며, 그래야 성공할 수 있다."라고 지적했다.[88]

더욱이 트럼프가 개인적으로 인권이나 민주주의에 무관심했음에도 불구하고 여타 미국 정부 기관들은 이런 가치를 증진하기 위한 노력을 계속했다.[89] 국무부는 2017년 8월에 인권 문제에 대한 우려를 근거로 거의 2억 달러에 달하는 이집트에 대한 경제 및 군사 원조를 중단했고, 국무부가 발표했던 종교자유에 관한 연례보고서는 중국, 바레인, 터키, 사우디아라비아, 그리고 여타 몇몇 국가들을 직설적으로 비판했다. 의원들과 미국 외교관들은 헝가리 정부의 언론 및 학문의 자유 탄압을 공개적으로 비판했고, 2017년 11월에 있었던 동남아시아국가연합(ASEAN) 정상회의에서 훈센Hun Sen 캄보디아 총리가 트럼프의 호의를 사려고 노골적으로 시도했음에도 불구하고 백악관은 캄보디아 내 정치적 탄압이 고조되는 상황을 규탄하는 성명을 발표했다.[90]

민주주의 증진과 인권의 중요성이 격하되었지만, 이 목표가 미국 외교정책 어젠다에서 완전히 사라지지는 않았다. 정권 교체 또한 적어도 이란이나 시리아의 아사드 정권처럼 알려진 적을 상대할 때는 사라지지 않았다. 트럼프 행정부의 공식 입장은 민주주의의 "확대"에 대한 빌 클린턴의 이상주의적 수사나 조지 W. 부시의 "자유 어젠다(freedom agenda)"와는 분명히 상충되었지만, 이런 입장은 미국이 과거에 해왔던 것에 대한 나름 정확한 묘사였다. 실제로 이전 행정부들도 이런 원칙을 수호하는 과정에서 가끔씩 당혹스러울 정도로 일관성이 없었다. 트럼프가 임명한 사람들은 전임자들이 덮으려고 했던 것을 단지 공개적으로 언급했을 뿐이라고 주장할 수도 있다.

어쩌면 트럼프가 현상유지에 사로잡힌 상황을 가장 극적으로 보여준 사례는 2017년 8월에 아프가니스탄 내 미군 규모를 늘리기로 한 결정일지도 모른다. 미국은 "국가건설 사업을 집어치워야 한다."라고 여러 번 반복해서 주장했음에도 불구하고, 트럼프는 군사적 압박을 계속해야 한다는 주장을 마지못해서 받아들였고 아프가니스탄 내 미군 규모를 15,000명 이상으로 증원하는 데 동의했다. 이런 결정을 발표하는 연설에서 트럼프는 미군이 국가건설보다는 대 테러리즘 활동에 초점을 둘 것이라고 주장했고, 테러리스트들이 "순식간에 채워버릴 수도 있는" 공백을 막기 위해 주둔군 증원이 필요하다고 정당화했다.[91] 아프가니스탄이 테러리스트들의 은신처가 되는 것을 막아야 한다는 주장은 버락 오바마가 2009년 당시에 자신이 제안했던 "증원"을 정당화했던 근거와 동일했다.

트럼프는 미군 사령관들이 17년 동안 지속된 무력충돌에 관해 자의적인 시한 설정이 아니라 현장 상황을 따르는 "새로운 전략"을 갖고 있다고 주장했다. 그러나 새로운 전략은 없었고, 유능하면서도 정통성이 있는 아프가니스탄 정부가 부재한 상황에서 테러리스트들이 "은신처"를 마련하는 것을 막지도 못했다. 브루킹스연구소의 샤디 하미드Shadi Hamid가 트럼프의 연설 이후에 논평했듯이 "'국가건설'을 반대하기는 쉽지만, 둘 중 하나를 선택해야 한다. … 통치 체제의 현저한 향상 없이는 탈레반을 '격퇴'시킬 수 없다." 여하튼 미국은 여전히 아프가니스탄군과 중앙정부를 원조하기 위해 매년 수십억 달러를 제공하고 있었고, 원조금 중 상당 부분을 "역량 건설"에 쏟아부었다.[92] 따라서 트럼프 행정부에서도 미국은 아프가니스탄에서 실행 가능한 민주주의를 창출하기 위해 여전히 군사력, 경제원조, 정치 자문을 활용하는 시도를 하고 있었다. 트럼프가 아무리 인정하고 싶지 않더라도 "국가건설"이 여전히 임기 중에 진행되고 있었다.(이후 미국과 탈레반은 2020년 2월 29일 카타르 정부의 중재를 통해 아프가니스탄 내 극단주의 세력이 미군과 동맹군을 공격하지 않고 그 대신 미군과 동맹군이 철수한다는 평화협상안에 합의했고, 미군은 2021년 9월 11일까지 철수하기로 했다—옮긴이)

트럼프가 실패한 이유

결국 대부분의 측면에서 트럼프가 시도했던 미국 외교정책상의 혁명이 무산되었다. 비록 트럼프는 대통령으로서 기존 관습에 저항했고 국내외에서 눈살을 찌푸리는 행동을 했지만, 실질적인 내용 측면에서 정책에 미친 영향은 아주 제한적이었다. 트럼프는 진정한 변화를 일으키겠다고 했지만 불행히도 미국의 입지를 강화시키기보다 약화시켰다.

무엇이 잘못되었는가? 공평하게 말하자면 트럼프는 선거에서 승리한 순간부터 필연적인 구조적 문제에 직면했다. 자유주의 패권을 무자비하게 비판했기 때문에 외교정책 커뮤니티 대부분의 구성원들이 등을 돌렸고, 이로 인해 정부 안팎에서 영향력이 강력하거나 경륜이 풍부한 동조자가 거의 없었다. 만약 트럼프가 행정부 고위직을 자신의 세계관을 공유하는 사람들로만 채우려고 했다면 수십 개의 자리가 공석으로 남았을 것이고, 그 자리에 임명된 사람들이 틀림없이 초심자들이나 저지를 법한 실수를 수도 없이 범했을 것이다. 반면에 트럼프가 정부라는 기구를 어떻게 운영해야 할지 잘 알고 있으면서 경륜도 풍부한 외교안보 분야 전문가들에게 의지했다면, 이들은 자유주의 패권의 대부분 요소에 대한 신념이 확고하기 때문에 트럼프가 약속한 외교정책의 혁명을 절대로 실천하지 않았을 것이다.

바로 이런 상황이 실제로 발생했다. 일단 트럼프가 임명한 인사 중에 극단적인 성향의 인물들은 마치 불길처럼 치솟았다가 꺾인 뒤에 교체되었다. 트럼프 주변에 남아 있던 인물들은 트럼프의 본능 중에서도 최악의 속성을 유순하게 하려고 많은 노력을 했다. 브루킹스연구소의 토머스 라이트Thomas Wright는 트럼프 행정부의 첫해가 끝나갈 무렵에 "핵심 보좌진이 대통령의 능력을 발휘할 수 있게 해주는 게 아니라 대통령을 말리려고 행정부에 참여한 경우는 처음 있는 일이며, 아마도 역사상 최초일 것이다."라고 지적했다.[93]

그렇다고 해서 트럼프는 회의론자들을 설득하지도 못했고, 외교정책 커뮤니티를 "분할통치"하지도 못했다. 이런 실패가 놀랍지도 않다. 아무 때나 트럼프가 정보당국, 국무부, FBI 등을 포함한 핵심 외교안보 분야 관료집단에 대해 주저하지 않고 악담을 늘어놓았기 때문이다. 놀랍지 않게도 이런 태도로 말미암아 벨트웨이 내부의 "블롭(Blob)"은 트럼프에 맞서 뭉칠 수밖에 없었다.

가령 정보당국이 러시아가 가짜뉴스를 퍼뜨리고 민주당전국위원회(DNC) 컴퓨터를 해킹해서 획득한 곤혹스러운 이메일을 공개하는 방식으로 2016년 선거에 영향력을 행사하려고 했다고 거의 만장일치로 결론을 내렸지만, 트럼프는 여러 번 반복해서 이런 결론을 폄하했다. 트럼프는 이런 보고가 클린턴을 꺾은 본인의 승리를 훼손하고 자신의 선거 활동과 러시아 간에 결탁이 있었다는 의구심을 부채질하고 있다고 믿었다. 집요한 소문에 분노한 트럼프는 취임하기도 전에 기자들에게 "정보당국이 거짓이거나 가짜로 밝혀진 정보를 누설했다는 게 수치스럽다. 나치 독일이나 할 수 있는 듯한 짓을 실제로 했다."라고 말했다. 말할 필요도 없이 CIA나 여타 정보당국이 나치처럼 행동했다고 암시하는 트럼프의 발언은 분노에 찬 반발을 초래했고, 존 브레넌John Brennan 전 CIA 국장은 "터무니없다."라고 반박했다.[94]

트럼프는 취임한 다음 날 CIA 본부를 방문했지만 안 그래도 이미 안 좋은 상황을 더욱 악화시켰다. 트럼프는 근무 중에 순직한 CIA 요원들을 기리는 벽 앞에서 연설을 하면서 CIA와 그들의 임무를 지지한다고 간략히 언급했지만, 언론을 공격하고 취임식에 참석한 인파가 오바마 대통령 때보다 더 많았다는 본인의 주장을 옹호하느라 거의 연설 내내 횡설수설했다. 정보당국 고위 관계자는 나중에 이 연설을 "내가 들어본 가장 불편한 연설이었다."라고 묘사했다.[95]

트럼프가 국무부를 다루는 방식도 도움이 못 되었다. 예산을 대폭 삭감하자는 제안이 발표되고 틸러슨이 장기적인 상의하달(top-down)식 조직개편을 추진하기로 결정하자 수많은 사직서가 쇄도했고, 국무부 내부 사기가 금방 바닥을 찍었다. 핵심 부처를 무력화하는 시도에 대해 트럼프를 비판하는 목소리가 초당파적으로 쏟아졌다. 전직 국무부 자문관인 엘리엇 A. 코언Eliot A. Cohen은 틸러슨을 "살아 있는 사람들이 기억하는 최악의 국무장관"이라고 판정했다.[96] 하지만 트럼프 대통령은 개의치 않는 것처럼 보였다. 11월에는 외교 분야 관련 고위직이 여전히 채워지지 않고 있다는 기자의 질문에 대해 트럼프는 "한 가지 말하자면, 중요한 건 나다. 내가 유일하게 중요한 존재다." 라고 답변했다.[97]

하지만 트럼프가 국무부 고위직을 본인과 생각이 같은 추종자들로 채우지 못했기 때문에 미국 외교정책을 대대적으로 개편하려던 그의 시도가 불발에 그쳤을 수 있다. 핵심 정책 분야가 트럼프와 시각을 공유했던 아웃사이더에 의해 주도된 게 아니라 직업공무원 출신인 직무 대행자의 손에 맡겨졌기 때문이다.(상원 인준 청문회가 끝날 때까지 하위 인사가 대행 업무를 한다—옮긴이) 역설적으로 트럼프와 틸러슨은 핵심 외교정책 기관을 약화시키는 데는 성공했지만 트럼프의 세계관에 맞춰서 전향시키지는 못했다. 틸러슨의 후임자인 마이크 폼페오 CIA 국장도 군사대응을 선호하고 전통적인 외교를 무시하는 그의 성향을 고려할 때 국무부의 운명을 회복시킬 것 같지 않았다.

놀랍지 않게도 신보수주의와 자유주의 양 진영의 유력한 국제주의자들은 때를 놓치지 않았다. 미국의 세계적 리더십이 시들고 있다고 한탄했고, 〈뉴욕타임스〉와 〈워싱턴포스트〉 같은 언론도 트럼프의 외교안보 구상을 일관되게 비판했다.[98] 2017년 여름이 되자 심지어 트럼프에 좀 더 동정적이었던 〈월스트리트저널〉마저 강력한 비판 논조의 기사와 트럼프의 외교정책과 전반적인 리더십 스타일을 의문시하는 논평을 게재하는 상황에 이르렀다.[99] 괜찮은 경제성장과 하늘을 찌를 것 같은 주식시장에도 불구하고 트럼프는 임기 첫해 내내 지지율이 꾸준히 내리막길을 걸었고, 마침내 현대적인 여론조사가 도입된 이래 그 어떤 대통령의 취임 첫해보다도 더 낮은 최저치를 기록했다.[100]

본인 스스로가 최악의 적

미국의 대전략을 섬세하게 이끌어서 크게 변화시킨다는 과제는 루스벨트나 링컨 같은 정치적 수완이 있는 인물에게도 벅찬 일이었을 것이다. 트럼프는 이 정도로 약삭빠르고 미묘하며 통찰력이 있는 지도자가 전혀 아니었다. 그의 사업경력은 법정소송과 파산으로 혼란하고 부침이 잦았고, 노년에 들어서 정계 최고위직에 올랐다. 트럼프는 불만이 많은 고객과 전직 파트너가 상당히 많았고, 너그럽게 말하자면 진실에 대해 융통성 있는 태도를 갖고 있었다.[101] 이런 특성이 일단 대통령이 되자 낱낱이 공개되었다. 가족 경영의 부동산 사업에서 웬만하면 먹히던 관리 스타일은 백악관 집무실에는 어울리지 않았던 것으로 밝혀졌다. 무엇보다 트럼프 자기 자신이 스스로에게 최악의 적이었던 것으로 밝혀졌다.

일단 트럼프는 재능 있는 인물을 잘 구분하지 못했다. 반복해서 "최고의 인물들"을 기용하겠다고 약속했지만, 어떤 전직 대통령도 첫 번째 국가안보보좌관을 24일 만에 해임하거나 직접 영입했던 백악관 공보국장을 2주일도 안 되어서 교체하거나, 아니면 "수석 정치 전략가"를 8개월도 안 돼서 내보낸 적이 없었다. 임기를 시작한 지 다섯 달이 지나자 트럼프는 "워싱턴에서 최악의 보스"라는 평판을 얻었고, 수많은 내부자들의 설명에 따르면 잘 알지도 못하고, 변덕스러우며, 상세한 정책 토의에 관심이 없고, 비판에 극도로 예민하면서 끊임없이 칭찬이 필요한 존재로 묘사되었다.[102] 트럼프의 국무장관인 렉스 틸러슨이 국가안전보장회의 석상에서 고위 관리들과 이야기하던 중에 트럼프를 "멍청이"라고 불렀다고 보도되었고, 틸러슨은 이 보도를 공개적으로 부인하지 않았다.[103] 한 공화당 고위직 내부인사는 백악관을 "뱀 구덩이"라고 말했고, 익명의 백악관 관계자는 백악관을 "지구상에서 가장 독성이 강한 업무 환경"이라고 불렀다. 트럼프가 취임하고 나서 첫해가 끝날 때가 되자 고위 보좌진의 교체비율이 사상 최대치인 무려 34퍼센트에 달했다.[104]

혼란은 두 번째 해에도 이어졌다. 틸러슨이 3월에 트위터를 통해 해임되었다. 국가경제위원회(NEC) 의장인 게리 콘Gary Cohn은 보수 성향 TV 전문 평론가로서 뭔가 과거도 미심쩍고 정책을 직접 다뤄본 경험도 최소한에 불과한 로렌스 커들로우Lawrence Kudlow로 교체되었다. 국가안보보좌관인 맥마스터가 결국 경질되었고, 미국기업연구소(AEI)의 강경파 선임연구원이고 전 유엔대사였던 존 볼턴John Bolton이 자리를 이어받았다. 트럼프는 로렌스 커들로우로 교체하면서 "항상 변화가 있을 것이다. 여러분들이 변화를 보고 싶어 하리라고 생각한다."라고 말했고 회전문과 같은 인사 기용과 해임을 옹호했다. 최초의 팀을 "역대 구성되었던 내각 중 최고의 인사"라고 주장했던 트럼프는 취임한 지 1년이 한참 지난 후에도 계속 해임을 하고 있었고 이제는 이게 "자신이 원했던 내각에 가까이 다가가고 있음"을 의미한다고 주장했다.[105]

더욱이 트럼프는 대통령 취임 선서를 하기 전부터 잠재적인 스캔들에 얽혀 있었다. 이 중 일부는 본인 소유 기업과의 이해 충돌에 관한 것이었고 일부는 트럼프나 아들, 혹은 선거운동에 참여했던 직원이 2016년 선거에 영향을 주려고 러시아와 결탁했을 가능성에 관한 것이었다. 이런 비난의 시비가 무엇이던 간에 트럼프는 방어적으로 대응하면서 상황을 더욱 악화시켰다. 특히 트럼프가 2017년 5월에 마이클 플린Michael Flynn 전 국가안보보좌관에 대한 FBI 수사 중단 지시를 거부한 제임스 코미James Comey FBI 국장을 해임하기로 결정하자 로드 J. 로젠스틴Rod J. Rosenstein 법무부 부장관은 오히려 러시아와 트럼프 선거캠프와의 연계 가능성을 수사하고자 전 FBI 국장인 로버트 뮬러Robert Mueller를 특별검사로 임명했다.[106] 트럼프의 정적들이 이렇게 얽히고설킨 사안을 심판하려고 성급하게 뛰어든 것일 수도 있었겠지만, 대통령과 최측근 인사들이 마치 숨기는 게 있는 것처럼 일관되게 행동함으로써 실제로 비난을 부추겼다.[107] 최종적으로 이 사건은 트럼프가 업무에 집중하지 못하게 집요하게 괴롭혔으며, 그 결과 효율적으로 통치할 수 있는 능력이 더욱 잠식되었다.[108]

더욱이 충동적이고 과시욕이 강하며, 모욕적이고 유치하면서도 빈번하게 부정확한 트럼프의 트위터 내용이 본인의 정치적 지지 기반을 유지하는 데 도움이 되었을지도 모르겠지만, 이 때문에 그의 판단력에 대한 우려의 목소리가 커졌고 대통령직을 맡기에 적합한 인물인가에 대한 우려에도 신빙성이 더해졌다.[109] 진실에 대한 느슨한 태도도 문제가 되었다. 추산한 바에 따르면 트럼프는 취임 후 10개월 만에 버락 오바마가 8년 동안 했던 것보다 6배나 더 많이 허위진술을 했다고 한다.[110] 설상가상으로 트럼프는 나중에 쥐스탱 트뤼도Justin Trudeau 캐나다 총리에게 거짓말을 했다고 공개적으로 자랑했고, 이런 태도로 인해 다른 정치인들이 트럼프를 신뢰하게 될 가능성이 더 낮아졌다.[111] 아무리 정치인들이 항상 진실만 말할 것이라고 기대하지는 않지만, 이렇게 거짓말을 쉽게 자주 했던 사람이 만약 뭔가 보장해주겠다고 한다면 외국 지도자들이 어떻게 신뢰할 수 있겠는가?[112]

트럼프의 부주의한 발언은 그가 10월에 틸러슨 국무장관이 북한과 협상하려고 노력하느라 "시간 낭비"를 하고 있다고 트위터에 올렸던 때처럼 때로는 정부 관계자들의 입지를 약화시키기도 했다.[113] 아니면 미국의 정책이 정말 어떤 건지 의문을 초래할 때도 있었다. 트럼프의 트위터 메시지가 미국 정책을 진정으로 반영하는 건지 아니면 그냥 울분을 터뜨린 건지 아무도 알지 못했고, 시간이 지나면서 대통령답지 않은 이런 터무니없는 행동이 미국의 신뢰성에 결정적으로 부정적인 영향을 주었다. 전 주 미국 프랑스 대사였으며 유럽연합 외교안보정책 고위대표 보좌관이었던 피에르 비몽Pierre Vimont은 2018년 1월에 트럼프의 트위터 메시지 때문에 "미국의 진정한 정책 노선을 이해하기가 더 어려워졌고 … 미국의 리더십이 어떻게 된 건지, 미국이 무엇을 추구하는지 파악하는 데 애로가 있다."라고 말했다.[114]

트럼프의 호전적 성격이 이런 어려움을 한층 더 가중시켰다. 국내적 정적에 대해 했던 것처럼 트럼프는 이견을 보인 외국 지도자에게 주저하지 않고 종종 비외교적인 방식으로 도전하고 욕보이며 폄하했다. 예를 들면 우호적인

"상견례" 차원에서 예정된 엔리케 페냐 니에토Enrique Pena Nieto 멕시코 대통령과 말콤 턴불Malcolom Tunbull 호주 총리와의 통화 회담이 갑자기 무역과 이민 정책에 관한 신경질적인 말다툼으로 변질되었고, 트럼프는 마침내 턴불 총리에게 "하루종일 가장 짜증나는 통화였다. … 웃기는 일이다."라고 쏘아붙였다.[115] 테레사 메이Theresa May 영국 총리와의 회담은 처음에는 순조롭게 진행되었지만, 메이가 분노를 유발하는 반(反) 무슬림 비디오를 트위터에 올린 게 잘못되었다고 말하자 트럼프는 화를 퍼부으면서 메이에게 "영국에서 발생하고 있는 파괴적인 급진 이슬람 테러리즘에나 집중"하라고 말했다.[116] 아울러 테러 공격으로 7명이 사망한 후 사디크 칸Sadiq Khan 런던 시장이 발표한 성명을 곡해하고 칸이 테러리즘에 대해 무사안일하다고 비난하면서 이 성명을 악용하자 영국인들이 분개했다.[117] 놀랍지 않게도 칸과 영국 내 다른 비판가들은 주 영국 미국대사관 신축 청사 개소식에 트럼프가 참석하지 않기로 결정하자 노골적으로 만족감을 표시했고, 트럼프가 미국의 가장 가까운 동맹국 수도에서 환영받지 못한다는 "메시지를 받았다."라고 주장했다.[118]

마지막으로 트럼프는 자유주의 패권의 결점을 본능적으로 파악했을 수도 있겠지만 자유주의 패권을 대체하는 대안이라고 제시할 수 있을 정도로 면밀히 검토해놓지도 못했다. 트럼프는 세계정치를 오로지 승자와 패자만 있는 제로섬 경쟁으로 바라보았지만, 1) 무엇이 미국의 핵심 이익인지, 2) 어떤 지역이 가장 중요한지(그리고 왜 그런지), 혹은 3) 왜 여전히 주권국들이 공동으로 행동해야 하는 핵심 분야에 대한 효과적인 규칙이 필요한지를 전혀 이해하지 못하는 것처럼 보였다. 그리고 국제 문제에 관한 가장 깊은 신념—예를 들면 국제통상 분야에서의 신중상주의 시각이나 기후변화를 부인하는 태도 등—은 그냥 틀린 생각이었다.

이와 대조적으로 2016년 선거 활동 기간 당시 트럼프가 경멸했던 "블롭(Blob)"이라고 알려진 외교정책 커뮤니티는 자유주의 패권이라는 세계관을 명확하게 갖고 있었으며 이런 세계관을 충분히 옹호할 능력도 있었다. 패트릭 포터Patrick Porter가 언급했던 대로 "블롭"에게는 유리한 점이 많았다. 안보 분야 관료집단에 영향을 줄 뿐만 아니라 전통에서 벗어나는 조치가 정당성이 없다고 공격할 수도 있다. 법정에서 내린 판결과 직업공무원들의 조용한 저항, 그리고 넉넉하게 후원을 받는 싱크탱크가 제시하는 논리정연한 대안 등을 활용할 수도 있다. 의회의 제도적 기반도 탄탄하고, 강력한 기업계 커뮤니티와의 연줄도 있으며, 비정부기관과도 네트워크가 구축되어 있다. 이제 막 걸음마 단계 수준의 세계관을 갖고 있던 새 대통령은 이런 장애물을 극복할 수 있을 정도로 탄탄한 수정주의자가 아니었다. 결국 기존 노선에 신속하게 동조했다."[119]

트럼프는 관리자와 지도자로서 한계가 있었고, 이런 특성으로 말미암아 크고 작은 실수가 끊이지 않았다. 어떤 실수는 공동선언문 상의 외국 지도자 성명과 직책의 오기(誤記), 혹은 기본적 철자나 사실관계 상의 오류나 무지가 드러난 공식성명을 발표하는 등 사소한 수준에 그쳤다.[120] 예를 들면 2017년 7월에는 백악관이 G20 정상회의에 관한 보도자료를 발표하면서 시진핑 중국 주석을 대만 지도자로 잘못 표기했고, 아베 신조 일본 총리를 "대통령"으로 틀리게 지칭했다.[121] 트럼프 본인도 가령 2017년 5월에 세르게이 라브로프 Sergei Lavrov 러시아 외교장관과 세르게이 키슬랴Sergey Kislyak 주 미국 러시아 대사와의 회담에서 비밀정보를 부지불식간에 누설하는 등 황당한 실수를 저질렀다.[122]

다른 실수로 훨씬 더 심각한 결과가 있었던 경우도 있었다. 예를 들면 트럼프도 다른 당국자들과 마찬가지로 중국을 심각한 경제적, 군사적 경쟁국으로 인식했고 중국의 부상과 갈수록 커지는 중국의 야심에 미국이 대응해야 한다는 점을 분명히 이해했다. 하지만, 그럼에도 불구하고 TPP 탈퇴는 아시아 핵심 동맹국들 사이에서 미국의 입지를 약화시키는 엄청난 실책이었다. 미국이 TPP에서 탈퇴함으로써 중국은 자신의 영향력을 더 확대시킬 수 있는 기회를 얻었던 반면, 미국은 얻은 게 아무것도 없었다. 순전히 경제적 측면에서만 봐도 실수였다. 다른 TPP 체결국들이 이 협정을 발효시킴에 따라 거대하고 성장하고 있는 시장에 미국 수출업자들이 더 유리하게 접근할 수 없게 되었고, 이 협정에 담겨 있는 보건, 규제 혹은 노동 기준에 대해서도 미국은 발언권을 갖지 못했다.[123]

이와 마찬가지로 트럼프와 보좌진들은 북한의 핵과 미사일 프로그램이 심각한 문제이자 면밀하게 예의주시해야 한다고 정확하게 이해했지만, 트럼프의 엄포와 공갈, 유치한 트위터 메시지로는 북한이 강력한 억지력을 가질 필요가 없다고 설득할 가능성이 없었다. 오히려 트럼프가 무력을 내세우면서 위협함에 따라 역내 미국 동맹국들만 괜히 불안해졌다. 더욱이 북한에 맞설 때 동맹국끼리 같은 입장을 유지하는 게 중요하다는 점을 감안할 때 트럼프가 무역 문제나 미국이 제공하기로 예전에 동의했던 사드(THAAD) 미사일 방어 체제 비용을 누가 부담할지를 둘러싸고 한국과 다툰다는 게 말이 되지 않았다. 핵무기를 생산한 적도 없었던 이란과의 핵합의를 파기하겠다고 계속 위협하면서 다른 한편으로 이미 핵무기를 생산한 북한을 상대로 핵무기를 포기하도록 설득하려고 한 것도 마찬가지로 어리석은 짓이었다.

미국의 중동지역 동맹국들이 극단주의에 맞서 싸우거나 이란에 대응하는 데 더 많이 기여하도록 권유한다는 목표 자체는 합리적이었지만, 막상 트럼프는 이렇게 복잡한 과제를 서투르게 처리했다. 특히 개혁주의자인 모하메드 빈 살만 사우디아라비아 왕세자를 무조건 지지해준 것이 실수였다. 이 젊은 왕세자의 무모한 도박이 트럼프가 구축하려고 했던 연합전선을 약화시켰기 때문이다. 설상가상으로 2017년 7월에 트럼프가 트위터에서 자신이 카타르에 대해 사우디아라비아의 보이콧을 부추겼다는 내용을 암시함에 따라 카타르에 소재한 중요한 공군기지(Al Udeid) 사용권이 위태로워졌고, 이를 무마하고자 매티스 국방장관과 틸러슨 국무장관이 어쩔 수 없이 개입해야 했다.[124](사우디아라비아, 아랍에미리트, 바레인, 이집트는 카타르와 2017년 5월에 카타르의 친이란 노선, 과격단체 비호, 알자지라 방송 왕실비판 보도 등의 문제로 단교

했고, 2021년 1월에 관계를 회복했다—옮긴이)

만약 트럼프가 이란의 위협이 다가오고 있기 때문에 막아야 한다고 진심으로 믿었다면, 이란의 핵프로그램을 후퇴시킨 다자주의 합의를 여러 번 훼손하려고 했던 시도는 전략적으로 큰 실수였다. 미국이 한 약속의 신뢰성에 대한 우려의 씨앗을 뿌렸을 뿐만 아니라 만약 핵합의를 파기하면(혹은 합의의 정신을 조금씩 깎아먹는다면) 이란 지도자들이 타협하도록 압박했던 주요국들로 구성된 연합체도 결국 와해될 것이기 때문이었다.(트럼프는 결국 2018년 5월 18일에 JCPOA 탈퇴를 선언했다—옮긴이) 이렇게 된다면 이란 내 강경파에 힘이 실릴 것이고, 이란에게 핵억지력이 필요한 이유가 더 많아질 것이다. 결국 미국은 핵무기를 보유한 이란 아니면 예방전쟁 중에서 택일해야 하는 상황에 놓일 것이다. 트럼프가 지지한다는 이기적인 "미국 우선주의" 관점에서 순수하게 보더라도 트럼프의 접근법은 도무지 말이 안 되었다.

마지막으로 논란이 많았던 트럼프의 예루살렘에 관한 결정(열정적인 시오니스트이며 트럼프의 선거운동에 가장 많은 정치자금을 기부했던 셸든 애델슨Sheldon Adelson에게 해줬던 약속을 지키기 위해서 이런 결정을 했다는 언론 보도가 있었다)은 미국의 안보를 증진하지도 않았고, 그렇다고 미국이 부유해지지도 않았다. 그렇다고 미국적 가치가 증진되지도 않았다.[125] 이전 대통령들도 예루살렘의 이스라엘 수도 승인과 미국 대사관의 예루살렘 이전은 최종적인 평화합의 달성을 위해 사용할 수 있는 좋은 카드라고 생각했지만, 트럼프는 아무것도 받지 않은 채 이 카드를 포기해버렸다. 트럼프의 조치로 미국이 받은 것은 보편적 수준에 가까울 정도의 국제사회로부터의 비판이었다. 미국의 조치를 규탄하는 유엔 총회 결의안은 헤일리 미국대사가 만약 채택된다면 미국이 자금 지원을 삭감하겠다고 위협했음에도 불구하고 135 대 9로 채택되었다.[126]

일부 사람들은 2018년 2월부터 시작된 트럼프의 외교안보 진용 개편을 외교안보 분야 주류에 속했던 보좌진의 제약으로부터 벗어나서 대선 후보 시절 밝혔던 과격한 노선으로 되돌아가려는 트럼프의 욕망이 반영된 결과로 보았다.[127] 통상정책에서는 이런 평가가 어느 정도 적용될 수도 있겠지만, 틸러슨, 콘, 맥마스터 등이 경질되고 폼페오, 해스펠, 볼턴과 같은 인사가 기용되었다고 해서 기득권층의 사고방식을 배격했거나 미국의 전략이 파격적으로 변화했다고 보기는 어렵다. 이들은 각자 외교정책 주류 커뮤니티에서 나름 존경받는 직위에 있었고 핵심 외교사안에 대한 시각이 전체적인 스펙트럼에서 볼 때 분명히 매파 성향이기는 했지만, 여전히 워싱턴 주류사회의 컨센서스에서 "수용할 만한" 범위 안에 들어 있었다.[128] 이들 중 아무도 군사력에 덜 의존하자거나 다자주의 외교를 더 강조하거나, 아니면 미국의 해외 개입을 상당히 축소하자는 주장을 지지할 것처럼 보이지 않았다.

어찌 되었건 이런 인사들의 기용은 원래 형태 그대로의 트럼프주의의 승리라기보다 조지 W. 부시, 딕 체니, 네오콘의 공격적 일방주의로의 귀환에 가까웠다. 이와 같은 인적 교체는 그 자체로서 앞 장에서 제시했던 주장을 뒷받침해주는 추가적인 증거가 된 셈이다. 즉, 미국은 과거의 실패로부터 교훈을 얻지 못하는 경우가 잦으며, 어떤 교훈이건 잠시 받아들이더라도 잊어버리는 성향이 있다는 점이다. 거의 아무도 책임을 추궁당하지 않았고, 성과가 아주 안 좋았던 정부 관리들이 과거의 실수를 되풀이할 수 있는 새로운 기회를 얻는다.[129]

무능함이 남긴 여파

전체적으로 보았을 때 "미국 외교정책의 녹을 털어내려고" 했던 트럼프의 시도는 결국 크게 퇴보했던 것으로 확인되었다. 감당할 수 있는 수준 이상으로 과도하게 짊어지고 있는 미군의 부담을 줄이고 미국의 해외 개입 의무를 축소하기는커녕 트럼프는 미국의 기존 개입을 모두 다 유지했고 아프가니스탄 내 병력 규모를 증가시켰으며, 멀리 떨어진 몇몇 전역(戰域)에서 작전을 가속시켰다. 심지어 북한과 어쩌면 이란까지 상대하게 되는 새로운 전쟁에 대한 두려움까지 부추겼다.

대외경제정책을 다루는 트럼프의 솜씨도 마찬가지로 서툴렀다. 무역전쟁이라는 공포를 야기했지만 막상 얻어낸 긍정적인 결과가 거의 없었다. 약속했던 "아름다운" 무역 합의는 아직 구체화되지 못했고(NAFTA를 개정한 USMCA는 2019년 12월 10일에 최종 서명되었고, 2020년 7월 1일에 발효했다. 한미 FTA를 개정하는 추가의정서도 2018년 9월 3일에 공개되었다—옮긴이), 반전시키겠다고 약속했던 무역수지 적자 규모는 취임 첫해가 끝났을 때 2012년 이후 최대치를 기록했다.[130] 중국의 약탈적 무역 및 투자 관행에 강경하게 대응하겠다는 트럼프의 입장은 옳았지만, 이 문제를 처리하는 트럼프의 방식은 일관성이 없었다. 외교협회(CFR)의 엘라이 래트너Ely Ratner가 관찰한 바와 같이 "트럼프가 더 이상 안 된다고 말한 것 그 자체는 옳았다. 그러나 트럼프 행정부가 모든 것을 다 망쳤다." 미국의 일방적 제재에만 의존하기보다 중국을 압박하기 위해 기존 WTO 체제 하에서 조치를 취하고 전 세계 주요 경제대국과 연합체를 구축하는 게 차라리 훨씬 더 타당했을 것이다. 그러나 트럼프는 이미 TPP(부분적으로는 중국의 무역 관행에 대응하려는 의도가 있었다)를 탈퇴한 상황이었고 관세와 수입할당을 부과하겠다고 위협함으로써 잠재적 협력국과도 소원해졌다. 그리고 반복적으로 WTO를 비판했고 WTO를 약화시키려는 조치를 취했으며, 이로 인해 중국을 압박하기 위한 도구였음에도 불구하고 힘이 빠졌다. 중국의 행태를 바꾸고 싶다는 트럼프의 입장은 진지했을지 모르지만, 이 사안을 놓고 갈팡질팡하면서 안 그랬을 때보다 훨씬 더 효과가 없었다.[131]

트럼프는 오랫동안 스스로를 "거래의 기술(the art of the deal)"에 통달한 냉철한 협상가로 내세웠지만, 외교정책을 다루는 그의 방식은 〈뉴욕타임스〉 칼럼니스트인 토머스 L. 프리드먼의 말에 따르면 "퍼주기의 기술(the art of the giveaway)"이라고 묘사하는 게 더 정확했다.[132] 예루살렘과 TPP 탈퇴라는 결정이 대표적 사례이며, 논의 조건을 일단 설정하지도 않은 채 김정은이 초청한 정상회담을 충동적으로 수락한 사례도 마찬가지였다. 정상회담을 수락함으로써 트럼프는 전 세계가 지켜보는 가운데 김정은에게 북한 지도자들이 오랫동안 탐내왔던 선물, 즉 세계에서 가장 강력한 국가의 대통령과 동등한 존재로 대접받으면서 직접 대면해서 협상할 기회를 내줬다. 이렇게 충격적인 양보의 대가로 트럼프는 무엇을 받아냈는가? 아무것도 없었다.

무엇보다도 트럼프가 미국의 판단력에 대한 다른 나라들의 남아 있는 신뢰성을 거의 혼자서 까먹었다는 점이 최악이었다. 자유주의 패권을 추구하려는 시도가 좌초되고 금융위기로 말미암아 월스트리트의 진실성과 능력, 평판이 실추됨에 따라 미국의 현명함과 유능함을 의심하지 말아야 할 이유가 냉전 종식 이후 계속 줄어들었다. 국내적으로도 당파적 분쟁과 정치적 교착상태로 말미암아 국내외 문제에 대처할 수 있는 미국의 능력에 대한 의구심이 한층 더 제기되었으나, 오바마 행정부가 위기 이후 경제회복을 비교적 성공적으로 관리한 결과 이런 우려가 일부나마 불식되었다. 그러나 트럼프가 이렇게 지속되어왔던 우려를 전례가 없는 수준으로 끌어올렸다. 전 세계 지도자들과 대중들은 미국 대통령이 자신이 무슨 짓을 하는지에 대해 알고 있는지 의문을 가질 이유가 갑자기 생겼다. 그리고 다른 국가들, 특히 중국과 대비될 수밖에 없었다.[133]

예를 들어 오바마 2기 행정부가 끝나갈 무렵에 37개국에서 실시되었던 설문조사에 따르면 응답자 중 약 64퍼센트는 여전히 미국의 리더십을 신뢰하고 있었다. 도널드 트럼프가 취임한 지 6개월도 채 안 되어서 "신뢰"한다는 퍼센트 비중이 22퍼센트가 하락했고, 특히 일본과 한국과 같은 나라에서 이 수치가 급격하게 떨어졌다. 전 세계에서 시진핑 중국 주석과 블라디미르 푸틴 러시아 대통령이 현직 미국 대통령보다 "세계 문제를 제대로 다룰 가능성이" 크다고 믿는 사람이 더 많았다는 점이 두드러졌다.[134] 취임한 지 1년이 되었을 때 나온 조사결과도 별반 낫지 않았다. 갤럽이 134개국에서 실시해서 2018년 1월에 발표한 설문조사 결과에 따르면 "미국 리더십에 대한 세계적 지지"가 2016년에는 평균치가 48퍼센트였으나 2017년에는 30퍼센트까지 떨어져서 역사적으로 최저 수준을 기록했고, 미국의 오랜 동맹국들에서 하락폭이 가장 컸다.[135]

불안정한 행보와 비일관성, 당혹스러운 사건이 이어지자 다른 나라들이 피해를 입지 않으려고 위험을 분산하면서 미국을 배제한 채 거래하기 시작했다. EU와 일본은 2017년 7월에 주요 무역협정에 서명했고, 독일과 캐나다 지도자들은 미국에 대한 신뢰가 부족하다면서 자신들의 운명을 스스로 책임져야 한다고 공개적으로 발언했다.[136] 한편, 중국은 야심찬 일대일로 구상(One Belt, One Road initiative)을 중앙아시아에서 계속해서 발전시키고 있었으며, 16개 아시아국과 역내포괄적경제동반자협정(RCEP)을 협상하고 있었다. RCEP는 원래 미국이 주도하는 TPP에 맞서기 위한 중국의 대응책이었으나, 트럼프가 TPP에서 탈퇴하겠다고 결정함에 따라 중국은 "거부할 수 없는 기회"를 얻었다.[137] 그리고 이 모든 우려스러운 상황 전개의 책임은 전적으로 도널드 트럼프에게 있다.

결론

트럼프 대통령의 첫해를 돌이켜볼 때 힐러리 클린턴이 백악관에 있었더라도 많은 부분에서 동일한 정책을 추구했을 것이라고 상상하기가 어렵지는 않다. 아사드 정권이 화학무기를 사용했을 때 클린턴도 거의 틀림없이 군사력을 사용했을 것이며, 트럼프가 그랬던 것처럼 클린턴도 의심의 여지없이 NATO와 중동 내 전통적인 동맹국들에 대한 미국의 지지를 재확인했을 것이다. 이란 핵합의는 그대로 놔뒀겠지만 여타 분야에서 대 이란 강경노선을 취했을 것이다. ISIS에 대한 군사작전도 틀림없이 지속했을 것이고, 멀리 떨어진 지역에서도 대 테러 작전을 계속했을 것이다. 북한의 미사일 시험발사에 대해서는 매우 비판적이었겠지만 협상에는 열린 태도를 보였을 것이다. 국방비 증액을 반대하거나 아프가니스탄 내 미군을 증원해달라는 군의 요청을 거부했으리라고 생각할 만한 이유도 거의 없다[138] 클린턴이었다면 민주주의와 인권의 중요성을 더 공개적으로 강조했겠지만, 만약 미국과 가까운 동맹국이 그에 미치지 못하더라도 눈감아주었을 것이다. 중국을 보다 효과적으로 견제하기 위해 TPP를 반대하는 자신의 입장으로부터 선회했을지 여부는 다소 의심의 여지가 있지만, NAFTA를 갱신하고 WTO를 개혁하려고 하는 동시에 TPP 협정의 경우는 적절한 수정을 밀어붙이려 했을 것이라고 쉽게 예상할 수 있다.

그러나 클린턴이 트럼프처럼 서투르게 이런 목표를 추구했을 것이라고 상상하기는 매우 어렵다. 만약 클린턴이 대통령이었다면 트럼프처럼 적국과 동맹국, 언론, 미국 정부기관 전체와 싸우려고 반복적으로 트위터를 사용하는 일이 절대로 없었을 것이다. 클린턴이었다면 처음부터 경륜 있는 내부인들을 행정부에 앉혔을 것이며, 트럼프가 입성한 첫날부터 백악관의 특징이 되었다고 볼 수 있는 극심하고 쉴 새 없는 혼란상은 없었을 것이다.[139] 클린턴이 주도하는 미국은 여전히 결함 있는 대전략을 추구했을 것이며, 별로 성공하지는 못했겠지만, 이렇게 잘못된 접근법을 훨씬 더 잘 실행했을 것이라는 사실에는 의문의 여지가 없다.

이 장에서 보여주듯이 트럼프의 수사적 발언과 관점이 자유주의 패권과 상충했을지도 모르지만, 트럼프 행정부의 실제 정책은 대부분 자유주의 패권을 지속하고 있었다. 근본적으로 미국은 결함이 있는 대전략을 계속 받아들이고 있지만, 그 전략의 실행 자체가 현대의 기억으로는 가장 무능한 대통령의 손에 달려 있었던 것이다. 어리석은 정책과 무능한 국정운영이 치명적으로 결합된 결과는 이미 자명하다. 미국의 영향력과 지위가 쇠퇴하고 있지만, 미국의 세계적 부담은 줄지 않았다. 트럼프의 실책으로 말미암아 아시아와 중동, 심지어 유럽에서까지 긴장이 높아졌고, 이로 인해 미국과 동맹국들에게 새로운 문제가 대두되었다. 그리고 트럼프가 미국과 전 세계 거의 모든 나라에 추가적으로 피해를 입힐 세계적 보호주의의 물결을 촉발할 여지는 여전히 남아 있다.[140]

슬프게도 트럼프 대통령 시기는 현재까지 미국 외교정책을 어떤 식으로 고쳐서는 안 되는지에 대해 마치 교과서 같은 본보기가 되었다. 또한 아무리 나쁜 상황이더라도 더 악화될 수도 있다는 사실도 깨우쳐준다. 마지막 장에서 상황을 개선하기 위해 어떻게 해야 할지 설명하고자 한다.

07

미국 외교를 위한 더 나은 전략: 역외균형

A Better Way

미국이 최근에도 세계 문제를 관리하고 영향을 미치려고 노력했음에도 불구하고 미국은 안보가 증진되지도 않았고 더 부유해지지도 않았다. 또한 이런 노력에도 불구하고 미국의 정치적 핵심가치가 증진되지도 못했다. 오히려 미국 외교정책으로 인해 적이 더 많아졌고 주요 핵심지역이 불안정해졌다. 수천 명의 목숨과 수조 달러를 투입했던 전쟁이 실패로 돌아갔고, 해외에서 심각한 인권침해가 야기되었으며 중요한 시민의 자유도 위태로워졌다.

이 책은 왜 그렇게 되었는지 설명하고자 했다. 민주당과 공화당 둘 다 자유주의 패권이라는 잘못된 전략을 추구했기 때문에 이런 실패가 발생했고 지속되었다고 지적했다. 이 전략을 추진하면서 약속했던 내용이 계속 실현되지 못했지만, 외교안보 분야 기득권층은 여전히 이 전략에 전념하고 있으며, 대중을 상대로 이 전략을 납득시키기에 아주 이상적인 위치에 있다.

도널드 트럼프가 대통령에 출마하면서 이런 컨센서스에 도전했고, 비록 마구잡이 방식이었지만 이 노선을 변경하려고 했다. 그러나 트럼프는 미국 정책의 진정한 혁명을 이끌어낼 수 있는 감각과 규율, 정치적 지지가 부족했다. 오히려 이 사안을 서툴게 다루면서 미국의 영향력만 약화시켰고, 미국의 부담을 줄이지도 못했다. 미국 외교정책이 "총체적 재난"이라는 트럼프의 지적이 대체로 타당했을 수도 있겠지만, 자유주의 패권을 대체할 만한 논리정연한 대안을 개발해내지 못했다. 그의 오판과 형편없는 인사 기용, 무분별한 결정이 상황만 악화시켰다.

반론

미국 외교정책이 완벽하지 못하다고 인정하더라도 미국의 최근 시도에 대해 내가 제시한 비판과 이런 실패에 대한 설명에 반대하는 사람이 있을 수도 있다. 가령 미국 외교정책이 과거보다 더 나쁜 건 아니라고 주장할 수도 있다. 미국은 1940년대에 파시즘의 위험을 늦게 깨달았고, 제2차 세계대전 이후에는 공산주의의 위협에 과민반응했다. 동부 기득권층 중에서 "최고로 총명한 사람들"이 인도차이나반도에서 벌어지고 있었던 실익이 전혀 없는 전쟁으로 이 나라를 끌고 들어갔고, 너무나 오랫동안 발목이 잡혔다. 동시에 중동에서 일어나는 사건들을 잘못 다뤘고, 수없이 많은 고약한 독재자들이 자칭 반공주의자로 행세했다는 이유로 이들을 지원해줬다. 이런 시각에서 본다면 미국 외교정책은 늘 그랬듯이 괜찮았고(아니면 나빴고), 미국이 최근에 저지른 실책은 미국의 우월한 지위나 혹은 자유주의 패권에 전념하는 외교정책 커뮤니티와 거의 무관하다고 볼 수도 있다.

과거 미국 지도자들이 다들 어느 정도 실책을 공유했다는 점에서 볼 때 이런 시각에는 일말의 진실이 있다. 하지만 일부 과거 행정부는 눈부신 성과가 있었다. 특히 무시무시한 팽창주의 세력들(두 번의 세계대전 기간 당시 독일과 일본)을 상대했거나 전 세계로부터 상당한 지지를 받는 혁명적 이념과 핵무기를 보유한 대륙 규모의 초강대국에 맞섰던 행정부의 성과는 두드러졌다. 미국 지도자들이 국제 공산주의 세력의 위험을 과장했을 수도 있겠지만, 결코 가상적인 위협은 아니었다. 40년 이상 동안 공화당과 민주당 둘 다 전면전을 회피하면서도 소련이라는 경쟁국을 봉쇄하고 제거하기 위해 레이저 빔처럼 집중했고, 경제적, 군사적, 외교적 수단을 총동원해서 평화로운 승리를 쟁취하려고 했다. 물론 이들도 각자 실수를 저질렀고 그중에서도 베트남이라는 최악의 실수도 있기는 했지만, 많은 일을 바로잡았다. 실패에도 불구하고 탈냉전기 4명의 대통령이 놓쳤던 기회나 자초했던 상처들의 향연과 비교하면 실적이 훨씬 좋다.

미국 외교정책을 옹호하는 사람들이 아울러 다른 나라들의 성과가 더 나빴다고 주장할 수도 있다. 미국 정부 당국자들이 이스라엘-팔레스타인 평화 프로세스를 잘못 다루었을 수도 있고, 두 눈을 뜬 채 아프가니스탄과 이라크라는 수렁으로 걸어 들어갔을지도 모르며, 러시아 등과 건설적인 관계를 구축하지 못했을 수도 있다. 그럼에도 불구하고 리비아의 무아마르 카다피(외국이 개입해서 타도되었고 최종적으로 사살되었다)나 이라크의 사담 후세인(전쟁에서 세 번 패했고 결국 자신의 후임자에게 처형당했다), 아니면 터키의 레제프 에르도안(10년 전에는 "주변국들과 문제가 하나도 없었던" 나라가 오늘날 사실상 모든 주변국과 갈등을 겪고 있다)보다는 여전히 낫다는 것이다. 미국 외교정책 엘리트들은 빈번하게 발을 헛디딜지도 모르지만, 어쩌면 너무나 많은 문제를 해결하려다 보니까 그럴 수도 있다는 주장이다.

이런 주장은 처음에는 설득력이 있어 보이지만, 자세히 들여다보면 이치에 맞지 않다. 만약 어떤 나라의 외교정책을 그 나라를 더 안전하고 부유하게 만들었는지, 어떤 특정한 핵심가치를 증진했는지로 판단한다면 적어도 미국만큼 잘한 나라들이 상당히 많으며, 일부 국가들은 훨씬 더 뛰어난 성과를 거두었다. 예를 들어 대부분의 분쟁으로부터 거리를 두고 경제개발에 집중한 중국은 국민의 삶을 극적으로 향상시켰고, 30년 전보다 국제사회에서 영향력도 더 커졌다. 이란은 일부 강경파 우려론자들이 상상한 것처럼 역내 초강대국이 전혀 아니지만, 미국과 여타 국가들의 강력한 반대에 맞서서 역내 입지를 강화하려고 미국의 실책을 충분히 활용했다. 러시아도 경제나 인구 측면에서 쇠퇴하는 강대국일지도 모르지만, 1990년대처럼 경제가 완전히 마비되어 있지는 않다. 그리고 블라디미르 푸틴은 지난 15년간 불리한 싸움에서 나름 상당히 선전해왔다.[1]

마찬가지로 미국의 많은 부유한 동맹국들도 지난 수십 년 동안 안보를 상당히 "공짜로" 누려왔다. 미국이 세계적 안보 부담을 불균형할 정도로 많이 짊어졌기 때문에 동맹국들이 다른 데 돈을 쓸 수 있었다. 미국이 최근에 저지른 실책 때문에 수천 명의 미국인과 외국인이 목숨을 잃었다는 사실을 잊어서도 안 된다. 미국보다 더 많은 피해를 다른 국가에 끼친 국가도 있었지만 많지는 않았다.

더욱이 비록 미국의 외교정책이 시종일관 다른 나라보다 성과가 좋았다고 하더라도 이게 진정한 문제가 아니었다. 진정한 문제는 미국 외교정책이 합리적으로 기대한 만큼 훌륭한지 혹은 미국 지도자들의 선택 때문에 미국인들이 피할 수 있었던 비용과 위험을 부담해야 했는지 여부이다. 몇몇 다른 나라보다 낫다는 주장은 개선의 여지가 상당히 있을 때 내세울 만큼 설득력 있는 옹호 논리가 못 된다.

물론 회의론자들이 핵심 외교안보 당국의 성과가 시원찮다는 사실을 인정하면서도 여전히 군대와 외교관, 정보기관, 그리고 외교정책 커뮤니티 부문의 성과가 여타 공공정책 분야보다 훌륭하다고 주장할 수도 있다. 그렇다면 과연 미국 외교정책이 어설플 수도 있지만 공공교육이나 범죄 예방, 경제 운용, 공공 인프라 관리보다 더 잘했다는 말인가? 만약 그렇다면 이 책에서 제시된 비판이 어쩌면 너무 가혹한 것일지도 모르며, 미국의 대외관계를 책임지는 사람들을 보다 너그럽게 평가해야 할 것이다.

이런 변명도 마찬가지로 요점을 놓쳤다. 상이한 정부 부문별로 순위를 매길 수 있는 벤치마크나 성과평가 지표가 존재하지 않으며, 이들을 정확하게 비교한다는 게 거의 무의미하다. 하지만 사회보장, 메디케어, 예방접종 활동, 혹은 과학연구를 위한 연방정부 차원의 지원 등 수많은 최근 외교정책보다 더 성공을 거두었고 인기도 높은 공공정책 분야를 찾기가 어렵지 않다.[2] 그리고 비록 연방정부가 실제로 외교정책 분야에서 공공인프라 관리, 치안 유지, 총기 관리 등보다 더 성과가 좋았다고 할지라도 여전히 잘못된 목표를 추구하고 있는 것일지도 모른다. 그렇기 때문에 충분히 할 수 있었던 만큼 미국을 안전하거나 번영하게 만들지 못했던 것일 수도 있다.

마지막으로 미국의 최근 외교정책에 대한 나의 비판이 특히 이라크와 아프가니스탄에서의 실패 사례 등 소수의 사건에만 의존하고 있을 뿐이며 전반적인 성과가 상당히 긍정적이라고 반박할 수도 있다. 일부 자유주의 패권 옹호론자들은 이제는 이런 실책만 아니었다면 미국의 세계적 리더십이 아주 괜찮았을 것이라고 주장하고 있다. 그들로서는 미국이 지속적으로 "깊게 관여"해야 하며, 이라크전과 같은 어리석은 실수를 피하면서 자유주의 패권을 계속 추구해야 한다는 게 명백하게 얻은 교훈이었다.[3]

이런 옹호 논리는 명백히 잘못된 두 가지 문제가 있다. 첫 번째로 자유주의 패권이 실패한 사례는 이라크에만 국한되지 않으며 NATO 확대에 따른 악영향과 아프가니스탄, 예멘, 리비아, 여타 지역에서의 정권 교체에 따른 여파, 무제한적인 "테러와의 전쟁," 중동 평화 프로세스의 처리를 둘러싼 실수, 대량살상무기의 지속적 확산, 그리고 2008년 금융위기 이후 불거진 민주주의에 대한 반발 등도 포함된다. 만약 2003년과 그 이후에 "사담 후세인을 봉쇄만 했더라면(kept Saddam in a box)" 미국의 상황이 지금보다 훨씬 더 좋았겠지만, 그럼에도 불구하고 여타 외교 분야는 여전히 실망스러웠을 것이다.

두 번째로 만약 이라크전만 지적한 비판이라고 해도 자유주의 패권이 이런 실수를 저지를 가능성이 얼마나 큰지 간과하고 있다. 일단 미국이 미국식 가치를 전파하고, 독재국가를 민주주의로 전환하며, 대량살상무기를 추구하는 독재자를 무장해제하는 데 전념하는 한, 그리고 스스로를 국제사회의 안정을 위해 반드시 필요한 리더십을 갖춘 "필수불가결한 나라"라고 천명한 이상 다른 수단이 이런 목표들을 달성하지 못할 때마다 불가피하게 무력에 호소하기 마련이다.[4] 미국인들은 당분간 이라크에서 겪은 경험을 반복하는 일이 없도록 기피하겠지만, 제5장에서 봤듯이 이런 교훈은 침공 결정을 지지했고 이라크에 군대를 더 오래 주둔시켰어야 했다고 주장하는 사람들로부터 이미 도전받고 있다.

요컨대 이런 알리바이 중에 어느 것도 최근의 외교정책 실패로부터 미국 지도자들의 책임을 면제해주거나, 클린턴, 부시, 오바마 대통령이 각자 조금씩 다른 방식으로 다들 추구했으며 도널드 트럼프조차 폐기하지 못했던 자유주의 패권 전략의 정당성을 입증해주지 않는다. 따라서 미국 지도자들이 외부 세계를 상대하는 새로운 접근법, 즉 새로운 대전략을 채택할 때까지 미국 외교가 개선될 가능성이 낮다. 새로운 전략은 어떻게 되어야 하며, 어떻게 하면 이 전략을 채택하라고 이 나라를 설득할 수 있을까?

대안: 역외균형

지난 20년 동안 반복된 실패를 감안할 때, 미국인들이 최근 그 어느 때보다도 다른 대전략을 선뜻 받아들이려고 한다는 사실이 그다지 충격적이지 않다.[5] 이 책의 서두에서 언급했듯이 트럼프의 2016년 11월 대선 승리 그 자체가 이미 상당한 불만이 있었다는 방증이었다. 미국인들은 미국이 "공유하는 리더십"을 유지하기를 원하며, 아주 소수의 사람만이 미국이 "지배적인" 세계 강국이 되기를 원하고 있다. 다양한 상황에서 무력 사용을 지지하는 여론이 그다지 높지 않다.[6] 실제로 2018년 초에 실시된 설문조사에 따르면 70퍼센트 이상의 미국인들은 "승리나 성공에 대한 규정과 명확한 일정 등을 포함해 해외 군사 활동을 승인하기 위한 명시된 목표"를 요구하는 법안을 지지한다고 밝혔다.[7]

더욱이 이제 적극적으로 정치 활동에 나서는 "밀레니얼" 세대는 외부 세계에 대한 관여를 이전 세대와 상당히 다른 시각으로 보고 있다. 밀레니얼 세대는 외부 위험이 적다고 인식하며, 반사적으로 애국심을 보이거나 오늘날의 세계적 문제를 군사적으로 해결하려는 성향이 확실히 덜하다.[8] 2016년 대선 기간 중 우파의 트럼프와 좌파의 샌더스 둘 다 선거유세를 하면서 민주주의를 증진하고 동맹국 방위를 지원하며 군사 개입을 하는 미국의 성향을 문제 삼을 때마다 청중들이 이를 잘 받아들였다. 주류 외교정책 커뮤니티의 살아 있는 화신이나 다름없었고 외교안보 분야 "전문 두뇌" 집단을 거느리고 있었던 힐러리 클린턴만 홀로 현상유지(status quo)를 옹호했다.[9]

다행히도 미국의 전통적 대전략인 역외균형(offshore balancing)이라는 우월한 대안이 여전히 이용 가능하다. 역외균형은 미국이 지향하는 모습에 맞춰 세계를 개조하는 대신, 세계적 세력균형에서 미국의 위치에 관심을 두면서 다른 나라가 미국을 위협할 수도 있는 방식으로 힘을 투사하는 것을 막는데 초점을 둔다. 따라서 역외균형은 미국의 사활이 걸린 이익이 직접 위협받을 때에만 해외에서 힘을 사용하라고 요구한다.

특히 역외균형에 따르면 미군을 보내서 목숨을 걸고 싸워야 할 정도로 전 세계에서 미국의 안보와 번영에 관한 사활적 이익이 걸린 지역은 일부에 불과하다. 첫 번째로 사활적 이익이 걸린 지역은 서반구 그 자체다. 이 지역에서 미국의 지배적 위치는 어떤 이웃 국가도 미국 본토에 심각한 위협을 제기할 수 없도록 만든다. 이처럼 운이 좋은 상황은 다른 어떤 주요 강대국도 누려본 적이 없는 호사이다.[10]

하지만 고립주의자와 달리 역외균형론자는 멀리 떨어진 세 지역인 유럽, 동북아시아, 페르시아만 지역이 미국에 중요하다고 믿는다. 유럽과 아시아는 산업강국과 잠재적 군사강국이 밀집한 핵심지역이어서 아주 중요하다. 페르시아만 역시 전 세계 석유의 약 30퍼센트를 생산하고 있고 확인된 매장량이 전 세계의 55퍼센트를 차지하고 있으며, 석유와 가스가 여전히 세계경제에 꼭 필요하기 때문에 적어도 현재로서는 중요하다.

역외균형론자로서는, 마치 미국이 현재 서반구를 지배하는 것처럼 지역 패권국이 등장해서 이러한 지역들 중 어느 한 곳을 똑같이 지배하는 상황을 가장 우려한다. 유럽이나 동북아시아에서 그런 국가가 출현한다면 상당한 경제적 영향력과 정밀무기 제조능력, 그리고 전 세계 곳곳에 힘과 영향력을 행사할 수 있는 잠재력을 보유할 것이다. 그리고 궁극적으로 미국보다 더 많은 경제적 자원을 통제할 수도 있으며 군비 경쟁에서 미국을 능가할지도 모른다. 그리고 이런 지역 패권국은 심지어 서반구에 있는 국가와 동맹을 체결할 수도 있고, 이 패권국의 본토가 주변국으로부터 심각하게 위협받지 않을 것이기 때문에 미국 영토 가까이에서 간섭할 수 있을 것이다.

따라서 유럽과 동북아시아에서 미국의 최우선 목표는 이 지역에서 가장 강력한 국가가 주변국을 신경 쓰느라 서반구나 미국에 매우 긴요하다고 생각되는 지역까지 진출해서 마음대로 누비지 못하게 역내 세력균형을 유지하는 것이다. 예를 들어 페르시아만에 패권국이 등장하는 상황도 바람직하지 못하다. 이런 국가가 이 지역으로부터의 석유 공급을 방해할 수도 있고, 세계경제에 피해를 주고 미국의 번영까지 위협할 수 있기 때문이다. 하지만 미국은 이 지역을 직접 통제할 필요는 없다. 이 지역이 다른 주요 강국, 특히 미국에 필적할 만한 경쟁국이 장악하지 못하게 하기만 하면 이런 핵심적인 전략 목표를 달성할 수 있다.

역외균형이 어떤 식으로 작동할 것인가?

역외균형 전략에 따르면 미국 국가안보 기관의 적절한 규모와 역할은 핵심 지역 내 권력분배 상황에 따라 좌우된다. 만약 유럽이나 동북아시아, 혹은 페르시아만에 두드러진 패권국이 없다면 미국이 지상군이나 공군을 그 지역에 배치해야 할 이유가 없고, 다른 주요국을 왜소하게 보일 정도로 방대한 외교 안보 조직도 거의 필요없다.

만약 잠재적 패권국이 등장한다면 미국은 첫 번째 방어선으로서 일단 현지 세력에 의존해야 한다. 이 나라들이 먼저 각자의 이익을 위해 세력균형을 유지하고 스스로 역내 안보를 관리하도록 해야 한다. 미국은 물질적으로 지원할 수 있으며, 만약 특정한 역내 국가가 정복당할 위기에 처하면 지원하겠다고 약속할 수도 있지만, 대부분의 상황에서 대규모로 미군을 배치하지 않고 자제해야 한다. 일부 경우에는 해외에 소규모 파견대와 정보수집 시설, 혹은 사전 배치된 물자를 유지하는 게 현명할 수도 있겠지만, 어떤 국가가 자신이 속한 지역을 지배하지 못하도록 막는 데 역내 국가들이 더 큰 이익을 갖고 있기 때문에 대체로 미국은 이들에게 "책임을 떠넘길" 것이다.

하지만 만약 역내 국가들이 그들 스스로 잠재적 패권국을 봉쇄하지 못한다면 미국은 역내균형을 미국에 유리하게 바꿔놓기 위해 반드시 이 지역에 충분한 군사력을 투입해야 한다. 만약 역내 국가들이 그들 스스로 균형을 유지할 수 없다면 전쟁이 발발하기 전에 미군이 필요할 수도 있다. 가령 미국 지도자들은 서유럽 국가들이 독자적으로 소련을 봉쇄할 수 없다고 믿었기 때문에 냉전기 내내 유럽에 대규모의 미 지상군과 공군을 유지했다.[11]

다른 경우로서, 만약 어느 한 편이 지역 패권국으로 등장할 가능성이 있어 보인다면 미국은 전쟁이 시작된 후에 개입할 수도 있다. 두 차례의 세계대전 당시에 미국은 이런 식으로 참전했다. 두 번 다 독일이 전쟁에서 승리해서 유럽을 지배할 것처럼 보이고 나서야 미국이 늦게 참전했다.

본질적으로 이 전략은 때로는 미국이 충돌이 발생하기 전에 역내 개입을 해야 할 필요가 있다는 점을 인식하면서도 가능한 한 오랫동안 미군을 "역외"에 붙들어두는 것을 목표로 한다. 만약 충돌이 일어날 경우 미국은 역내 동맹국들이 가능한 한 최대한으로 부담을 짊어지게 해야 하며, 위협을 퇴치하고 나면 다시 역외로 빠져나와야 한다.

역외균형의 장점

명백하게 역외균형은 장점이 상당히 많다. 무엇보다 역외균형을 한다면 멀리 떨어진 지역을 보호하기 위해 투입해야 하는 자원을 줄이고 그 대신 국내적으로 더 많이 투자하고 소비할 수 있다. 그리고 미국이 지켜주겠다고 약속하는 지역을 한정함으로써 위험한 지역에 투입하는 미국인도 적어진다.

두 번째로 역외균형은 현재 미국이 누리는 우위를 연장시켜줄 것이다. 비용도 크고 역효과를 낳는 성전(聖戰)을 피하면서 교육, 인프라, 연구개발 활동 등 국력과 부를 위한 장기적 구성요소에 더 많은 투자가 가능해지기 때문이다. 미국은 중국이 지난 30년간 해왔던 것처럼 19세기 당시에는 멀리 떨어진 지역에서 발생하는 전쟁으로부터 거리를 두고 전 세계에서 가장 크고 발전한 경제를 수립하면서 강대국이 되었다. 그리고 중국이 국내에서 힘을 키우고 있을 때 미국은 자유주의 패권을 추구하면서 수조 달러의 돈을 낭비했고, 미국의 우위 또한 위태로워졌다. 역외균형 전략으로의 복귀는 이런 문제를 해결하는 데 도움이 될 것이다.

아울러 역외균형은 다른 국가들이 미국의 보호에 "무임승차"하려는 경향을 줄일 것이다. 이 문제는 냉전이 종식된 이래 커지고 있었다. 예를 들면 미국의 GDP는 NATO 전체의 50퍼센트도 안 되는 반면, 미국은 홀로 이 동맹 전체 국방비의 75퍼센트를 차지하고 있다.[12] 아시아에서는 세계 3위 경제대국인 일본과 호주와 같은 미국의 핵심 동맹국이 국방비로 GDP의 2퍼센트도 지출하지 않는 등 방위 역량을 강화하려는 역내 노력이 여전히 미진하다.(일본은 평화헌법 등의 영향으로 국방비 지출이 GDP의 1퍼센트를 하회하며, 호주는 약 1.9퍼센트를 지출하고 있다. 한국은 2.7퍼센트를 지출하고 있고, 미국의 국방비는 GDP의 3.4퍼센트 수준이다—옮긴이) MIT의 배리 포젠Barry Posen이 언급한 바와 같이 동맹국들의 방위를 위해 미국이 보조금을 기꺼이 주려고 하는 것은 어쩔 때는 "부자를 위한 복지(welfare for the rich)"에 해당한다.[13]

역외균형 전략을 취한다면 테러리즘 문제도 덜 근심하게 될 것이다. 자유주의 패권 때문에 미국은 낯선 곳에서 민주주의를 전파하는 데 전념하게 되고, 때로는 군사점령까지 해야 하며, 항상 현지의 정치 시스템을 좌우하려고 하게 된다. 이런 시도를 할 때마다 항상 지역사회로부터 민족주의적인 반감을 초래하기 마련이며, 때로는 테러리즘을 비롯한 폭력적 저항까지 촉발한다.[14] 동시에 정권 교체를 통해 미국의 가치를 전파하려고 할수록 현지 제도가 손상되며, 정부의 통제로부터 벗어나 폭력적 극단주의자들이 활동할 수 있는 공간이 생겨난다. 그리하여 자유주의 패권은 테러리스트를 부추기며 이들의 활동을 용이하게 해준다.

역외균형은 대규모의 사회공학을 기피하고 미군의 개입을 최소화함으로써 이 문제를 경감시킨다. 어떤 특정한 나라가 아주 중요한 지역에 위치해 있으면서 잠재적 패권국으로부터 위협받을 때만 미군이 주둔할 것이다. 이런 상황에서는 잠재적 피해국이 미국의 보호를 고맙게 여기며 미군을 점령군으로 간주하지 않을 것이다. 그리고 일단 위협이 사라지면 미군이 수평선 너머 멀리 사라지고 현지 정치에 간섭하지도 않을 것이다. 역외균형은 다른 나라의 주권을 존중함으로써 반미 극단주의의 강력한 원천인 민족주의적 분노를 유발할 가능성이 낮다. 물론 역외균형 전략을 추구해도 테러리즘 문제가 하룻밤 사이에 해결되지 않겠지만, 시간이 지날수록 틀림없이 이 문제가 점차 축소될 것이다.

역사의 보증

역외균형은 오늘날 급진적인 아이디어처럼 보일 수도 있지만 수십 년 동안 미국 외교정책을 위한 기본 논리를 제공했다. 미국 정부는 19세기에 강력한 국가 건설과 서반구에서의 패권 구축에 골몰하고 있었다. 미국이 이 목표를 1900년 즈음에 달성했으나 계속해서 강대국들끼리 서로를 견제하도록 했으며, 두 번의 세계대전에서 그랬듯이 전략적인 핵심 지역 중 하나 또는 그 이상의 곳에서 세력균형이 붕괴할 때만 군사적으로 개입했다.

미국 정책은 냉전기에도 똑같은 논리에 따라 움직였지만 때로는 상황에 맞춰 다르게 대응해야 했다. 유럽과 동북아시아 지역의 동맹국들이 독자적으로 소련을 봉쇄하지 못했기에 미국은 유럽과 동북아시아 "역내"에 들어갈 수밖에 없었다. 이에 따라 미국은 동맹을 구축했고 상당한 규모의 병력을 두 지역에 주둔시켰다. 동북아시아에서 세력균형을 유지하고 소련이 일본을 더 위협하지 못하게 하려고 한국전에 참전했다.

하지만 미국은 페르시아만에서 역외자였다. 1968년까지 미국은 석유가 풍부한 이 지역을 어떤 국가도 지배하지 못하게 하려고 영국에 의존했다. 영국이 철수하자 미국은 똑같은 목표를 달성하려고 이란의 샤Shah(이란의 왕정)와 사우디아라비아에 의지했다. 샤가 1979년에 붕괴하자 미국은 신속배치군(Rapid Deployment Force)을 창설해서 이란이나 소련이 페르시아만을 지배하지 못하게 막았다. 레이건 행정부는 아울러 이란-이라크전(1980-1988년) 당시 사담 후세인에게 군사정보 및 다른 형태의 원조를 제공했고 이란의 승리를 막는 데 도움을 주었다.

미국은 1990년까지는 신속배치군을 역외에 배치했다. 그러나 1990년에 사담 후세인이 쿠웨이트를 점령해서 이라크의 힘을 늘리고 사우디아라비아와 여타 걸프 산유국들을 위태롭게 하자, 부시 행정부는 역외균형 전략에 따라 쿠웨이트를 해방하고 사담 후세인의 군사 개입을 분쇄하기 위해 대규모 다국적군을 소집하고 강력한 원정군을 파병했다.

간단히 말해서 미국은 거의 한 세기 동안 역외균형 덕택에 위험한 지역 패권국의 등장을 막을 수 있었고 미국의 안보를 극대화하는 전 지구적 세력균형을 유지할 수 있었다. 더욱이 미국이 이 전략을 버리고 다른 접근법을 시도할 때마다 엄청난 대가를 지불해야 하는 큰 패착으로 이어졌다. 가령 베트남전이 대표적으로 역외균형을 명백하게 위반한 사례였다. 인도차이나반도는 전략적으로 사활적 이익이 있는 지역도 아니었고, 베트남의 운명이 전 지구적 세력균형에 아무런 영향을 미치지 못했기 때문이다.[15]

이 책을 통해 보았듯이 냉전 종식 이후의 사건들도 유사한 경고를 제공한다. 유럽에서 무제한으로 NATO를 확대함에 따라 러시아와의 관계가 악화되었고, 조지아와 우크라이나 내의 얼어붙어 있었던 갈등에 불을 붙였으며, 러시아와 중국을 서로 가까워지게 밀어붙였다. 중동에서는 "이중봉쇄"(dual containment. 이라크와 이란을 동시에 봉쇄하는 전략—옮긴이)로 인해 수천 명의 미군 병력이 1991년의 걸프전 이후에도 페르시아만 지역에 잔류했고, 미군의 주둔이 9월 11일 테러 공격을 부추겼다. 그 다음에 있었던 아프가니스탄과 이라크, 리비아에서 정권을 교체하려는 미국의 시도도 막대한 비용만 초래하는 대실패로 이어졌다. 예멘과 시리아에서 미국이 반정부 세력을 지원했지만, 안정적이면서 친미 성향의 정부를 수립하지도 못했다. 이 전쟁 중에서 이 중요한 지역의 세력균형을 유지하기 위해 싸웠던 경우는 하나도 없었다. 대신 각각의 전쟁에서 고약한 정부를 무너뜨린 뒤에 미국의 마음에 더 드는 정부로 대체하려고 했다. 하지만 한 번도 성공하지 못했다. 이런 대재앙을 초래했던 비결은 다름 아닌 냉전 이후 역외균형의 폐기였다.

미국이 냉전이 종식되었을 때 역외균형을 수용했더라면 오늘날 세계가 어떻게 보였을지 상상해보자. 일단 NATO가 확대되지 않았을 것이고, 미국은 소위 평화를 위한 동반자 관계(Partnership for Peace)라는 당초의 아이디어를 추구했을 것이며, 러시아를 범유럽 안보의 틀로 통합하려고 더 많이 노력했을 것이다. 유럽에서 패권국이 되려는 위협적인 국가가 하나도 없다면 유럽의 안보에서 미국의 역할이 꾸준히 줄어들었을 것이고, 미국은 공동의 외교안보정책을 구축하려는 영국과 프랑스 간의 노력을 적극 지원할 수 있었을 것이다.

공정하게 말해서 만약 이런 식으로 접근했다면 1990년대의 발칸반도 분쟁이 더 지속되었을 수도 있으며 슬로보단 밀로세비치Slobodan Milosevic 같은 지도자가 권좌에 더 오래 머무르도록 방치되었을지도 모른다. 도덕적 기준에서 볼 때 이런 결과가 물론 불쾌했겠지만 미국의 안보나 번영에 완전히 영향을 주지 않았을 것이라고 말하기는 힘들어도 그 영향이 매우 미미했을 것이다. 1996년 데이튼 합의에서 그리고 2000년 코소보전 이후 고안된 루브 골드버그Rube Goldberg식 해법(생김새와 작동법은 복잡하지만 비효율적으로 작동되는 장난감 같은 기구를 일컫는다. 코소보전 종전 시 거창하지만 효율성이 떨어지는 합의를 빗댄 말이다—옮긴이)이 전혀 이상적이지도 않고 쉽게 파기될 수 있다는 점도 잊어서는 안 된다.

보다 중요한 점으로서, 미국의 역할을 축소하고 NATO를 확대하지 않았더라면 러시아의 장기적 안보 불안을 촉발하지 않았을 것이고, 그럼으로써 조지아의 "얼어붙어 있던 갈등"에 불을 붙이고 크림반도를 장악하고 우크라이나를 불안정하게 만들려는 러시아의 동기도 제거했을 것이다. 미국이 힘도 없고 취약한 발트해 지역의 동맹국 방어에 전념할 일도 없었을 것이다. 따라서 모든 점을 고려한다면 유럽의 안보환경은 여전히 평온했을 가능성이 아무래도 높았을 것이며, 쇠퇴하고 있지만 여전히 영향력이 있는 지역 강국인 러시아와의 관계도 지금보다 더 나았을 것이다.

만약 클린턴 행정부가 페르시아만에서 역외균형 전략을 받아들였다면 이중봉쇄가 어리석은 정책이라고 깨달았을 것이고 이란과 이라크가 계속 서로 견제하도록 방치했을 것이다. 만약 미군이 역외균형에 따라 제1차 걸프전 이후 사우디아라비아로부터 철수했더라면 오사마 빈 라덴은 결코 "멀리 있는 적"을 공격하기로 마음먹지도 않았을 것이다. 9/11(혹은 이와 비슷한 사건)이 절대 발생하지 않았을 것이라고 확신할 수는 없겠지만, 이런 일이 일어날 가능성이 훨씬 더 낮았을 것이다.

두말할 필요 없이 역외균형이 주된 전략이었다면 이라크전도 없었을 것이다. 미국은 이 지역을 친미 성향의 민주주의 국가로 "변환"시키겠다고 노력하는 대신에 이란이나 이라크(혹은 어떤 다른 국가)가 동맹국을 공격하거나 페르시아만을 지배할 것처럼 보일 때만 군사적으로 개입했을 것이다. 만약 이런 전략을 따랐더라면 미국이 수조 달러를 아낄 수 있었고, 수천 명의 미군 장병과 무고한 이라크인의 목숨을 살릴 수도 있었을 것이다. 이 지역 내 이란의 영향력도 훨씬 덜했을 것이다.

더욱이 역외균형론자는 미국과 일종의 데탕트(긴장완화)를 추구하려는 이란의 계속된 시도에 보다 합리적으로 대응했을 것이다. 이란은 1990년대 이후 다양한 계기를 통해 미국에 접근하려고 했으나 결국 번번이 거절당했다.[16] 마흐무드 아흐마디네자드 같은 혐오스러운 어릿광대가 이란의 대통령으로 선출될 가능성도 낮았을 것이고, 어쩌면 이란이 핵농축 상한선을 더 일찍 훨씬 더 낮은 수준에서 제한하는 데 합의했을지도 모른다. 지금과 다른 전략을 채택했다면 미국과 이란의 관계가 훨씬 더 좋아졌을 것이라고 확신하기는 힘들지만, 그럴 가능성은 컸을 것이다.

물론 역외균형이 만병통치약이 아니기 때문에 이스라엘과 팔레스타인 간의 2국가 해법을 가로막고 있는 수많은 장애물을 극복하지 못했을 수도 있다. 그러나 미국과 이스라엘 간의 "특별한 관계"를 탈피하고 통상적인 관계를 추구했다면, 이스라엘 지도자들도 정착촌이 계속 늘어나면 그 장기적인 결과에 대해 어쩔 수 없이 보다 신중하게 생각했을 것이다. 영속적인 최종 지위에 관한 합의는 여전히 타결하기 힘들었을 수도 있겠지만, 만약 미국이 지금과 다른 전략을 채택했더라면 이 합의를 타결할 가능성도 커졌을 것이다.

만약 미국이 역외균형 전략을 택했다면 중국의 부상에도 더 잘 대응할 수 있었을 것이다. 미국 지도자들이 중앙아시아와 이라크에서의 분쟁에 정신이 팔리기보다는 중국과의 관계를 관리하고 아시아 동맹국들과의 관계 강화에 더 많은 시간과 관심을 할애했을 것이다. 이라크와 아프가니스탄에 허비된 돈을 미군의 전력태세를 강화하고 기술적 우위를 유지하며 핵심 지역 파트너십에 투자하는 데 이용할 수 있었을 것이다. 돌이켜 보면 중국으로서는 미국이 자유주의 패권을 좇다가 실패한 것이 지난 수십 년 사이에 받은 가장 큰 선물이었다.

마지막으로 좀 더 추측에 근거해본다면, 역외균형을 추구했다면 미국의 경제 상황도 더 좋았을 것이다. 즉, "평화배당금"을 더 많이, 더 오래 누렸을 것이다. 허물어져 가는 인프라를 재건했을 것이고, 연방 예산도 균형 잡혔을 것이며, 2008년 이전의 주택 거품과 이후 금융위기를 부추겼던, 9/11 이후의 급증하는 적자와 금융완화 정책을 피할 수도 있었을 것이다. 월스트리트는 어찌되었던 간에 정도에서 벗어났겠지만, 만약 다른 대전략을 택했더라면 그런 상황이 발생할 가능성을 낮췄을 것이다.

물론 이와 같은 반(反)사실적인 사례는 입증이 불가능하며, 역외균형 전략을 추구했더라도 정책 입안자들이 어쩔 수 없이 대처해야만 하는 의도치 않은 몇 가지 결과들이 나타났을 것이다. 그럼에도 불구하고 역외균형 전략이 자유주의 패권보다 더 결과가 안 좋았을 것이라고 상상하기는 어려우며, 훨씬 더 성과가 좋았으리라고 생각할 만한 충분한 이유가 있다.

오늘날의 역외균형

오늘날 역외균형을 한다면 어떤 식으로 보일까? 좋은 소식은 서반구에서 미국의 패권이 심각하게 도전받을 가능성이 낮고 유럽이나 페르시아만에서 현재 잠재적 패권국이 없다는 점이다. 이제 나쁜 소식을 말할 차례다. 만약 중국이 괄목할 만한 성장을 지속한다면 아시아의 지배적 위치를 추구할 가능성이 있다. 미국은 중국의 이런 시도가 성공하지 못하도록 노력해야 한다. 만약 중국이 아시아에서 패권을 잡으면 오늘날의 미국처럼 서반구를 비롯해서 전 세계에 힘을 투사할 수 있게 되기 때문이다. 미국의 국가안보 관점에서 본다면 중국이 자국 인근 지역에 관심과 노력을 집중하는 게 더 바람직하다.

이상적인 세계에서는, 미국이 중국을 봉쇄하기 위해 역내 국가들에 의존하겠지만 이 전략은 통하지 않을 수 있다. 중국이 주변국들보다 훨씬 더 강력할 뿐만 아니라 주변국들이 서로 멀리 떨어져 있고 그다지 사이도 좋지 않기 때문에 효과적으로 균형을 잡아주는 연합체를 구축하기가 힘들기 때문이다. 미국은 이 국가들 사이에서 조율해줘야 하며 이들을 지원하기 위해 힘을 써야 할 수도 있다. 앞으로 몇 년이 지나면 아시아는 미국의 리더십이 "필수불가결한" 지역이 될지도 모른다.[17]

유럽에서 미국은 주둔병력 규모를 점차 줄이고 NATO를 유럽인들에게 인계해야 한다. 미국은 독일이 유럽 대륙을 장악하지 못하게 하려고 세계대전에 두 번 참전했지만, 오늘날에는 비슷한 일이 발생할 가능성이 없다. 독일과 러시아는 둘 다 인구가 점차 감소하면서 고령화가 두드러지게 진행되고 있기 때문에 상대적으로 약해질 것이다. 반면 눈에 띄는 다른 패권국도 전혀 없다. 물론 유럽 안보를 역내국들에 맡긴다면 잠재적 갈등이 다소 커질 수도 있을 것이다. 물론 바람직하지 않은 상황이겠지만 만약 유럽에서 충돌이 발생하더라도 어떤 특정국이 유럽 전체를 지배하지 못할 것이고, 미국의 사활적 이익도 심각하게 위협받지 않을 것이다. 미국은 유럽 국가 간의 이견을 해소하는 데 도움을 주는 주선자 역할을 맡고 다양한 사안에서 협력이 이루어지도록 촉진해야 하겠지만, 유럽의 평화를 유지하기 위해 미국이 (미국인의 목숨을 담보로 제공하면서) 매년 수십 억 달러를 투입해야 할 정도의 중대한 전략적 필요성은 존재하지 않는다.

페르시아만의 경우, 미국은 1945년부터 1993년까지 아주 유용했던 전략으로 되돌아와야 한다. 어떤 역내 국가도 현재 이 지역을 지배하지 못하기 때문에 미국은 대부분의 병력을 수평선 너머 역외에 재배치해야 한다. 미국 지도자들은 중동을 상대할 때 국가주권이라는 원칙을 존중해야 하며 정권 교체와 사회공학이라는 그릇된 시도를 해서는 안 된다. 중동 상황은 앞으로 몇 년 동안 불안정할 것이며, 미국은 이 지역에서 들끓고 있는 복잡한 갈등을 해결할 필요도 능력도 없다.

현재로서는 미국이 이란과 관계 개선을 추구해야 한다. 이란이 현행 핵합의를 폐기하거나, 갱신하지 않거나 아니면 핵개발로 폭주하는 상황은 미국에 이익이 되지 않는다. 만약 이란이 미국이 공격할 수도 있다고 두려워한다면 저렇게 행동할 가능성이 더 커질 것이기 때문에 미국은 당분간 이란과의 관계를 개선하기 위해 노력해야 한다.(반면 트럼프는 2018년 5월 8일에 JCPOA 탈퇴를 선언했고, 이후 추가 제재를 부과했다—옮긴이) 더욱이 중국이 앞으로 페르시아만 지역에서 동맹국을 원할 가능성도 있으며, 이 경우 이란이 아마 후보국 중 가장 우선순위에 있을 것이다.[18] 중국과 이란 간의 안보 협력을 좌절시키는 게 당연히 미국에 이익이 되며, 이를 위해서도 이란과의 데탕트(긴장완화)가 필요하다. 이란과의 대화는 중동 내 미국의 여타 동맹국들에게 미국이 여러 옵션을 갖고 있다는 사실을 상기시키는 좋은 수단이 된다. 또한 이를 통해 동맹국들에는 필요하다면 미국의 지지를 확보할 수 있는 방향으로 행동하라는 유인책도 된다.

이란은 주변국보다 인구도 월등하게 많고 경제적 잠재력도 있기 때문에 궁극적으로 이 지역을 지배할 수도 있다.[19](페르시아만 지역 국가 중에서 이란의 인구는 8,300만 명으로 4,000만 명의 이라크, 3,400만 명의 사우디아라비아, 960만 명의 아랍에미리트, 500만 명의 오만, 420만 명의 쿠웨이트, 210만 명의 카타르, 170만 명의 바레인을 합친 것과 거의 비슷하다—옮긴이) 만약 이란이 이런 방향으로 움직이기 시작한다면 미국이 이란에 맞서 균형을 잡기 위해 여타 역내 국가들을 도와줘야 하며, 위험 수준에 맞춰서 미국의 노력과 주둔군 규모도 조절해야 한다.

종합해서 볼 때 미국이 이런 조치를 취한다면 GDP 대비 국가안보 지출 비중을 여타 주요국 수준으로 낮출 수도 있을 것이다.[20] 정책 입안자들은 아시아에 주로 초점을 둘 것이고, 대 테러리즘 지출을 줄이고, 아프가니스탄 전쟁을 끝내는 동시에 대부분의 해외 개입 활동을 중단할 것이다. 미국은 규모는 크지 않지만 유능한 지상군 병력을 보유한 상태로 상당한 규모의 해군과 공군 자산을 유지할 것이다. 또한 세계 최고 수준의 군 기술과 인적자원이 유지 가능하도록 충분한 예산이 투입될 것이다. 미국은 또한 상황이 요구한다면 미군의 역량을 확대할 수 있도록 준비되어 있어야 한다. 하지만 가까운 장래에 미국 정부는 더 많은 돈을 시급한 국내적 문제에 투입할 수 있고, 아니면 그냥 납세자의 주머니 속에 놔둘 수도 있을 것이다.

다시 외교를 되살리며

역외균형은 의도적으로 그리고 필요에 의해 미국 외교정책의 초점을 군사력과 압박에서 외교로 돌려놓을 것이다. 지난 20년 동안 미국은 여러 번 반복해서 약한 국가들을 위협하고 제재를 부과하고, 필요할 경우 전혀 필적하지 못할 수준으로 드론과 특수부대, 순항미사일, 스텔스기, 재래식 지상군을 투입해서 미국이 원하는 대로 행동하게 했다. 동시에 국방부는 방대한 재원 덕택에 예전에는 다른 정부기관이 수행하던 기능까지 할 수 있게 되었다.[21]

앞의 장에서 여러 번 지적했듯이, 이런 시도는 대부분 공개적으로 천명한 목표를 달성하지 못했다. 그럼에도 불구하고 시리아 내전, 우크라이나 분쟁, 북한과 이란의 탄도미사일 발사, 혹은 남중국해 모래톱과 암초에 대한 중국의 영유권 확보 시도 등 언제나 새로운 문제가 대두될 때마다 미국은 반사적으로 지역 동맹국에 대한 무기 판매, 경제제재 강화, 항공모함 파견, 현지 군대를 위한 훈련 및 무기 제공, 위협 및 경고 발표, "비행금지구역" 설정, 혹은 유인기와 순항미사일, 드론에 의한 공습 등으로 대응했다. 외교안보 분야 전문 평론가들은 이러한 (그리고 다른) 구상의 장점을 놓고 끝없이 토론했지만, 미국이 설득이나 화해를 통해 문제의 근본 원인을 개선하거나 제거할 수 있는지에 대해서는 거의 질문을 던지지 않았다. 외교가 미국의 대외 정책 수단에서 완전히 배제되지는 않았지만 무력사용이나 압박에 비교하면 후순위로 밀렸다.

하지만 전직 대사이자 국방부 차관보였던 채스 W. 프리먼Chas W. Freeman이 상기하듯이 "외교는 한 국가가 최소한의 폭력으로 자국의 이익을 증진하고 외국과의 문제를 해소하는 수단이다."[22] 외교를 우선시한다고 해서 군사력이 필요 없다는 말이 아니다. 군사력을 최우선이 아닌 최후의 수단으로, 그리고 국가운영의 목표가 아닌 수단으로 간주하는 것이다. 외교에 우선순위를 둔다는 말은 상대방에게 일방적으로 지시하는 게 아니라 상호 수용 가능한 해결책에 도달하기 위해 노력하는 것을 의미한다. 외교를 중시하는 국가는 대표가 상대방의 말을 경청하고, 상대방과 갈등을 빚고 있을 때조차 그들의 입장을 이해하기 위해 노력하며, 비록 동의하지는 못하더라도 그들의 시각에 공감하려는 시도를 하도록 권한을 부여한다. 그리고 상대방의 이익과 더불어 자국의 이익을 증진시킬 수 있는 창의적인 합의를 모색하게 함으로써, 이상적으로는 무력사용을 불필요하게 만든다.[23]

역외균형 하에서는 외교가 중심무대를 차지한다. 이런 전략이 성공하려면 미국 지도자들이 전략적 동향을 세밀히 이해해야 하고 핵심 지역 내 국가들의 이익과 목표, 예상되는 반응에 정통해야 한다. 미국은 잠재적 패권국이 등장하는 순간을 정확하게 간파해야 하고, 이 신흥 강대국의 역내 경쟁국들과 대응을 조율해야 한다. 역외균형은 고립주의나 비관여(disengagement)를 부추기는 것과는 거리가 멀며, 미국의 광범위한 전략적 목표를 달성하기 위해 다른 무엇보다도 영리하고 기민한 외교에 의존한다.

역외균형은 또한 유연성을 중시한다. 원조 "역외균형자"인 영국처럼 미국은 "영원한 친구도 영원한 적도" 없으며 "영원하고 항구적인" 이익만 있다.[24] 역외균형은 핵심 지역 내 세력균형 유지를 최우선 목표로 삼기 때문에 미국은 필요하다면 편을 바꿀 수 있을 정도로 민첩해야 한다. 유연하게 연대를 추구하는 것은 위험한 지역 경쟁국을 봉쇄하는 데에도 도움이 될 수 있다. 만약 지역 행위자들이 현상유지에 도전할 경우 미국이 그에 맞서기 위해 상당한 힘을 동원할 수도 있다는 점을 안다면 현상유지에 가급적 도전하지 않으려 할 것이기 때문이다.

하지만 잠재적 패권국이 눈에 띄지 않는다면 미국은 가능한 한 많은 역내 국가들과 우호 관계를 유지해야 한다. 모든 국가와 실질적인 관계를 맺는다면 이익이 중첩되는 분야에서 협력이 수월해지고, 미국의 외교적 레버리지도 향상될 것이다. 요컨대 역외균형은 일부 국가와 "특별한" 관계를 맺고 다른 나라들을 부랑아로 취급하기보다 모두에게 소통채널을 열어놓는다.

이런 식의 접근법은 다른 이익보다도 현재의 파트너들에게 미국의 지지를 당연하다고 여기지 않게 상기시키면서 무임승차를 단념시키고 파트너국과 경쟁국 양쪽 다 미국의 관심과 지원을 받기 위해 경쟁하게 하는 유인을 제공한다. 미국은 앞으로 몇 년 동안 상당히 강력할 것이고, 여전히 미국의 지원이 엄청난 자산이 될 것이다. 다른 국가들은 만약 미국이 자신과도 좋은 관계를 유지하고 있지만 동시에 자신의 경쟁국과도 그렇게 한다면 미국의 우려사항에 더 큰 관심을 둘 것이다. 역내 동맹국들에게 미국의 약속이 100퍼센트 신뢰할 수 있다고 납득시키려고 안간힘을 쓰는 대신 미국은 미국의 유리한 지정학적 위치를 활용하고, 소위 "비싸게 굴 수 있다."

이상적으로, 외교를 새롭게 강조하고자 한다면 미국의 외교 인력을 개혁하고 전문화하는 상당한 노력이 있어야 할 것이다. 미국은 경험이 일천한 아마추어가 외교 분야의 핵심 보직을 차지하는 경우가 빈번하며, 공직 경력이 거의 없는 사람이 외교정책 분야에서 유력한 자리에 배치되는 경우가 많다. 어떤 대통령도 선거자금을 많이 후원해준 기부자에게 지역전투사령관직은 말할 것도 없이 기갑사단이나 군함을 지휘하라고 임명하지 않을 것이다. 하지만 미국 대사 직위의 약 3분의 1이 훈련받은 전문 외교관이 아니라 선거자금 기부자에게 돌아가고 있으며, 이로 인해 이따금 당혹스러운 결과가 나올 때도 있다.[25]

2013년에 우크라이나 위기가 불거졌을 때 주 독일 러시아 대사인 블라디미르 그리닌Vladimir Grinin은 1971년부터 외교관으로 근무했다. 그의 주 독일 대사직은 네 번째로 맡는 대사 자리였고, 독일에서만 17년을 근무했으며, 독일어와 영어가 유창하면서 핵심 독일 관리들과 친밀한 관계를 맺고 있었다. 이와 대조적으로 주 독일 미국 대사인 존 B. 에머슨John B. Emerson은 LA 출신의 전직 예능 분야 변호사였으며 버락 오바마의 대선 활동에 자금을 많이 기부한 인물이었다. 외교 분야 경험이 전무했고 독일어도 하지 못했다. 에머슨의 정치적 역량이 이례적일지 몰라도 이 두 사람 중에 누가 자국의 이익과 시각을 독일에 더 잘 대변하고 독일의 입장을 본부에 잘 설명할 준비가 되어 있었겠는가?[26]

아울러 미국 외교관들은 무계획적인 인사 시스템과 체계적이지 못하고 예산도 넉넉하지 못한 경력개발 프로그램으로 인해 어려움을 겪고 있다. 미군은 육해공 세 곳의 사관학교에서 많은 장교들을 처음으로 훈련시키며, 복무하는 장교들은 일상적으로 많은 참모대학(해군대학과 지휘참모대학 등)에서 추가로 전문 교육을 받거나 정부 비용으로 고급 학위를 받는다. 경력을 쌓는 기간 내내 학습에 참여하면 보다 유능한 군지휘관이 배출되고 외교정책 기득권층의 다른 분야 사람들과도 인맥이 구축된다.

이와 대조적으로 미국 외교관을 위한 직업경력 개발 옵션은 대부분 해외근무 전에 배우는 어학훈련에 불과하다. 찰스 레이Charles Ray 전 대사에 따르면 통상적으로 군 장교는 20년의 경력 기간 중 대략 네 차례에 걸쳐 1년이나 그 이상의 고급 훈련을 받을 수 있지만, 일반적인 외무공무원은 비슷한 기간 동안 운이 좋으면 딱 한 번 1년간 교육받을 수 있다. 정치적으로 임명된 외부인사에 과도하게 의존함에 따라 경험이 풍부한 외무공무원들이 국무부 내부에서 승진할 수 있는 길이 제한되고, 후배 외교관들을 멘토링해줄 수 있는 고위 외교관도 적어진다.

이런 문제는 행정부 내 핵심 보직 인사를 하는 미국만의 독특한 방식으로 인해 한층 더 복잡해진다. 새로운 대통령이 취임하면 정권인수팀이 장관부터 그 이하까지 수천 개의 정부 보직을 채워야 한다. 이 중에서 수백 개의 직위는 상원 인준이 필요하며, 인준받기까지 종종 몇 달이 걸리고 때로는 1년 이상 걸릴 때도 있다. 일부 지명자는 정부에서 처음 근무하게 되며, 많은 지명자들이 불과 1~2년만 근무하게 된다. 이런 상황은 마치 애플, 제너럴일렉트릭, 혹은 IBM이 모든 임원을 4년마다 교체하고 주요 직책을 몇 년까지는 아니더라도 몇 달간 비워두는 것과 똑같다.

이런 병리적인 상황은 만약 미국 외교정책이 야심이 크지 않고 소박한 목표를 추구한다면 문제가 되지 않을 것이다. 하지만 미국은 오히려 아마추어와 뜨내기들을 데리고, 심지어 일부 자리는 채우지도 않은 채 야심찬 외교정책을 숨막히게 추구하고 있다. 존 케리John Kerry 국무장관은 2016년에 "미국이 과거 어느 때보다도 전 세계 더 많은 곳에서 더 깊게 관여하고 있는데, 나라의 중요한 직책을 1년 이상 비워둔다는 게 말이 안 된다."라고 불평한 적이 있었다.[27] 다른 어떤 주요 국가도 이처럼 방대한 야심을 갖고 있으면서 방대하고 복잡한 외교 조직의 직원 임명을 이렇게 무계획적으로 하지는 않는다.

이런 개혁은 또한 여러 해 동안 야금야금 진행되어온 미국 외교의 군사화를 되돌릴 것이고, 정치와 외교를 올바른 위치로 복귀시킬 것이다. 현명한 국가는 자국이 원하는 정치적 목표를 달성하기 위해 모든 국력 수단을 사용하지만, 최근에는 정치와 외교가 빈번하게 협소한 군사적 목표에 종속되어왔다. 끝없는 "테러와의 전쟁"이 그 대표적 사례다.

이렇다고 해서 군사력의 중요성을 부정하는 것은 아니다. 외교관이자 역사학자인 조지 F. 케넌George F. Kennan은 군사적 해결책을 무조건적으로 지지하는 사람이 결코 아니지만, 청중들에게 "군대가 잠자코 뒤에 서 있으면 정중하고 유쾌하게 외교하는 데 얼마나 도움이 되는지 여러분들은 잘 모를 것이다."라고 말한 적이 있다.[28] 이와 같은 케넌의 회고는 군사적 수단에 관한 올바른 사고방식을 드러낸다. 즉, 군사력이 광범위한 외교적, 정치적 목표를 견인하기 위한 수단이 되어야지 그 반대가 되면 안 된다는 뜻이다.

물론 이런 접근법은 도널드 트럼프가 대통령으로서 추구한 방식과 정확히 반대되는 것이다. 트럼프는 대체로 민간인이 임명되는 직위에 군인을 앉혔을 뿐만 아니라, 국무부 예산을 많이 들어냈고, 동시에 이미 방만한 국방부 예산을 늘렸다. 그러나 이런 방식은 오래 지속되고 있는 수많은 전쟁을 계속하고 싶을 때만 일리가 있다. 아니면 제임스 매티스James Mattis 국방장관이 경고했듯이 "국무부에 예산을 충분히 주지 않으면 결과적으로 내가 탄약을 더 많이 사야만 한다."[29]

평화에 우선순위를 두어라

역외균형 전략으로 되돌아온다면 미국 지도자들은 위협, 변화 강요, 혹은 신뢰성 과시보다 평화증진에 더 초점을 둘 것이다. 단순히 이상적이거나 도덕적인 이유가 아니라 평화증진이 미국의 국익에 도움이 되기 때문이다.

미국이 과거에 전쟁에서 성과를 거뒀다고 주장할 수도 있다. 과거에 북아메리카 대륙을 정복하려는 과정에서 상당한 폭력이 있었고 멕시코와 (반드시 필요하지는 않았지만) "선택에 따른 전쟁"을 벌이기도 했다. 전 세계 다른 지역에서 잠재적 경쟁국들이 무력충돌로 인해 약해졌거나 관심이 다른 곳으로 분산됨에 따라 미국의 상대적 입지가 개선되었다. 하지만 미국은 이 당시에 신흥 강대국이었고, 유럽 열강들이 세계를 주름잡고 있었다. 오늘날 미국은 이례적일 정도로 유리한 상황에 있다. 다른 어떤 나라도 미국만큼 강력하지 못하고 잠재적 적으로부터 멀리 떨어져 있지도 않으며, 폭력적인 국내 격변에서 자유롭지 못하며 다른 위협으로부터 격리되어 있지도 않다. 물론 미국의 처지가 완벽하지는 않지만 더 많은 것을 기대하기는 힘들 것이다.

미국이 수십 년간 그랬듯이 어떤 나라가 전 세계 서열에서 최정점에 있다면 이런 지위에서 미끌어질 수 있는 위험한 모험에 나서는 상황을 가장 멀리해야 한다. 미국처럼 압도적인 강대국은 명예로운 승리나 충격적인 패배가 도사리고 있는 흥미진진하면서 짜릿한 외교정책보다 평온한 상황을 추구해야 한다. 미국처럼 특혜를 누리는 위치에 있는 국가로서는 해외에서 굳이 분쟁을 일으키는 게 좋은 경우가 아주 드물다. "전쟁이라는 강철로 된 주사위"는 본질적으로 예측 불가능하기 때문이다. 미국은 전쟁을 통해 얻을 것은 별로 없고 잃을 것이 상당히 많으며, 확실하게 승리할 것 같은 전쟁조차도 쉽사리 엄청난 비용을 초래하는 수렁이 될 수도 있다. 전쟁을 강요받지 않는 이상 미국은 평화를 추구해야 한다.

평화는 경제 활동에도 도움이 된다. 록히드 마틴과 보잉, 유나이티드 테크놀로지, 레이시온 같은 기업은 국제 정세가 불안정해면 분명히 상업적 이익을 보겠지만, 이런 기업은 17조 달러에 달하는 미국 경제에서 차지하는 비중이 작으며 계속 줄어들고 있다.[30] 평화가 있어야 경제적 상호의존이 증진되며 세계적 성장이 촉진된다는 사실이 더 중요하다. 평화가 지배적이고 안보 우려가 낮을 때 국가들이 잠재적 경쟁국과 엮이는 상황을 덜 우려하게 되고,

기업들도 멀리 떨어진 곳에 공장을 건설하고 송금을 하더라도 걱정하지 않게 된다. 반면 경쟁국들이 득실거리고 전쟁이 임박한 것처럼 보인다면 국가와 개인투자자들은 외국에 노출되는 상황을 우려할 것이고 그들의 부를 위험에 빠뜨리려 하지 않을 것이다.[31]

평화는 또한 인류의 복지를 증진하는 일을 하는 재능이 있는 사람들에게 기회를 제공한다. 즉 세상이 평화로울 때, 멋진 신제품이나 향상된 보건체제, 양질의 정부 서비스, 영감을 불어넣는 책, 예술, 음악, 그리고 더 폭넓은 인류의 행복을 증진하는 여타의 모든 것에 기여하는 사람들에게 기회가 찾아온다. 이와 대조적으로 전쟁은 폭력을 부추기거나 폭력을 사용하는 데 능숙한 사람과 상대방에 대한 증오로부터 이득을 얻는 사람에게만 혜택을 준다. 군벌, 테러리스트, 혁명가, 외국인 혐오자 등의 부류만 쉽사리 이득을 얻는다. 많은 사람들이 더 큰 의무감으로 무기를 집어 들지만, 가능하다면 언제든지 무기를 기꺼이 내려놓으려고 한다. 하지만 일부 사람은 진정으로 폭력적인 욕구가 있으며 자신만의 영광과 이득을 누리는 데 관심이 많다. 평화의 지속이 미국 외교정책의 핵심 목표가 되어야 하며, 파괴보다 건설에 능한 지도자를 높이 평가해야 한다.

마지막으로 평화는 도덕적으로도 바람직하다. 전쟁은 불가피하게 엄청난 사망과 파괴, 인류의 고난을 초래하기 마련이며, 가능하면 이런 상황을 경감하는 게 본질적으로 바람직하다. 미국 외교정책 구상에서 평화를 최우선 순위로 설정한다고 해서 미국 지도자들이 사과해야 할 이유가 없다.

따라서 이기적이고 냉철하며 애국적인 관점에서 보면 평화는 선언하고 추구하고 쟁취해야 할 목표이다. 하지만 위협에 쫓기고 신뢰성에 집착하고 과도하게 군사화된 오늘날의 미국 외교정책 환경에서는 평화를 향한 열정과 공직자로서 평화를 추구하겠다는 공약, 또는 이런 목표를 증진하기 위한 특정한 전략에 대해 당당하게 말하는 저명한 정치인이나 전문 평론가, 혹은 안보 전문가를 찾으려면 애를 먹게 된다.

이는 확실히 이상한 상황이다. 미국이 이룩한 위대한 외교적 성과는 노골적인 군사력이 아니라 외교적 수단과 여타 비군사적인 수단을 끈기를 갖고 창의적으로 동원한 결과이기 때문이다. 더욱이 평화를 구축하고 증진하겠다는 욕망의 결과로 많은 성공사례가 있었다. 예를 들어 공산주의에 대한 두려움에서 마셜 플랜이 탄생했지만, 외교와 경제 측면에서 신의 한수나 다름없었던 이 조치는 NATO 창설과 베를린 공수작전만큼이나 유럽에서 미국의 이익을 보전하는 데 큰 기여를 했다. 이집트-이스라엘 평화협정을 성사시키고(1979년), 인도와 파키스탄 간 카길 위기를 해결하고(1999년), 한국과 필리핀, 미얀마의 민주적 전환을 촉진하고, 북아일랜드 평화협정을 이끌어낸 것도 외교였다. 그리고 독일의 재통일과 냉전의 평화적 종식도 외교적 성과였다는 점을 잊어서는 안 된다. 다시 말해 전쟁터의 군인이 아닌 협상 테이블에서 마주 앉았던 정치인과 외교관이 도출해낸 결과였다.[32]

제국의 역습

물론 외교정책 커뮤니티 내 대다수 인사들은 절제된 정책을 추구하는 역외균형 전략을 결사반대할 것이다. 미국 외교정책에 오랫동안 영향을 미쳐온 이익단체와 기업, 로비단체도 특정 사안에 대한 미국의 관심이 줄어들 것이라는 우려로 이러한 전환에 반대할 것이다. 외교정책 커뮤니티에 속한 대부분의 구성원도 마찬가지로 회의적일 것이다. 그들이 미국의 리더십에 대한 호의적인 관점을 갖고 있기 때문만이 아니라 미국이 덜 개입하는 외교정책을 채택한다면 본인들의 역할과 지위, 권력도 축소될 것이기 때문이다.[33]

실제로 역외균형 전략의 신빙성을 떨어뜨리려는 적극적인 움직임이 이미 진행되고 있다. 저명한 전문 평론가, 전직 정부 관계자, 학계인사 등이 현상유지를 적극적으로 옹호하면서 미국이 세계적 야심을 조정하거나 줄이려는 기색이 조금이라도 보이면 득달같이 공격하고 있다.[34] 놀랍지 않게도 이들은 미국의 세계적 역할이 필수불가결하며 만약 미국이 다른 방식을 시도한다면 부정적인 결과가 있을 것이라는 익숙한 논거를 원용한다. 그리고 도널드 트럼프가 조금이라도 절제된 접근방식을 취할 것 같은 낌새만 보여도 아무것도 모르면서 소위 미국의 필수적인 리더십을 포기하고 있다고 목청 높여서 다 같이 공격했다.[35]

또다시 미국인들은 자신들이 도처에 위협이 산재해 있는 세계를 마주하고 있으며 이런 위험을 저지하려면 미국의 힘을 전 세계에 투사해야 한다는 주장을 듣고 있다. 만약 미국이 대전략을 변경해서 역외균형 전략을 채택할 경우 주요 동맹국들이 미국의 안전보장을 신뢰하지 않을 것이고 적국들이 대담해질 것이라는 경고도 있다. 또한 강대국들 간의 경쟁이 다시 불거질 것이며, 세계화된 세계경제도 약화되고, 미국의 번영도 위협받을 뿐만 아니라 미국의 보호를 받는 데 익숙해진 국가들이 핵무기를 획득하려는 유혹에 빠질 것이라고도 한다. 미국이 민주주의와 인권을 확산하려는 적극적인 노력을 줄인다면 전 세계의 자유가 위태로워지며 광범위한 "민주적 평화"를 향한 희망을 접어야 한다는 주장도 있다.

동시에 자유주의 패권 옹호론자들은 미국이 이런 위험을 제압할 수 있고, 비용과 위험을 거의 수반하지 않으면서도 미국의 이상을 증진할 수 있다고 믿고 있다. 이들은 17조 달러에 달하는 미국 경제가 자유주의 패권을 추구하는 데 소요되는 외교 및 국방 비용을 충분히 감당할 수 있고, 필요하다면 더 많이 지출할 여력도 있다고 믿고 있다. 민주주의를 확산시키고 미국의 안전보장을 전 세계로 확대하면 전쟁을 예방하게 될 것이고, 장기적으로는 비용이 절감되기 때문에 이런 정책에 수반되는 비용이 미미하다고 주장한다. 또한 이들은 최근의 실패에도 불구하고 자유주의 패권은 여전히 감당할 만하며 위험이 없는 보험증서라고 간주하는 반면, 역외균형은 어떤 결과가 나올지 알 수도 없는 무모한 시도라고 본다. 제3장에서 논의한 명망 있는 CNAS 태스크포스에 따르면 역외균형은 "불확실성, 오판, 그리고 궁극적으로는 더 많은 충돌과 더 많은 비용이 뒤따르는 처방"이다.[36]

제4장에서 논의했던 바와 같이 이런 주장을 면밀히 들여다보면 다들 허점이 있다. 미국이 깊이 관여한다고 해서 항상 평화가 구축되는 것도 아니다. 특히 미국이 독재자를 무너뜨리고 민주주의를 전파하려고 할 경우에는 더욱 그렇다. 세계의 경찰 역할은 투입되는 돈이나 희생하는 목숨 차원에서 볼 때 결코 자유주의 패권 옹호론자들이 주장하는 정도로 비용이 적은 것도 아니다. 이라크전과 아프가니스탄전에만 4조에서 6조 달러가 투입되었고, 미군 장병 희생자 수가 거의 7천 명에 달했으며 부상자도 5만 명 이상이었다. 이 전쟁에서 귀환하는 참전용사들은 높은 비율의 자살과 우울증을 보이는 반면, 미국은 이들의 희생에 대해 해줄 수 있는 게 거의 없다.

확산 문제의 경우 어떤 대전략을 선택하더라도 핵무기나 여타 대량살상무기의 확산을 완벽하게 막을 가능성이 높지 않다. 하지만 여전히 역외균형이 자유주의 패권보다 괜찮을 것이다. 자유주의 패권 전략은 인도와 파키스탄이 핵능력을 신장하고, 북한이 2006년에 핵실험을 감행하고, 이란이 핵보유국 직전의 능력을 갖게 되는 상황을 결국 막지 못했다. 국가들은 보통 공격받을 수도 있다는 두려움과 강력한 억지력이 필요하다는 생각 때문에 핵무기를 추구하기 마련이나, 미국이 정권을 교체하려고 했기 때문에 이런 두려움이 한층 더 커졌다. 역외균형 전략은 정권 교체를 추구하지 않고 핵심 3개 지역에서의 군사 개입을 제한하며 미군 주둔 규모를 축소하기 때문에 잠재적 핵 확산국으로서는 핵무기를 추구해야 할 유인이 줄어들 것이다. 이란과의 핵합의는 다자주의적으로 조율된 압박과 강력한 경제제재가 예방전쟁이나 정권 교체보다 핵확산을 방지하는 데 더 효과가 있다는 사실을 보여준다. 두말할 나위 없이 바로 이런 방식이 역외균형 전략과 전적으로 일치한다.

만약 미국의 안전보장이 줄어든다면 틀림없이 위협에 취약한 일부 국가들이 핵 억지력을 확보하려고 할지도 모른다. 물론 이런 상황이 바람직하지 않겠지만, 이런 상황을 막으려고 전방위적으로 노력해도 그 비용이 엄청날 뿐만 아니라 성공하지 못할 수도 있다. 더욱이 비관론자들이 우려하는 만큼 결과가 아주 심각하게 부정적이지 않을 수도 있다. 핵무기를 보유한다고 해서 약소국이 강대국이 되는 것은 아니며 경쟁국을 공격하거나 협박할 수 있게 되는 것도 아니다. 1945년 이래 9개국이 핵보유국의 문턱을 넘어섰지만, 새로운 나라가 핵보유국 클럽에 가입할 때마다 세계가 뒤집어지지는 않았다. 미국이 어떻게 하더라도 핵확산은 계속 근심거리로 남아 있겠지만, 역외균형이 이 문제를 다룰 수 있는 더 나은 전략이다.

자유주의 패권에 회의적인 일부 외교안보 전문가들은 그럼에도 불구하고 미국이 평화를 유지하기 위해 유럽, 아시아, 중동에 대규모 병력을 유지해야 한다고 믿고 있다. 때때로 "선택적 관여(selective engagement)"라고 일컬어지는 이 접근법은 매력적으로 들리지만 마찬가지로 효과가 없을 것이다.[37]

우선 이 전략은 자유주의 패권으로 회귀할 가능성이 있다. 일단 핵심 지역들에서 평화 유지에 전념한다면 미국 지도자들은 "민주주의 국가들은 서로 싸우지 않는다."라는 널리 퍼진 믿음에 근거해서 이 지역에서 민주주의를 더욱 확산하려고 할 것이다. NATO 확대가 이런 경향을 완벽하게 보여주고 있다. 영원히 평화롭고 조화롭게 살아가는 "완전하고 자유로운" 유럽을 창출하려고 했기 때문이다. 이런 시도는 난관에 봉착할 가능성이 있고, 만약 그렇게 된다면 미국이 이런 상황을 타개하고자 군사력을 사용하려는 유혹에 빠질 것이다. 특히 미국 지도자들이 신뢰성을 중시한다는 점을 고려한다면 더욱 그렇게 될 것이다. 현실 세계에서는 선택적 관여와 자유주의 패권의 경계선이 쉽게 사라진다.

요컨대 "선택적 관여"는 현실적으로 충분히 선택적이지 못하다는 문제가 있다. 일단 미국이 전 세계 모든 지역에서 충돌을 막는 책임을 떠맡게 되면 필연적으로 미국의 안보나 번영에 사활적이지 않은 문제를 해결하려는 유혹에 넘어가거나, 또는 어떻게 성취해야 할지도 모르는 이상주의적 임무에 빠져들게 된다. 선택적 관여는 무임승차 문제도 해결하지 못한다. 스스로 방어할 수 있는 나라를 미국이 계속 보호해준다면 이 나라들은 미국에 더 많은 부담을 떠넘긴 채 아낀 돈을 그들 자신을 위해 쓸 것이다.

마지막으로 미국은 민주주의를 확산시키고 인권을 보호하고 집단살해를 방지해야 할 전략적 이익과 도덕적 의무가 있다는 주장을 어떻게 보아야 할 것인가? 이런 시각은 필요할 경우 무력을 동원해서라도 민주주의를 확산시키면 궁극적으로 전쟁 가능성이 낮고 인권침해도 드물고 대규모의 잔혹행위도 찾아볼 수 없는 "민주적 평화"에 이를 것이라고 본다. 만약 미국인들이 이 노선을 계속 견지하도록 설득할 수만 있다면 자유주의 패권은 궁극적으로는 고요하고 평온하며 번영하는 세계를 가져다줄 것이라고 본다.

자유민주주의 국가들로만 구성된 세계가 과연 실제로 평화로울지는 아무도 알 수 없다. 하지만 총구를 들이대면서 민주주의를 확산시키려고 했던 시도는 거의 성공한 적이 없으며, 신생 민주주의 국가들이 분쟁에 쉽게 휘말린다는 사실은 잘 알려져 있다.[38] 평화를 증진하는 대신 미국은 끊임없이 전쟁을 하게 되고 끝이 안 보이는 점령의 수렁에 빠지게 된다. 이런 충돌로 인해 미국은 포로를 고문하고 표적살인을 수행하고 정부 기밀을 확대하고 미국 시민을 대상으로 방대한 전자 감시 활동을 벌이게 되었다. 역설적으로 해외에서 자유주의 가치를 확산시키려는 시도가 국내에서 그러한 가치를 훼손해온 것이다.

자유민주주의와 기본 인권의 확산을 증진하는 것이 미국의 장기적 목표가 되어야겠지만, 이 목표를 달성할 수 있는 최선의 방식은 좋은 모범이 되는 것이다. 만약 다른 사회들이 미국이 정의롭고 번영하며 평화로우면서 개방된 사회라고 믿고 있고 이와 비슷해지고 싶다면 미국의 가치를 포용할 가능성이 더 커진다. 따라서 만약 자유주의 가치를 확산하고 싶다면 해외에서 정치를 조작하기보다 국내 상황을 개선하기 위해 더 많이 노력해야 한다. 역외균형이 이런 처방에 딱 들어맞는다.

개혁이 쉽지 않은 이유

역외균형은 미국의 핵심 전통에 대한 확신과 미국이 지닌 지속적인 장점에 대한 인식에서 비롯된 대전략이다. 역외균형은 마치 신의 섭리와도 같은 혜택받은 미국의 지리적 입지를 활용하고, 다른 나라들이 자신들이 속한 지역에서 잠재적인 패권국의 등장을 반대하는 강한 동기를 인식하며, 가능하다면 그런 책임을 다른 나라들에 전가한다. 역외균형은 민족주의의 힘을 존중하면서 외국에 미국의 가치를 강요하지 않으며, 다른 나라들이 따라하고 싶어하는 모범을 보이는 데 집중한다. 이런 접근법을 택한다면 미국 납세자들이 엄청난 돈을 절약할 것이고, 미국이 가진 미래의 부와 권력을 위해 장기적으로 투자할 수 있을 것이며, 정부가 미국인 개인의 자유를 침해하는 상황도 제한될 것이다. 그렇기 때문에 역외균형이 미국 역사 대부분의 경우를 볼 때 올바른 전략이었고, 오늘날에도 최선의 대전략이 될 것이다.

하지만 외교정책 커뮤니티는 역외균형을 이렇게 보지 않기 때문에 의미 있는 개혁이 이루어질 가능성이 낮다. 그래서 마이클 글레넌Michael Glennon은 외교안보 분야 기득권층에 대한 자신의 통찰력 있는 분석을 마무리하면서 "견제와 균형"이라는 전통적인 메커니즘이 실질적으로 무력화되었으며, 기존 "트루먼 네트워크(Trumanite network)"의 권력을 통제할 수 있는 방안이 거의 없다는 암울한 결론을 내렸다. 그의 말을 빌리자면 미국은 이제 사람을 죽이고 체포하고 투옥할 수 있는 권력, 모든 말과 행동을 듣고 볼 수 있는 권력, 공포와 의심을 불어넣을 수 있는 권력, 수사를 가로막고 언론을 억압할 수 있는 권력, 공적 토론을 형성하거나 축소할 수 있는 권력, 자신의 행동을 숨기면서 허약한 감시를 회피할 수 있는 권력을 쥐게 되었다. 간단히 말해서 트루먼 네트워크는 불가역성의 권력(power of irreversiblity)을 쥐고 있다.[39]

마찬가지로 오랫동안 의회 전문위원으로 활동했던 마이크 로프그렌Mike Lofgren은 미국의 "딥스테이트(deep state)"를 비판하면서 선거에서의 사적 후원금 폐지, 평화 배당금의 국가 인프라 투입, 조세정책 개혁, 중동으로부터의 거리두기 등 수많은 야심찬 개혁 프로그램을 나열했는데, 그는 자신이 제안한 내용이 "이상주의적이고 비현실적"임을 인정해야 했다. 그는 자신이 원하는 방향으로 이 나라를 움직일 수 있는 어떤 계획도 제시하지 않았고, "미국이 역사적으로 더 놀라운 일을 많이 했으며" 오늘날에도 이와 비슷하게 놀라운 일을 할 수 있을지도 모른다는 희미한 희망을 남겨두었다.[40] 그러나 우리가 보아왔던 것처럼 외교정책 커뮤니티는 자유주의 패권에 대한 전념을 재검토하려는 시도조차 거의 안 하고 있다.[41]

그렇다면 어떻게 하면 그와 같은 "놀라운" 변화를 만들어낼 수 있을까? 이론적으로는 세계적 사건이 있을 경우 미국의 대전략에 대한 진지한 재검토와 기존 외교정책 제도를 개혁하기 위한 중대한 시도가 촉발될 수 있다. 가령 실제 핵공격 같은 외교적 대참사가 발생한다면 기존 정통 교리에 대한 신뢰성이 완전히 허물어질 수도 있고, 의미심장한 변화를 이끌어낼 수 있는 기회가 생길지도 모른다. 하지만 애국심이 있는 미국인이라면 아무도 그런 비극이 이 나라에 닥치기를 원하지 않을 것이며, 설령 중대한 문제가 발생하더라도 의미심장한 변화를 이끌어내기에는 충분하지 못할 수도 있다. 만약 지난 20년 동안의 실패와 한 번의 심각한 금융위기, 그리고 버락 오바마와 도널드 트럼프가 대통령으로 선출되었음에도 불구하고 체계적인 재검토를 못 하는 상황이라면 어떻게 해야 가능할까?

만약 진정으로 괄목할 만한 경쟁국이 출현한다면 아마도 미국 외교정책의 기강이 잡히게 될 것이다. 기득권층이 우선순위를 더 확실하게 설정할 것이며, 위험하거나 낭비성이 심한 계획을 폐기하기도 더 수월해질 것이다. 만약 중국이 계속 부상해서 미국의 지위에 도전한다면 외교안보 분야 기득권층도 실패한 사람에게 책임을 더욱 추궁할 것이고, 좋은 성과를 낸 사람을 더욱 우대하기 시작할 것이다.

하지만 이런 "해결책"에 대해 열광하기는 쉽지 않다. 강대국이 서로 경쟁한다면 그 자체로도 상당한 비용과 위험이 따르기 때문이다.[42] 만약 이상적인 상황이라면 미래에 등장할 경쟁국이 미국으로서는 의미 있는 개혁을 촉진할 정도로 충분히 우려스럽지만, 미국이 다루기에 너무 강하지 않아야 한다. 하지만 유감스럽게 이처럼 편리한 "최적의 상황"이 실현되거나 미국 지도자들이 여기에 맞서 올바른 선택을 하리라는 보장이 전혀 없다. 9/11 테러 공격이라는 비극은 이 나라가 여태까지 접했던 가장 요란한 경고음이었지만, 외교안보 분야 기득권층은 오히려 상황을 더 악화시키는 방식으로 대응했다.

미국이 안보 차원에서 상당히 여유가 있고, 엘리트 계층 사이에서 자유주의 패권에 관한 컨센서스가 있다는 점을 고려할 때, 외부의 압박이 있다고 해도 의미 있는 개혁이 저절로 일어날 가능성이 낮다. 자신들의 이익을 지키려고 강하게 저항하는 관료들의 태도는 악명이 높으며, 정치적 압박이 강력하면서도 지속적으로 뒷받침되지 않는 이상 정책이 광범위하게 바뀌는 경우는 없다. 국내에서의 지속적인 정치적 행동 없이는 외교정책을 둘러싼 토론은 계속해서 똑같이 익숙한 반향실(echo chamber) 내에서 이루어질 것이고 기존 틀을 벗어나지 못할 것이다. 자유주의 패권의 신봉자들은 그 대안을 검토하기보다는 자유주의 패권이 효과를 낼 수 있는 방안을 계속 모색하도록 사람들을 설득하고자 더욱 노력할 것이다.

블롭(Blob)을 어떻게 꺾을 것인가

따라서 이제는 기존 정치체제 내에서 보다 공정하게 논쟁해야 할 필요가 있다. 그래야 자유주의 패권이 더 이상 눈에 잘 띄는 명당을 독점하지 못할 것이고, 이에 맞서 경쟁하는 다른 대안들이 정치적 담론의 주변부나 벨트웨이 내부의 소수 고립된 성루에 국한되지 않을 것이다. 현상유지를 옹호하는 사람들이 이미 정부와 학계, 언론계, 그리고 서로 얽혀 있는 싱크탱크와 로비단체에 포진해 있고, 그렇기 때문에 토론이 이들에게 유리한 방향으로 기울어진다. 따라서 이런 주제에 관한 공개토론을 확대할 수 있는 유일한 방안은 사상의 시장에서 경쟁이 이루어질 수 있도록 이들을 상쇄할 수 있는 조직체와 기관을 창설하는 것이다.

특히 역외균형이나 여타 절제된 접근법을 찬성하는 사람들은 폭넓은 정치활동을 전개해야 하고, 실효성 없는 정책을 계속 지지하는 정치인과 당국자를 압박하고 대중의 인식에 영향을 주기 위해 적극적으로 활동하는 대항 조직을 결성해야 한다. 이런 활동은 자유지상주의(libertarian) 성향의 캐토연구소(the CATO Institute)나 현실주의 성향의 국가이익센터(the Center for the National Interest), 혹은 좌파 성향의 국제정책센터(the Center for International Policy)처럼 이미 상이한 대전략을 선호하는 소수의 단체에 기반을 둘 것이다. 동시에 주창하는 어젠다가 양립 가능한 여타 단체들과 연계해서 연합체를 형성하기 위해 노력할 것이다.

물론 이렇게 하려면 지속적인 자유주의 패권 추구가 미국에 심각한 피해를 입히게 될 것이라고 우려하는 미국인들로부터 많은 재정적 지원을 받아야 한다.[43] 이런 네트워크는 핵심 외교정책 사안에 관한 연구를 지원하면서 동시에 자유주의 패권 옹호론자들이 워싱턴에서 영향력을 구축하기 위해 구사해왔던 것과 똑같은 전술을 구사해야 한다. 특히, 역외균형 전략 지지자들은 미국의 절제된 대전략과 관련된 핵심 이슈에 대한 학술적 연구를 수행해야 하고, 아이디어를 다듬고 전파하기 위한 컨퍼런스도 수시로 주최해야 한다. 또한 정치인들과 정책 입안자들을 대상으로 직접 로비를 하고, 대중과의 접촉면을 넓히기 위해 폭넓게 행동해야 한다. 비슷한 생각을 하는 젊은 전문가들을 모집해서 멘토링 등을 지원하고, 외교안보 분야에서 야심이 있는 이들이 기존 통념을 받아들이지 않고도 지속적으로 경력을 쌓을 수 있는 길을 마련해줘야 한다.

어쩌면 이런 활동이 실제로 의미 있는 전략적 변화를 끌어내기 위한 필수조건일지도 모른다. 『전쟁과 민주적 절제: 대중이 외교정책에 미치는 영향 War and Democratic Constraint: How the Public Influences Foreign Policy』에서 정치학자인 매슈 봄Matthew Baum과 필립 포터Philip Potter는 대중 민주주의 국가의 시민들이 지도자에게 책임을 추궁할 수 있으려면 두 가지 기본조건이 필요하다고 주장한다. "우선 지도자가 실책을 범할 때 대중에게 경고음을 울릴 수 있는 정치적으로 강력한 반대세력이 있어야 한다. 그리고 이러한 반대세력이 대중에게 메시지를 충분히 전달할 수 있도록 언론매체와 소통기구가 작동하고 접근하기 쉬워야 한다."[44]

미국은 수많은 언론매체가 있고 언론의 자유를 보장하는 견고한 법도 있다. 다만 자유주의 패권이라는 지배적인 독트린에 맞서는 "정치적으로 막강한" 세력이 없다는 점이 문제다. 그 결과 주류 언론기관은 기존의 컨센서스 틀에 갇힌 채 외교정책 사안을 다룬다. 언론이 일반적으로 의지하는 취재원은 자유주의 패권에 전념하는 정부 관계자나 정책 전문가들이며, 주류 언론기관에 속하는 저명한 인사들도 마찬가지로 자유주의 패권에 대한 의지가 확고하다. 이처럼 서로 생각이 같다는 점을 감안한다면 〈월스트리트저널〉, 〈워싱턴포스트〉, 〈뉴욕타임스〉와 같은 주요 뉴스매체가 독자들에게 진정으로 대안이 될 만한 시각을 제시해야 한다고 부담을 느끼는 경우가 드물다는 사실이 별로 충격적이지 않다.

하지만 자유주의 패권이 아닌 다른 대전략을 지지하는 사람들이 상설적으로 운영되는 기구를 설립하고 세를 충분히 결집한다면 주요 언론기관도 이에 주목할 것이고, 이들의 견해에 지면과 방송시간을 더 많이 할애할 것이다. 시간이 지나면서 핵심 외교정책 사안을 둘러싼 토론에서 더 폭넓은 의견이 제시될 것이며, 미국인들도 현재의 대전략이 지닌 결함과 대안적인 접근법의 장점에 대해 더 많이 인식하게 될 것이다. 만약 이런 움직임이 탄력을 받는다면 〈뉴욕타임스〉와 〈워싱턴포스트〉 같은 주요 언론도 현재의 십자군적인 논설위원단에 좀 더 절제된 외교정책을 옹호하는 인사들을 추가할 때가 되었다

고 결론을 내릴지도 모른다.[45]

합리적인 외교정책 납득시키기

시간이 지나면서 절제된 외교정책을 옹호하는 강력한 정치적 움직임이 형성될지 그리고 지속 가능할지 여부는 지켜봐야 할 일이다. 만약 이런 움직임이 조직된다면 어떻게 해야 대중으로부터 폭넓게 지지를 받을 수 있을까? 보다 합리적인 외교정책을 홍보할 수 있는 최선책이 무엇일까?

애국심을 강조하라

비록 나를 비롯한 역외균형론자들이 가끔 미국의 수많은 과거 정책을 비판하기도 하지만, 역외균형 전략 그 자체는 상당히 애국적이고, 이 전략은 항상 애국적 차원에서 묘사되어야 한다. 이 책을 통틀어 강조했듯이 역외균형은 미국인들의 이익 보호와 증진, 미국인들의 안전과 번영, 자유의 지속을 미국 외교정책상의 최우선 과제로 두고 있다. 다시 말하자면 역외균형론자들은 전혀 "반미주의자"가 아니다. 오히려 이들은 미국인들이 지난 20년 동안 겪어왔던 외교정책보다 더 나은 외교정책을 가질 자격이 있다고 믿고 있다.

군을 존경하라

역외균형론자들은 핵심 지역에서 세력균형을 유지하기 위해 필요한 경우를 제외하고는 군사적 개입을 경계한다. 하지만 역외균형론자들이 평화주의자도 아니고 군에 적대적이지도 않다. 이 전략도 여전히 군사력이 필요하며, 미국의 이익을 보호하기 위해서는 때로는 무력을 사용해야 한다고 가정하고 있다. 비록 이들이 외교안보 분야의 기득권층과 소위 군산복합체가 관료적인 이유나 예산상의 이유로 대체로 위협을 부풀리고 있다고 보지만, 그럼에도 국가를 위한 군인들의 희생을 존경하고 있다. 역외균형론자들은 자유주의 패권 옹호론자들이 미군의 인적 희생을 충분히 고려하지 않은 채 경솔하게 이용해왔다고 믿는다. 이와 대조적으로 역외균형론자들은 사소하거나 잘못된 이유로 장병들의 목숨이 위험하게 내몰리는 상황을 반대한다.

실제로 역외균형은 장병들이 져야 하는 부담을 최소화하려고 노력한다. 역외균형론자들은 군인을 비현실적인 목표를 추구하기 위한 충성스러운 도구로 보지 않고, 병사와 수병, 조종사를 사활적인 이익이 걸려 있을 때만 위험한 상황에 투입해야 한다고 생각한다. 특히 사활적 이익이 걸려 있지 않거나 그 임무가 척박한 환경에서의 새로운 민주주의 육성 시도처럼 군대만으로 성취가 불가능하기 때문에 패배할 수밖에 없는 전쟁에는 절대 투입해서는 안 된다고 믿는다.

더 이상의 "호구" 노릇은 이제 그만

역외균형론자들은 다른 나라들이 미국에 무임승차하는 대신 집단안보를 위해 공정한 몫(fair share)을 기여해야 한다는 점을 강조함으로써 역외균형 전략의 설득력을 강화할 수 있다. 외교정책 엘리트들은 "세계적 리더십"에서 나오는 지위와 위상을 흐뭇하게 여길 수도 있겠지만, 평범한 미국인들은 미국이 자국의 안보에 아무런 기여를 하지 않거나 도움이 되지 않는 국가를 보호하면서 부유한 동맹국에게 보조금을 주고, 미국의 보호 하에서 일부 동맹국들이 벌이는 무모한 행동을 묵인하는 것에 정당하게 분개하고 있다.

해외에서 벌이는 모험을 국내 사정과 연계해서 본다면 역외균형이 더욱 두드러지게 타당해 보인다. 미국이 물론 비교할 수 없을 정도로 부유하지만, 해외에서의 어리석은 모험 활동을 위해 시간과 자원, 관심을 투입한다면 국내적으로도 불가피하게 삶의 질이 영향 받기 마련이다. 외교정책과 국방정책이 국내적 삶의 질, 국민의 납세 수준, 챙겨줘야 하는 부상군인 수, 미국 안보기관의 무단침해, 그리고 국가 예산의 상태 및 전반적 경제와도 연계되어 있다는 사실을 미국인들에게 설명해주는 것이 중요하다. 전 세계에 주둔기지를 더 많이 설치할수록 미국인들이 누릴 수 있는 도로와 교량, 지하철, 공항, 박물관, 병원, 학교, 광섬유케이블, 와이파이 네트워크가 적어질 것이고, 모든 사람들의 삶의 질이 하락하게 된다. 보다 현명한 전략이 지지받으려면 더 많은 사람에게 이런 연계성을 명확하게 제시해야 한다.

도덕적 우위를 수호하라

역외균형은 이기적 전략이지만 그렇다고 도적적 고려에 무관심하지 않다. 미국 사회에는 자유주의가 뿌리 깊게 자리 잡고 있기 때문에 시민들이 비윤리적이거나 도덕에 무관심한 대전략을 오랫동안 포용할 가능성이 낮다. 따라서 역외균형 지지자들은 반드시 이 전략이 도덕적으로도 우월하며 미국의 핵심가치에 부합된다는 사실을 강조해야 한다.[46]

특히 역외균형은 미국이 전쟁 예방, 집단살해 중단, 타국의 인권 향상 등의 목적을 위해 미국의 힘을 사용하는 것을 배제하지 않지만, 무력 사용에는 까다로운 조건을 붙인다. 특히 역외균형론자들은 재난구호와 여타 순수한 인도적 활동을 기꺼이 지지하며, 다음 조건 하에서 대규모 살상행위를 중단시키기 위한 무력 사용에 동의한다.

1. 위험이 임박해 있어야 한다.
2. 미국이 치러야 할 예상 비용이 크지 않아야 한다.
3. 개입할 경우 목숨을 걸어야 하는 미국인의 수와 비교했을 때 구하게 되는 외국인 수의 비율이 매우 높아야 한다.
4. 개입하더라도 상황이 더 악화되거나 무제한으로 개입이 지속되는 상황이

발생하지 않아야 한다.

역외균형은 또한 국내적으로도 이러한 가치를 보호할 가능성이 높다. 건국의 아버지들이 잘 알고 있었듯이 어떤 나라도 시민의 자유와 여타 자유주의 제도를 훼손하지 않은 채 오랫동안 전쟁을 지속할 수가 없다. 전쟁이란 결국 본질적으로 비자유주의적인 행위이다. 그리고 폭력적이고 억압적이며 위계적이고, 투명성과 자유보다 비밀주의와 명령을 우선시한다.

역외균형론자들은 그들이 지지하는 전략의 도덕적 논거가 강력하기 때문에 이 논거를 주저하지 말고 내세워야 한다. 역외균형은 자유주의 패권보다 무력충돌이나 사람들의 고난을 덜 초래할 것이고, 미국이 다른 나라에 매력적인 모델을 제시하고 동시에 억압적인 활동이나 군사 행동이 아닌 끈기 있는 외교 활동과 도덕적 설득을 통해서 자유주의 가치를 증진한다면 점진적인 변화를 촉진할 가능성이 한층 더 높을 것이다. 무엇보다 자유주의 성향이나 신보수주의 성향의 반대론자들이 추구해온 정책이 초래한 엄청난 고난을 감안한다면 역외균형론자들은 이들에게 도덕적 우위를 양보할 필요가 없다.

메신저를 신경 써라

마지막으로 역외균형 전략은 유능한 옹호자가 필요하다. 불행히도 최근 몇 년 동안 역외균형 전략에 가장 근접한 시각을 가졌던 공적 인물로는 론 폴Ron Paul과 랜드 폴Rand Paul, 팻 뷰캐넌Pat Buchanan, 그리고 2016년의 도널드 트럼프가 있다. 이 사람들은 미국 외교정책이 실패했다고 어느 정도 합리적으로 말하기는 했지만, 동시에 상당히 부정적인 요소도 갖고 있다. 아울러 어리석고 무지하거나 공격적인 다른 신념들을 갖고 있다.

어떤 면에서 이들의 실수는 놀랄 만한 일이 아니다. 미국 "예외주의"의 끊임없는 소환 혹은 미국의 리더십이 문명과 혼돈 사이의 유일한 장벽이라는 주장 등 자유주의 패권의 토대가 되었던 다양한 수사적 표현과 통설을 간파하려면 어느 정도의 인습 타파(iconoclasm)가 불가피하다. 그렇기 때문에 역외균형론자 중에 가장 눈에 띄는 인물들은 미국 정계 기득권층 내의 이단아(outlier)였다. 따라서 역외균형이 미국의 기본적인 대전략으로 다시 등장하기 위해서는 영리하면서도 세련되고 견문도 넓고 논지가 분명할 뿐만 아니라 애국적이면서 당혹스러운 치부도 없고 여타 사안에서도 특이한 시각이 없는 옹호자가 필요하다.

하지만 그런 인물이 실제로 출현한다면 청중들이 이 사람의 말을 기꺼이 경청할 것이다. 미국인들은 안전과 번영을 위해 여전히 해외에서 다소간의 부담을 기꺼이 짊어지려고 하며, 어떤 경우에는 다른 나라들을 도와주려고도 한다. 반면 미국인들은 갈수록 과거에 실패했고 미래에도 실패할 수밖에 없는 운명인 똑같이 무모한 임무를 점점 더 떠맡으려 하지 않고 있다. 만약 이런 실수를 반복하지 않겠다고 약속하는 총명한 정치인들이 등장한다면 틀림없이 대중들로부터 폭넓은 지지를 받을 것이다.

마지막 생각

"국가를 파멸로 이끄는 길은 상당히 많다(There is a great deal of ruin in a nation)."라고 애덤 스미스는 말한 적이 있다. 특히 미국처럼 수많은 장점을 누리고 있으며 이 장점이 영구적인 나라로서는 더욱 그렇다. 이 나라는 운이 좋았기 때문에 외교정책 분야에서 무계획적이고 오만하면서도 최근 들어서는 비현실적인 접근법을 취해도 살아남을 수 있었다. 최근의 실수에도 불구하고 미국은 여전히 아주 복을 받은 나라다. 비스마르크가 말했다고 하는 "술주정뱅이들과 바보들, 그리고 미국을 돌봐주는 특별한 신의 섭리가 있나 보다."라는 신랄한 표현이 이를 확인해주고 있다.

따라서 우리가 직면하고 있는 실제 위험은 우리의 안보와 번영, 삶의 방식을 송두리째 앗아갈 교묘한 계략을 지닌, 치밀하게 조직된 강력한 해외 적대 세력들이 아니다. 오히려 미국이 해외에서 직면한 문제들은 대부분 미국이 자초한 것들이다. 정치 풍자만화가인 월트 켈리Walt Kelly가 몇 년 전에 언급했던 것처럼 "우리가 적을 만났다. 그 적은 바로 우리 자신이다."

언제쯤이면 미국의 행운이 바닥날까? 여기에서 간략히 제시된 개혁 움직임이 뿌리를 내리고 성장하고 번성해서 마침내 미국이 갈 길을 잃게 만들어 우리 스스로 상당한 비용을 치르게 했고, 다른 나라는 더 많은 비용을 치르게 한 어리석은 정책을 수정하는 데 도움이 될지 여부는 전혀 확실하지 않다. 백악관에 누가 들어서건, 행정부의 핵심 직위를 누가 차지하건, 혹은 어떤 당이 하원이나 상원을 차지하건 간에 미국이 지금처럼 계속 실책을 범하는 것도 얼마든지 가능하다.

따라서 우리는 국가로서 기로에 서 있다. 한쪽에는 똑같이 실망스러운 결과가 기다리고 있다. 물론 과거의 어리석은 정책을 반복해도 버틸 수 있겠지만 그다지 바람직하지 않다. 그리고 "단극체제 시대(unipolar moment)"가 점차 과거 속으로 사라질수록 위험이 더 커질 것이다. 다른 한쪽에는 과거에 크게 도움이 되었고, 다시 채택된다면 앞으로도 도움이 될 수 있는 보다 현실주의적인 전략이 있다. 이는 대부분의 미국인들이 원하고 있고 누릴 자격이 있는 외교정책이다. 유일한 질문은 미국인들이 이 정책을 갖게 되기까지 얼마나 걸릴 것인가이다.

서론

1. John Hudson, "Inside Hillary Clinton's Massive Foreign Policy Brain Trust," *Foreign Policy*, February 10, 2016; and Stephen M. Walt, "The Donald vs. the Blob," *Foreign Policy*, May 16, 2016, http://foreignpolicy.com/2016/05/16/the-donald-vs-the-blob-hillary-clinton-election/ 참고.
2. "Open Letter on Donald Trump from GOP National Security Leaders," March 2, 2016, http://warontherocks.com/2016/03/open-letter-on-donald-trump-from-gop-national-security-leaders/; and "A Letter from GOP National Security Officials Opposing Donald Trump," *The New York Times*, August 8, 2016, www.nytimes.com/interactive/2016/08/08/us/politics/national-security-letter-trump.html?_r=0 참고.
3. "Transcript: Trump Expounds on His Foreign Policy Views," *The New York Times*, March 26, 2016, www.nytimes.com/2016/03/27/us/politics/donald-trump-transcript.html; "Transcript: Donald Trump on NATO, Turkey's Coup Attempt and the World," July 21, 2016, www.nytimes.com/2016/07/22/us/ politics/donald-trump-foreign-policy-interview.html 참고.
4. 2015년에 대선 출마를 선언하면서 트럼프는 멕시코가 미국에 "아주 문제가 많은 사람들을 보내고 있고, 이들이 마약, 범죄를 갖고 오고 있다. 이들은 강간범들이다."라고 주장했다. Trump Announces a Presidential Bid," *The Washington Post*, June 16, 2015 참고. 또한 2016년 4월에 있었던 최초의 외교정책 관련 연설에서 트럼프는 "우리 국경 내부로 들어온 이민자 중에 최근에 수십 명이 테러리즘으로 기소되었다. 무분별한 이민 정책으로 극단주의가 유입되는 상황을 막아야 한다."라고 말했다. Ryan Teague Beckwith, "Read Donald Trump's 'America First' Foreign Policy Speech," *Time*, April 27, 2016, http://time.com/4309786/read-donald-trumps-america-first-foreign-policy-speech/.
5. Julie Eilpirin, "Obama Lays Out His Foreign Policy Doctrine: Singles, Doubles, and the Occasional Home Run," *The Washington Post*, April 28, 2014 참고. www.washingtonpost.com/world/obama-lays-out-his-foreign-policy-doctrine-singles-doubles-and-the-occasional-home-run/2014/04/28/e34ec058-ceb5-11e3-937f-d3026234b51cstory.html.
6. David Law and Mila Versteeg, "The Declining Influence of the U.S. Constitution," *New York University Law Review* 87, no. 3 (June 2012) 참고.
7. Beckwith, "Read Donald Trump's 'America First' Foreign Policy Speech" 참고.
8. 2016년 3월 〈뉴욕타임스〉와의 인터뷰에서 트럼프는 "우리는 부자 나라가 아니다. 우리는 예전에 군대도 강력하고 여러 면에서 엄청난 능력이 있는 부자 나라였다. 더 이상 그렇지 않다. 우리 군대는 상당히 고갈되었다."라고 말했다. "Transcript: Donald Trump Expounds on His Foreign Policy Views."

9. 트럼프만 이런 시각을 갖고 있는 건 아니었다. 다양한 시각에서 바라본 최근 미국 외교 정책에 관한 비판은 다음을 참고. Andrew Bacevich, *Washington Rules: America's Path to Permanent War* (New York: Metropolitan Books, 2010); Barry R. Posen, *Restraint: A New Foundation for U.S. Grand Strategy* (Ithaca, NY: Cornell University Press, 2014); Chas W. Freeman, "Militarism and the Crisis of American Diplomacy," *Epistulae*, No. 20, July 7, 2015; Michael Mandelbaum, *Mission Failure: America and the World in the Post-Cold War Era* (New York: Oxford, 2016); Robert Lieber, *Retreat and Its Consequences: American Foreign Policy and the Problem of World Order* (Cambridge: Cambridge University Press, 2015); Bret Stephens, *America in Retreat: The New Isolationism and the Coming Global Disorder* (New York: Sentinel, 2014); Jeremy Scahill, *Dirty Wars: The World Is a Battlefield* (New York: Nation Books, 2013).
10. George H. W. Bush and Brent Scowcroft, *A World Transformed* (New York: Alfred A. Knopf, 1998), p. 564.
11. 그리하여 지미 카터, 로널드 레이건, 빌 클린턴, 조지 W. 부시, 버락 오바마는 모두 다 똑같이 개인의 자유, 민주주의, 법의 지배, 경쟁시장에 전념했다는 점에서 "자유주의(liberal)" 성향이라 볼 수 있다.
12. 외교안보 기득권층에 대해서는 Michael J. Glennon, *National Security and Double Government* (New York: Oxford University Press, 2014); Mike Lofgren, *The Deep State: The Fall of the Constitution and the Rise of a Shadow Government* (New York: Viking, 2016), and Scott Horton, *The Lords of Secrecy: The National Security Elite and America's Stealth Warfare* (New York: Nation Books, 2015) 참고.

01 탈냉전기 미국 외교의 암울한 기록

1. 대안으로 제시된 미국의 대전략에 관한 유용한 토의는 다음을 참고. Andrew Ross and Barry R. Posen, "Competing Visions of U.S. Grand Strategy," *International Security* 21, no. 3 (Winter 1996/97); Robert J. Art, *A Grand Strategy for America* (Ithaca, NY: Cornell University Press, 2004).
2. Eugene Gholz, Daryl Press, and Harvey Sapolsky, "Come Home America: The Strategy of Restraint in the Face of Temptation," *International Security* 21, no. 4 (Spring 1997); Christopher Layne, "From Preponderance to Offshore Balancing: America's Future Grand Strategy," *International Security* 22, no. 1 (Summer 1997); Eric Nordlinger, *Isolationism Reconfigured: American Foreign Policy for a New Century* (Princeton, NJ: Princeton University Press, 1996); Ted Galen Carpenter, Beyond NATO: *Staying Out of Europe's Wars* (Washington, DC: CATO Institute, 1994) 참고.
3. Patrick E. Tyler, "U.S. Plan Calls for Ensuring No Rivals Develop," *The New York Times*, March 8, 1992; James Mann, *Rise of the Vulcans: The History of Bush's War Cabinet* (New York: Viking, 2004), pp. 209-15 참고.

4. George H. W. Bush and Brent Scowcroft, *A World Transformed* (New York: Alfred A. Knopf, 1998), p. 564.
5. Richard N. Haass, "Defining U.S. Foreign Policy in a Post-Post Cold War World," Arthur Ross Lecture, Foreign Policy Association, April 22, 2002, http://2001-2009.state.gov/s/p/rem/9632.htm.
6. "US GDP as Percentage of World GDP," at https://ycharts.com/indicators/us_gdp_as_a_percentage_of_world_gdp 참고.
7. Barry Posen, "Command of the Commons: The Military Foundation of U.S. Hegemony," *International Security* 28, no. 1 (Summer 2003) 참고.
8. R & D 데이터 출처는 "Historical Trends in Federal R & D," *American Association for the Advancement of Science*, www.aaas.org/sites/default/files/DefRD.jpg이며, 국방비 데이터 출처는 *The Military Balance* (London: International Institute for Strategic Studies, various years).
9. Charles Krauthammer, "The Unipolar Moment," *Foreign Affairs* 70, no. 1 (1990) 참고.
10. William C. Wohlforth, "The Stability of a Unipolar World," *International Security* 24, no. 1 (Summer 1999); William C. Wohlforth and Stephen Brooks, *World Out of Balance: International Relations and the Challenge of American Primacy* (Princeton, NJ: Princeton University Press, 2008) 참고.
11. 이는 조지프 나이(Joseph Nye)가 저술한 Bound to Lead: *The Changing Nature of American Power* (New York: Basic Books, 1990)와 보다 최근에 나온 *Is the American Century Over?* (New York: Polity, 2015)에서 자주 반복되었던 주제이다.
12. 예를 들면 1998년에 쿠바, 세르비아, 아프가니스탄, 이라크, 이란, 리비아, 북한의 GNP 합계가 약 1,650억 달러였으며 국방비 합계가 대략 110억 달러였다. 반면 미국의 1998년 GNP는 10조 달러가 넘었고, 국방비도 2,660억 달러였다.
13. "Communism' s Collapse Poses a Challenge to America' s Military," U.S. *News and World Report*, October 14, 1991, p. 28에서 인용.
14. Francis Fukuyama, "The End of History," *The National Interest* (Summer 1989); idem, *The End of History and the Last Man* (New York: Free Press, 1993) 참고.
15. John Mueller, *Retreat from Doomsday: the Obsolescence of Major War* (New York: Random House, 1989); and idem, The Remnants of War (Ithaca, NY: Cornell University Press, 2004). 호프먼(Hoffmann)은 Thomas Friedman, "Friends Like Russia Make Diplomacy a Mess," *The New York Times*, March 28, 1993에서 인용.
16. 예를 들면 WTO 가입을 추진하는 국가들은 반드시 "외부 상업관계 활동에서 완전한 자율권"이 있어야 하며, 이런 관계에 영향을 미칠 수 있는 어떤 국가정책이나 경제상황을 제공해야 하고 WTO의 규범과 분쟁해결 절차를 준수해야 한다. World Trade Organization, "How to Become a WTO Member," at www.wto.org/english/thewto_e/acc_e/how_to_become_e.htm 참고.
17. Thomas Friedman, "A Manifesto for the Fast World," *The New York Times* Magazine, March 28, 1999.
18. Paul I. Bernstein and Jason D. Wood, *The Origins of Nunn-Lugar and Cooperative*

Threat Reduction (Washington, DC: National Defense University Press, 2010), "The Nunn-Lugar Vision," www.nti.org/analysis/articles/nunn-lugar-vision-20-years-reducing-global-dangers/ 참고.

19. 클린턴 행정부는 1994년에 북한 공습을 심각하게 고려했고, 이 조치는 소련이 건재했더라면 절대 진지하게 검토되지 않았을 것이다. 하지만 한국과 북한 둘 다 이를 반대했고, 미 당국자들은 결국 외교적 합의를 대신 추구했다. Daniel Poneman, Joel S. Wit, and Robert Gallucci, *Going Critical: The First North Korean Nuclear Crisis* (Washington, DC: Brookings Institu- tion, 2004); Scott Silverstone, *Preventive War and American Democracy* (New York: Routledge, 2007); chap. 6 참고.

20. 특히 Daniel Benjamin and Steven Simon, *The Age of Sacred Terror: Radical Islam's War Against America* (New York: Random House, 2002), pp. 407-18 참고.

21. Warren Christopher, "The Shifting Priorities of U.S. Foreign Policy, Peacekeeping Downgraded," Testimony to the Senate Foreign Relations Committee, November 4, 1993," *Department of State Bulletin* 4, no. 4-5 (January-April 1994), p. 43 참고.

22. 케넌의 시각은 Thomas Friedman, "Now a Word from X," *The New York Times*, May 2, 1998에서 길게 인용되었다.

23. 1990년 1월에 서독 외교장관인 한스-디트리히 겐셔(Hans-Dietrich Genscher)는 공개적으로 독일의 재통일이 "소련의 안보 이익을 침해하지 않을 것"이라고 선언했고, NATO가 "동부까지 확대"되는 방안을 배제하자고 제안했다. 2월에 제임스 베이커(James Baker) 미 국무장관은 에두아르드 셰바르드나제(Eduard Shevardnadze) 러시아 외교장관과 미하일 고르바초프 소련 대통령을 만나 독일을 NATO에 고정시켜야 한다고 주장했고, "NATO의 관할권이나 군대가 동쪽으로 이동하지 않는다"라고 "강철과 같은 보장"을 다 같이 했다. 특히 베이커 장관은 고르바초프에게 "만약 우리가 NATO의 일부인 독일에 주둔한다면 NATO의 관할권이나 군대가 동쪽으로 1인치도 이동하지 않을 것"이라고 말했다. "NATO Expansion: What Gorbachev Heard," (Washington, DC:National Security Archive, December 12, 2017), https://nsarchive.gwu.edu/briefing-book/russia-programs/2017-12-12/nato-expansion-what-gorbachev-heard-western-leaders-early 참고. 또한 Joshua Shifrinson, "Deal or No Deal?: The End of the Cold War and the U.S. Offer to Limit NATO Expansion," *International Security* 40, no. 4 (Spring 2016); Mary Sarotte, "A Broken Promise?: What the West Really Told Moscow about NATO Expansion," *Foreign Affairs* 93, no. 5(September/October 2014) 참고.

24. "Russia's National Security Concept," in *Arms Control Today* 30, no. 1 (January/February 2000), p. 15 참고.

25. 리언 패네타(Leon Panetta) 전 국방장관은 회고록에서 이렇게 밝혔다. "나는 워싱턴에서 모든 사람들이 알고 있지만 인정할 수 없었던 사실을 말했다. 즉, 리비아에서 우리의 목표는 정권 교체였다." Leon Panetta with Jim Newton, *Worthy Fights: A Memoir of Leaderhisp in War and Peace* (New York: Penguin, 2014. 참고. 처음부터 정권 교체가 목표였다는 사실을 드러내는 증거를 조심스럽게 추려낸 자료로는 Stephen R. Weissman, "Presidential Deception in Foreign Policy Making: Military Intervention in Libya 2011," *Presidential Studies Quarterly* 46, no. 3 (September2016) 참고. 또

한 David E. Sanger, *Confront and Conceal: Obama's Secret Wars and Surprising Use of American Power* (New York: Crown, 2012), pp. 345-55 참고.

26. Peter Baker, "U.S.-Russian Ties Fall Short of Reset Goal," *The New York Times*, September 2, 2013.
27. John J. Mearsheimer, "Why the Ukraine Crisis Is the West's Fault," *Foreign Affairs* 93, no. 5 (September/October 2014); Richard Sakwa, *Frontline Ukraine: Crisis in the Borderlands* (London: I. B. Tauris, 2015); Rajan Menon and Eugene Rumer, *Conflict in Ukraine: The Unwinding of the Post-Cold War Order* (Boston: MIT Press, 2015) 참고.
28. 관련된 부분은 다음과 같다. "아-태 지역 내 주변국들을 위협할 수 있는 선진 군사기술을 추구하면서 중국은 결국 자신이 위대하게 되는 비결을 훼손하게 될 시대에 뒤떨어진 노선을 따르고 있다. 시간이 지날수록 중국은 위대하게 되는 유일한 길은 사회적, 정치적 자유라는 사실을 깨닫게 될 것이다." *The National Security Strategy of the United States of America* (Washington, DC: The White House, 2002), www.state.gov/documents/organization/63562.pdf.
29. Bonnie S. Glaser and Matthew P. Funaiole, "The 19th Party Congress: A More Assertive Chinese Foreign Policy," *Lowy Interpreter*, October 26, 2017, www.lowyinstitute.org/the-interpreter/19th-party-congress-more-assertive-chinese-foreign-policy 참고.
30. 간략한 요약을 보고 싶다면 see Christopher Johnson, "President Xi Jinping's 'Belt and Road Initiative': A Practical Assessment of the Chinese Communist Party's Roadmap for Chinese Global Resurgence," (Washington, DC: Center for Strategic and International Studies, 2016) 참고.
31. Charlie Campbell, "Donald Trump's Pledge to Withdraw U.S. from TPP Opens Door for China," *Time*, November 22, 2016, http://time.com/4579580/china-donald-trump-tpp-obama-asia-rcep-business-trade/ 참고.
32. John J. Mearsheimer, *The Tragedy of Great Power Politics*, 2nd ed. (New York: W.W. Norton, 2011), chapter 10; Aaron Friedberg, *A Contest for Supremacy: China, America, and the Struggle for Mastery in Asia* (New York: W. W. Norton, 2015); Graham T. Allison, *Destined for War: Can America and China Escape Thucydides's Trap?* (New York: Houghton Mifflin, 2017) 참고. 중국 측 시각을 보고 싶다면 "Yan Xuetong on Chinese Realism, the Tsinghua School of International Relations, and the Impossibility of Harmony," www.theory-talks.org/2012/11/theory-talk-51.html 참고.
33. 아프가니스탄전에 관해서는 Rajiv Chandrasekaran, *Little America: The War Within the War for Afghanistan* (New York: Alfred A. Knopf, 2012); Anand Gopal, *No Good Men Among the Living: America, the Taliban, and the War Through Afghan Eyes* (New York: Metropolitan Books, 2014); Daniel P. Bolger, *Why We Lost: A General's Insider Account of the Iraq and Afghanistan Wars* (New York: Houghton Mifflin, 2014) 참고.
34. 이라크에서의 미국의 실수에 관해서는 특히 Peter W. Galbraith, *The End of Iraq:*

How American Incompetence Created a War Without End (New York: Simon & Schuster, 2007); Peter Van Buren, *We Meant Well: How I Helped Lose the Battle for the Hearts and Minds of the Iraqi People* (New York: Metropolitan Books, 2012); Thomas Ricks, *Fiasco: The American Military Adventure in Iraq, 2003 to 2005* (New York: Penguin, 2006); Emma Sky, *The Unraveling: High Hopes and Missed Opportunities in Iraq* (New York: Public Affairs, 2015) 참고.

35. Jeremy Scahill, *Dirty Wars: The World Is a Battlefield* (New York: Nation Books, 2013) 참고.
36. Michael Mullen, "National Security Priorities for President-Elect Trump," *Washington Ideas Festival*, November 21, 2016, www.youtube.com/watch?v=buu9IZYzmUo&app=desktop.
37. Martin Murphy, "The Importance of Alliances for U.S. Security," *2017 Index of Military Strength* (Washington, DC: Heritage Foundation, 2017) http://index.heritage.org/military/2017/essays/importance-alliances-u-s-security/ 참고.
38. Jennifer Kavanagh, *U.S. Security-Related Agreements in Force Since 1955: Introducing a New Database*, RR-736-AF (Washington, DC: The RAND Corporation, 2014), p. 22 참고.
39. Richard Haass, "The Unraveling," *Foreign Affairs* (November/December 2014). General Dempsey is quoted in Micah Zenko, "Most. Dangerous. World. Ever." *Foreign Policy*, February 26, 2013, http://foreignpolicy.com/2013/02/26/most-dangerous-world-ever/ 참고. 키신저의 언급 출처는 "Opening Statement by Dr. Henry A. Kissinger before the United States Senate Committee on Armed Services, at a Hearing to Discuss 'Global Challenges and National Security Strategy,'" January 29, 2015, www.henryakissinger.com/speeches/012915.html.
40. William J. Clinton, *A National Security Strategy of Engagement and Enlargement* (Washington, DC: The White House, 1995); George W. Bush, "Preface," *The National Security Strategy of the United States of America* (Washington, DC: The White House, September 2002) 참고.
41. 자유주의적 목표에 대한 의지가 확고했던 보좌진 인사로는 제임스 스타인버그(James Steinberg), 사만사 파워(Samantha Power), 수잔 라이스(Susan Rice), 마이클 맥폴(Michael McFaul), 앤-마리 슬로터(Anne-Marie Slaughter) 등이 있다. 스타인버그는 오바마 1기 행정부 당시 국무부 부장관이었고, 파워는 처음에는 국가안전보장회의에서 근무했고 이후 주유엔 대사를 역임했다. 라이스는 오바마 1기 행정부 당시 주유엔 대사였고 이후 2기 행정부에서 국가안보보좌관이 되었다. 마이클 맥폴은 NSC에서 근무했고 이후 주러시아 대사가 되었다. 앤-마리 슬로터는 국무부 정책기획실장을 2009년부터 2011년까지 역임했다. James Mann, The Obamians: *The Struggle Inside the White House to Redefine American Power* (New York: Penguin 2015) 참고.
42. 오바마는 또한 유엔총회에서 "경험을 통해 보면 역사는 자유의 편이라는 점을 알 수 있다. 인류의 진보를 위한 가장 강력한 토대는 개방된 경제, 개방된 사회, 개방된 정부에 달려 있다."라고 말했다. "Remarks by the President to the UN General Assembly," September 23, 2010, https://obamawhitehouse.archives.gov/the-press-

office/2010/09/23/remarks-president-united-nations-general-assembly 참고.

43. 민주주의를 증진하기 위해 개시된 활동의 명단 일부는 *Enduring Leadership in a Dynamic World: The 2015 Quadrennial Diplomacy and Development Review* (Washington, DC: U.S. Department of State, 2015), pp. 28-32 참고.
44. Eric Patterson, "Clinton Declares Religious Freedom a National Interest," *First Things*, September 12, 2012, www.firstthings.com/web-exclusives/2012/09/clinton-declares-religious-freedom-a-national-interest 참고.
45. "About NED," www.ned.org/about, 2014년 12월 20일에 다운로드.
46. Victoria Nuland, "Remarks at the U.S.-Ukraine Foundation Conference," December 13, 2013, www.voltairenet.org/article182080.html.
47. Economist Intelligence Unit, *Democracy Index 2012*, p. 2; and *Democracy Index 2015: Democracy in an Age of Anxiety*, p. 9.
48. John Nichols, "*The Economist* Just Downgraded the United States from a 'Full' to a 'Flawed' Democracy," *The Nation*, January 26, 2017 참고.
49. Freedom House, *Freedom in the World 2018: Democracy in Crisis*, https://freedomhouse.org/report/freedom-world/freedom-world-2018 참고.
50. "A Notable Year of the Wrong Kind," http://dartthrowingchimp.wordpress.com/2013/12/26/a-banner-year-of-the-wrong-kind/, December 26, 2013 다운로드.
51. Ty McCormick, "Unmade in the USA," *Foreign Policy*, February 25, 2015, http://foreignpolicy.com/2015/02/25/unmade-in-the-usa-south-sudan-bush-obama/ 참고.
52. Larry Diamond, "Democracy in Decline," *Foreign Affairs* 95, no. 4 (July/August 2016), p. 151 참고.
53. Klaus Armingeon and Kai Guthmann, "Democracy in Crisis?: The Declining Support for National Democracy in European Countries, 2007-2011," *European Journal of Political Research* 53, no. 2 (August 2014) 참고. 또한 Roberto Stefan Foa and Yascha Mounk, "The Danger of Deconsolidation: The Democratic Disconnect," *Journal of Democracy* 27, no. 3 (July 2016); Marc Plattner, "Is Democracy in Decline?" Democracy & Society 13, no. 1 (Fall-Winter 2016) 참고.
54. Thomas Carothers, "Democracy Promotion at 25: Time to Choose," *Journal of Democracy* 26, no. 1 (January 2015) 참고.
55. Jane Mayer, *The Dark Side: The Inside Story of How the War on Terror Turned into a War on American Ideals* (New York: Doubleday, 2008); James Risen, *State of War: The Secret History of the CIA and the Bush Administration* (New York: The Free Press, 2006); James Risen, *Pay Any Price: Greed, Power, and Endless War* (New York: Houghton Mifflin Harcourt, 2014); *The Senate Intelligence Committee Report on Torture: Committee Study of the Central Intelligence Agency's Detention and Interrogation* (New York: Melville House, 2014) 참고.
56. 미국의 대이집트 정책에 관해서는 Jason Brownlee, *Democracy Prevention: The Politics of the U.S.-Egyptian Alliance* (Cambridge: Cambridge University Press, 2012) 참고. 터키의 경우 미국은 터키가 갈수록 심각해지는 권위주의 행태, 언론 자유

제한 심화, 정치적 반대세력을 겁주기 위한 정치적 기소와 여론 재판을 무시했다. 이스라엘과 관련해서는 이스라엘의 2006년 레바논 공격과 2008년부터 2009년까지 수백 명의 무고한 사람들을 살상한 가자 지구 공격을 묵인했을 뿐만 아니라 미국 관리들은 유엔 안보리 결의에서 이스라엘을 옹호하고 공개적으로도 이스라엘을 편들었다.

57. Harriet Sherwood, "Human Rights Groups Face Global Crackdown 'Not Seen in a Generation,'" *The Guardian*, August 26, 2015, www.theguardian.com/law/2015/aug/26/ngos-face-restrictions-laws-human-rights-generation 참고.
58. Branko Milanovic, "Why the Global 1% and the Asian Middle Class Have Gained the Most from Globalization," *Harvard Business Review*, May 13, 2016, https://hbr.org/2016/05/why the global1 and the asian middle class have gained the most from globalization 참고.
59. Martin Wolf, "Inequality Is a Threat to Our Democracies," Financial Times, December 20, 2017 참고. 2018년 세계불평등연구소(the World Inequality Lab)는 "미국의 소득 불평등은 전 세계 부국들 중 최고 수준"이며 소득 기준 하위 50퍼센트의 미국인들의 소득은 1980년 이래 "정체"되었고 중산층 40퍼센트의 소득 성장은 "미약"했다고 보고했다. 이와 대조적으로 "상위 10퍼센트의 소득은 이 기간 동안 두 배로 늘었고 상위 1퍼센트는 3배로 증가했으며, 심지어 이는 세후 소득 기준으로 봤을 때 이 정도"라고 지적했다. *World Inequality Report* 2018, at http://wir2018.wid.world, pp. 78-81 참고.
60. 기술적 변화(가령 로봇에 기반한 제조업)에 따른 일자리 상실이 글로벌한 무역의 증가나 중국과 인도와 같은 저임금 국가의 등장에 따른 일자리 상실보다 더 컸다. Brad DeLong, "Where U.S. Manufacturing Jobs Really Went," *Project Syndicate*, May 3, 2017 www.project-syndicate.org/commentary/manufacturing-jobs-share-of-us-economy-by-j-bradford-delong-2017-05; Brad DeLong, "NAFTA and Other Big Trade Deals Have Not Gutted American Manufacturing-Period." *Vox.com*, January 24, 2017, www.vox.com/the-big-idea/2017/1/24/14363148/trade-deals-nafta-wto-china-job-loss-trump.
61. 현재의 세계화에 대해 미묘하면서도 합리적으로 분석한 내용은 Dani Rodrik, *Straight Talk On Trade: Ideas for a Sane World Economy* (Princeton, NJ: Princeton University Press, 2017), 특히 chap. 1 and pp. 27-29 참고.
62. Uri Dadush, "The Decline of the Bretton Woods Institutions," *The National Interest*, September 22, 2014, http://nationalinterest.org/blog/the-buzz/the-decline-the-bretton-woods-institutions-11324 참고.
63. According to Gordon I. Bradford and Johannes F. Linn, "Global institutions are not working well individually and as a group. For example, the global institutions at the core of the international system, such as the United Nations, the International Monetary Fund, the World Bank and the G8 Summit are, to varying degrees fragmented, unrepresentative, and ineffective. They generally suffer from a corrosive decline in their legitimacy. They are increasingly undemocratic and unable to address the global challenges of the 21st century." See their "Reform of Global Governance: Priorities for Action," *Brookings Policy Brief* No. 163

(Washing- ton, DC: Brookings Institution, 2007).

64. On this point, see Rodrik, *Straight Talk on Trade*, pp. 24-29.

65. Jonathan Kirshner, "The Global Financial Crisis: A Turning Point," *Forbes*, November 8, 2014, www.forbes.com/sites/jonathankirshner/2014/11/08/the-global-financial-crisis-a-turning-point/#7909a1a34c2f.

66. Foundation for Middle East Peace, "Comprehensive Settlement Population, 1972-2011, http://fmep.org/resource/comprehensive-settlement-population-1972-2010/; "Settlements," from B' tselem, www.btselem.org/settlements/statistics; "Israeli Settlement" https://en.wikipedia.org/wiki/Israeli_settlement 참고.

67. 이렇게 오랫동안 지속된 실패에 관한 다양한 분석에 관해서는 Jeremy Pressman, "Visions in Collision: What Happened at Camp David and Taba?" *International Security* 28, No. 2 (Fall 2003); Hussein Agha and Robert Malley, " Camp David: The Tragedy of Errors," *New York Review of Books*, 48, No. 13 (August 9, 2001), pp. 59-65; Rashid Khalidi, *Brokers of Deceit: How the United States Has Undermined Peace in the Middle East* (Boston: Beacon Press, 2013); Dennis Ross, *The Missing Peace: The Inside Story of the Fight for Middle East Peace* (New York: Farrar, Straus & Giroux, 2004); Aaron David Miller, *The Much Too Promised Land: America' s Elusive Search for Middle East Peace* (New York: Bantam, 2006); Charles Enderlin, *Shattered Dreams: The Failure of the Peace Process in the Middle East, 1995-2002*, trans. Susan Fairfield (New York: Other Press, 2003); Ron Pundak, "From Oslo to Taba: What Went Wrong?," *Survival* 43, No. 3 (Autumn 2001), pp. 31-46; Jerome Slater, "What Went Wrong?: The Collapse of the Israeli-Palestinian Peace Process," Political Science Quarterly 116, No. 2 (July 2001), pp. 171-99; Clayton E. Swisher, *The Truth About Camp David: The Untold Story About the Collapse of the Middle East Peace Process* (New York: Nation Books, 2004); Martin Indyk, *Innocent Abroad: An Intimate Account of American Peace Diplomacy in the Middle East* (New York: Simon & Schuster, 2014); Ben Birnbaum and Amir Tibon, "How the Israeli-Palestine Peace Deal Died," *New Republic*, July 20, 2014 참고.

68. 카다피(Gaddafi)의 약속에 관해서는 Bruce W. Jentleson and Christopher A. Whytock, "Who 'Won' Libya?: The Force-Diplomacy Debate and Its Implications for Theory and Practice," *International Security* 30, no. 3 (Winter 2005/2006), pp. 70, 74, 76 and 82 참고.

69. 버락 오바마는 세계를 핵무기가 없는 미래로 이끌고 싶다고 말했던 널리 알려진 연설과 함께 대통령직을 시작했지만, 오바마 행정부는 결국 미국의 전략 핵무기를 현대화하고 핵전쟁 수행능력을 향상하기 위한 1조 달러 프로그램을 제안했다. Philip Ewing, "Obama' s Nuclear Paradox: Pushing for Cuts, Agreeing to Upgrades," National Public Radio, May 25, 2016, at www.npr.org/sections/parallels/2016/05/25/479498018/obamas-nuclear-paradox-pushing-for-cuts-agreeing-to-upgrades; Austin Long and Brendan Rittenhouse Green, "Stalking the Secure Second Strike: Intelligence, Counterforce, and Nuclear Strategy," *Journal of Strategic Studies* 38, nos. 1-2 (2015) 참고.

70. 미국과 동맹국들이 2011년에 리비아에 개입했을 때 북한 관리들은 리비아의 대량살상무기 프로그램에 관한 합의가 "그 나라를 무장해제하려는 침공 전술"이라고 지칭했고 "리비아 위기는 국제사회에 중대한 교훈을 준다"라고 말했다. Mark McDonald, "North Korea Suggests Libya Should Have Kept Nuclear Program," *The New York Times*, March 24, 2011 참고. 2016년 1월에 북한 관영매체는 자신들의 핵실험을 "이라크의 사담 후세인 정권과 리비아의 카다피 정권은 핵개발 기반을 박탈당하고 핵프로그램을 자발적으로 포기한 다음에 정권이 붕괴되는 운명을 피할 수 없었다"라고 지적했다. "North Korea Cites Muammar Gaddafi's 'Destruction' in Nuclear Test Defence," The Telegraph, January 9, 2016, www.telegraph.co.uk/news/worldnews/asia/ northkorea/12090658/North-Korea-cites-Muammar-Gaddafis-destruction-in-nuclear-test-defence.html 참고.
71. 미국 정부 내 관료들의 저항과 사우디아라비아와 같은 핵심 동맹국들의 망설임으로 인해 효과적인 대테러 전략 수립이 저해되었고 클린턴 행정부 내내 중대한 공격이 일어났다. 1990년대 당시 미국의 대테러리즘 노력에 대한 사우디아라비아의 내키지 않아하던 태도에 관해서는 James Risen, *State of War*, pp. 180-86 참고. 테러리즘에 관한 우려에 대한 관료들의 굼뜬 대응은 *The 9/11 Commission Report: Final Report of the National Commission on Terrorist Attacks Upon the United States* (New York: W. W. Norton, 2004), chapter 3에 상세히 나와 있다.
72. 클린턴 행정부는 의약품 공장이 오사마 빈 라덴이 이 공장의 지분을 일부 갖고 있으며 공장 근처에서 채취된 토양 시료에 VX 신경가스 성분의 선구물질이 있다는 보고에 기반해서 그곳에서 신경가스를 제조하고 있다고 믿었다. 행정부 관계자들은 이 증거가 명백하다고 묘사했고 이 공장에 대한 공격을 놓고 내부적으로 반대가 거의 없었다고 말했지만, 다른 고위급 관계자는 이후에 가용했던 정보가 애매했다고 주장했다. 증거에 관한 공평무사한 요약에 관해서는 Michael Barletta, "Chemical Weapons in the Sudan: Allegations and Evidence," *The Nonproliferation Review* 6, no. 1 (Fall 1998), pp. 115-36. See also Tim Weiner and James Risen, "Decision to Strike Factory in Sudan Based Partly on Surmise," *The New York Times*, September 28, 1998; James Risen, "To Bomb Sudan Plant, or Not: A Year Later, Debates Rankle," *The New York Times*, October 27, 1999 참고. 행정부의 결정을 옹호하는 내용은 Benjamin and Simon, *Age of Sacred Terror*, pp. 351-63 참고.
73. 9/11 공격의 동기에 관해서는 *9/11 Commission Report*, p. 48; Lawrence Wright, *The Looming Tower: Al Qaeda and the Road to 9/11* (New York: Alred A. Knopf, 2006), pp. 209-10; John J. Mearsheimer and Stephen M. Walt, *The Israel Lobby and U.S. Foreign Policy* (New York: Farrar, Straus & Giroux, 2007), pp. 65-70 참고.
74. 부시 행정부는 출범한 이래 대테러 활동의 수위를 낮췄고, FBI와 여타 정보당국은 사전에 세략을 수포로 돌릴 수 있었던 "단편적 사실로부터의 결론 도출"을 하지 못했다. 9/11 위원회에 이후에 지적했듯이 "첩보가 공유되지 못했고, 분석이 공동으로 취합되지 못했다. 효과적인 작전이 개시되지 못했다. 정부 내 국내 기관과 해외 업무 기관을 나누는 경계로 인해 첩보가 서로 공유되지 못했다." *9/11 Commission Report*, p. 353.
75. "President Bush's Remarks at Prayer Service," *The Washington Post*, September 14, 2001. 많은 국가들과 단체들이 수십 년간 구사해왔던 "테러리즘"에 대한 전쟁을 선

포함으로써 미국은 명확한 종결점도 없고 그래서 승리할 수도 없는 작전에 뛰어들었다. 이와 같은 주장에 대해서는 Paul Pillar, *Terrorism and U.S. Foreign Policy* (Washington, DC: Brookings Institution, 2001), p. 217 참고.

76. 특히 버겐(Bergen)과 크우익섕크(Cruickshank)는 "지하디스트 공격에 따른 사망자 수가 연간 7배로 놀랍게 증가했다. 심지어 이라크와 아프가니스탄에서의 테러리즘을 제외하더라도 사망자가 발생하는 공격이 전 세계에서 3분의 1 이상 증가했다."라고 지적했다. Peter Bergen and Paul Cruickshank, "The Iraq Effect: The War in Iraq and Its Impact on the War on Terrorism," *Mother Jones*, March 1, 2007 참고.
77. "Inquiry Begins into Motives of Shooting Suspect Hasan," *The Washington Post*, November 7, 2009. 하산(Hasan)은 이후 아프가니스탄 탈레반을 보호하는 데 도움을 주려고 이런 공격을 기도했다고 증언했다.
78. Bruce Hoffman and Fernando Reinares, "Conclusion," in Bruce Hoffman and Fernando Reinares, eds., *The Evolution of the Global Terrorist Threat: From 9/11 to Osama bin Laden's Death* (New York: Columbia University Press, 2014), p. 638 참고.
79. 인터내셔널 크라이시스 그룹(the International Crisis Group)은 2005년에 "소말리아에서의 대테러리즘 노력이 일부 핵심 전투에서 극단주의자들에 맞서 승리를 거두었지만, 소말리아인들의 민심을 얻기 위한 전쟁에서는 계속 패배하고 있다"라고 지적했다. "Counter-Terrorism in Somalia: Losing Hearts and Minds?" *International Crisis Group Report No. 95*, July 11, 2005, p. 15 참고. 배경에 대해서는 Jeffrey Gettleman, "The Most Dangerous Place in the World," *Foreign Policy*, September 30, 2009, http://foreignpolicy.com/2009/09/30/the-most-dangerous-place-in-the-world/ 참고.
80. 전 주예멘 미국대사관 부대사인 내빌 카우리(Nabeel Khoury) "드론 공격은 나쁜 사람 몇 명을 확실히 제거하지만 동시에 수많은 무고한 사람을 죽인다. 예멘 사회가 부족 위주의 구조라는 걸 고려할 때, 드론으로 AQAP 한 명을 죽일 때마다 대충 40명에서 60명의 새로운 적을 만들어낸다."라고 지적했다. *Cairo Review of International Affairs*, October 23, 2013, www.aucegypt.edu/GAPP/CairoReview/Pages/articleDetails.aspx?aid=443#.
81. "Statement by Director Brennan as Prepared for Delivery to the Senate Select Committee on Intelligence," June 16, 2016, www.cia.gov/news-information/speeches-testimony/2016-speeches-testimony/statement-by-director-brennan-as-prepared-for-delivery-before-ssci.html.
82. Eric Schmitt, "Using Special Forces Against Terrorism, Trump Hopes to Avoid Big Ground Wars," *The New York Times*, March 19, 2017에서 인용.
83. Nick Turse, "U.S. Is Building $100 million Drone Base in Africa," *The Intercept*, September 29, 2016, https://theintercept.com/2016/09/29/u-s-military-is-building-a-100-million-drone-base-in-africa/; idem, "The War You've Never Heard Of," Vice News, May 28, 2017, at https://news.vice.com/en_ca/article/nedy3w/the-u-s-is-waging-a-massive-shadow-war-in-africa-exclusive-documents-reveal 참고.
84. 9/11 이후 기록에 기초해서 뮬러(Mueller)와 스튜어트(Stewart)는 매년 미국인이 테러리스트 공격으로 죽을 확률은 350만 명 중 한 명이라고 추산하고 있다. John Mueller and Mark G. Stewart, "The Terrorism Delusion: America's Overwrought Response

to September 11," *International Security* 37, no. 1 (Summer 2012); and idem, *Chasing Ghosts: The Policing of Terrorism* (New York: Oxford University Press, 2015) 참고.

85. Stephen Biddle, "American Grand Strategy after 9/11: An Assessment," Strategic Studies Institute, U.S. Army War College (Carlisle, PA: 2005), p. 14.

02 자유주의 패권은 왜 실패했는가

1. 자유주의 패권 전략에 관한 고전적인 설명은 William J. Clinton, *A National Security Strategy of Engagement and Enlargement* (Washington: The White House, 1994) 참고. 이후 빌 클린턴, 조지 W. 부시, 버락 오바마가 발표한 국가안보전략 보고서는 이런 접근법과 일치하며, 1993년부터 2007년 사이에 발표된 수많은 저명한 태스크포스나 싱크탱크의 보고서도 마찬가지다. 이와 같은 광범위한 컨센서스에 대해서는 제3장에서 논의하고 있다.
2. 1947년 3월에 의회에서 소위 트루먼 독트린을 발표하면서 해리 S. 트루먼 대통령은 다음과 같이 선언했다. "오늘날의 세계사에서 거의 모든 국가는 대안이 되는 삶의 방식 사이에서 하나를 택해야 한다. 한 가지 삶의 방식은 다수의 원칙에 기초하며 자유로운 제도, 대의정부, 자유선거, 개인의 자유와 표현의 자유 및 종교의 자유, 그리고 정치적 탄압으로부터의 자유를 보장하고 있다. 두 번째 삶의 방식은 다수에게 강요되는 소수의 의지에 기반하고 있다. 공포와 억압에 의지하며, 언론과 라디오가 통제되고, 선거가 조작되며, 개인의 자유가 억압받고 있다." "President Truman's Address Before a Joint Session of Congress, March 12, 1947," http://avalon.law.yale.edu/20thcentury/trudoc.asp 참고.
3. 자유주의 패권을 지적으로 주장한 글들은 다음과 같다. G. John Ikenberry, *Liberal Leviathan: The Origins, Crisis and Transformation of American World Order* (Princeton, NJ: Princeton University Press, 2011); Robert Lieber, *The American Era: Power and Strategy for the 21st Century* (Cambridge: Cambridge University Press, 2005); Robert Kagan, *The World America Made* (New York: Vintage, 2013); Stephen G. Brooks, G. John Ikenberry, and William Wohlforth, "Don't Come Home America: The Case Against Retrenchment," *International Security* 37, no. 3 (Autumn 2012/13); Stephen G. Brooks and William C. Wohlforth, *America Abroad: The United States' Role in the 21st Century* (New York: Oxford University Press, 2017). 자유주의 패권의 핵심적 가정에 대한 비판은 John J. Mearsheimer, *The Great Delusion: Liberal Dreams and International Realities* (New Haven, CT: Yale University Press, 2018); Barry Posen, *Restraint: A New Foundation for U.S. Grand Strategy* (Ithaca, NY: Cornell University Press, 2014), chap. 1; David C. Hendrickson, *Republic in Peril: American Empire and the Liberal Tradition* (New York: Oxford University Press, 2018), chap. 1 참고.
4. 민주 평화론에 관한 연구물은 오늘날 상당히 많다. 그중 핵심 연구물로는 Michael W. Doyle, "Kant, Liberal Legacies and Foreign Affairs," *Philosophy and Public Affairs*,

12, nos. 3-4 (Summer-Autumn 1983); Bruce Russett, *Grasping the Democratic Peace* (Princeton, NJ: Princeton University Press, 1993): John M. Owen IV, *Liberal Peace, Liberal War: American Politics and International Security* (Ithaca, NY: Cornell University Press, 1998)을 들 수 있다. 이에 대한 유익한 비판은 Sebastian Rosato, "The Flawed Logic of Democratic Peace Theory," *American Political Science Review* 97 (2003); Miriam Elman, ed., *Paths to Peace: Is Democracy the Answer?* (Cambridge, MA: MIT Press, 1997) 참고.

5. 경제적 상호의존으로 인해 갈등과 전쟁이 줄어들 것이라는 아이디어는 18세기까기 거슬러 올라간다. 이런 논리와 주장을 뒷받침하는 증거에 관한 폭넓은 논의로는 Richard Rosecrance, *The Rise of the Trading State* (New York: Basic Books, 1986); Dale C. Copeland, *Economic Interdependence and War* (Princeton, NJ: Princeton University Press, 2014)를 들 수 있다.
6. 특히 Robert O. Keohane, *After Hegemony: Cooperation and Discord in the World Political Economy* (Princeton, NJ: Princeton University Press, 1984) 참고.
7. "THE 1992 CAMPAIGN; Excerpts From Speech By Clinton on U.S. Role," *The New York Times*, October 2, 1992 참고.
8. Clinton, *National Security Strategy*, pp. i, iii.
9. Samuel P. Huntington, "Why International Primacy Matters," *International Security* 17, no. 4 (Spring 1993), p. 83 참고.
10. Madeleine Albright, "Interview on NBC-TV *The Today Show* with Matt Lauer," February 19, 1998, https://1997-2001.state.gov/statements/1998/980219a.html.
11. 완전한 문구는 다음과 같다. "문명을 야만으로부터 보호하는 지뢰는 양피지가 아닌 힘, 그것도 단극체제의 세계에서 미국의 힘이며, 필요하다면 일방적으로 휘두를 수도 있는 힘이다." "Democratic Realism: An American Foreign Policy for a Unipolar World," *Irving Kristol Annual Lecture*, American Enterprise Institute, February 10, 2004, www.aei.org/publication/democratic-realism/print/ 참고.
12. 예를 들어 *Rebuilding America's Defenses: Strategy, Forces and Resources for a New Century* (Washington, DC: Project for a New American Century, 2000); G. John Ikenberry and Anne-Marie Slaughter, eds., *Forging a World of Liberty Under Law: U.S. National Security in the 21st Century* (Princeton, NJ: Princeton Project on National Security, 2006); *America's National Interests* (Washington, DC: Commission on America's National Interests, 2000); Setting Priorities for American Leadership: A New National Security Strategy for the United States (Washington, DC: Project for a United and Strong America, 2013); *CSIS Commission on Smart Power: A Smarter, More Secure America* (Washington, DC: Center for Strategic and International Studies, 2008) 참고.
13. 오바마가 이런 시각을 갖고 있었다는 사실은 별로 놀랍지 않다. 2008년에 저명한 민주당 관계자들은 미국이 "글로벌 리더십이라는 권위를 되찾는 방법"에 관한 보고서를 발표한 적이 있었다. Anne-Marie Slaughter, Bruce Jentleson, Ivo Daalder, et al., *Strategic Leadership: A New Framework for National Security Strategy* (Washington, DC: Center for New American Security, 2008) 참고. 이 보고서의 저자들은 모두 다

오바마 행정부에서 요직에 있었다.

14. "President Bush's Second Inaugural Address," www.npr.org/templates/story/story.php?storyId=4460172.

15. "집중된 적개심(focused enmity)"이라는 표현은 윌리엄 월포스(William Wohlforth)가 1999년에 저술한 단극체제에 관한 에세이에서 단극 패권국(즉 미국)이 유럽과 아시아에 관여하지 않는다면 이 체제가 안정적일 것이라고 주장하면서 등장했다. William Wolforth, "The Stability of a Unipolar World," *International Security* 24, no. 1 (Summer 1999)와 Stephen Brooks and William Wohlforth, *World Out of Balance: International Relations and the Challenge of American Primacy* (Princeton, NJ: Princeton University Press, 2008) 참고.

16. 이는 퓰리처상을 받은 사만사 파워(Samantha Power)의 저서인 *"A Problem from Hell": America in the Age of Genocide* (New York: Basic Books, 2002)의 주제였다.

17. *America's National Interests* (Washington, DC: Commission on America's National Interests, 2000). 이 위원회의 공동 위원장은 로버트 엘즈워스(Robert Ellsworth), 앤드류 굿패스터(Andrew Goodpaster), 리타 하우저(Rita Hauser)였다. 집행이사는 하버드 대학교의 그레이엄 앨리슨(Graham Allison), 닉슨센터(the Nixon Center)의 드미트리 사임스(Dmitri Simes), RAND연구소의 제임스 톰슨((James Thomson)이었다.

18. Patrick Porter, *The Global Village Myth* (Washington, DC: Georgetown University Press, 2015), p. 19에서 인용.

19. *Leading Through Civilian Power: The First Quadrennial Diplomacy and Development Review* (Washington, DC: U.S. Department of State, 2010), p. xii.

20. Ibid., p. iii.

21. Louis Hartz, *The Liberal Tradition in America* (New York: Harcourt Brace, 1955) 참고.

22. 자유주의 국가들이 이상주의적인 성전(聖戰)에 나선다는 성향에 관해서는 John Mearsheimer, *Great Delusion* 참고. 아울러 Tony Smith, *America's Mission: The United States and the Worldwide Struggle for Democracy in the Twentieth Century* (Princeton, NJ: Princeton University Press, 1994); *A Pact with the Devil: Washington's Bid for World Supremacy and the Betrayal of the American Promise* (New York: Rutledge, 2007)도 관련이 있다.

23. 이런 권고사항은 1992년 초 〈뉴욕타임스〉에 유출된 "국방지침" 초안에 담겨 있었다. 이런 의견은 미국의 핵심 동맹국들로부터 격앙된 반발을 초래했고, 이후 다시 작성되었지만 핵심 목표는 전혀 폐기되지 않았다. Patrick E. Tyler, "U.S. Strategy Plan Calls for Insuring No Rivals Develop," *The New York Times* March 8, 1992; James Mann, *Rise of the Vulcans: The History of Bush's War Cabinet* (New York: Viking, 2004), pp. 208-15 참고.

24. Strobe Talbott, "War in Iraq, Revolution in America," John Whitehead Lecture, Royal Institute of International Affairs, October 9, 2009; www.brookings.edu/articles/war-in-iraq-revolution-in-america/ 참고.

25. Barack Obama, *National Security Strategy* (Washington, DC: The White House,

May 2010), p. 14.

26. 미국은 중국보다 GDP 대비 국방비 지출이 매년 더 높았으며 2004년부터 2013년 동안에는 러시아보다도 높았다. "Military Expenditures" (Washington, DC: The World Bank, 2015), http://data.worldbank.org/indicator/MS.MIL.XPND.GD.ZS 수치를 계산했다.

27. "Total Military Personnel and Dependent End Strength by Service, Regional Area, and Country, " Defense Manpower Data Center, July 31, 2015, www.globalsecurity.org/military/library/report/2015/drs_54601_309_report_p1506.xlsx 참고.

28. 지역별 전투사령부 지도에 관해서는 www.defense.gov/About/Military_Departments/Unified-Combatant_Commands/ 참고.

29. Michael McFaul, "The Liberty Doctrine," *Policy Review* 112 (April-May 2002) 참고.

30. Lawrence Kaplan and William Kristol, *The War Over Iraq: Saddam's Tyranny and America's Mission* (San Francisco: Encounter Books, 2003), p. 112 참고.

31. 아프가니스탄 침공은 카불의 탈레반 정부가 오사마 빈 라덴을 9/11 공격 이후 미국에 인계하기를 거부했다는 점에서 미국 영토에 대한 직접적인 방어로 볼 수도 있다. 하지만 미국은 목표를 빈 라덴 체포에만 국한하지 않았고 1조 달러 이상과 2,000명 이상의 미군 병사의 생명을 희생해가면서 안정적이고 효과적인 민주주의 구축을 16년째 시도하고 있다.

32. 첫 번째 NATO 확대 조치는 1999년에 있었고 체코, 헝가리, 폴란드가 가입했다. 불가리아, 에스토니아, 라트비아, 리투아니아, 루마니아, 슬로바키아, 슬로베니아는 2004년에 가입했다. 알바니아와 크로아티아가 2009년에 뒤를 이었다. 이 정책은 막강한 몬테네그로가 NATO에 2016년에 가입하면서 최정점(혹은 최저점)을 찍었다.

33. John L. Harper, "American Visions of Europe After 1989," in Christina V. Balls and Simon Serfaty, eds., *Visions of America and Europe: September 11, Iraq, and Transatlantic Relations* (Washington, DC: Center for Strategic and International Studies, 2004), chap. 2 참고.

34. 이중 봉쇄는 마틴 인딕(Martin Indyk)의 독창적인 아이디어였다. 인딕은 워싱턴근동연구소(WINEP) 재직 시절 이 아이디어를 구상했고, 클린턴 행정부 시절 국무부 근동 차관보 시절에 실행했다. 브루킹스연구소에서 같이 근무했던 케네스 폴락(Kenneth Pollack)에 따르면 이중 봉쇄는 이스라엘을 안심시키고 오슬로 프로세스에서 더 유연하게 나오게 하려는 목적이 있었다. Kenneth Pollack, *The Persian Puzzle: The Conflict Between Iran and America* (New York: Random House, 2004), pp. 261-65 참고.

35. 지역 변환의 목표에 관해서는 John J. Mearsheimer and Stephen M. Walt, *The Israel Lobby and U.S. Foreign Policy* (New York: Farrar, Straus & Giroux, 2007), pp. 255-57 참고.

36. Nick Turse, "U.S. Special Operations Numbers Surge in Africa's Shadow Wars," *The Intercept*, December 31, 2016 참고.

37. 미국은 이제 69개국에 대한 안보공약이 있으며, 이 나라들을 다 합치면 전 세계 경제의 75퍼센트에 해당하고 20억 명에 달한다. Michael Beckley, "The Myth of Entangling Alliances," *International Security* 39, no. 4 (Spring 2015) 참고. 베클리

(Beckley)는 이런 안보공약이 미국이 불필요한 전쟁으로 끌려 들어가는 위험을 높이지 않고 미국의 방위 요건을 형성한다고 주장한다. 코소보전이나 두 차례의 이라크전 등 미국의 최근 분쟁 개입은 부분적으로는 주변 동맹국을 보호하려는 목적으로 시작되었다고 한다.

38. 봉기 당시에 빅토리아 눌런드(Victoria Nuland) 국무부 유라시아 차관보는 마이단 광장(Maidan Square)에 있는 반정부 시위대에게 빵과 과자를 나눠줬고, 제프리 파이어트(Geofreey Pyatt) 주우크라이나 대사에게 반대파 지도자인 비탈리 키치코(Vitali Klitschko)가 정부에서 빠져야 하며 아르세니 야체뉴크(Arseniy Yatsenyuk)가 대신 총리 대행이 되어야 한다고 말했던 내용이 비밀리에 녹음되었다. "Ukraine Crisis: Transcript of Leaked Nuland-Pyatt Call," *BBC News Online*, www.bbc.com/news/world-europe-26079957 참고.
39. 오바마의 연설은 "Remarks by the President on the Middle East and North Africa," May 19, 2011, at www.whitehouse.gov/the-press-office/2011/05/19/remarks-president-middle-east-and-north-africa 참고.
40. 국방부와 CIA는 다양한 반(反)아사드 세력에게 무기와 훈련을 제공했고 반군 세력을 지원하기 위해 다양한 외국 세력들과 협력했다. Christopher Phillips, *The Battle for Syria: International Rivalry in the New Middle East* (New Haven, CT: Yale University Press, 2016), pp. 141-43; David Ignatius, "What the Demise of the CIA' s anti-Assad Program Means," *The Washington Post*, July 20, 2017; Austin Carson and Michael Poznansky, "The Logic for (Shoddy) U.S. Covert Action in Syria," *War on the Rocks*, July 21, 2016, https://warontherocks.com/2016/07/the-logic-for-shoddy-u-s-covert-action-in-syria/ 참고.
41. "Senator Kerry Statement at Hearing on Sudan," March 15, 2012, www.foreign.senate.gov/press/chair/release/chairman-kerry-statement-at-hearing-on-sudan-.
42. 헤리티지재단(the Heritage Foundation)의 데니즈 프로닝(Denise Froning)에 따르면 "자유무역은 자유라는 가치를 전파하고 법의 지배를 강화하며 빈국의 경제개발에 도움이 된다. 무역 관련 이슈에 관한 국가적 논쟁에서 이런 장점이 너무나 자주 무시된다." "The Benefits of Free Trade: A Guide for Policymakers," (Washington, DC: Heritage Foundation, August 25, 2000), www.heritage.org/trade/report/the-benefits-free-trade-guide-policymakers 참고. Jeffrey Kucik, "The TPP' s Real Value? It' s Not Just About Trade," *The Hill*, December 7, 2016, http://thehill.com/blogs/pundits-blog/foreign-policy/309088-the-tpps-real-value-its-not-just-about-trade 참고.
43. 특히 Edward Mansfield and Jack L. Snyder, *Electing to Fight: Why Emerging Democracies Go to War* (Cambridge, MA: MIT Press, 2005) 참고.
44. 1914년 당시 독일과 영국은 상호 최대 교역국이었고, 일본은 1941년에 미국과 여타 국가에 대한 경제 의존에서 벗어나려고 전쟁을 시작했다. 후자의 경우 Michael Barnhart, *Japan Prepares for Total War: The Search for Economic Security 1919-1941* (Ithaca, NY: Cornell University Press, 1987) 참고. 이 주제에 관한 최근의 포괄적인 연구에 따르면 국가들이 긴밀한 관계가 지속될 것이라고 기대하면 상호의존이 국가들이 전쟁하려는 유인을 감소시키지만 이런 관계가 단절될 것이라고 우려한다면 그

렇지 않다고 한다. Dale C. Copeland, *Economic Interdependence and War* (Princeton, NJ: Princeton University Press, 2014) 참고.

45. 특히 John J. Mearsheimer, "The False Promise of International Institutions," *International Security* 19, no. 3 (Winter 1994/95) 참고.

46. 이런 주장은 Lloyd Gruber, *Ruling the World: Power Politics and the Rise of Supranational Institutions* (Princeton, NJ: Princeton University Press, 2000)에서 설득력 있게 제시되었다.

47. Stephen M. Walt, *Taming American Power: The Global Response to U.S. Primacy* (New York: W. W. Norton, 2005), chaps. 2-3 참고.

48. Craig Whitney, "NATO at 50: With Nations at Odds, Is It a Mis-alliance?" *The New York Times*, February 15, 1999에서 인용.

49. Timothy Garton Ash, "The Peril of Too Much Power," *The New York Times*, April 9, 2002.

50. 예를 들면 2009년 11월에 육군 심리치료사인 니달 하산(Nidal Hasan) 소령은 포트 후드(Fort Hood)에서 13명을 살해하고 30명 이상을 부상 입혔다. 하산은 알카에다 소속의 성직자인 안와르 알-아울라키(Anwar al-Awlaki)와 이메일을 주고받았고, 갈수록 미국을 이슬람에 위협이 되는 존재로 보게 되었다. 범행을 개시하려고 기다리면서 하산은 "이슬람 국가(ISIS)"의 시민이 되고 싶다는 의사를 밝힌 서한을 작성했다.

51. Murtaza Hussain and Cora Currier, "U.S. Military Operations Are Biggest Motivation for Homegrown Terrorists, FBI Study Finds," *The Intercept*, October 11, 2016 참고.

52. 세르비아, 리비아, 이란은 미국이나 다자 혹은 이 양측의 압박에 못 이기고 다들 양보했지만 핵심 원칙에서는 강경노선을 취했고 힘들게 협상했으며, 결국 대가를 받아냈다.

53. Mark Landler, "The Afghan War and the Evolution of Obama," *The New York Times*, January 1, 2016에서 인용.

54. Chas W. Freeman, "Militarism and the Crisis of American Diplomacy," *Epistualae*, No. 20, National Humanities Institute, July 7, 2015.

55. "President Delivers State of the Union Speech," January 29, 2002, http://georgewbush-whitehouse.archives.gov/news/releases/2002/01/20020129-11.html; "Text: Bush Remarks at Prayer Service," *The Washington Post*, September 14, 2001,www.washingtonpost.com/wp-srv/nation/specials/attacked/transcripts/bushtext_091401.html 참고. 아울러 Richard Jackson, *Writing the War on Terrorism: Language, Politics and Counter-Terrorism* (Manchester, UK: Manchester University Press, 2005), p. 67도 참고.

56. 코소보전에서의 미국 외교에 대한 비판적 평가로는 Michael Mandelbaum, "A Perfect Failure: NATO' s War against Yugoslavia," *Foreign Affairs* 78 (September-October 1999); Christopher Layne and Benjmain Schwarz, "Kosovo: For the Record," National Interest 57 (Fall 1999); Alan Kuperman, "Botched Diplomacy Led to War," *The Wall Street Journal*, June 17, 1999 등이 있다. 밀로세비치(Milosevic)가 저항해서 받아낸 이득에 관해서는 Stephen Hosmer, *The Conflict Over Kosovo: Why Milosevic Decided to Settle When He Did* (Washington, DC: RAND

Corporation, 2001), pp. 116-17 참고. 이보 달더(Ivo Daalder)와 마이클 오핸런(Michael O' Hanlon)은 이 전쟁에 앞서 진행되었던 클린턴 행정부의 처리방식을 옹호하지만 미국과 동맹국들이 세르비아가 NATO의 요구를 쉽게 받아들일 것이라고 과장했다는 점은 인정하고 있다. 두 사람의 공동 연구인 *Winning Ugly: NATO' s War to Save Kosovo* (Washington, DC: Brookings Institution, pp. 89-90 참고.

57. 2005년에 몇몇 유럽 국가들과 협상하면서 이란은 농축을 저농축 단계로 한정하고 농축능력을 원자로에 연료를 주입하는 수준으로 제한하며 NPT 추가의정서를 비준하고 이행하고 핵시설에 관한 강화된 IAEA 사찰을 받아들이겠다고 제안했다. 당시 이란의 원심분리기는 3,000개 미만이었으며 잭 스트로(Jack Straw) 영국 외교장관은 훗날 "부시 대통령이 이끄는 미 행정부와의 심각한 문제만 아니었더라면 이란 문제를 2005년 수준에서 합의할 수 있었을 것"이라고 술회했다. 부시 행정부는 유럽 측에 이 제안을 거부하도록 압력을 넣었고, 2009년까지 진지한 대화가 진행되지 않았다. 2009년이 되자 이란이 보유한 원심분리기가 7,000개 이상에 달했다. David Morrison and Peter Oborne, "U.S. Scuppered Deal with Iran in 2005, says then British Foreign Minister," OpenDemocracy.net, September 23, 2013, www.*opendemocracy.net/* david-morrison-peter-oborne/us-scuppered-deal-with-iran-in-2005-says-then-british-foreign-minister 참고. 아울러 Seyed Hossein Mousavian, *The Iranian Nuclear Crisis: A Memoir* (Washington DC: Carnegie Endowment for International Peace, 2012); Gareth Porter, *Manufactured Crisis: The Untold Story of the Iran Nuclear Scare* (Charlottesville, VA: Just World Books, 2014), pp. 153-59 참고 ; Ali M. Ansari, *Confronting Iran: The Failure of American Foreign Policy and the Next Great Conflict in the Middle East* (New York: Basic Books, 2006), pp. 221-25; "Communication Dated 1 August 2005 Received from the Permanent Mission of the Islamic Republic of Iran to the Agency," INFCIRC/648 (Vienna: International Atomic Energy Agency, 2005) 참고.

58. 2010년에 브라질과 터키의 중재(소위 테헤란 선언)가 성공했더라면 이란의 1,200킬로그램의 저농축우라늄과 테헤란 연구용 원자로 연료 120 킬로그램이 맞교환되었을 것이다. 오바마 행정부는 초기에 브라질과 터키의 시도를 지지했으나 이 선언으로 인해 취약한 유엔 제재가 흔들리게 되자 지지를 철회했다. Trita Parsi, *A Single Roll of the Dice: Obama' s Diplomacy with Iran* (New Haven, CT: Yale University Press, 2013), especially chapter 10 참고.

59. 2012년 6월에 힐러리 클린턴 국무장관은 "아사드(Assad)가 권좌를 유지하도록 지원하고 있는 나라가 건설적인 행위자가 되리라고 미국이 상상하기가 힘들다. 현 단계에서 이란이 참여하기에 적절하다고 생각하지 않는다."라면서 이란의 제1차 제네바 회의 참석을 거부했다. 하지만 분쟁을 끝내려면 모든 이해관계자가 참여해야 하며 특히 합의가 들어서게 만들 수 있는 당사자가 참여해야 한다는 게 핵심이다. U.S. Department of State "Remarks with Foreign Minister Ahmet Davutoglu After Their Meeting," June 2012, www.state.gov.secretary/20092013clinton/rm/2012/06/19138.htm 참고.

60. Christopher D. Kolenda, Rachel Reid, Chris Rogers, and Marte Retzius, *The Strategic Costs of Civilian Harm: Applying the Lessons from Afghanistan to Current and Future Conflicts* (New York: Open Society Foundation, June 2016), p. 9 참고.

61. Elisabeth Bumiller, "We Have Met the Enemy and He Is PowerPoint," *The New York Times*, April 26, 2010 참고.

62. 많은 연구 결과 중에서 특히 다음 참고. Peter W. Galbraith, *The End of Iraq: How American Incompetence Created a War Without End* (New York: Simon & Schuster, 2007); Peter Van Buren, *We Meant Well: How I Helped Lose the Battle for the Hearts and Minds of the Iraqi People* (New York: Metropolitan Books, 2012); Rajiv Chandrasekaran, *Little America: The War Within the War for Afghanistan* (New York: Alfred A. Knopf, 2012); Emma Sky, *The Unraveling: High Hopes and Missed Opportunities in Iraq* (New York: Public Affairs, 2015); Daniel P. Bolger, *Why We Lost: A General's Inside Account of the Iraq and Afghanistan Wars* (Boston: Houghton Mifflin Harcourt, 2014); Carter Malkasian, *War Comes to Garmser: Thirty Years of Conflict on the Afghan Frontier* (New York: Oxford, 2013); Anand Gopal, *No Good Men Among the Living: America, the Taliban, and the War Through Afghan Eyes* (New York: Metropolitan Books, 2014).

63. John Spencer, "How to Rethink the U.S. Military's Troop Deployment Policy," *Politico*, July 27, 2016, www.politico.com/agenda/story/2016/07/rethinking-us-military-troop-deployment-policy-000177.

64. Sayed Salahuddin and Pamela Constable, "U.S. General in Afghanistan Apologizes for Highly Offensive Leaflets," *The Washington Post*, September 7, 2017 참고.

65. 아프가니스탄 정부 최고위 당국자가 미 고위 관계자에게 "부패는 단순히 아프가니스탄 내 거버넌스 체제의 문제가 아니라 거버넌스 체제 그 자체다"라고 말한 적이 있었다. *Corruption in Conflict: Lessons from the U.S. Experience in Afghanistan* (Washington, DC: U.S. Special Inspector-General for Afghanistan Reconstruction, September 2016), www.sigar.mil/pdf/LessonsLearned/SIGAR-16-58-LL.pdf, p.4에서 인용.

66. Carlotta Gall, "Afghanistan: Obama's Sad Legacy," *New York Review of Books*, January 19, 2017, p. 32 참고.

67. Mohammad Samim, "Afghanistan's Addiction to Foreign Aid," *The Diplomat*, May 19, 2016, https://thediplomat.com/2016/05/afghanistans-addiction-to-foreign-aid/; Joel Brinkley, "Money Pit: The Monstrous Failure of U.S. Aid to Afghanistan," *World Affairs*, January/February 2013, www.worldaffairsjournal.org/article/money-pit-monstrous-failure-us-aid-afghanistan 참고.

68. John Judis, "America's Failure and Russia and Iran's Success?In Syria's Cataclysmic Civil War," *TPM Cafe-Opinion*, January 10, 2017, http://talkingpointsmemo.com/cafe/americas-failure-russia-success-in-syrias-war 참고.

69. Jonathan Monten and Alexander Downes, "FIRCed to be Free: Why Foreign-Imposed Regime Change Rarely Leads to Democratization," *International Security* 37, no. 4 (Spring 2013); Bruce Bueno de Mesquita and George W. Downs, "Intervention and Democracy," *International Organization* 60, no. 3 (Summer 2006); Jeffrey Pickering and Mark Peceny, "Forging Democracy at Gunpoint,"

International Studies Quarterly 50, no. 3 (September 2006); Stephen Haggard and Lydia Tiede, "The Rule of Law in Post-Conflict Settings: The Empirical Record," *International Studies Quarterly*, 58, no. 3, (2014) 참고.

70. Porter, *The Global Village Myth* 참고.

71. Chris Heathcote, "Forecasting Infrastructure Investment Needs for 50 Countries, 7 Sectors Through 2040," August 10, 2017, http://blogs.worldbank.org/ppps/forecasting-infrastructure-investment-needs-50-countries-7-sectors-through-2040 참고.

72. 특히 Bruce W. Jentleson and Christopher A. Whytock, "Who 'Won' Libya?: The Force-Diplomacy Debate and Its Implications for Theory and Policy," *International Security* 30, no. 3 (Winter 2005/2006), especially pp. 74-76 참고. 아울러 Ronald Bruce St. John, "Libya Is Not Iraq: Preemptive Strikes, WMD, and Diplomacy," *Middle East Journal* 58, no. 3 (Summer 2004); Flynt Leverett, "Why Libya Gave Up on the Bomb," *The New York Times*, January 23, 2004; Martin Indyk, "The Iraq War Did Not Force Gaddafi's Hand," *Financial Times*, March 9, 2004도 참고.

73. 배리 포젠(Barry Posen) 덕택에 이런 논거를 제시할 수 있게 되었다. 미국이 물러날 경우 탈냉전 질서가 붕괴할 수도 있다는 두려움은 Brooks, Ikenberry, and Wohlforth, "Don't Come Home America," and Kagan, "Superpowers Don't Get to Retire."에 노골적으로 적시되어 있다.

74. 미국의 세계적 우위에 관한 포괄적 분석자료로는 Brooks and Wohlforth, *America Abroad; idem, World Out of Balance*; Nuno Monteiro, *Theory of Unipolar Politics* (Cambridge: Cambridge University Press, 2014), pp. 116-22; Peter Zeihan, The Accidental Superpower: The Next Generation of American Preeminence and the Coming Global Disorder (New York: Twelve, 2014) 참고.

75. 미국의 지리적 위치 덕택에 생긴 "자유로운 안보"에 대해서는 C. Vann Woodward, The Age of Reinterpretation (Washington, DC: American Historical Association, 1961), p. 2; Campbell Craig and Fredrik Logevall, *America's Cold War: The Politics of Insecurity* (Cambridge. MA: Harvard University Press, 2012), pp. 13-14, 19-20, 363 참고.

76. Jeremy Shapiro and Richard Sokolsky, "How America Enables Its Allies' Bad Behavior," April 27, 2016, www.vox.com/2016/4/27/11497942/america-bad-allies 참고.

03 자유주의 패권의 보루: 미국 외교정책 커뮤니티

1. Eric Bradner, Elise Labott, and Dana Bash, "50 GOP National Security Experts Oppose Trump," August 8, 2016, www.cnn.com/2016/08/08/politics/republican-national-security-letter-donald-trump-election-2016/index.html에서 인용. 아울러 Doug Bandow, "Trump Criticizes Washington's Policy Elite With Cause," *CATO at Liberty*, May 17, 2016, www.cato.org/blog/donald-trump-criticizes-washingtons-

policy-elite-cause도 참고.

2. Thomas Oatley, *A Political Economy of American Hegemony: Buildups, Booms, and Busts* (Cambridge: Cambridge University Press, 2015), p. 29.
3. Dan Reiter and Allan Stam, *Democracies at War* (Princeton, NJ: Princeton University Press, 2002); Jack Snyder, *Myths of Empire: Domestic Politics and Political Ambition* (Ithaca, NY: Cornell University Press, 1991); idem, *From Voting to Violence: Democratization and Nationalist Conflict* (New York: W. W. Norton, 2000) 참고.
4. 이 아이디어는 민주주의 체제에서 공개된 토론을 통해 최상의 정책을 이끌어낼 수 있다고 주장한 존 스튜어트 밀로부터 나왔다. 올리버 웬델 홈즈(Oliver Wendell Holmes) 판사가 *Abrams v. United States*(1919) 사건에서 반대의견을 제시하면서 "진실을 시험해보는 최선의 방법은 그 생각이 시장에서의 경쟁을 통해 수용될 수 있을 정도로 힘이 있는가이다."라고 "시장"이라는 은유적 표현을 만들어냈다.
5. 이런 이유로 아마르티아 센(Amartya Sen)은 민주주의 체제에서는 공직자들이 유권자들이 굶주리지 않게 할 유인이 있을 뿐만 아니라 정보가 보다 효율적으로 전달되기 때문에 "민주주의가 작동하는 세계에서는 역사적으로 기근이 없었다."라고 주장했다. Amartya Sen, *Development as Freedom* (New York: Alfred A. Knopf, 1999) 참고.
6. Ernest May, *American Imperialism: A Speculative Essay* (New York: Athenaeum, 1968); idem, "American Imperialism: A Reinterpretation," *Perspectives in American History* 1 (1967), p. 187 참고.
7. 역설적으로 윌슨은 이 그룹의 권고를 무시했고 대신 자신의 조언자에게 의존했다. 로버트 슐징거(Robert Schulzinger)에 따르면 윌슨은 "파리에 동행했던 전문가들의 조언을 거부했다. 이들은 홀로 남겨져 골몰히 생각했다."라고 한다. *The Wise Men of Foreign Affairs: The History of the Council on Foreign Relations* (New York: Columbia University Press, 1984), p. 3; Peter Grose, *Continuing the Inquiry: The Council on Foreign Relations from 1921 to 1996* (New York: Council on Foreign Relations Press, 1996), chap. 1; Lawrence E. Gelfand, *The Inquiry: American Preparations for Peace, 1917-1919* (New Haven, CT: Yale University Press, 1963) 참고.
8. Inderjeet Parmar, *Foundations of the American Century: The Ford, Carnegie, and Rockefeller Foundations in the Rise of American Power* (New York: Columbia University Press, 2012); Edward Berman, *The Influence of the Ford, Carnegie, and Rockefeller Foundations on American Foreign Policy: The Ideology of Philanthropy* (Albany, NY: State University of New York Press, 1983) 참고.
9. Joseph Kraft, Profiles in Power: *A Washington Insight* (New York: New American Library, 1966), p. 188.
10. I. M. Destler, Leslie H. Gelb, and Anthony Lake, *Our Own Worst Enemy: The Unmaking of American Foreign Policy* (New York: Simon & Schuster, 1982), p. 91.
11. 외교안보 분야 기득권층과 미국 외교정책 기관의 일반적 관점에 대한 비슷한 비판으로 Michael Glennon, *National Security and Double Government* (New York: Oxford, 2015); Mike Lofgren, The Deep State: *The Fall of the Constitution and the Rise of a Shadow Government* (New York: Viking, 2016); Tom Engelhardt, *Shadow*

Government: Surveillance, Secret Wars, and a Global Security State in a Single Superpower World (Chicago: Haymarket Books, 2015); Scott Horton, Lords of Secrecy: *The National Security State and America's Stealth Warfare* (New York: Nation Books, 2015); Patrick Porter, "Why U.S. Grand Strategy Has Not Changed: Power, Strategy, and the Foreign Policy Establishment," *International Security* 42, no. 4 (Spring 2018) 참고.

12. David Samuels, "The Aspiring Novelist Who Became Obama's Foreign Policy Guru," *The New York Times Magazine*, May 5, 2016 참고.
13. 외교안보 분야 기득권층에 관한 귀중한 연구 자료로 Priscilla Roberts, "'All the Right People': The Historiography of the American Foreign Policy Establishment," *Journal of American Studies* 26, no. 3 (December 1992)가 있다.
14. 여타 사회단체와 마찬가지로 "외교정책 커뮤니티"에는 핵심 인사들과 단체가 있다. 미 외교협회(CFR)의 최고위급 회원, 미국 국무부의 외무공무원, 군비통제협회 전문위원 등의 회원 자격은 논란의 여지가 없다. 또한 외교정책 커뮤니티에는 다소 제한적으로 활동하는 주변부 회원들도 있다.
15. Karen DeYoung, "White House Tries for Leaner National Security Staff," *The Washington Post*, June 22, 2015 참고.
16. "U.S. Military Personnel End Strength," Global Security.Org, www.globalsecurity.org/military/agency/end-strength.htm, downloaded 28 July 2017; U.S. Department of State, "Mission," https://careers.state.gov/learn/what-we-do/mission/; Office of the Director of National Intelligence, *2015 Annual Report on Security Clearance Determinations*, June 5, 2016; www.dni.gov/files/documents/ Newsroom/Reports%20and%Pubs/2015-Annual_Report_on_Security_Clearnce_ Determinations.pdf; Dana Priest and William Arkin, *Top Secret America: The Rise of the New American Security State* (New York: Little Brown, 2011) 참고.
17. Glennon, *National Security and Double Government*, chap. 2 참고.
18. 2008년에 실시한 국가안보개혁을 위한 초당파 프로젝트는 "정부 부처들이 비록 주어진 임무 내에서 기능적 역량을 발휘하는 데는 능숙해졌지만, 국가안보 체제는 새로운 임무에 맞춰 새로운 역량을 신속하게 개발하거나 여러 부처의 역량을 결합하지 못한다. 결과적으로 정부 부처의 핵심 과제에 속하지 않는 임무 역량은 주목도 덜 받고 자원도 덜 배정받는다."라고 지적했다. Project on National Security Reform, *Ensuring Security in an Unpredictable World: The Urgent Need for National Security Reform* (Washington, DC: 2008), p. v 참고.
19. James G. McGann, *2017 Global Go To Think Tanks Index Report* (Philadel- phia: Think Tanks and Civil Society Program, University of Pennsylvania, 2017) https://repository.upenn.edu/cgi/viewcontent.cgi?article=1012&context=think_tanks , p. 8. 이렇게 전개되는 세계에 관한 최근 연구자료로는 Thomas Medvetz, *Think Tanks in America* (Chicago: University of Chicago Press, 2012); and Daniel W. Drezner, *The Ideas Industry: How Pessimists, Partisans, and Plutocrats Are Transforming the Marketplace of Ideas* (New York: Oxford University Press, 2017)이 있다.

20. Janine Wedel, *Unaccountable: How Elite Power Brokers Corrupt Our Finances, Freedom, and Security* (New York: Pegasus Books, 2014), 특히 chap. 7 참고.
21. 이런 논지는 James McGann, "Academics to Ideologues: A Brief History of the Public Policy Research Industry," *PS: Political Science and Politics* 25, no. 4 (1992)에서 강조되었다. 아울러 Medvetz, *Think Tanks in America*, chap. 3 참고.
22. Steven Clemons, "The Corruption of Think Tanks," *JPRI Critique* 10, no. 2 (February 2003. www.jpri.org/publications/critiques/critique_X_2.html 참고.
23. 예를 들면 전직 외교정책연구 그룹 선임연구원인 리처드 베츠(Richard Betts)는 브루킹스연구소를 떠나 컬럼비아 대학교 종신 교수로 자리잡았다. 야히야 새도우스키(Yahya Sadowski)는 존스 홉킨스 대학교로 갔다. 조슈아 엡스타인(Joshua Epstein)은 산타페연구소(the Santa Fe Institute)로 옮겼고 외교정책연구 그룹 소장인 존 스타인브루너(John Steinbruner)는 메릴랜드 대학교 종신교수가 되었다.
24. 이익단체가 미국 정치에 미치는 영향에 관해서는 Allan J. Cigler, Burdett Loomis, and Anthony Nownes, eds., *Interest Group Politics* (Washington, DC: CQ Press, 9th ed., 2015); Frank R. Baumgartner and Beth L. Leech, *Basic Interests: The Importance of Groups in Politics and Political Science* (Princeton, NJ: Princeton University Press, 1998); Helen V. Milner and Dustin Tingley, *Sailing the Water's Edge: The Domestic Politics of American Foreign Policy* (Princeton, NJ: Princeton University Press, 2015), chap. 3; Richard L. Hall and Alan V. Deardorff, "Lobbying as Legislative Subsidy," *American Political Science Review* 100, no. 1 (2006); Robert G. Kaiser, So Damn Much Money: *The Triumph of Lobbying and the Corrosion of American Government* (New York: Vintage, reprint ed., 2010) 참고.
25. 최근의 사례에는 내 동료교수인 조지프 나이(Joseph S. Nye), 그레이엄 앨리슨(Graham T. Allison), 애시턴 카터(Ashton B. Carter), 니콜라스 번즈(Nicholas Burns), 사만사 파워(Samantha Power), 메건 오설리번(Meghan O'-Sullivan) 등이 포함된다. 콘돌리자 라이스(Condoleezza)는 스탠포드 대학교 교수로 재직하다가 조지 W. 부시 행저부 시절 국가안보보좌관과 국무장관을 역임했고, 스티븐 크래즈너(Stephen Krasner)와 앤-마리 슬로터(Anne-Marie Slaughter)는 국무부 정책기획실장이 되기 전에 학계에서 두각을 드러냈다. 콜린 칼(Colin Kahl)은 조 바이든 부통령의 국가안보보좌관을 역임하기 전에 조지타운 대학교 교수였다. 폴 월포비츠(Paul Wolfowitz)는 예일대학교에서 강의를 했고 존스 홉킨스 대학교 고등국제대학원(SAIS) 학장이었다가 부시 행정부 당시 국방부 부장관이 되었다. 그의 후임자로 SAIS 학장이 된 발리 나스르(Vali Nasr)는 아프간 특별대표였던 고(故) 리처드 홀브루크(Richard Holbrooke)의 보좌관이었다.
26. 아랍에미리트는 워싱턴의 유력한 싱크탱크인 중동연구소(the Middle East Institute)에 2,000만 달러를 후원했다는 언론 보도가 있으며 브루킹스연구소, 애틀랜틱카운슬(the Atlantic Council), 전략국제연구소(CSIS)도 많은 나라들로부터 수백만 달러의 후원금을 받았다. Ryan Grim, "Gulf Government Gave Secret $20 Million Gift to D.C. Think Tank," *The Intercept*, August 9, 2017 https://theintercept.com/2017/08/09/gulf-government-gave-secret-20-million-gift-to-d-c-think-tank/; Eric Lipton, Brooke Williams, and Nicholas Confessore, "Foreign Powers Buy Influence at

Think Tanks," *The New York Times*, September 6, 2014; Tom Medvetz, "The Myth of Think Tank Independence," *The Washington Post*, September 9, 2014; Tom Hamburger and Alexander Becker, "At Fast Growing Brookings, Donors May Have an Impact on Research Agenda," *The Washington Post*, October 30, 2014 참고.

27. Steve Horn and Allen Ruff, "How Private Warmongers and the US Military Infiltrated American Universities," *Truthout.org*, http://truth-out.org/index.php?option=com_k2&view=item&id=4905:how-private-warmongers-and-the-us-military-infiltrated-american-universities 참고.

28. Greg Jaffe, "Libertarian Billionaire Charles Koch Is Making a Big Bet on National Security," *The Washington Post*, November 11, 2017 참고. 내가 이 프로그램 중 하나를 공동주관하고 있으며, 미국 외교정책 주제에 관한 박사 과정 혹은 포스트닥터 과정 학생들에게 연구 장학금도 제공되고 있다.

29. 2018년 3월에 이 재단은 시카고 대학교가 기부금 조건을 충족하지 못했기 때문에 이미 제공한 후원금을 반환해달라는 요지로 소송을 제기했다. "International Security Center Receives $3.5 Million Grant," https://al.nd.edu/news/latest-news/international-security-center-receives-3-5-million-grant/; "$100 Million Gift Creates Insti- tute to Confront New Era of Global Conflicts," at http://harris.uchicago.edu/news-and-events/features/student-campus-news/100-million-gift-creates-institute-confront-new-era-glo; Dawn Rhodes, "Pearson Family Members Foundation Sues University of Chicago, Seeking to Have $100 Million Gift Revoked," *Chicago Tribune*, March 6, 2018 참고.

30. Glennon, *National Security and Double Government*, pp. 58-59.

31. 전 CFR 회장인 레슬리 H. 겔브(Leslie H. Gelb)의 경력이 전형적인 이런 패턴이다. 1960년대 초에 하버드 대학교에서 박사학위를 받고 나서 겔브(Gelb)는 몇 년간 웨슬리언 대학교에서 강의하다가 제이콥 재비츠(Jacob Javits) 상원의원의 보좌관이 되었다. 국방부로 옮기고 나서 겔브는 베트남전 결정 과정에 관한 내부 연구를 지도했고 (the "Pentagon Papers") 다시 1969년에 브루킹스연구소로 옮겼다. 카터 행정부 당시에는 국무부 정치-군사국 차관보를 역임했으며 1980년에는 〈뉴욕타임스〉 안보 담당 기자가 되었다. 〈뉴욕타임스〉를 떠난 후에 겔브는 카네기국제평화재단의 선임연구원이 되었고 1993년에 CFR 회장이 되었다.

32. 리처드 홀브루크(Richard Holbrooke)의 경력은 이와 다르지만 상당히 실행 가능한 패턴이다. 홀브루크는 평화봉사단과 국무부 외교관으로 근무한 이후 1972년부터 1976년까지 〈포린 폴리시〉 편집장을 맡았다. 인맥 구축능력이 아주 탁월했던 홀브루크는 카터 행정부 당시 국무부 동아태 차관보를 역임했고 리먼 브러더스(Lehman Brothers)에 1981년에 들어갔다. 사모펀드 부회장을 역임했고 기업 이사와 비영리법인 이사도 겸직했으며 나중에 클린턴 행정부와 오바마 행정부 시절 외교 분야 고위직도 맡았다.

33. 전형적인 사례로서 토머스 J. 크리스텐슨(Thomas J. Christensen)은 컬럼비아 대학교 교수와 브루킹스연구소 비상주 연구원을 동시에 겸직했고, 국무부 자문관 역할을 맡기도 했으며, 국무부 동아태 부차관보를 2006년부터 2008년까지 맡았다.

34. 신보수주의 정책 네트워크에 관한 심도있는 요약으로는 Janine Wedel, *Shadow Elite: How the World's New Power Brokers Undermine Democracy, Government, and the*

Free Market (New York: Basic Books, 2009), chap. 6; Justin Vaisse, *Neoconservatism: The Biography of a Movement* (Cambridge, MA: Harvard/Belknap, 2010); John J. Mearsheimer and Stephen M. Walt, *The Israel Lobby and U.S. Foreign Policy* (New York: Farrar, Straus & Giroux, 2007), pp. 128-32 참고.

35. 도닐런(Donilon)은 주로 국내정치와 선거개혁 분야에 종사했던 변호사이자 로비스트였고 1993년에 워런 크리스토퍼(Warren Christopher) 국무장관의 비서실장이 되었고, 클린턴 행정부에서 국무부 공보담당 차관보를 지냈다. "National Security Advisor: Who Is Tom Donilon?" November 29, 2010, at www.allgov.com/news/appointments-and-resignations/national-security-advisor-who-is-thomas-donilon-news=841821 참고. 마찬가지로 버거(Berger)는 존 V. 린지(John V. Lindsay) 뉴욕 시장의 보좌관으로서 국내 문제를 담당했고 두 명 의원의 보좌관을 하다가 1977년 국무부 정책기획부실장에 임명되었다. 또한 국제통상 분야 로비스트로 활동한 경력이 있다.
36. 이런 성향에서 최정점에 있는 사람은 도널드 트럼프의 딸 이방카(Ivanka)와 결혼한 것 외에는 아무런 경력이 없는 재러드 쿠쉬너(Jared Kushner)를 꼽을 수 있다.
37. "CNAS Announces 2018 Next Generation National Security Fellows," (press release, Center for a New American Security, January 2018); www.cnas.org./next-generation-programs/nextgeneration 참고.
38. http://trumanproject.org/programs/lead/fellowship/ 참고. 이런 시도에 관해 통찰력이 있으면서도 비판적인 평가를 내린 연구로는 Kevin Baron, "Meet the Insurgency: Inside the Liberal Takeover of U.S. National Security," *Defense One*, June 2014, www.defenseone.com/ideas/2014/06/meet-insurgency-inside-liberal-take-over-us-national-security/85966/ 참고.
39. Wedel, *Unaccountable*, p. 181.
40. Mark Leibovich, *This Town: Two Parties and a Funeral-Plus, Plenty of Free Parking!-in America's Gilded Capital* (New York: Penguin, 2013), p. 57.
41. James Mann, *Rise of the Vulcans: The History of Bush's War Cabinet* (New York: Viking, 2004), p. 252 참고.
42. Elisabeth Bumiller, "Backing an Iraqi Leader, This Time for a Fee," *The New York Times*, October 29, 2007 참고.
43. Edward Luce, "The Untimely Death of American Statecraft," *Financial Times*, June 1, 2007 참고.
44. 예를 들어 버락 오바마가 재선되고 나서 자유주의 성향의 미국정치센터(CAP)와 보수주의 성향의 미국기업연구소(AEI)는 공동으로 국가안보에 관한 패널을 구성했고, CAP의 브라이언 캐튤리스(Brian Katulis)와 루디 드리언(Rudy de Leon), AEI의 대니엘 플레카(Danielle Pletka)와 폴 월포비츠(Paul Wolfowitz)가 여기에 참여했다. www.americanprogress.org/press/advisory/2012/11/09/44616/advisory-caps-deleon-and-katulis-and-aeis-pletka-and-wolfowitz-discuss-national-security-in-obamas-second-term/ 참고. 이런 일반적인 현상에 관해서는 *Medvetz, Think Tanks in America*, pp. 116-20 참고.
45. "*Why War*," PBS NewsHour, February 12, 2003, www.pbs.org/newshour/bb/middle_east-jan-june03-why_war_2-12/ 참고.

46. 무력 사용에 관련된 민간인과 군인의 시각에 대한 고전적인 대응으로는 Richard K. Betts, *Soldiers, Statesmen, and Cold War Crises* (Cambridge, MA: Harvard University Press, 1977)이 있다.
47. World Affairs Councils of America, "Our History," www.worldaffairscouncils.org/2011/main/home.cfm?Database=about_us&Category=History&Section=Main, downloaded May 25, 2014.
48. http://nationalconference.worldaffairscouncils.org, accessed August 4, 2016 참고.
49. Leslie H. Gelb, preface, in Grose, *Continuing the Inquiry*, p. xiv; "100 Years of Impact: A Timeline of the Carnegie Endowment," http://carnegieendowment.org/about/timeline100/index.html.
50. Joseph Lieberman and Jon Kyl, *Why American Leadership Still Matters: A Report of the American Internationalism Project* (Washington, DC: American Enter-prise Institute, 2015), www.aei.org/wp-content/uploads/2015/12/Why-American-Leadership-Still-Matters_online.pdfa 참고.
51. Richard Fontaine and Michele Flournoy, "America: Beware the Siren Song of Disengagement," *The National Interest*, August 14, 2014, http://nationalinterest.org/feature/america-beware-the-siren-song-disengagement-11078 참고.
52. CAP와 CNAS의 관계에 대해서는 Mann, *The Obamians*, pp. 52-53 참고.
53. Brian Katulis, "Against Disengagement," *Democracy*, no. 32, (Spring 2014).
54. "Introduction," in Will Marshall, ed., *With All Our Might: A Progressive Strategy for Defeating Jihadism and Defending Liberty* (New York: Rowman and Littlefield, 2006) 참고. 마셜(Marshall)은 사담 후세인 타도를 옹호하는 많은 공개 서한에 서명했으며, 이라크전을 지지하는 이라크 해방 위원회 회원이었고, 이라크 침공이 "의심할 바 없이 부시 대통령에게 승리를 가져다줄 것"이라고 말했다. 리비아에 관한 그의 시각은 Will Marshall, "Lessons of Libya," *Huffington Post*, October 28, 2011, www.huffingtonpost.com/will-marshall/gaddafi-al-assad_b_1063832.html 참고.
55. "Where We Stand," http://newdemocracy.net/about/; and Ryan Cooper, "When Will Centrist Democrats Account for Their Foreign Policy Failures?" *This Week*, August 16, 2017 참고.
56. Zack Beauchamp, "Why Democrats Have No Foreign Policy Ideas," *Vox.com*, September 5, 2017, www.vox.com/world/2017/9/5/16220054/democrats-foreign-policy-think-tanks 참고.
57. 이런 사례로는 마이클 이그나티에프(Michael Ignatieff), 앤-마리 슬로터(Anne-Marie Slaughter), 파리드 자카리아(Fareed Zakaria), 리언 위셀티어(Leon Wieseltier), 그리고 셀럽 "철학자"인 버나드 헨리-레비(Bernard Henri-Levy)가 있다.
58. Tony Smith, *Foreign Attachments: The Power of Ethnic Groups in the Making of U.S. Foreign Policy* (Cambridge, MA: Harvard University Press, 2000) 참고.
59. 놀랍지 않게도 NATO 미국 위원회 설립자이자 NATO 확장을 밀어붙인 주요 그룹 중 하나는 브루스 잭슨(Bruce Jackson)이었고, 그는 미국 최대의 방산 기업인 록히드 마틴(Lockheed Martin)의 전략기획 부사장을 맡고 있었다. Stephen Gowans, "War, NATO Expansion, and the Other Rackets of Bruce P. Jackson," *What's Left?*

November 25, 2002, http://www3.sympatico.ca/sr. gowans/jackson.html 참고.

60. 2003년 5월 29일 프리드먼(Friedman)은 PBS의 찰리 로즈(Charlies Rose) 쇼에 출연해 "(이라크 침공)은 그만한 가치가 있었다고 생각해요. … 그들은 미국의 젊은이들이 바스라에서부터 바그다드까지 집들을 일일이 방문해서 '이 문장의 어떤 부분이 이해가 안 가나요?' 당신은 우리가 개방된 사회를 중요하게 여긴다고 생각하지 않나요? 당신은 우리가 이 버블 환상이 그냥 커지게 내버려둘 거라고 생각하나요?라고 말하는 것을 봤어야 했어요."www.youtube.com/watch?v=ZwFaSpca _3Q.

61. Michael Hirsh, *At War with Ourselves: Why America Is Squandering Its Chance to Build a Better World* (New York: Oxford University Press, 2003), pp. 39-40, 254 참고.

62. Bret Stephens, *America in Retreat: The New Isolationism and the Coming Global Disorder* (New York: Sentinel, 2015) 참고. 〈뉴욕타임스〉의 2017년 스티븐스(Stephens)의 채용은 그의 견해가 이미 브룩스(Brooks)에 의해 이미 잘 대변되었다는 점에서 고정 칼럼니스트 명단의 지적 다양성을 아주 조금 확대했다.

63. 코언은 우크라이나와 특히 시리아 내전에 대한 미국의 군사적 개입을 일관되게 지지했고, 오바마가 행동에 나서지 않은 데 대해 "가장 큰 오점"이 될 것이라고 말했다. Roger Cohen "Intervene in Syria," *The New York Times*, February 4, 2013; "Make Assad Pay," *The New York Times*, August 29, 2013; "The Diplomacy of Force," The New York Times, June 19, 2014; "Western Illusions Over Ukraine," New York Times, February 9, 2015; "Obama' s Syrian Nightmare," *The New York Times*, September 10, 2015 참고.

64. George Will, "On Libya, Too Many Questions," *The Washington Post*, March 8, 2011; "McChrystal Had to Go," *The Washington Post*, June 24, 2010 참고.

65. G. John Ikenberry and Anne-Marie Slaughter, *Forging a World of Liberty Under Law: U.S. National Security in the 21st Century* (Final Report, Princeton Project on National Security, 2006), downloaded from www.princeton.edu/~ppns/report/FinalReport.pdf.

66. 실제로 이란이 중동을 지배할 수 있는 유일한 방법은 미국이 이란의 라이벌을 계속 무너뜨리는 것이고, 미국이 2003년에 어리석게 이라크를 침공했다. (이런 조치를 이 보고서에 서명한 대부분의 사람들이 지지했다.)

67. AEI 연구소의 2015년 보고서인 *Why American Leadership Still Matters*에 대해서도 똑같이 말할 수 있다.

68. Lawrence R. Jacobs and Benjamin I. Page, "Who Influences U.S. Foreign Policy?" *American Political Science Review* 99, no. 1 (Feb. 2005), pp. 113, 121 참고.

69. Benjamin Page and Jason Barabas, "Foreign Policy Gaps Between Citizens and Leaders," *International Studies Quarterly* 44, no. 3 (September 2000), p. 344 참고. 마찬가지로 대니얼 드레즈너(Daniel Drezner)는 외교정책에 관한 엘리트와 미국 대중을 비교하면서 "엘리트 대중이 일반 대중보다 더 자유주의적"이라고 결론을 내렸다. Daniel Drezner "The Realist Tradition in American Public Opinion," *Perspectives on Politics* 6, no. 1 (March 2008), p. 63 참고.

70. Benjamin I. Page with Marshall M. Bouton, *The Foreign Policy Disconnect: What Americans Want from Our Leaders but Don' t Get* (Chicago: University of Chicago

Press, 2006), pp. 201-02, 240 참고.

71. 시카고국제문제연구소는 매년 여론조사를 하면서 똑같은 질문을 계속 물어봤다. Dina Smeltz et al, *America Divided: Political Partisanship and U.S. Foreign Policy* (Chicago: Chicago Council on Global Affairs, 2016), p. 10 참고.

72. 83퍼센트는 미국이 "국제 문제 해결을 위한 자신의 몫만큼 하는 데" 찬성했고, 82퍼센트는 "공유하는 리더십 역할"을 지지했다. Program for Public Consultation, *Americans on the U.S. Role in the World: A Study of U.S. Public Attitudes* (College Park, MD: University of Maryland, January 2017), p. 3 참고.

73. "Worldviews 2002: American Public Opinion and Foreign Policy," (Chicago: Chicago Council on Foreign Relations, 2002), p. 26 참고.

74. Public Agenda, "America in the World," September 2006, www.americans-world.org/digest/overview/us_role/concerns.cfm 참고.

75. Pew Research Center, *Public Sees U.S. Power Declining as Support for Global Engagement Slips*, December 3, 2013, www.people-press.org/2013/12/03/public-sees-u-s-power-declining-as-support-for-global-engagement-slips/ 참고.

76. *Americans on the U.S. Role in the World*, p. 4.

77. Pew Research Center, "U.S. Seen as Less Important, China as More Powerful," December 3, 2009, www.people-press.org/2009/12/03/us-seen-as-less-important-china-as-more-powerful/.

78. Pew Research Center, *America's Place in the World 2013* (December 2013), www.people-press.org/files/legacy-pdf/12-3-2013%20APW%20VI.pdf, p. 67.

79. "American Views on Intervention in Syria," *The New York Times* online, www.nytimes.com/interactive/2013/09/10/world/middleeast/american-views-on-intervention-in-syria.html?_r=0.

80. CNN/ORC poll, September 6-8, 2013, downloaded athttp://i2.cdn.turner.com/cnn/2013/images/09/09/6a.poll.syria.pdf.

81. "WSJ/NBC Poll," April 27, 2014, *The Wall Street Journal* (online), http://graphics.wsj.com/wsjnbcpoll/.

82. "Public Uncertain, Divided Over America's Place in the World," Pew Research Center, May 5, 2016, www.people-press.org/2016/05/05/public-uncertain-divided-over-americas-place-in-the-world/ 참고.

83. Andrew Kohut, "American International Engagement on the Rocks," Pew Research Center, July 11, 2013, www.pewglobal.org/2013/07/11/american-international-engagement-on-the-rocks/ 참고.

84. 오바마 대통령이 2013년 9월에 ISIL을 상대로 공습작전과 군사훈련을 개시하겠다고 발표한 직후 미국인 중 61퍼센트는 ISIL에 대한 군사 행동이 "미국의 국익에 도움이 된다."라고 보았다. "WSJ/NBC Poll: Almost Two-Thirds Back Attacking Militants," *The Wall Street Journal* (online), September 10, 2014, http://online.wsj.com/articles/wsj-nbc-poll-finds-that-almost-two-thirds-of-americans-back-attacking-militants-1410301920 참고.

85. Adam J. Berinsky, "Assuming the Costs of War: Events, Elites, and American

Public Support for Military Conflict," *Journal of Politics* 69, no. 4 (November 2007); and Jon Western, *Selling Intervention and War: The Presidency, the Media, and the American Public* (Baltimore: Johns Hopkins University Press, 2005) 참고.

04 실패하는 자유주의 패권 납득시키기

1. 조지 워싱턴은 "왜 독특한 상황의 이점을 포기하는가? 왜 우리 땅을 포기하고 외국 땅 위에 서 있으려고 하는가?"라고 말했다. "Washington's Farewell Address, 1796," http://avalon.law.yale.edu/18th_century/washing.asp 참고.
2. Stephen Kinzer, *The True Flag: Theodore Roosevelt, Mark Twain, and the Birth of American Empire* (New York: Henry Holt, 2016), p. 6에서 인용.
3. George Stephanopoulos, *All Too Human: A Political Education* (Boston: Little Brown., 1999), p. 214 참고.
4. John A. Thompson, "The Exaggeration of American Vulnerability: The Anatomy of a Tradition," *Diplomatic History* 16, no. 1 (1992), p. 38 참고.
5. 이러한 논거의 두드러진 사례로서 Jack Snyder, *Myths of Empire: Domestic Politics and Political Ambition* (Ithaca, NY: Cornell University Press, 1991); Dan Reiter and Allan Stam, Democracies at War (Princeton, NJ: Princeton University Press, 2002)가 있다.
6. 2010년의 한 출처에 따르면 미국 정부는 1970년대 이래 1조 페이지 이상의 자료를 비밀로 처리했다. Peter Grier, "WikiLeaks' Trove Is A Mere Drop in Ocean of U.S. Classified Documents," *Christian Science Monitor*, December 21, 2010; www.csmonitor.com/USA/DC-Decoder/Decoder-Buzz/2010/1221/WikiLeaks-trove-is-a-mere-drop-in-ocean-of-US-classified-documents 참고. 공공이익 비밀해제 위원회의 2012년 보고에 따르면 "현재의 기밀분류 체제는 문제가 많다. 너무 많이 비밀로 처리하고 비밀기간이 너무 길다. 그리고 너무나 복잡하다. 정부와 대중 내 바람직한 정보 공유를 가로막는다."라고 지적했다. *Transforming Classification: Report to the President* (Washington, DC: Public Interest Declassification Board, 2012), p. 2 참고.
7. Mark Mazzetti and Matt Apuzzo, "Classified Report on the C.I.A.'s Secret Prisons Is Caught in Limbo," *The New York Times*, November 9, 2015 참고.
8. Chaim Kaufmann, "Threat Inflation and the Failure of the Marketplace of Ideas: The Selling of the Iraq War," *International Security* 29, no. 1 (Summer 2004); Frank Rich, *The Greatest Story Ever Sold: The Decline and Fall of Truth in Bush's America* (New York: Penguin, 2006); John Schuessler, *Deceit on the Road to War: Presidents, Politics, and American Democracy* (Ithaca, NY: Cornell University Press, 2015), pp. 105-09; John J. Mearsheimer, *Why Leaders Lie: The Truth about Lying in International Politics* (New York: Oxford University Press, 2011), pp. 49-55 참고. 아울러 Eric Alterman, *When Presidents Lie: A History of Official Deception and Its Consequences* (New York: Penguin, 2004)도 참고.
9. 부시 행정부의 허위 진술에 관한 참담한 기록을 보려면 (자신들의 주장이 사실이 아니

라는 점을 알고 있었다는 증거와 더불어), "Lie by Lie by Lie: A Timeline of How We Got Into Iraq," *Mother Jones*, www.motherjones.com/politics/2011/12/leadup-iraq-war-timeline/ 참고.

10. John Schuessler, *Deceit on the Road to War*, p. 3 참고.
11. Bob Woodward, "McChrystal: More Forces or Mission Failure," *The Washington Post*, September 21, 2009, at www.washingtonpost.com/wpdyn/content/article/2009/ 09/20/AR2009092002920.html 참고.
12. 위키리크스에 방대한 외교문서를 유출한 혐의로 널리 알려진 첼시 매닝(Chelsea Manning) 육군 상병의 사례 외에도 미국 정부는 〈뉴욕타임스〉의 제임스 리즌(James Risen) 기자를 NSA에 관한 기밀자료를 폭로한 혐의로 기소했고, 전 NSA 직원인 윌리엄 드레이크(William Drake), 전 CIA 관리인 존 키리아쿠(John Kiriakou) (CIA가 포로를 고문했다는 사실을 기자에게 확인해줘서 교도소에 복역했다), 전 국무부 관리인 피터 밴 뷰런((Peter Van Buren) (예전에 유출된 위키리크스 보고서 링크를 자신의 블로그에 올렸다), 전 교통안전국 보안관인 로버트 매클린(Robert MacLean) (강화된 보안조치를 해제하기로 TSA가 결정내렸다는 공개 정보를 기자에게 전달했다), 제임스 "호스" 카트라이트(James "Hoss" Cartwright) 합참차장 (이란에 대한 미국의 사이버 작전을 기자에게 확인해줬고 FBI에 거짓 증언을 해서 유죄 판결을 받았으나 오바마가 사면했다) 등도 기소되었다. 이러한 다양한 사례에 관해서는 Peter Van Buren, "Leaking War: How Obama's Targeted Killings, Leaks, and the Everything-Is-Classified State Have Fused," Tom-Dispatch, www.tomdispatch.com/archive/175554/; idem, "Least Transparent Administration Ever: A New Front in the Obama Administration's War on Whistleblowers," www.juancole.com/2014/03/transparent-administration-whistleblowers.html; Charlie Savage, "James Cartwright, Ex-General, Pleads Guilty in Leak Case," *The New York Times*, October 17, 2016 참고.
13. 데이비드 포젠(David Pozen)은 이런 행태를 "대통령의 비밀 유지와 언론 조작 같은 주요한 외부적 부담과 비대한 관료주의 전반의 과도한 비밀화와 분절화라는 현대 행정 국가의 내부적 질환에 대한 적응적 반응"이라고 주장한다. David Pozen, "The Leaky Leviathan: Why the Government Condemns and Condones Unlawful Disclosures of Information," *Harvard Law Review* 127 (December 2013), p. 518 참고.
14. Benjamin I. Page with Marshall Bouton, *The Foreign Policy Disconnect: What Americans Want from Our Leaders but Don't Get* (Chicago: University of Chicago Press, 2006), p. 220 참고.
15. 페이지(Page)와 버튼(Bouton)이 언급한 대로, "선거에 예민한 정치인조차도 대중의 선호를 무시하고 그 대신 잘 조직된 이익단체와 활동가들, 자금 후원자들의 강렬한 선호에 따르는 경우가 있다. 외교정책에 관심이 많은 유권자가 제기하는 분산되고 불확실한 위협보다 정당 활동가, 자금 후원자, 그리고 미국에 대한 투자 취소를 위협하는 기업계 등의 눈에 보이는 위협이 더 무서운 법이다." *Foreign Policy Disconnect*, p. 221.
16. 이 합의를 반대하는 단체는 훨씬 더 많은 자금을 모집할 수 있었지만(대표적으로 미-이스라엘 공공정책위원회와 그 연합 단체들이 이 합의에 반대하기 위해 4,000만 달러를 지출했다고 한다), 반핵 단체 기금 같은 합의를 지지하는 조직은 전문가와 전직 관료로 구성된 강력한 연합을 구축할 수 있었다. Elizabeth Drew, "How They Failed to Block

the Iran Deal," *New York Review of Books*, October 22, 2015 참고.

17. Cindy Boren, "Report: At Least 50 Teams Were Paid by Department of Defense for Patriotic Displays," *The Washington Post*, November 15, 2015; and John McCain and Jeff Flake, *Tackling Paid Patriotism: A Joint Oversight Report*, www.mccain.senate.gov/public/_cache/files/12de6dcb-d8d8-4a58-8795-562297f948c1/tackling-paid-patriotism-oversight-report.pdf 참고.
18. Walter Lippmann, *The Stakes of Diplomacy* (New York: Henry Holt, 1915), p. 51.
19. 아주 최근까지 미국의 대 쿠바 금수를 의문시하거나 이란과의 지속적인 관계회복을 촉구하는 사람은 이단아로 간주되었다.
20. 이런 형태의 잘못된 주장으로 두드러진 사례로 Richard Haass' s op-ed "The Isolationist Temptation," *The Wall Street Journal*, August 6, 2016이 있다.
21. Stephen M. Walt, "Give Peace a Chance," *Foreign Policy*, October 10, 2015, http://foreignpolicy.com/2015/10/02/give-peace-a-chance-president-republican-democrat-clinton/ 참고.
22. Leslie H. Gelb with Jeanne Paloma-Zelmati, "Mission Not Accomplished," *Democracy* 13 (Summer 2009) 참고.
23. 2009년부터 2013년 사이에 매케인(McCain)과 그레이엄(Graham)은 미트더프레스(Meet the Press), 페이스더네이션(Face the Nation), 디스위크(This Week), 폭스뉴스선데이(Fox News Sunday), 스테이트오브유니언(State of the Union)에 가장 많이 출연한 인사였고, 각각 97회, 75회 등장했다. 미치 매코넬(Mitch McConnell) 상원의원과 로저스(Rogers) 상원의원도 각각 5번째와 6번째로 자주 등장했다. 비개입주의 시각을 가진 인사로서 빈번하게 출연했던 유일한 인사는 〈더네이션(The Nation)〉 편집장인 캐트리나 밴덴 휴벨(Katrina vanden Heuvel)이었으나 겨우 22번 출연했다. David Leonhardt, "The Upshot: Sunday Talk Show Guests," www.nytimes.com/interactive/2014/09/05/upshot/05up-sundayguests.html?_r=0 참고. 아울러 Derek Willis, "Congressional Conservatives Tip Scales to the Right on the Sunday Shows," www.nytimes.com/2014/09/20/upshot/congressional-conservatives-tip-scales-to-the-right-on-the-sunday-shows.html; Steve Benen, "The Great 2013 Sunday Show Race," December 30, 2013, at www.msnbc.com/rachel-maddow-show/the-great-2013-sunday-show-race도 참고.
24. 예를 들면 〈뉴욕타임스〉 칼럼니스트 3인방인 로저 코언(Roger Cohen), 데이비드 브룩스(David Brooks), 전 편집장인 빌 켈러(Bill Keller)가 기명 칼럼난에서 고립주의에 대해 경고했고 기고가인 샘 태넌하우스(Sam Tanenhaus)가 〈뉴욕타임스〉 홈페이지의 비디오 뉴스클립을 통해 오늘날 미국의 개입을 비판하는 사람들과 찰스 린드버그(Charles Lindbergh)와 같은 과거 고립주의자와 반전주의를 외치던 대선 후보였던 조지 맥거번(George McGovern)과 비교했다는 사실은 많은 점을 시사한다. Bill Keller, "Our New Isolationism," *The New York Times*, September 8, 2013; Roger Cohen, "An Anchorless World," *The New York Times*, September 12, 2013; David Brooks, "The Leaderless Doctrine," *The New York Times*, March 10, 2014; and "Think Back: America and Isolationism," www.nytimes.com/video/us/politics/100000002448238/think-back-america-and-isolationism.html 참고.

25. Patrick Porter, "Why U.S. Grand Strategy Has Not Changed: Power, Habit, and the Foreign Policy Establishment," *International Security* 42, no. 4 (Spring 2018). 포터(Porter)의 이 주제에 관한 논의는 Elliott Negin, "News Media Coverage of the Defense Budget," in Leon V. Sigal, ed., *The Changing Dynamics of U.S. Defense Spending* (London: Praeger, 1999)에 기반하고 있다.
26. Michael Glennon, *National Security and Double Government* (New York: Oxford University Press, 2015), p. 93.
27. David Barstow, "Behind TV Analysts, Pentagon' s Hidden Hand," *The New York Times*, April 20 2008, David Barstow, "One Man' s Military-Industrial Complex," *The New York Times*, November 30, 2008. 아울러 Lee Fang, "Who' s Paying the Pro-War Pundits?" The Nation, September 12, 2014도 참고.
28. 군에 대해 긍정적으로 설명하는 고정 기자들이 비고정 기자들보다 많다는 유효한 증거가 있으며, 계획대로 군사작전이 풀리지 않아도 대중의 지지를 미묘하게 강화하게 된다. Michael Pfau, Elaine M. Wittenberg, Carolyn Jackson, Phil Mehringer, Rob Lanier, Michael Hatfield, and Kristina Brockman, "Embedding Journalists in Military Combat Units: How Embedding Alters Television News Stories," *Mass Communication and Society* 8, no. 3 (2005); Michael Pfau, Michel Haigh, Mitchell Gettle, Michael Donnelly, Gregory Scott, Dana Warr, and Elaine Wittenberg, "Embedding Journalists in Military Combat Units: Impact on Newspaper Story Frames and Tone," *Journalism and Mass Communication Quarterly* 81, no. 1, (Spring 2004) 참고.
29. Paul Farhi, "At the Times, A Scoop Deferred," *The Washington Post*, December 17, 2005; David Folkenflik, "New York Times' Editor: Losing Snowden Scoop 'Really Painful,' " *NPR Online*, June 5, 2014, www.npr.org/2014/06/05/319233332/new-york-times-editor-losing-snowden-scoop-really-painful 참고.
30. 두드러진 사례로 제임스 리즌(Risen), 켄 실버스타인(Ken Silverstein), 글렌 그린월드(Glenn Greenwald), 제인 메이어(Jane Mayer), 제레미 섀힐(Jeremy Scahill), 대너 프리스트(Dana Priest)가 있다.
31. Thompson, "Exaggerating American Vulnerability"; and Campbell Craig and Fredrik Logevall, *America' s Cold War: The Politics of Insecurity* (Cambridge, MA: Harvard University Press, 2009) 참고. 이런 일반적인 현상에 대해서는 Peter Scoblic, *Us vs. Them: How a Half-Century of Conservatism Has Undermined America' s Security* (New York: Viking, 2008); Christopher Preble and John Mueller, eds., *A Dangerous World?: Threat Perception and U.S. National Security* (Washington, DC: CATO Institute, 2014); Trevor Thrall and Jane Cramer, eds., *American Foreign Policy and the Politics of Fear: Threat Inflation since 9/11* (New York: Routledge, 2009). "Threat-mongering" is also discussed in Mearsheimer, *Why Leaders Lie; and Schuessler, Deceit on the Road to War* 참고.
32. Samuel Wells, "Sounding the Tocsin: NSC-68 and the Soviet Threat," *International Security* 4, no. 2 (1979) 참고.
33. 이 표현은 리처드 닉슨(Richard Nixon)이 1970년 캄보디아 침공을 정당화하면서 언

금했던 표현이다. 닉슨은 또한 "만약 도미노칩이 넘어진다면 세계에서 가장 강력한 국가인 미국은 불쌍하고 무기력한 거인처럼 행동할 것이고, 전체주의와 무정부 세력이 전 세계 자유로운 국가와 자유로운 제도를 위협할 것이다."라고 말했다.

34. NSC-68 ("U.S. Objectives and Programs for National Security"), reprinted in John Lewis Gaddis and Thomas Etzold, eds., *Containment: Documents on American Policy and Strategy, 1945-1950* (New York: Columbia University Press, 1978), p. 404; also pp. 389, 414, and 434. I discuss balancing and bandwagoning at length in *The Origins of Alliances* (Ithaca, NY: Cornell University Press, 1987), especially chap. 5.

35. Max Fisher, "The Credibility Trap," Vox.com, www.vox.com/2016/4/29/11431808/credibility-foreign-policy-war 참고.

36. 정확히 말하자면 오바마는 의회 승인 전에는 시리아를 공습하지 않겠다고 말했다. 의회 표결 직전에 존 매케인(John McCain) 상원의원은 "이 결의가 부결된다면 … 미국과 미국 대통령에 대한 신뢰가 훼손될 것이기 때문에 엄청난 재앙이 될 것이다."라고 경고했다. Zeke J. Miller, "McCain: Vote Against Syria Strike Would Be 'Catastrophic.'" *Time*, September 2, 2013, http://swampland.time.com/2013/09/02/mccain-blocking-syria-strike-would-be-catastrophic/ 참고.

37. 특히 Daryl Press, Calculating Credibility: *How Leaders Assess Military Threats* (Ithaca, NY: Cornell University Press, 2005); Jonathan Mercer, Reputation and International Politics (Ithaca, NY: Cornell University Press, 1996) 참고.

38. 도미노 이론인 이런 종류의 사고방식을 가장 명확하게 보여주는 사례라고 할 수 있다. 단 한 번의 차질(혹은 심지어 미국이 자발적으로 철수하더라도)만 발생해도 계속해서 패배하고 문제가 발생해서 결국 미국이 고립되고 괴로움을 겪을 것이라는 주장이다. 이 이론의 결점에 관해서는 Jerome Slater, "The Domino Theory and International Politics: The Case of Vietnam," *Security Studies* 3, no. 2 (1993); idem, "Dominos in Central America: Will They Fall? Does It Matter?" *International Security* 12, no. 2 (Fall 1987) 참고.

39. Walt, Origins of Alliances, chapter 8 참고.

40. Nan Tian et al., "Trends in Military Expendture 2016," Stockholm International Peace Research Institute (2017), www.sipri.org/sites/default/files/Trends-world-military-expenditure-2016.pdf.

41. 이 지역 내 미국의 과거 행동과 신정정권을 타도하겠다고 여러 번 반복해서 위협한 점을 감안할 때 이란 지도자들이 핵억지력 확보를 검토했다는 사실이 놀랍지 않다. 하지만 JCPOA가 효력을 유지하는 한 이란은 핵억지력을 확보할 수 없으며 만약 한다고 해도 핵무기를 제조하는 데 1년 가까이 걸릴 것이다.

42. Stephen M. Walt, "The Islamic Republic of Hysteria," *Foreign Policy* (January/February 2018), http://foreignpolicy.com/2018/01/16/the-islamic-republic-of-hysteria-iran-middle-east-trump/; Michael Wahid Hanna and Dalia Dassa Kaye, "The Limits of Iranian Influence," *Survival* 57, no. 5 (September 2015) 참고.

43. John Mueller and Mark G. Stewart, *Terror, Security, and Money: Balancing the*

Costs and Risks of Homeland Security (New York: Oxford University Press, 2011); idem, *Chasing Ghosts: The Policing of Terrorism* (New York: Oxford University Press, 2015) 참고.

44. "Hagel: 'ISIS Beyond Anything We' ve Seen, U.S. Must Get Ready,' " Fox News, August 22, 2014, www.foxnews.com/politics/2014/08/22/isis-beyond-anything-that-weve-ever-seen-hagel-says//; "FBI: ISIS Is Biggest Threat to U.S.," *Daily Beast*, July 22, 2015, www.thedailybeast.com/cheats/2015/07/22/fbi-isis-bigger-threat-than-al-qaeda.html.
45. "Statement by Director Brennan as Prepared for Delivery Before the Senate Select Committee on Intelligence," June 16, 2016, www.cia.gov/news-information/speeches-testimony/2016-speeches-testimony/statement-by-director-brennan-as-prepared-for-delivery-before-ssci.html.
46. 2014년 이래 "ISIS와 연관된" ISIS 근거지 외부 공격으로 인해 전 세계에서 2,000명이 숨졌고, 대부분 중동지역에서 발생했다. 북아메리카 지역 사망자는 65명에 불과했다. "ISIS Goes Global: 143 Attacks in 29 Countries Have Killed 2,043," www.cnn.com/2015/12/17/world/mapping-isis-attacks-around-the-world/index. html 참고. 이와 대조적으로 같은 기간 미국에서는 살인 사건이 33,000건 이상 있었다. ISIS의 한정된 역량에 관해서는 Stephen M. Walt, "ISIS as a Revolutionary State: New Twist on an Old Story," *Foreign Affairs* 94, no. 6 (November/December 2015) 참고.
47. Sam Mullins, "The Road to Orlando: Jihadist-Inspired Violence in the West, 2012-2016," *CTC Sentinel* 9, no. 6 (2016) 참고.
48. Kenneth Pollack, *The Threatening Storm: The Case for Invading Iraq* (New York: Random House, 2002) 참고. 폴락은 다양한 기명 칼럼과 수많은 방송 프로그램에서 이라크 침공을 지지했다. 이에 대한 비판은 John J. Mearsheimer and Stephen M. Walt, "An Unnecessary War," *Foreign Policy*, (November-December 2002) 참고.
49. "Ex-CIA Head: Iran Is Genocidal, Theocratic, Imperialistic, Totalitarian," June 5, 2105, www.clarionproject.org/news/join-our-conference-call-iran-james-woolsey; Bret Stephens, "Iran Cannot Be Contained," *Commentary*, July 1, 2010; and Michael Rubin, "Can Iran Be Deterred or Contained?" August 5, 2008, at www.aei.org/publication/can-a-nuclear-iran-be-contained-or-deterred/ 참고. 설득력 있는 반박 주장으로 Matt Duss, "The Martyr State Myth," *Foreign Policy*, August 24, 2011, http://foreignpolicy.com/2011/08/24/the-martyr-state-myth/ 참고.
50. Bernard Lewis, "August 22," *The Wall Street Journal*, August 6, 2006.
51. 예를 들면 Walt, *Taming American Power*, pp. 83-98 참고.
52. Leslie H. Gelb, "In the End, Every President Talks to the Bad Guys," *The Washington Post*, April 27, 2008에서 인용.
53. 전반적 개괄에 관해 Robert S. Litwak, R*ogue States and U.S. Foreign Policy: Containment After the Cold War* (Washington, DC: Woodrow Wilson Center Press, 2000) 참고.
54. W. Anthony Lake, "Confronting Backlash States," *Foreign Affairs* 73, no. 2 (March-April 1994).

55. David Frum, *The Right Man: The Surprise Presidency of George W. Bush* (New York: Random House, 2003), pp. 232-33 참고.

56. 특히 Norman Podhoretz, *World War IV: The Long Struggle Against Islamofascism* (New York: Vintage, 2008) 참고.

57. Carl Conetta and Charles Knight, "Post-Cold War US Military Expenditure in the Context of World Spending Trends," Briefing Memo No. 10, *Project on Defense Alternatives* (1997), www.comw.org/pda/bmemo10.htm 참고.

58. 예를 들면 Matthew Kroenig, "Time to Attack Iran," *Foreign Affairs* 91, No. 1 (January-February 2012) 참고.

59. 예를 들면 탈레반을 축출하고 오사마 빈 라덴을 체포하는 작전 초기 단계에서 부시 행정부는 직접 전쟁을 수행하는 것을 선호했고 NATO의 지원을 거부했다. 이런 경험은 코소보전 당시의 경험에 뿌리가 박혀 있다. 많은 미군 사령관들의 전쟁 수행 능력이 NATO 동맹국의 승인을 받느라 저해되었기 때문이다. 국방부 소속 관리는 2002년에 "동맹국이 적을수록 받아내야 하는 허락도 적어진다."라고 기술한 적이 있다. Elaine Sciolino and Steven Lee Myers, "Bush Says 'Time Is Running Out' : U.S. Plans to Act Largely Alone," *The New York Times*, October 7, 2001 참고.

60. 이런 상황은 세력균형 논리를 뒤집는다. 미국에 더 허약한 동맹국이 많이 생길수록 미국이 보호해야 할 지역과 군사적 요구조건이 더 커진다. 무엇보다도 신생 NATO 회원국인 발트해 국가의 사례가 가장 극명하다. 이들의 군사력은 미약한 반면 보호하기가 힘들기 때문이다. 이들을 보호하겠다고 한 약속은 지켜야 할 필요가 절대 없을 것이라는 가정에서 나온 결과였다. 그렇게 되기를 계속 희망하자.

61. Erich Lichtblau, "FBI Steps Up Use of Stings in ISIS Cases," *The New York Times*, June 7, 2016; Glenn Greenwald, "Why Does the FBI Have to Manufacture Its Own Plots If Terrorism and ISIS Are Such Grave Threats?" *The Intercept*, February 26, 2015; Risa Brooks, "Muslim 'Homegrown' Terrorism in the United States," *International Security* 36, no. 2 (Fall 2011); John Mueller and Mark G. Stewart, "How Safe Are We?" *Foreign Affairs*, 95, no. 5 (September/October 2016); idem, "Misoverestimating ISIS: Comparisons with Al Qaeda," *Perspectives on Terrorism* 10, no. 4 (August 2016) 참고.

62. 2012년에 리언 패네타(Leon Panetta) 국방장관은 사이버 공격이 "이 나라의 많은 지역 내 파워그리드를 마비시킬 수 있다."라고 경고했고 다른 전문가들은 핵심 민간 인프라에 피해를 주거나 결정적인 군사적 패배를 초래할 수 있는 "사이버 진주만 공격"이나 여타 엄청나게 파괴적인 공격에 대해 경고했다. Ted Koppel, "Where Is America's Cyberdefense Plan?" *The Washington Post*, December 7, 2015; Nicole Perlroth, "Infrastructure Armageddon," *The New York Times*, October 15, 2015; and Richard Clarke and Robert Knake, *Cyberwar: The Next Threat to National Security and What to Do About It* (New York: Ecco, 2010) 참고.

63. Benjamin Wittes and Gabriella Blum, *The Future of Violence: Robots and Germs, Hackers and Drones, Confronting a New Age of Threat* (New York: Basic Books, 2015), pp. 6-7.

64. 사이버 영역과 이 영역이 세계정치에 미치는 영향에 관한 냉철하고 진지한 분석에 관

해서는 Lucas Kello, *The Virtual Weapon and International Order* (New Haven, CT: Yale University Press, 2017) 참고.

65. Scott Shane, "The Fake Americans Russia Created to Influence the Election," *The New York Times*, September 7, 2017; Mike Isaac and Daisuke Wakabayashi, "Russian Influence Reached 126 Million Through Facebook Alone," *The New York Times*, October 30, 2017 참고.

66. Alexis Madrigal, "What Facebook Did to American Democracy (and why it was so hard to see it coming)," *The Atlantic*, October 12, 2017, www.theatlantic.com/technology/archive/2017/10/what-facebook-did/542502/ 참고.

67. Paul Pillar, "Russia Had a Lot to Work With: The Crisis in American Democracy," *The National Interest*, January 9, 2017, http://nationalinterest.org/blog/paul-pillar/russia-had-plenty-work-the-crisis-american-democracy-18999?page=3.

68. 이 사건 덕에 로널드 서스카인드(Ronald Suskind)의 *The One-Percent Doctrine: Deep Inside America's Pursuit of Its Enemies since 9/11* (New York: Simon & Schuster, 2006)의 제목이 생겨났다.

69. Jack L. Goldsmith, *The Terror Presidency: Law and Judgment Inside the Bush Administration* (New York: W. W. Norton, 2007), p. 72 참고.

70. Chase Madar, "The Anti-Warrior," *The American Conservative*, March 18, 2014 참고.

71. Steven Erlanger, "Saudi Prince Criticizes Obama Administration, Citing Indecision in Mideast," *The New York Times*, December 15, 2013.

72. 일본 방위 전문가가 지적한 바와 같이 "오바마 행정부는 신뢰도를 잘 유지하지 못한다. … 오바마의 시리아에 대한 레드라인이 모호해진 상황은 '공약과 결심, 일관성, 언행일치의 부족'을 초래했다. … 초강대국이면 상징성이 매우 중요하다." John Lash, "Calling America, from Asia," *Star-Tribune*, April 18, 2014, at www.startribune.com/opinion/commentaries/255827891.html 참고.

73. "사우디아라비아, 아랍에미리트, 이집트, 그리고 전 세계 많은 지역에서 미국에 대한 신뢰가 더 이상 없는 것 같다."라고 덧붙였다. ABC News, "This Week Transcript with Former Vice-President Dick Cheney," October 27, 2013, http://abcnews.go.com/ThisWeek/week-transcript-vice-president-dick-cheney/story?id=20687048 참고. 하지만 이 국가들 모두가 여전히 계속해서 미국의 지원과 보호에 의지하고 있다.

74. Haass, "Isolationist Temptation" 참고.

75. 오바마 행정부의 2015년 국가안보전략 보고서는 "미국의 리더십을 지속적으로 요구하는 도전이 끊이지 않고 있다. 대량살상무기의 잠재적 확산이 … 심각한 위험이 되고 있다. … 알카에다, ISIL, 그리고 이들과 연계된 단체들의 네트워크가 미국 시민과 이익, 동맹국, 파트너에 위협이 되고 있다. … 허약하고 분쟁에 시달리고 있는 국가들이 전염병, 불법 무기, 마약 밀거래상, 불안을 초래하는 대규모 난민을 … 배양하고 생산해내고 있다. … 교란을 야기하고 심지어 파괴적인 사이버 공격이 증가하고 있으며, 또 다른 글로벌한 경기침체의 위험이 여전히 남아 있다. … 이렇게 복잡한 시기에 전 세계에서 미국의 필수적인 리더십의 힘과 중심성이 더욱 분명해졌다."라고 명시했다. *National Security Strategy* 2015, pp. 1-2 참고.

76. 드레즈너(Drezner)는 군사적 우위에 관해 불신 받는 몇 가지 논거를 지적하고 있으

며, 군사적 우위가 케인즈적 경기부양을 제공하고, 군사 분야의 연구개발이 기술혁신의 효율적 원천이 되거나, 우월한 강대국이 "비공식 제국"을 통제함으로써 부를 창출한다는 식의 주장이 여기에 포함된다. Daniel Drezner, "Military Dominance Doesn't Pay (Nearly as Much as You Think)," *International Security* 38, no. 1 (Summer 2013), pp. 57-58 참고.

77. 그리하여 2010년에 개정된 한-미 FTA는 한국이 미국의 공식 동맹국이고 수천 명의 미군에 의해 (부분적으로) 미국의 보호를 받고 있음에도 불구하고 한-EU FTA에 비교했을 때 미국에 더 유리하지 않다. Daniel Drezner, "Military Dominance Doesn't Pay," pp. 64-65 참고.

78. 이에 관한 예외가 Carla Norrlof, *America's Global Advantage: U.S. Hegemony and International Cooperation* (Cambridge: Cambridge University Press, 2010), which argues that U.S. security commitments have "purchased goodwill and provided Great Powers with an interest in preserving an American-centered world order" (p. 10)이다.

79. 특히 G. John Ikenberry, *Liberal Leviathan: The Origins, Crisis, and Transformation of the American World Order* (Princeton, NJ: Princeton University Press, 2012); Stephen G. Brooks, G. John Ikenberry, and William C. Wohlforth, "Don't Come Home, America: The Case against Retrenchment," *International Security* 37, no. 3 (Winter 2012/13) 참고.

80. Robert Gilpin, *The Political Economy of International Relations* (Princeton, NJ: Princeton University Press, 1987) 참고.

81. "패권안정론"이라는 학계의 이론은 개방된 경제질서를 위해서는 유동성을 제공하거나 경기침체 이후 경기에 자극을 줄 수 있는 수요를 창출하는 단일한 패권국이 필요하다고 주장하지만, 그 이후 연구 결과 이 이론에 대한 상당한 의구심이 대두되었다. Charles P. Kindleberger, *The World in Depression, 1929-1939* (Berkeley: University of California Press, 1973); Robert O. Keohane, *After Hegemony: Cooperation and Discord in the World Political Economy* (Princeton, NJ: Princeton University Press, 1984) 참고. 다양한 비판에 대해서는 Duncan Snidal, "The Limits of Hegemonic Stability Theory," *International Organization* 39, no. 4 (1985), Timothy McKeown, "Hegemonic Stability Theory and 19th Century Tariff Levels in Europe," *International Organization* 37, no. 1 (Winter 1983) 참고. 드레즈너(Drezner)는 "연구 결과가 패권이 개방된 글로벌한 경제를 위한 필요조건이라는 관념을 배격한다."라면서 "자유주의 패권의 존재 그 자체만으로는 충분조건이 아니다."라고 덧붙였다. "Military Primacy Doesn't Pay," p. 70 참고.

82. 최근 몇 년간 미국은 예를 들면 이라크, 리비아, 이란, 러시아와 같은 산유국을 대상으로 석유와 가스의 수출을 제재하기 위해 상당히 많이 노력했다. 이런 정책은 글로벌 에너지 시장에서 여전히 허점이 있으며 미국 관리들이 중동산 에너지 공급에 대해 그렇게 우려하지 않고 있다는 사실을 시사한다.

83. 이에 관한 일반적인 논점은 Eugene Gholz and Daryl G. Press, "Protecting the Prize: Oil and the U.S. National Interest," *Security Studies* 19, no. 3 (2010) 참고.

84. 미국의 외교정책 목표를 형성하는 데 있어 자유주의의 역할에 관해서는 Tony Smith,

America' s Mission: The United States and the Worldwide Struggle for Democracy in the 20th Century (Princeton, NJ: Princeton University Press, 1994) 참고.

85. 이 주제에 관한 프랜시스 후쿠야마(Francis Fukuyama)의 시각이 변천한 모습은 도움이 많이 된다. 후쿠야마는 1990년대 초에 전 세계가 궁극적으로 일종의 자유민주주의 자본주의로 수렴할 것이라고 주장했다. 2016년이 되자 미국이 정치적 기능부전에 대해 갈수록 어둡고 냉정한 내용으로 글을 썼고 미국 민주주의의 병폐를 해결하려면 광범위한 개혁이 필요할 것이라고 시사했다. 특히 "America in Decay: The Sources of Political Dysfunction," *Foreign Affairs* 93, no. 5 (September/October 2014) 참고.
86. Brooks, Ikenberry, and Wohlforth, "Don' t Come Home, America"; Steve Coll, "Global Trump," *The New Yorker*, April 11, 2016.
87. Sarah Kreps, *Taxing Wars: How the Financial Costs of War Affect Democratic Accountability* (New York: Oxford University Press, 2018) 참고.
88. Thomas Oatley, *The Political Economy of American Hegemony: Buildups, Booms, and Busts* (Cambridge: Cambridge University Press, 2014) 참고.
89. Fareed Zakaria, "The New American Consensus: Our Hollow Hege mony," *The New York Times Magazine*, November 1, 1998.
90. "The Obama Doctrine," *The Atlantic*, April 2016 참고.
91. "An Oral History of the Bush White House," *Vanity Fair* (February 2009); Eric Schmitt, "Threats and Responses: Pentagon Contradicts Army General on Iraq Occupation Force' s Size," *The New York Times*, February 28, 2003.
92. Joseph Stiglitz and Linda Bilmes, *The Three Trillion Dollar War: The True Cost of the Iraq War* (New York: W.W. Norton, 2008); and Linda Bilmes, "The Financial Legacy of Iraq and Afghanistan: How Wartime Spending Decisions Will Constrain Future National Security Budgets," HKS Faculty Research Working Paper Series RWP13-006, March 2013 https://research.hks.harvard.edu/publications/working papers/citation.aspx?PubId=8956&type=WPN.
93. Dwight D. Eisenhower, "The Chance for Peace," Speech to the American Association of Newspaper Editors, April 16, 1953.
94. 하스(Haass)도 보다 현명하게 외교정책을 구사한다면 국내적으로도 이익이 될 것이라는 점을 인정하고 있지만, 그의 책의 핵심 요지는 미국의 세계적 힘의 토대를 유지해야 한다는 데 초점을 두고 있다. 아울러 국내 개혁에 초점을 두어야 한다는 주장은 외교안보 분야 기득권층에서는 거의 "이단의 경계"에 있는 입장이라고 지적한다. *Foreign Policy Begins at Home: The Case for Putting America' s House in Order* (New York: Basic Books, 2013), pp. 1, 8 참고.
95. *The All-Volunteer Military: Issues and Performance* (Washington, DC: Congressional Budget Office, 2007), pp. 8-9 참고.
96. Pew Research Center, "The Military-Civilian Gap: War and Sacrifice in the Post 9/11 Era," (Washington, DC: Pew Social and Demographic Trends, October 5, 2011) 참고.
97. Michael C. Horowitz and Matthew S. Levendusky, "Drafting Support for War: Conscription and Mass Support for War," *Journal of Politics* 73, no. 2 (April 2011)

참고.

98. Jeffrey Record, "Force Protection Fetishism: Sources, Consequences, and Solutions," *Aerospace Power Journal* 14, no. 2 (Summer 2000) 참고.

99. Tim Harper, "Pentagon Keeps War Dead Out of Sight," *Toronto Star*, November 5, 2003; "Pentagon Lifts Media Ban on Coffin Photos," Associated Press, February 26, 2009 참고. 하퍼(Harper)의 최초 이야기는 국방부가 "시신 포대(body bag)" 대신 완곡한 "이동 튜브(transfer tube)"로 용어를 대체했다고 잘못 주장했다. Ben Zimmer, "How Does the Pentagon Say 'Body Bag'?" *Slate.com*, April 4, 2006, www.slate.com/articles/life/the_good_word/2006/04/how_does_the_pentagon_say_body_bag.html 참고.

100. Christopher Gelpi, Peter Feaver, and Jason Reifler, *Paying the Human Costs of War: American Public Opinion and Casualties in Military Conflicts* (Princeton, NJ: Princeton University Press, 2009) 참고.

101. U.S. Department of Army, *Field Manual 100-5* (*Operations*), p. 1-2; downloaded from www.fs.fed.us/fire/doctrine/genesis_and_evolution/source_materials/FM-100-5_operations.pdf.

102. 토미 프랭크스(Tommy Franks)가 아프가니스탄 토라보라 전투에서 미군 병력을 충분히 투입하지 못해서 오사마 빈 라덴이 도망칠 수 있었던 게 대표적인 사례다. Senator John Kerry, *Tora Bora Revisited: How We Failed to Get Bin Laden and Why It Matters Today*, Report to Members of the Committee on Foreign Relations, United States Senate, 111th Congress, 1st sess. (Washington, DC: U.S. G.P.O., 2009); Peter Bergen, "The Account of How We Nearly Caught Bin Laden in 2001," *New Republic*, December 30, 2009 참고.

103. Mearsheimer and Walt, *Israel Lobby and U.S. Foreign Policy*, pp. 65-67 참고.

104. 발표된 보고서에 따르면 오사마 빈 라덴은 자주 미국의 이스라엘 지지, 사우디아라비아 내 미군 주둔, 미군이 주도하는 대 이라크 제재에 대해 불평했지만, 미국에 반대하는 그의 입장은 "미국의 특정한 정책에서 시작했을지 모르지만 급속도로 아주 깊어졌다." 위원회 공동 위원장인 토머스 킨(Thomas Kean)과 리 해밀턴(Lee Hamilton)은 여타 위원들의 항의 때문에 미국의 이스라엘 지지와 빈 라덴의 반미감정에 대한 연관관계를 경시하게 되었다고 인정했다. 더욱이 빈 라덴과 알카에다를 사이드 큐트브(Sayyid Qutb)와 같은 반서방 사상가와 연계하고 이들의 등장을 아랍세계의 보다 광범위한 사회적, 경제적, 정치적 추세와 엮음으로써 이 보고서는 9/11 음모가 미국의 구체적인 정책 선택에 대한 직접적인 대응이라는 점을 최소화했다. *The 9/11 Commission Report* (New York: W.W. Norton, 2004), pp. 48-54; Thomas Kean and Lee Hamilton, *Without Precedent: The Inside Story of the 9/11 Commission* (New York: Knopf, 2006), pp. 284-85; Ernest May, "When Government Writes History: The 9/11 Commission Report," *History News Network*, http://historynewsnetwork.org/article/11972 참고.

105. Murtaza Hussain and Cora Currier, "U.S. Military Operations Are Biggest Motivation for Homegrown Terrorists, FBI Study Finds," *The Intercept*, October 11, 2016, https://theintercept.com/2016/10/11/us-military-operations-are-biggest-

motivation-for-homegrown-terrorists-fbi-study-finds/ 참고.

106. Chalmers Johnson, *Blowback: The Costs and Consequences of American Empire* (New York: Metropolitan Books, 2000), pp. 8-11.

107. 〈뉴욕타임스〉의 팀 애런고(Tim Arango)와 에릭 슈미트(Eric Schmitt)가 2014년 8월에 지적한 바와 같이 "바그다디(Baghdadi)는 미국의 이라크 개입 때문에 등장한 것이고, 그의 투쟁에 기름을 끼얹었거나 그가 부상하게 된 대부분의 정치적 변화는 미국의 행동에서 비롯되었다." *The New York Times*, August 10, 2014. On the origins of the Islamic State, see Will McCants, *The ISIS Apocalypse: The History, Strategy, and Doomsday Vision of the Islamic State* (New York: St. Martin' s, 2015).

108. John Tirman, *The Deaths of Others: The Fate of Civilians in America' s Wars* (New York: Oxford University Press, 2011) 참고.

109. Phil Stewart and Warren Strobel, "U.S. to Halt Some Arms Sales to Saudi, Citing Civilian Deaths in Yemen Campaign," Reuters, December 13, 2016 참고.

110. John M. Broder, "A Nation at War: The Casualties; U.S. Military Has No Count of Iraqi Dead in Fighting, *The New York Times*, April 2, 2003; and Mark Thompson, "Should the Military Return to Counting Bodies?" Time, June 2, 2009 참고.

111. Anna Badkhen, "Critics Say 600,000 Iraqi Dead Doesn' t Tally," *San Francisco Chronicle*, October 12, 2006에서 인용.

112. Sabrina Tavernise and Andrew Lehren, "A Grim Portrait of Civilian Deaths in Iraq," *The New York Times*, October 22, 2010 참고.

113. Gilbert Burnham et al., "Mortality After the 2003 Invasion of Iraq: A Cross-Sectional Cluster Sample Survey," *The Lancet*, October 11, 2006. 상충하는 전체 수에 대한 요약은 C. Tapp et al., "Iraq War Mortality Estimates: A Systematic Review," *Conflict and Health* 2, no. 1 (2008) 참고.

114. Azmat Khan and Anand Gopal, "The Uncounted," *The New York Times* Magazine, November 16, 2017 참고.

115. Rob Malley and Stephen Pomper, "An Accounting for the Uncounted," *The Atlantic*, December 16, 2017, at www.theatlantic.com/international/archive/2017/12/isis-obama-civilian-casualties/548501/ 참고.

116. Tim McGurk, "Collateral Damage or Civilian Massacre in Haditha," *Time*, March 19, 2006 참고. 이 사건으로 미 해병대원 한 명이 "직무유기"로 기소되었으나 수감되지는 않았다. Tirman, Deaths of Others, pp. 302-07 참고.

117. 미국은 이 사건에 관한 독립된 국제적 조사를 실시하자는 국경없는의사회의 요구도 거절했다. Siobhan O' Grady, "Washington and Kabul Stand in the Way of International Probe into Kunduz Attack," *Foreign Policy*, October 14, 2015, https://foreignpolicy.com/2015/10/14/washington-and-kabul-stand-in-the-way-of-international-probe-into-kunduz-attack/ 참고.

118. Matthew Rosenberg, "Pentagon Details Chain of Errors in Strike on Afghan Hospital," *The New York Times*, April 29, 2016 참고.

05 외교안보 기득권층은 왜 책임지지 않는가

1. Eric Bradner, Elise Labott, and Dana Bash, "50 GOP National Security Experts Oppose Trump," August 8, 2016, www.cnn.com/2016/08/08/politics/republican-national-security-letter-donald-trump-election-2016/index.html에서 인용.
2. 케네스 월츠(Kenneth Waltz)는 1967년 "우리가 도미노 같은 모습에 오도되고 있다. 미국이 싸우고 있는 지역의 국가들은 이런 이미지와 달리 연대의식, 형체, 유대감이 없다. 외부적으로 잘못 인식되고 있고 내부적으로는 허약하고 혼란스러운 이 국가들은 의식의 스폰지(mind sponges)라고 부르는 게 더 적절하다. 그 특성이 무엇이든 간에 스폰지는 충격이 전달되어도 연달아서 넘어지지 않는다."라고 말했다. "The Politics of Peace," *International Studies Quarterly* 11, no. 3 (September 1967), p. 205 참고.
3. Jerome Slater, "The Domino Theory and International Politics: The Case of Vietnam," *Security Studies* 3, no. 2 (1993); idem, "Dominos in Central America: Will They Fall? Does it Matter?" *International Security 12*, no. 2 (Fall 1987); and Ted Hopf, *Peripheral Visions: Deterrence Theory and American Foreign Policy in the Developing World, 1965-1990* (Ann Arbor: University of Michigan Press, 1994) 참고.
4. 그리하여 전쟁을 지지했던 〈월스트리트저널〉은 샤 메흐무드 쿠레시 파키스탄 외교장관이 "미국이 아프가니스탄에서 철수하면 대재앙이 닥칠 것이다"라는 예견과 "그렇게 되면 … 신뢰를 잃을 것이며, … 누구를 다 믿겠는가? … 왜 수십억 달러를 들여서 그렇게 많은 사람이 목숨을 잃었는가? 왜 우리가 당신들과 동맹을 맺었는가?"라는 말을 긍정적으로 인용했다. 미국은 오바마가 대통령 임기를 마쳤을 때도 아프가니스탄에서 여전히 전투 중이었다. "U.S. Credibility and Pakistan," *The Wall Street Journal*, October 1, 2009, www.wsj.com/articles/SB10001424052748704471504574443352072071822 참고.
5. Elliott Abrams, "Haunted by Syria," *Weekly Standard*, January 13, 2014 참고. 버락 오바마는 대통령 재임 기간 내내 많은 나라에서 군사력을 사용했지만, 프랑수아 헤이스부그(Fransois Heisbourg)는 시리아게 개입하지 않기로 한 오바마의 결정이 미국의 신뢰에 "심각하고 어쩌면 돌이킬 수 없는" 피해를 주었다고 주장한다. Celestine Bohlen, "A Turning Point for Syria, and for U.S. Credibility," *The New York Times*, February 22, 2016에서 인용.
6. Carmen M. Reinhart and Kenneth S. Rogoff, *This Time Is Different: Eight Centuries of Financial Folly* (Princeton, NJ: Princeton University Press, 2009) 참고.
7. 합참의장과 국무장관을 역임했던 콜린 파월(Colin Powell)이 만든 파월 독트린은 미군을 전투에 투입하기 전에 반드시 긍정적인 답이 나와야 한다는 8개의 질문으로 구성되어 있다. 1) 사활이 걸린 국익이 위협받고 있는가? 2) 명확하게 달성 가능한 목표가 있는가? 3) 위험과 비용을 완전하고 솔직하게 분석했는가? 4) 여타 비폭력적인 정책수단을 완전히 소진했는가? 5) 무제한으로 연루되지 않도록 그럴듯한 출구 전략이 있는가? 6) 행동에 따른 결과를 완전히 고려했는가? 7) 군사 행동이 미국인들로부터 지지받고 있는가? 8) 진정으로 국제사회의 지지를 받고 있는가?
8. Paul D. Miller, "Obama's Failed Legacy in Afghanistan," *The American Interest* 11, no. 5 (February 2016); Rick Brennan, "Withdrawal Symptoms," *Foreign Affairs* 93,

no. 6 (November/December 2014); Danielle Pletka, "What Obama Has Wrought in Iraq," *U.S. News and World Report*, June 13, 2014 참고.

9. 뒤처지지 않으려고 젭 부시(Jeb Bush)는 "너무 일찍 철수한 게 치명적 실수"라고 말했고 루디 줄리아니(Rudy Giuliani) 전 뉴욕시장은 철수를 "21세기 현재까지 최악의 결정"이라고 불렀다. 신보수주의 계열 전문 평론가이자 초기 침공 때부터 지지하는 입장을 솔직하게 밝혔던 맥스 부트(Max Boot)는 철수 결정을 "비극적"이라고 지적했다. "Rubio: Iraq Invasion 'Was Not a Mistake,'" *The Hill*, May 17, 2015, http://thehill.com/ policy/defense/242339-rubio-iraq-invasion-was-not-a-mistake; "Lindsay Graham Calls for 10,000 Troops in Iraq," CNN, May 18, 2015, http://cnn.com/2015/05/ 18/politics/lindsay-graham-iraq-not-a-mistake-election-2016/index.html; "Giuliani: Obama' s Iraq Withdrawal 'Worst Decision of the 21st Century,'" *The Hill*, June 10, 2015, http://thehill.com/blogs.blog-briefing-room/244548-giuliani-obamas-iraq-withdrawal-worst-decision-of-21s-century; Max Boot, "Obama' s Tragic Iraq Withdrawal," *The Wall Street Journal*, October 31, 2011 참고.

10. 특히 Alexander Downes and Jonathan Monten, "FIRCed to be Free: Why Foreign-Imposed Regime Change Rarely Leads to Democratization," *International Security* 37, no. 4 (Spring 2013); Stephen M. Walt, "Why Is the US So Bad at Promoting Democracy in Other Countries?" *Foreign Policy*, April 25, 2016; http://foreignpolicy.com/2016/04/25/why-is-america-so-bad-at-promoting-democracy-in-other-countries/ 참고.

11. John Judis' s interview with Landis, "America' s Failure-And Russia and Iran' s Success-in Syria' s Cataclysmic Civil War," *TPMCafe*, January 10, 2017, http://talkingpointsmemo.com/cafe/americas-failure-russia-success-in-syrias-war 참고.

12. Sopan Deb and Max Fisher, "Seeking Lessons on Syria, but Taken to Task Instead," *The New York Times*, September 18, 2017 참고.

13. Philip Shenon, *The Commission: The Uncensored Story of the 9/11 Commission* (New York: Hachette, 2008), pp. 25-26, 29-30, 214-19 참고.

14. 라이스(Rice)와 젤리코(Zelikow)는 조지 H. W. 부시 같이 NSC에서 근무했으며 이후 자신들의 경험에 관한 책을 공동출간했다. 젤리코는 부시 정권인수팀의 일원으로서 미국의 대테러정책 브리핑에 참석했고, 라이스는 2002년에 젤리코에게 백악관 국가안보전략 보고서 초안을 작성하도록 했다. 라이스가 2005년에 국무장관에 임명되자 젤리코를 국무부 자문관으로 임명했다. 이렇게 직업적으로 긴밀한 관계를 고려할 때 젤리코는 라이스, 부시, 혹은 다른 행정부 관리들이 9/11 공격을 막지 못한 것에 책임이 있는지 판단하는 데 도움을 줄 수 있는 이상적인 인사가 전혀 아니었다.

15. Ernest May, "When Government Writes History: The 9/11 Commission Report," *History News Network*, June 24, 2005, http://historynewsnetwork.org/article/11972.

16. Jane Mayer, *The Dark Side: The Inside Story of How the War on Terror Turned into a War on American Ideals* (New York: Doubleday, 2008), p. 245 참고.

17. 핵심 보고서는 다음과 같다. *Article 15-6 Investigation of the 800th Military Police Brigade*, https://fas.org/irp/agency/dod/taguba.pdf ;Department of the Army, The

Inspector General, Detainee Operations Inspection (July 21, 2004), www1.umn.edu/humanrts/OathBetrayed/Mikolashek%20Report.pdf; *Final Report of the Independent Panel to Review DoD Detention Operations* (Washington, DC: August 2004). On Rumsfeld' s role in approving harsher interrogation methods, see Mayer, *The Dark Side*, pp. 220, 240-41.

18. "Abu Ghraib, Whitewashed," editorial, *The New York Times*, July 24, 2004.
19. Eric Rosenburg, "Abu Ghraib Is Like 'Animal House,' but Rumsfeld Should Not Resign," *Deseret News*, August 25, 2004, www.deseretnews.com/article/595086544/Abu-Ghraib-like-Animal-House-but-Rumsfeld-should-not-resign.html.
20. "Pentagon Panel: Top Brass Was Lax in Abu Ghraib Oversight," NBC News, August 8, 2004, www.nbcnews.com/id/5807013/ns/worldnews-mideast_n_africa/t/pentagon-panel-top-brass-was-lax-abu-ghaib-oversight/#.U9aZglYQf0A.
21. "Getting Away with Torture: Command Responsibility for the U.S. Abuse of Detainees," *Human Rights Watch*, April 2005. p. 21.
22. Seymour M. Hersh, "The General' s Report," *The New Yorker*, June 25, 2007 참고.
23. 부시(Bush)는 칼리드 셰이크 모하메드(Khalid Sheikh Mohammed)에 대한 물고문을 승인한 것을 인정했고 체니(Cheney) 부통령은 이 똑같은 기법을 "적극 지지"했다고 공개적으로 말했다. David Cole, "Obama' s Torture Problem," *NYRBlog*, November 18, 2010, www.nybooks.com/blogs/nyrblog/2010/nov/18/obamas-torture-problem/.
24. Charlie Savage, "Obama Reluctant to Look into Bush Programs," *The New York Times*, January 11, 2009.
25. 특히 Mark Danner, *Spiral: Trapped in the Forever War* (New York: Simon & Schuster, 2016), and Mayer, *The Dark Side* 참고.
26. Paul Farhi, "Bill Kristol Knows His Predictions Have Been Bad, but He' s Going to Keep Making Them," *The Washington Post*, February 17, 2016; and Stephen M. Walt, "The Shattered Kristol Ball," *The National Interest* 97 (September/October 2008) 참고.
27. Steven R. Weisman, "Wolfowitz Resigns, Ending Long Fight at World Bank," *The New York Times*, May 18, 2007 참고
28. 에이브럼스(Abrams)는 이스라엘 관리들과 공모해서 콘돌리자 라이스 국무장관과 다른 인사들이 추진했던 평화 이니셔티브를 좌초시키려고 했다. Jim Lobe, "US/Mideast: Rice Faces Formidable Mideast Foe," *InterPress News*, February 21, 2007, www.ipsnews.net/2007/02/us-mideast-rice-faces-formidable-white-house-foe/; Shahar Smooha, "All the Dreams We Had Are Now Gone," *Ha' aretz*, July 19, 2007 참고.
29. David Rose, "The Gaza Bombshell," *Vanity Fair*, April 2008; "Hamas Coup in Gaza," International Institute for Strategic Studies, *Strategic Comments* 13, no. 5 (June 2007); and "Elliot Abrams' Uncivil War," *Conflicts Forum* (2007), at www.conflictsforum.org/2007/elliot-abrams-uncivil-war/ 참고.
30. Eric Alterman, "The Rehabilitation of Elliott Abrams," *The Nation*, March 13, 2013.

Tellingly, Alterman writes, "What does it say about our most influential and important institutions that this lifelong embarrassment to American democracy can be embraced as one of their own?" 참고.

31. Maggie Haberman, Jonathan Weisman, and Eric Lichtblau, "Trump Overrules Tillerson, Rejecting Elliott Abrams for Deputy Secretary of State," *The New York Times*, February 10, 2017 참고.
32. 케이건(Kagan)의 미국 전략에 대한 설득력 있는 비판으로 Andrew Bacevich, "The Duplicity of the Ideologues," *Commonweal*, June 4, 2014; also see Stephen M. Walt, "So Wrong for So Long: Why Neoconservatives Are Never Right," *Foreign Policy* (online) http://foreignpolicy.com/2015/08/21/neoconservatives-so-wrong-for-so-long-iraq-war-iran-deal/ 참고.
33. 밀러(Miller), 맬리(Malley), 인딕(Indyk), 커츠너(Kurtzer), 로스(Ross) 모두 다 오슬로 프로세스의 실패에 책임이 있는 사람을 비난하면서 서로 상충하는 내용의 글을 쓴 적이 있다. Robert Malley and Hussein Agha, "Camp David: The Tragedy of Errors," *New York Review of Books*, August 9, 2001; Dennis Ross, *The Missing Peace: The Inside Story of the Fight for Middle East Peace* (New York: Farrar, Straus & Giroux, 2004); Aaron D. Miller, *The Much Too Promised Land: America's Elusive Search for Arab-Israeli Peace* (New York: Bantam, 2008); Martin Indyk, *Innocent Abroad: An Intimate Account of American Peace Diplomacy in the Middle East* (New York: Simon & Schuster, 2009); Daniel B. Kurtzer et al, *The Peace Puzzle: America's Quest for Israeli-Palestinian Peace 1989-2011* (Ithaca, NY: Cornell University Press, 2013) 참고.
34. 이스라엘 기자인 바락 라비드(Barak Ravid)는 로스(Ross)가 "이-팔 평화프로세스에 관한 모든 분야에서 백악관에서 가장 핵심인 인물"이라고 불렀고, "로스가 대통령의 귀를 붙잡고 있고, 벤야민 네타냐후 이스라엘 총리와 아이작 몰호(Issac Molho) 특사와 비밀접촉선을 직접 유지하고 있으며, 조지 미첼(George Mitchell) 미 중동특사를 약화시켰다. … 백악관 내 네타냐후의 사람으로 알려져 있음에도 이스라엘 총리로부터 아무것도 못 받아냈다. 라말라(팔레스타인 정부)에서 그의 지위는 더 나쁘다. 마흐무드 압바스(Mahmoud Abbas) 팔레스타인 대통령은 그를 배제했고 사실상 비우호적 인물로 선언했다. 미국과 관련해서 로스는 더 큰 영향을 미쳤다. 대체로 부정적이었다." "Dennis Ross Discovers Palestine," *Ha'aretz*, January 9, 2009, www.haaretz.com/blogs/diplomania/dennis-ross-discovers-palestine-1.406290.
35. 로스(Ross)는 미국이 이란이 핵무기를 확보하지 못하게 무력을 사용할 준비가 되어 있어야 한다고 믿었고 2015년 6월에 등장한 합의에 대해 의구심을 표현하는 공개 서한에 공동 서명했다. "Public Statement on U.S. Policy Toward the Iran Nuclear Negotiations," *Washington Institute for Near East Policy*, June 24, 2015, www.washingtoninstitute.org/policy-analysis/view/public-statement-on-u.s.-policy-toward-the-iran-nuclear-negotiations 참고. 로스는 이 합의가 서명된 이후에도 미국이 이란의 지하 핵시설을 파괴하도록 개발된 폭탄과 "이 폭탄을 수송할 수 있는 비행기"를 이스라엘에 제공하라고 권고했다. Dennis B. Ross, "How to Make Iran Keep Its Word," *Politico*, July 29, 2015 참고.

36. 인딕(Indyk)의 이라크전 지지에 관해서는 Martin S. Indyk and Kenneth M. Pollack, "How Bush Can Avoid the Inspections Trap," *The New York Times*, January 25, 2003; Martin S. Indyk and Kenneth M. Pollack, "Lock and Load," *Los Angeles Times*, December 19, 2002 참고.
37. Dennis Ross and David Makovsky, *Myths, Illusions, and Peace: Finding a New Direction for America in the Middle East* (New York: Viking, 2009).
38. 전문가들은 이라크전으로 향하는 과정에서 유관 당국이 정보 수집과 분석을 적절히 했는지, 아니면 전쟁하려고 결심한 백악관에 의해 스스로가 정치화되고 이용되도록 허용했는지에 대해 의견이 엇갈린다. 어찌되었건 간에 그것은 심각한 분석 실패였다. 대안적 시각으로는 Joshua Rovner, *Fixing the Facts: National Security and the Politics of Intelligence* (Ithaca, NY: Cornell University Press, 2011); Robert Jervis, *Why Intelligence Fails: Lessons from the Iranian Revolution and the Iraq War* (Ithaca, NY: Cornell University Press, 2011); Paul Pillar, *Intelligence and U.S. Foreign Policy: Iraq, 9/11, and Misguided Reform* (New York: Columbia University Press, 2011); Thomas Powers, "How They Got Their Bloody War," New York Review of Books, May 27, 2010; Fulton Armstrong (with reply by Thomas Powers), "The CIA and WMDs: The Damning Evidence," *New York Review of Books*, August 19, 2010 참고.
39. Adam Goldman, "Ex-C.I.A. Officer Suspected of Compromising Chinese Informants Is Arrested," *The New York Times*, January 16, 2018 참고.
40. Adam Goldman and Matt Apuzzo, "CIA Officers Make Grave Mistakes, Get Promoted," *NBC News*, February 9, 2011, www.nbcnews.com/id/41484983/ns/us_news-security/t/cia-officers-make-grave-mistakes-get-promoted/#.U9u-vFFYQf0C 참고. 아울러 Matthew Schofield, "CIA Knew It Had the Wrong Man, but Kept Him Anyway," *McClatchy News Service*, June 30, 2016, www.mcclatchydc.com/news/nation-world/world/article86890087.html 참고.
41. 클래퍼(Clapper)는 이후 NBC의 안드레아 미첼(Andrea Mitchell)에게 자신의 답변이 공개 청문회에서 답할 수 있는 "가장 부정직한" 내용이라고 말했다.
42. 용의자의 신원이 파악되지 않더라도 이 타격 대상이 테러리스트라는 가정에 부합하게 행동할 때 용의자를 공격하는 게 대표 타격이다. Amy Davidson, "John Brennan' s Kill List," *The New Yorker*, January 7, 2013 참고.
43. www.c-span.org/video/?300266-1/obama-administration-counterterrorism-strategy.
44. Carrie Johnson and Joby Warrick, "CIA Destroyed 92 Interrogation Tapes, Probe Says," *The Washington Post*, March 3, 2009.
45. Marisa Taylor and Jonathan Landay, "After CIA Gets Secret Whistle- blower Email, Congress Worries About More Spying," July 25, 2014, www.mcclatchydc.com/2014/07/25/234484/after-cia-gets-secret-whistleblower.html 참고.
46. Jonathan S. Landay and Ali Watkins, "CIA Admits It Broke into Senate Computers; Senators Call for Spy Chief' s Ouster," www.mcclatchydc.com/news/nation-world/national/national-security/article24771274.html#storylink=cpy 참고.
47. CIA 감시에 관한 최초의 보고서가 발표된 후에 브레넌(Brennan)은 "사실에 전혀 근거하지도 않은 채 CIA에 대한 잘못된 주장"을 하고 있다고 입법의원들을 비난했다. 이

후 "이토록 엄청난 종류의 스파이 행위와 감시, 해킹이 있어왔다고 주장하는 많은 사람들이 나중에 틀린 것으로 판명될 것이다."라고 덧붙였다. Mark Mazzetti and Carl Hulse, "CIA Admits Penetrating Senate Intel Committee Computers," *The New York Times*, July 31, 2014 참고.

48. Dustin Volz and Lauren Fox, "CIA Review Clears Its Spies of Wrongdoing," *National Journal*, January 15, 2015.

49. Carl Hulse and Mark Mazzetti, "President Expresses Confidence in CIA Director," *The New York Times*, August 1, 2014. On the negative effects of the torture regime, see Douglas Johnson, Alberto Mora, and Averell Schmidt, "The Strategic Costs of Torture," *Foreign Affairs* 95, no. 5 (September/October 2016).

50. On the pervasive weakness of congressional oversight, see Michael Glennon, *National Security and Double Government* (New York: Oxford University Press, 2015), pp. 52-57.

51. Glennon, *National Security and Double Government*, pp. 61-64.

52. See Katrina Manson, "The Undercover Spy Picked as CIA Chief," *Financial Times*, March 17, 2018.

53. Dan Lamothe, "Top Two Officers and Other Sailors Aboard the USS Fitzgerald to Be Disciplined Following Deadly Collision at Sea," *The Washington Post*, August 17, 2017 참고.

54. Thomas Ricks, "Whatever Happened to Accountability?" *Harvard Business Review*, October 2012; James Fallows, "The Tragedy of the American Military," *The Atlantic*, January/February 2015; William Astore, "An Army of None," *Salon.com*, March 23, 2016; www.salon.com/2016/03/23/an_army_of_none_the_u_s_military_is_more_powerful_less_accountable_and_more_dangerous_than_ever_before/ 참고.

55. Thomas E. Ricks, *The Generals: American Military Command from World War II to Today* (New York: Penguin, 2012), pp. 388-94.

56. Andrew Bacevich, "Winning: Trump Loves to Do It, but American Generals Have Forgotten How," *TomDispatch.com*, www.tomdispatch.com/blog/176215/tomgram%3A_andrew_bacevich%2C_the_swamp_of_war 참고.

57. 하디타 대량학살을 자행한 자들은 혐의를 인정함으로써 가벼운 처벌을 받았다. 베일즈(Bales) 병장은 무기징역을 선고받았다. Charlie Savage and Elisabeth Bumiller, "An Iraqi Massacre, a Light Sentence, and a Question of Military Justice," *The New York Times*, January 27, 2012; Michael E. Miller, "U.S. Army Mass Murderer: 'The Hate Grows Not Only for Insurgents, but Towards Everyone Who Isn't American,'" *The Washington Post*, June 8, 2015 참고.

58. 랜드연구소(RAND Corporat)의 시스 존스(Seth Jones)는 이렇게 지적했다. "2010년부터 살라피 지하디스트 단체와 전투원 숫자가 증가하고 있으며, 특히 시리아와 북아프리카에서 두드러지고 있다. 또한 알카에다 및 연계조직에 의한 공격 횟수도 증가했다." Seth G. Jones, *A Persistent Threat: The Evolution of Al Qa'ida and Other Salafi Jihadists* (Washington, DC: RAND Corporation, 2014), p.x 참고. 아울러

International Human Rights and Conflict Resolution Clinic at Stanford Law School and Global Justice Clinic at NYU School of Law, *Living under Drones: Death, Injury and Trauma to Civilians from U.S. Drone Practices* (2012); Hassan Abbas, "How Drones Create More Terrorists," *The Atlantic*, August 20, 2013도 참고.

59. Ricks, The Generals, p. 392; Barton Gellman and Thomas E. Ricks, "U.S. Concludes Bin Laden Escaped at Tora Bora Fight; Failure to Send More Troops Termed Major Error," *The Washington Post*, April 17, 2002.

60. Associated Press, "Sex Is Major Reason Military Commanders Are Fired," January 21, 2013; www.military.com/daily-news/2013/01/21/sex-is-major-reason-military-commanders-are-fired.html.

61. 미군을 투입했더라면 성공했을 것이라고 제시하는 신중한 분석에 관해서는 Peter John Paul Krause, "The Last Good Chance: A Reassessment of U.S. Operations at Tora Bora," *Security Studies* 17, no. 4 (2008) 참고.

62. 펜타곤과 백악관 내 민간인들이 점령계획이 실패한 데 따른 일차적 책임을 지지만, 프랭크스(Franks)는 이들의 장밋빛 분석이나 부적절한 준비를 문제 삼지 않았다. Ricks, *The Generals*, chap. 27 참고.

63. Dexter Filkins, "The Fall of the Warrior King," *The New York Times Magazine*, October 23, 2005; Ricks, *The Generals*, pp. 422-25 참고.

64. "Marine to Serve No Time in Haditha, Iraq Killings Case," *USA Today*, January 24, 2012; "Squad Leader in Haditha Killings Discharged from Marine Corps," *Los Angeles Times*, February 21, 2012 참고.

65. 페트레이어스(Petraeus)가 채택한 전술적 혁신 중 많은 부분이 현지 부대에 의해 개발되었다는 점에서 이 병력 증원이 얼마나 혁신적이었는지도 불분명하다. 이 점에 관해서는 James A. Russell, *Innovation, Transformation, and War: Counterinsurgency Operations in Anbar and Ninewa Provinces, Iraq*, 2007-2007 (Stanford, CA: Stanford University Press, 2011) 참고.

66. "증원"을 발표했을 때 부시 대통령은 "종파간 폭력을 잠재우고 바그다드 시민에게 안전을 제공하며, 화해를 가능하게 하는 것"이 목표라면서 "미국 팀이 군인과 민간인을 동원해서 현지 이라크인들 공동체가 화해를 추구하도록 할 것이다."라고 말했다. "President' s Address to the Nation," January 10, 2007; http://georgewbush-whitehouse. archives.gov/news/releases/2007/01/20070110-7.html라고 말했다. 아울러 Peter Beinart, "The Surge Fallacy," *The Atlantic*, September 2015; and Peter W. Galbraith, *Unintended Consequences: How War in Iraq Strengthened America' s Enemies* (New York: Simon & Schuster, 2008), chap. 1도 참고.

67. 배서비치(Bacevich)는 다음과 같이 설명한다. "적절한 기준이 없다면 책임성이 있을 수가 없다. 책임성이 없다면 실패와 약점이 주목받지 못한다. 결국 익숙한 것들이 용납 가능해진다. 끝이 안 보이는 전쟁에 익숙해진 21세기 미국인들은 한때 장군들이 달성해내도록 기대되었던 핵심적 부분, 즉 분쟁이 신속하고 성공적으로 매듭지어져야 한다는 사실을 잊은 지가 오래되었다. "Winning" 참고

68. Petraeus' s testimony in "The Status of the War and Political Developments in Iraq," Hearing before the Committee on Armed Services, 110 Congress, 1st sess.,

September 10, 2007 (Washington, DC: U.S. Government Printing Office, 2008) 참고. 2009년 12월에 있었던 아프가니스탄 관련 청문회에서 맥크리스털(McChrystal) 의회 의원회에서 "앞으로 18개월이 결정적이고, 성공을 이끌어낼 가능성이 있다."라고 말했으며, "우리가 이 임무를 완수할 수 있고 완수할 것이다."라고 덧붙였다. 그 다음 달에 그는 ABC의 다이앤 소여(Diane Sawyer)에게 "우리가 전세를 역전시켰다고 믿는다."라고 말했다. 페트레이어스(Petraeus)도 비슷한 낙관적 평과를 1년 후에 내렸다. 하지만 이런 평가는 미 정보당국의 평가와 어긋났고, 이후 전반적인 폭력 수준이 상당히 증가했다. "Afghanistan," Hearings Before the Committee on Armed Services, U.S. Senate, 111th Congress, 1st sess. December 2 and 8, 2009 (Washington, DC: U.S. Government Printing Office, 2010), p. 103; "Top General Optimistic About Afghanistan," ABC News, January 11, 2010, www.youtube.com/watch?v=ABdm3bdUeDE; and Josh Rogin, "Petraeus' Optimism About Afghani- stan Not Shared at CIA," Foreign Policy, April 27, 2011, http://thecable.foreignpolicy.com/posts/2011/04/27/petraeus_s_optimism_about_afghanistan_not_shared_at_cia_0 참고.

69. Ellen Mitchell, "Top General in Afghanistan Says Taliban Fight Has 'Turned the Corner,'" The Hill, November 28, 2017, http://thehill.com/policy/defense/362205-top-us-general-in-afghanistan-says-taliban-fight-has-turned-the-corner; and Andrew Bacevich, "Still Waiting: A Harvey Weinstein Moment for America' s Wars?" TomDispatch, December 10, 2017, www.tomdispatch.com/post/176361/tomgram%3A_andrew_bacevich%2C_a_country_addicted_to_war/ 참고.

70. Paul McCleary, "U.S. Has 'Turned the Corner' in Aghanistan, Top General Says," *Foreign Policy*, November 28, 2017, http://foreignpolicy.com/2017/11/28/u-s-has-turned-the-corner-in-afghanistan-top-general-says/ 참고.

71. Shawn Snow, "Report: US Officials Classify Crucial Metrics on Af- ghan Casualties, Readiness," *Army Times*, October 20, 2017, www.armytimes.com/flashpoints/2017/10/30/report-us-officials-classify-crucial-metrics-on-afghan-casualties-readiness/; Thomas Gibbons-Neff, "Afghan War Data, Once Public, Is Censored in U.S. Military Report," *The New York Times*, October 30, 2017 참고.

72. Noah Shachtman, "Gates Has a Long, Loooong Record of Firing Generals," *Wired*, June 11, 2010, at www.wired.com/2010/06/gates-has-a-long-record-of-firing-generals/ 참고.

73. Thom Shanker, "Concern Grows Over Top Military Officers' Ethics," *The Washington Post*, November 12, 2012 참고.

74. 이 감사결과는 www.sigar.mil에서 찾아볼 수 있다. 아울러 Andrew deGrandpre and Alex Horton, "Here Are Six Costly Failures from America' s Longest War. No. 1: Cashmere Goats," *The Washington Post*, August 22, 2017도 참고.

75. 그는 "우리는 또한 미국 정부의 개인에 대한 책임추궁을 높이 평가하지도 않는다. 한 사람이 해임되려면 엄청나게 사고를 쳐야 한다. 그리고 아프가니스탄에서 1억 달러, 3억 달러를 낭비했거나 주어진 임무를 완수하지 못해서 해임된 사람이 누가 있는지 감히 물어보고자 한다."라고 덧붙였다. Priyanka Boghani, "'Nobody' s Been Held Accountable' for Wasteful Spending in Afghanistan, Says U.S. Watchdog,"

Frontline, October 9, 2015, www.pbs.org/wgbh/frontline/article/nobodys-been-held-accountable-for-wasteful-spending-in-afghanistan-says-u-s-watchdog/ 참고.

76. Sapna Maheshwari, "10 Times Trump Spread Fake News," *The New York Times*, January 18, 2017, www.nytimes.com/interactive/2017/business/media/trump-fake-news.html?_r=0 참고.

77. Ruth Marcus, "When All News Is 'Fake,' Whom Do We Trust?" *The Washington Post*, December 12, 2016 참고.

78. "From the Editors: The *Times* and Iraq," May 26, 2004 참고.

79. Jeffrey Goldberg, "The Great Terror," *The New Yorker*, March 25, 2002; and Daniel Lazare, "*The New Yorker Goes to War*," *The Nation*, May 15, 2003 참고.

80. 밀러(Miller)와 많은 칼럼을 공동 기고했던 마이클 고든(Michael Gordon)은 여전히 〈뉴욕타임스〉에서 요직을 맡고 있다. 밀러의 이직에 대해서는 Katharine Seelye, "*Times* and Reporter Reach Agreement on Her Departure," *The New York Times*, November 9, 2005 참고.

81. 2010년에 골드버그(Goldberg)는 이스라엘이 이란의 핵프로그램에 대한 예방공격을 1년 이내에 개시할 것이라고 제시하는 놀라운 커버스토리를 발표했다. "The Point of No Return," *The Atlantic* (September 2010) 참고. 이 데드라인이 지났고 아무런 공격이 발생하지 않았지만 골드버그는 똑같은 경고를 2012년 블룸버그(Bloomberg) 뷰 칼럼에서 "네타냐후(Netanyahu)가 단순히 엄포를 놓는 게 아니라고 확신한다."라면서 재탕했다. 골드버그는 미국이 이란에 대해서 더 가혹한 제재를 부과하고 이란 핵프로그램의 상한선을 설정한 합의를 거부하거나 더 강화하도록 미국을 설득하기 위해 무력을 사용할 각오가 되어 있다고 확신시키려는 잘 계획된 이스라엘의 공작에 엮인 것처럼 보인다. Daniel Sobelman, "Signaling Credibility in IR," unpublished ms., (2016) 참고. 이스라엘의 노력이 상세하게 설명되어 있다.

82. 특히 Eric Hananoki, "Where Are the Media' s Iraq War Boosters 10 Years Later?" *Media Matters for America*, March 19, 2013, www.mediamatters.org/research/2013/03/19/where-are-the-medias-iraq-war-boosters-10-years/193117 참고

83. Bill Keller, "My Unfinished 9/11 Business," *The New York Times Magazine*, September 6, 2011; also Stephen M. Walt, "How Not to Learn from Past Mistakes," *Foreign Policy*, September 12, 2011, http://foreignpolicy.com/2011/09/12/how-not-to-learn-from-past-mistakes/ 참고.

84. James Carden and Jacob Heilbrunn, "The Washington Post: The Most Reckless Editorial Page in America," *The National Interest*, January/February 2015 참고.

85. "An Unfinished Mission," *The Washington Post*, May 4, 2003.

86. Jackson Diehl, "What the Iraq War Taught Me About Syria," *The Washington Post*, March 31, 2013.

87. 이후에 게재된 사설은 이란이 적극적으로 핵무기를 추구하고 있다고 잘못 설명했고 이란이 농축 우라늄 일부를 전용하려고 한다는 벤야민 네타냐후 이스라엘 총리의 잘못된 비판을 인용했다. (전용행위는 네타냐후의 이런 발언이 있기 몇 년 전에 있었다.) Matt Duss, "Washington Post Editors Get Mixed Up on Iran' s Nuclear Program," http://thinkprogress.org/security/2013/04/09/1838431/washington-post-

iran/?mobile=nc 참고.

88. Marc Thiessen, "A Dark Winter of Ebola Terrorism," *The Washington Post*, October 20, 2014; 아울러 Louis Jacobson, "Could Terrorists Use Ebola to Attack the United States?" *Politifact*, October 23, 2014, www.politifact.com/truth-o-meter/article/2014/oct/23/could-terrorists-use-ebola-attack-united-states 참고.

89. 윌리엄즈(Williams)에 관해서는 Elliot Hannon, "NBC Suspends Brian Williams Without Pay for Six Months," *Slate.com*, February 10, 2015, www.slate.com/blogs/the_slatest/2015/02/10/nbc_news_suspends_brian_williams_for_fabricated_stories.html. 참고하고 오레일리(O' Reilly)에 관해서는 Emily Steel and Michael S. Schmidt, "Bill O' Reilly Is ForcedOut at Fox News," *The New York Times*, April 19, 2017 참고.

90. 백악관 기자로서 선구적인 경력을 쌓았던 98세의 토머스(Thomas)는 "유대인들이 팔레스타인에서 나와야 하고", 유럽으로 "꺼져야 한다."라고 말한 내용이 녹음되고 나서 해고 되었다. 증인의 자세한 설명에 관해서는 Paula Cruickshank, "42 Seconds That Sullied Helen Thomas and New Media," Real Clear Politics, July 31, 2013 참고. 클랜시(Clancy)는 민주주의 수호 친이스라엘 재단(the pro-Israel Foundation for Defense of Democracies)으로부터 온라인 상에서 비판을 받자, "#이스라엘을 위한 홍보 활동의 일환 … 불법은 아니지만 인권이 아닌 홍보를 위한 것"이라고 비난하는 트위터를 주고받고 나서 바로 해고되었다. 나스르(Nasr)는 헤즈볼라 성직자인 사이드 파달라(Sayyed Fadlallah)의 사망을 애도하는 트위터 한 건으로 해고되었다. 트위터에 대해 사과하고 파달라의 여성 인권 지지와 명예살인 반대를 인정했을 뿐이라고 했지만 바로 해고되었다.

91. Gabriel Sherman, "Chasing Fox," *New York Magazine*, October 10, 2010; Elias Isquith, "Phil Donahue' s Vindication," *Salon.com*, July 10, 2014 참고.

92. Art Swift, "Americans' Trust in Mass Media Sinks to New Low," Gallup Organization, September 14, 2016, www.gallup.com/poll/195542/americans-trust-mass-media-sinks-new-low.aspx 참고.

93. 전모를 공개하자면 내가 이 광고의 초안 작성과 서명자들 모집에 도움을 주었다.

94. 익명으로 게재하지 않겠다고 솔직하게 선택했던 잉글링의 원글은 "A Failure in Generalship," *Armed Force Journal* (May 2007)였다. 아울러 Paul Yingling, "Why an Army Colonel Is Retiring Early? To Become a High School Teacher," *The Washington Post*, December 2, 2011; Ricks, *The Generals*, pp. 441-44도 참고.

95. Flynt Leverett and Hillary Mann Leverett, *Going to Tehran: Why America Must Accept the Islamic Republic* (New York: Metropolitan Books, 2011).

96. Michael Crowley, "Iran Contrarians," *The New Republic*, February 10, 2010; and Daniel B. Drezner, "Your Humble Blogger Was Wrong," *Foreign Policy*, August 30, 2010, http://foreignpolicy.com/2010/08/30/your-humble-blogger-was-so-wrong/

97. Flynt Leverett and Hillary Mann Leverett, "Iran' s Presidential Election Will Surprise America' s So-Called 'Iran Experts,' " *Huffington Post*, June 6, 2013, www.huffingtonpost.com/flynt-and-hillary-mann-leverett/iran-presidential-election_b_3431154.html 참고.

98. 예를 들면 레버렛(Leveretts) 부부는 오바마 행정부의 이란과의 핵합의 협상 능력에 대해 너무나 비관적이었다.

99. 특히 정치적 반대자들에게 싸움을 걸어도 많은 신보수주의자들에게 피해를 주지도 못하는 것으로 보인다.

100. Kelley Vlahos, "Washington Doesn' t Forgive Whistleblowers," *The American Conservative*, July 30, 2014 참고.

101. 호(Hoh)의 경우 결말이 좋았다. 결국 좌파성향의 국제정책센터(the Center for International Policy) 선임연구원으로 채용되었다. www.ciponline.org/about-us/experts-staff/matthew_hoh 참고.

102. 어빙 "스쿠터" 리비(Irving "Scooter" Libby)가 CIA 요원인 발레리 플레임(Valerie Plame)의 신원을 노출하는 데 있어 자신의 역할에 대해 FBI와 대배심에 위증한 혐의로 기소되고 나서 유력한 내부인들—헨리 키신저(Henry Kissinger), 레너드 가먼트(Leonard Garment), 도널드 럼스펠드(Donald Rumsfeld), 에릭 에델먼(Eric Edelman), 크리스토퍼 드뮤스(Christopher DeMuth), 레온 위젤티어(Leon Wieseltier), 로버트 블랙윌(Robert Blackwill) 등—이 재판장에게 선처를 촉구하는 서한을 보냈다. Sidney Blumenthal, "The Libby Lobby' s Pardon Campaign," *Salon.com*, June 7, 2007 참고. 몇 년 후에 데이비드 페트레이어스(David Petraeus)가 정부에게 비밀 정보를 제공했고 FBI에 이에 대해 거짓말을 했다고 인정한 이후 비슷한 활동이 페트레이어스에게 도움을 주었다. Andrew V. Pestano, "Report: Government Elite Officials Wrote to Keep Petraeus Out of Prison," UPI, June 9, 2015, www.upi.com/Top_News/US/ 2015/06/09/Report-Government-elite-officials-wrote-to-keep-Gen-Petraeus-out-of-prison/6141433857287/ 참고.

103. Elizabeth Warren, *A Fighting Chance* (New York: Metropolitan Books, 2014), p. 106. 역설적으로 서머스(Summers)는 나중에 자신의 조언을 스스로 무시했고 스티븐 므누신(Steven Mnuchin) 재무장관이 조세 개혁에 대해 "무책임한" 발언을 했다고 비판했고 한때는 므누신이 "내각 역사상 최악의 아첨꾼일지도 모른다."라는 트위터를 게재했다. 하지만 서머스의 "내부자 지위"는 대체로 안전하며, 워싱턴에서 더 이상 고위직을 원하지 않았을지도 모른다. 그렇다면, 동료 "내부자"를 비판해도 부정적인 효과는 그리 크지 않다.

06 트럼프가 미국 외교정책을 고치는 데 실패한 이유

1. Patrick Porter, "Tradition' s Quiet Victories: Trump' s National Security Strategy," *War on the Rocks*, December 22, 2017, https://warontherocks.com/2017/12/traditions-quiet-victories-trumps-national-security-strategy/; idem, "Why U.S. GrandStrategy Has Not Changed: Power, Habit, and the Foreign Policy Establishment," *International Security* 42, no. 4 (Spring 2018) 참고.

2. "Trump' s Inauguration: Full Text of New President' s Speech," *BBC News*, January 20, 2017, at www.bbc.com/news/world-us-canada-38697653.

3. 2016년 대선후보 토론 당시 트럼프는 사우디인들이 "게이를 건물에서 밀어 떨어뜨리

고," "여성을 살해하고 여성을 끔찍하게 다룬다."라고 말했다. Adam Taylor, "Trump Once Denounced Saudi Arabia as Extremist; Now He's Heading There to Promote Moderate Islam," *The Washington Post*, May 19, 2017 참고.

4. Andrew Kaczynski, Chris Massie, and Nathan McDermott, "80 Times Trump Talked About Putin," *CNN.com*, March 2017, www.cnn.com/interactive/2017/03/politics/trump-putin-russia-timeline/.
5. 이런 시각은 트럼프가 2017년 7월 폴란드에서 연설하면서 "급진 이슬람 극단주의"라는 어두운 위협에 대해 경고하고 "우리 시대의 근본적 질문은 서방이 생존하려는 의지가 있는지 여부다."라고 말하면서 드러났다. "Remarks by President Trump to the People of Poland," July 6, 2017, www.whitehouse.gov/the-press-office/2017/07/06/remarks-president-trump-people-poland-july-6-2017 참고.
6. 트럼프의 수석 정치 전략가이자 전직 브레이트바트 뉴스(Breitbart News) 편집장인 스티븐 배넌(Stephen Bannon)은 유대-기독교 세계가 이민 증가나 폭력적 극단주의에 의해 다변화되고 증가세에 있는 이슬람의 위협에 직면하고 있다고 믿었다. Paul Blumenthal, "Steve Bannon Believes the Apocalypse Is Coming and War Is Inevitable," *Huffington Post*, February 8, 2017; Frances Stead Sellers and David A. Fahrenthold, " 'Why let 'em in?' : Understanding Bannon's Worldview and the Politics That Follow," *The Washington Post*, January 21, 2017; Daniel Kreiss, "Trump, Breitbart, and the Rejection of Multicultural Democracy," *Medium.com*, January 29, 2017; Steve Reilly and Brad Heath, "Steve Bannon's Own Words Show Sharp Break on Security Issues," *USA Today*, January 31, 2017; Nahal Toosi, "The World According to Breitbart," *Politico*, November 28, 2016 참고.
7. See the controversial op-ed by H.R. 맥마스터(H. R. McMaster) 백악관 국가안보보좌관과 게리 콘(Gary Cohn) 백악관 경제자문회의 위원장이 공동 기고했으며 논란이 되었던 "America First Doesn't Mean America Alone," *The Wall Street Journal*, May 30, 2017, www.wsj.com/articles/america-first-doesnt-mean-america-alone-1496187426 참고. 이 기고문의 제목에도 불구하고 국제정치는 제로섬이라는 성격이 있고 미국의 타국 지원은 조건부로 제공될 것이라는 게 중심 요지이다.
8. "Remarks by President Trump to the 72nd Session of the United Nations General Assembly," www.whitehouse.gov/briefings-statements/remarks-president-trump-72nd-session-united-nations-general-assembly/ .
9. 버락 오바마는 관리문제 책임을 물어서 플린(Flynn)을 국방정보국장 직위에서 해제했고, 플린은 트럼프 선거 캠프에 2016년에 동참했다.
10. 앤톤(Anton) 트럼프 구상에 관한 견해는 그의 기고문인 "America and the Liberal International Order," *American Affairs*, March 2017에서 볼 수 있다. 고르카(Gorka)의 의문스러운 자질에 관해서는 Andrew Reynolds, "Stop Calling Him 'Doctor' : The Academic Fraud of Sebastian Gorka, Trump's Terrorism 'Expert,' " *Ha'aretz*, April 27, 2017; Daniel Nexon, "Sebastian Gorka May Be a Far-Right Nativist, but for Sure He's a Terrible Scholar," *Foreign Policy*, March 17, 2017, http://foreignpolicy.com/2017/03/17/dr-sebastian-gorka-may-be-a-far-right-nativist-but-for-sure-hes-a-terrible-scholar-trump-radical-islam/; and Mitch Prothero, "The Hungarian Rise and Fall of

Sebastian Gorka," *Buzzfeed*, April 26, 2017, www.buzzfeed.com/mitchprothero/how-a-trump-adviser-failed-upwards-from-hungary-to-the?utm_term=.yxRY298V5#.svnlZ69jQ 참고. 고르카(Gorka)가 트럼프 행정부 초기 발탁된 인사 중에 자질이 의심스러웠던 유일한 경우는 아니었다. Jeff Stein, "Ezra Cohen-Watnick: Inside the Rise of Trump' s Invisible Man in the White House," *Newsweek*, April 13, 2017, www.newsweek.com/ezra-cohen-watnick-donald-trump-devin-nunes-russia-barack-obama-wiretap-susan-583904 참고.

11. Nancy Cook, Josh Dawsey, and Andrew Restuccia, "Why the Trump Administration Has So Many Vacancies," *Politico*, April 11, 2017, www.politico.com/story/2017/04/donald-trump-white-house-staff-vacancies-237081; "Trump: No Plans to Fill 'Unnecessary' Unfilled Positions," Fox News, February 28, 2017, www.foxnews.com/politics/2017/02/28/trump-no-plans-to-fill-unnecessary-appointed-positions.html 참고.
12. Laura Koran, Aaron Kessler, and Joyce Tseng, "Map: Trump Continues to Leave Key State Department Posts Unfilled," *CNN.com*, December 8, 2017, www.cnn.com/2017/12/07/politics/trump-ambassador-vacancies/index.html 참고.
13. Peter Baker, Maggie Haberman, and Glenn Thrush, "Trump Removes Stephen Bannon from National Security Council Post," *The New York Times*, April 5, 2017; Robert Costa, Abby Phillip, and Karen DeYoung, "Bannon Removed from Security Council as McMaster Asserts Control," *The Washington Post*, April 5, 2017 참고.
14. 스카라무치(Scaramucci)는 뉴요커(the New Yorker) 기자인 라이언 리자(Ryan Lizza)에게 경솔하고 저속한 내용으로 인터뷰를 한 이후 사임했다. "Ryan Lizza Revisits His Phone Call with Anthony Scaramucci," *The New Yorker* Radio Hour, August 3, 2017, www.newyorker.com/podcast/the-new-yorker-radio-hour/ryan-lizza-revisits-his-phone-call-with-anthony-scaramucci 참고.
15. NSC 참모진인 에즈라 코언 워트닉(Ezra Cohen-Watnick), 리치 히긴스(Rich Higgins), 데렉 하비(Derek Harvey) 모두 교체기에 경질되었다. Rosie Gray, "H. R. McMaster Cleans House at the NSC," *The Atlantic*, August 2, 2017, www.theatlantic.com/ politics/archive/2017/08/hr-mcmaster-cleans-house-at-the-national-security-council/535767/ 참고.
16. "Trump Says NATO Not Obsolete, Reversing Campaign Stance," Reuters.com, April 12, 2007, www.reuters.com/article/us-usa-trump-nato-idUSKBN17E2OK.
17. Rosie Gray, "Trump Declines to Affirm NATO' s Article 5," *Atlantic*, May 25, 2017, www.theatlantic.com/international/archive/2017/05/trump-declines-to-affirm-natos-article-5/528129; Robbie Gramer, "Trump Discovers Article 5 After Disastrous NATO Summit," *Foreign Policy*, June 9, 2017, http://foreignpolicy.com/2017/06/09/trump-discovers-article-5-after-disastrous-nato-visit-brussels-visit-transatlantic-relationship-europe; Louis Nelson, "Trump Publicly Commits to NATO Mutual Defense Provision," *Politico*, June 9, 2017, www.politico.com/story/2017/06/06/trump-nato-article-five-239632 참고.
18. Peter J. Dombrowski and Simon Reich, "Does Donald Trump Have a Grand

Strategy?" *International Affairs*, 93, no. 5 (2017), pp. 1026-30 참고.

19. Thom Shanker, "Defense Secretary Warns NATO of 'Dim' Future," *The New York Times*, June 10, 2011; "Remarks by President Obama and President Komorowski of Poland in a Joint Press Conference," June 3, 2014, https://obamawhitehouse.archives.gov/the-press-office/2014/06/03/remarks-president-obama-and-president-komorowski-poland-joint-press-conf; Ayesha Rascoe and Yeganah Torbati, "Burden sharing Woes to Cloud Obama's Trip to NATO Summit," Reuters, July 6, 2016, www.reuters.com/article/us-nato-summit-obama/burden-sharing-woes-to-cloud-obamas-trip-to-nato-summit-idUSKCN0ZM2KX 참고.
20. 2017년 6월에 트럼프는 기자들에게 "우리의 행동 덕택에 돈이 NATO에 쏟아부어지고 있다."라고 말했다. 사실은 국방비 증액 약속은 NATO 정상회담 당시 트럼프의 독설 이전에 결정되었고 러시아의 위협이 증대되고 있다는 인식에서 비롯된 것이었다. www.google.com/url?sa=t&rct=j&q=&esrc=s&source=web&cd=1&ved=0ahUKEwitl_izw8bZAhXJneAKHfOfBZIQFggnMAA&url=https%3A%2F%2Fwww.cnn.com%2Fprofiles%2Fryan-browne&usg=AOvVaw0MsYwnt85eg8BlnqjPG1re ; Ryan Browne, "NATO Members to Increase Defense Spending," June 29, 2017, www.cnn.com/2017/06/29/politics/nato-members-increase-defense-spending/index.html; Robbie Gramer, "Thank Putin, Not Trump, for NATO's New Defense Spending Boost," *Foreign Policy*, June 28, 2017, http://foreignpolicy.com/2017/06/28/thank-putin-not-trump-for-natos-new-defense-spending-boost-transatlantic-relations-military-europe/ 참고.
21. *National Security Strategy* (Washington, DC: The White House, December 2017), p. 2, www.whitehouse.gov/wp-content/uploads/2-17/12/NSS-Final-12-18-2017-0905.pdf.
22. Felicia Schwartz, "U.S. to Send Anti-Tank Weaponry to Ukraine, Entering New Phase of Conflict," *The Wall Street Journal*, December 24, 2017; and Diana Stancy Correll, "Ex-Obama Official Lauds Jim Mattis 'for Arming Ukraine,'" *Washington Examiner*, December 20, 2017. On Mitchell's background, see "Bureau of Europe and Eurasian Affairs: Who Is A. Wess Mitchell?" August 15, 2017, www.allgov.com/news/top-stories/bureau-of-european-and-eurasian-affairs-who-is-a-wess-mitchell-170815?news=860276 참고. 아울러 CEPA's website도 http://cepa.org/home에서 참고.
23. 이 사태에 대해서는 Ivan Nechepurenko, Neil MacFarquhar, and Thomas Gibbons-Neff, "Dozens of Russians Are Believed Killed in U.S.-Backed Syrian Attack," *The New York Times*, February 13, 2018; "Trump: 'It looks like' Russia Was Behind Poisoning of Former Spy," *The Guardian*, March 15, 2018, www.theguardian.com/us-news/video/2018/mar/15/trump-it-looks-like-russia-was-behind-poisoning-of-former-spy-video; Alex Ward, "The US and Three Allies are Blaming Russia for Nerve Agent Attack on Ex-Spy," *Vox.com*, March 15, 2018, www.vox.com/2018/3/15/17124062/usa-russia-uk-france-germany-statement-full-text; U.S. Department of the Treasury, "Treasury Sanctions Russian Cyber Actors for

Interference in the U.S. Elections and Malicious Cyberattacks," March 15, 2018, https://home.treasury.gov/news/press-releases/sm0312 참고.

24. Jeffrey A. Bader, David Dollar, and Ryan Hass, "U.S.-China Relations, Six Months into the Trump Presidency," *Brookings Institution*, August 16, 2017, www.brookings.edu/blog/order-from-chaos/2017/08/14/u-s-china-relations-6-months-into-the-trump-presidency/ 참고.
25. *National Security Strategy*, pp. 45-46; and U.S. Department of Defense, *Summary of the 2018 National Defense Strategy of the United States of America: Sharpening the American Military's Competitive Edge*, www.defense.gov/Portals/1/Documents/pubs/2018-National-Defense-Strategy-Summary.pdf, pp. 1-2, 8-9.
26. 예를 들면 U.S. Department of Defense, *Annual Report to Congress: Military and Security Developments Involving the People's Republic of China* (Washington, DC, May 2017), www.defense.gov/Portals/1/Documents/pubs/2017_China_Military_Power_Report.PDF 참고.
27. Ankit Panda, "South China Sea: Fourth US FONOP in Five Months Suggests a New Operational Rhythm," *The Diplomat*, October 12, 2017. 2017년 1월 상원 인준 청문회에서 틸러슨(Tillerson)은 "일단 섬 건설을 중단할 것과 이어서 이런 섬에 대한 접근 시도가 용납되지 않을 것이라는 분명한 메시지를 중국에 보내야 한다."라고 말했다. Michael Forsythe, "Rex Tillerson's South China Sea Remarks Foreshadow Possible Foreign Policy Crisis," *The New York Times*, January 12, 2017 참고.
28. Ana Swanson, "Trump Readies Sweeping Tariffs and Investment Restrictions on China," *The New York Times*, March 15, 2018; Mark Landler and Jim Tankersley, "U.S. Sets $60 Billion in Punitive Tariffs on Chinese Goods," *The New York Times*, March 23, 2018.
29. David E. Sanger and William J. Broad, "Trump Inherits a Secret Cyber-War against North Korean Missiles," *The New York Times*, March 4, 2017 참고.
30. "Trump Says U.S. Will Act Alone on North Korea If China Fails to Help," *The Guardian*, April 3, 2017, www.theguardian.com/us-news/2017/apr/02/donald-trump-north-korea-china.
31. https://twitter.com/realDonaldTrump/status/948355557022420992; Peter Baker and Michael Tackett, "Trump Says His 'Nuclear Button' Is 'Much Bigger' than North Korea's," *The New York Times*, January 2, 2018 참고.
32. Jacqueline Klimas, "Trump's North Korea Strategy: A Lot Like Obama's," *Politico*, August 8, 2017, www.politico.com/story/2017/08/08/trump-obama-north-korea-241389 참고.
33. 이 결의는 북한의 30억 달러 수출 소득을 목표로 하고 있으며, 완전히 이행되면 북한의 수출을 1/3 정도 감소시킬 것이다. Adam Taylor, "What the New UN Sanctions on North Korea Mean," *The Washington Post*, August 7, 2017 참고.
34. Connor Finnegan, "North Korea Crisis Becoming Unsolvable, Experts Warn, as Trump Heads to Asia," *ABC News*, November 2, 2017, http://abcnews.go.com/International/north-korea-crisis-unsolvable-experts-warn-trump-heads/story?id=

50872436; Kori Schake, "The North Korea Debate Sounds Eerily Familiar," *The Atlantic*, December 8, 2017, www.theatlantic.com/international/archive/2017/12/north-korea-iraq-war-george-w-bush-trump/547796/; Helene Cooper, "Mattis Leaves the Door Open to Military Options in North Korea," *The New York Times*, September 18, 2017 참고.

35. 한정된 옵션과 억지가 계속해서 적절하다는 것에 관한 좋은 논의로는 Scott Sagan, "The Korean Missile Crisis: Why Deterrence Is Still the Best Option," *Foreign Affairs* 96, no. 6 (November/December 2017)이 있다.
36. Choe-Sang Hun and David E. Sanger, "North Korea Moves Toward Detente with Seoul," *The New York Times*, January 9, 2018에서 인용.
37. Robin Wright, "Trump Accepts North Korea' s Audacious Invitation- But Then What?" *The New Yorker*, March 9, 2015, www.newyorker.com/news/news-desk/trump-accepts-north-koreas-audacious-invitation-but-then-what 참고.
38. Zack Beauchamp, "Donald Trump: Make America Great Again by Letting More Countries Have Nukes," *Vox.com*, March 30, 2016, www.vox.com/2016/3/30/11332074/donald-trump-nuclear-weapons-japan-south-korea-saudi-arabia; David E. Sanger and Maggie Haberman, "Transcript: Donald Trump Expounds on His Foreign Policy Views," *The New York Times*, March 26, 2016, www.nytimes.com/2016/03/27/us/politics/donald-trump-transcript.html 참고.
39. 비슷한 평가로서 Marc Lynch, "Trump' s Middle East Policies Are Boorish and Belligerent, but Surprisingly Normal," *War on the Rocks*, April 3, 2017, http://warontherocks.com/2017/04/trumps-middle-east-policies-boorish-and-belligerent-but-surprisingly-normal/ 참고.
40. 사우디아라비아는 2015년부터 예멘에서 잔인한 전쟁을 지속해왔으나 후티 반군을 격퇴하지 못했다. 트럼프의 명백한 승인 하에 빈 살만(bin Salman) 왕세자는 2017년 6월에 카타르에 대한 보이콧을 실시했고 카타르가 이란과의 관계를 끊고 무슬림형제단을 추방하고 알 자지라 방송을 축소하라고 요구했다. 이어서 사아드 하리리(Saad Hariri) 레바논 총리에게도 그가 리야드를 11월에 방문했을 때 헤즈볼라를 약화시키고 이란의 영향력을 줄이려는 시도로써 사임하라고 강요했지만, 이런 고압적이면서 서툰 계략이 역효과를 낳았다. 하리리 총리는 귀국하자 사임하기로 했던 계획을 뒤집었고 헤즈볼라의 입지도 영향을 받지 않았다. 빈 살만의 실책에 관해서는 Aaron David Miller and Richard Sokolsky, "Saudi Arabia' s New Crown Prince Is a Bumbling Hothead. Trump Needs to Treat Him Like One," *Politico*, June 29, 2017; Anne Barnard and Maria Abi-Habib, "Why Saad Hariri Had That Strange Sojourn in Riyadh," The New York Times, December 24, 2017 참고.
41. 트럼프의 초창기 반대에 관해서는 "Trump' s View of Syria: How It Evolved, in 19 Tweets," *The New York Times*, April 7, 2007, www.nytimes.com/2017/04/07/us/politics/donald-trump-syria-twitter.html 참고.
42. 이 공격에 관한 언론의 반응은 Margaret Sullivan, "The Media Loved Trump' s Show of Military Might: Are We Really Doing This Again?" *The Washington Post*, April 8, 2017; Adam Johnson, "Five Top Papers Run 18 Opinion Pieces Praising Syria

Strikes-Zero Are Critical," *FAIR.org*, April 7, 2017, http://fair.org/home/five-top-papers-run-18-opinion-pieces-praising-syria-strikes-zero-are-critical/ 참고.

43. 2018년 1월에 트럼프는 이란 핵합의의 필수적 요소인 제재 면제를 공식적으로 연장했고, 다른 당사자들이 120일 내로 재협상하기로 합의하지 않으면 재부과하겠다고 위협했다. Mark Landler, "Trump's Demand to Rewrite Iran Deal Tests a Weakened Diplomatic Corps," *The New York Times*, January 12, 2018 참고.

44. 예를 들어 Nicholas Burns, "The Deal Is Historic, but the US Must Now Act to Contain Iran," *Financial Times*, July 14, 2015; William J. Burns and Jake Sullivan, "The Iranian Protests Are an Opportunity for Trump-Just Not the One He Wants," *The Washington Post*, January 8, 2017 참고.

45. 예를 들면 미국과 이스라엘은 이란의 핵농축 시설에 대한 교묘한 사이버공격을 감행해서 많은 원심분리기를 파괴했다. David Sanger, *Confront and Conceal: Obama's Secret Wars and the Surprising Use of American Power* (New York: Crown, 2012), chap. 8 참고.

46. 무엇보다도 프리드먼(Friedman)은 한때 버락 오바마가 반유대주의자라고 주장했고 워싱턴 J가에 있는 자유주의 성향의 평화를 옹호하는 지지자들이 나치 부역자들보다 "훨씬 더 나쁘다."라고 말한 적이 있었다. Eric Levitz, "Trump Picks Lawyer Who Says Liberal Jews Are Worse Than Nazi Collaborators as Ambassador," *New York*, December 16, 2016, http://nymag.com/daily/intelligencer/2016/12/trumps-israel-ambassador-likens-left-wing-jews-to-kapos.html 참고.

47. Nicole Gaouette and Elise Labott, "Trump Backs Off Two-State Frame-work for Israel-Palestinian Deal," *CNN.com*, February 16, 2017.

48. Tracy Wilkinson, "Trump Threatens to Cut Off Aid to Palestinians," *Los Angeles Times*, January 2, 2018 참고.

49. 클린턴과 부시, 오바마 모두 선거운동 당시 미국대사관을 예루살렘으로 옮기겠다고 약속했지만 취임하고 나서 아무도 그렇게 하지 않았다.

50. Jason Horowitz, "U.N., European Union, and Pope Criticize Trump's Jerusalem Decision," *The New York Times*, December 6, 2017 참고.

51. 예를 들어 "Statement by the President on the Memorandum of Understanding Reached with Israel," September 14, 2016, https://obamawhitehouse.archives.gov/the-press-office/2016/09/14/statement-president-memorandum-understanding-reached-israel 참고.

52. 트럼프의 사위인 재러드 쿠쉬너(Jared Kushner)가 평화 프로세스를 주도하기로 되어 있었고, 쿠쉬너는 2017년 7월 의회 인턴에게 새롭게 평화 프로세스가 진행되고 있지 않다고 말했다. Ashley Feinberg, "Kushner on Middle East Peace: 'What Do We Offer That's Unique? I Don't Know,'" Wired, August 1, 2017, www.wired.com/story/jared-kushner-middle-east/ 참고.

53. 중동 연구소(the Middle East Institute)의 랜더 슬림(Randa Slim)이 지적하는 것처럼 "도널드 트럼프의 결정은 평화 프로세스가 공식적으로 끝났음을 선언하고 공정한 중재자로서 제3자인 미국의 역할에 관해 남아 있는 어떠한 의문도 없애버리는 것이다." Joyce Karam, "Experts React to Trump's Jerusalem Decision: A Diplomatic

Upgrade or End of the Peace Process?" *The National*, December 7, 2017, www.thenational.ae/world/the-americas/experts-react-to-trump-s-jerusalem-decision-a-diplomatic-upgrade-or-end-of-the-peace-process-1.682188에서 인용.

54. Ryan Teague Beckwith, "Read Trump's 'America First' Foreign Policy Speech," *Time*, April 27, 2016, http://time.com/4309786/read-donald-trumps-america-first-foreign-policy-speech/.

55. Karoun Demirjian, "House Passes Nearly $700 Billion Defense Authorization Bill," *The Washington Post*, November 14, 2017 참고.

56. 미 공군 중부사령부의 데이터(www.afcent.af.mil/About/Airpower-Summaries/에 기초했다. 정보를 제공해준 미카 젠코(Micah Zenko)에게 감사드린다. https://twitter.com/ MicahZenko/status/873899992901185536 참고.

57. 트럼프가 7월 26일에 이러한 정책 변경을 트위터로 발표하자 미 국방부는 깜짝 놀랐다. 백악관은 2018년 3월까지 모든 트랜스젠더 군인들을 제대시키라는 공식 명령을 발표했지만, 매티스(Mattis) 국방장관은 이어서 트랜스젠더 군인들은 정책검토 결과가 나올 때까지 계속 복무할 것이라고 발표했고, 10월에는 연방법원이 트럼프가 제안한 복무 금지를 뒤집었다. Helene Cooper, "Mattis Says Military Panel Will Study Trump's Transgender Ban," *The New York Times*, August 29, 2017; Dave Philipps, "Judge Blocks Trump's Ban on Transgender Troops in Military," *The New York Times*, October 30, 2017 참고.

58. Katherine Blakeley, "The Trump Administration's FY2018 Defense Budget in Context," Center for Strategic and Budgetary Assessments, August 3, 2017, http://csbaonline.org/reports/the-trump-administrations-fy-2018-defense-budget-in-context 참고.

59. Nicole Gaouette and Ryan Browne, "Trump Changes Tune, Flexes U.S. Muscle Overseas," CNN.com, July 17, 2017, www.cnn.com/2017/07/17/politics/trump-world-policeman/index.html 참고.

60. Joshua Rovner, "The War on Terror as Imperial Policing," *War on the Rocks*, November 2, 2017, https://warontherocks.com/2017/11/the-war-on-terrorism-as-imperial-policing/ 참고.

61. Hal Brands, "The Problem with Trump's Counterterrorism Strategy? Trump," *Bloomberg View*, October 25, 2017, www.bloomberg.com/view/articles/2017-10-25/the-problem-with-trump-s-terrorism-strategy-trump 참고. 로지오(Roggio)는 Nick Miriello, "Trump's Military Strategy Is a Lot Like Obama's, but with a Lot More Bombs," *Vice News*, April 26, 2017, https://news.vice.com/en_us/article/ywnj4v/trumps-military-strategy-is-just-like-obamas-but-with-a-lot-more-bombs에서 인용.

62. Jason Dempsey and Amy Schafer, "Is There Trouble Brewing for Civil- Military Relations in the U.S.?" World Politics Review, May 23, 2017, www.worldpolitics review.com/articles/22222/is-there-trouble-brewing-for-civil-military-relations-in-the-u-s. 아울러 Rosa Brooks, *How Everything Became War and the Military Became Everything: Tales from the Pentagon* (New York: Simon & Schuster, 2016); James

Fallows, "The Tragedy of the American Military," The Atlantic (January/February 2015), www.theatlantic.com/magazine/archive/2015/01/the-tragedy-of-the-american-military/383516/; Gordon Adams and Shoon Murray, eds., *Mission Creep: The Militarization of U.S. Foreign Policy?* (Washington, DC: Georgetown University Press, 2014); and Eliot A. Cohen, "The Downsides of John Kelly' s Ascension," *The Atlantic*, July 31, 2017, www.theatlantic.com/politics/archive/2017/07/the-downsides-of-john-kellys-ascension/535383/도 참고.

63. 이 명령은 차드, 이란, 리비아, 소말리아, 시리아, 베네수엘라, 북한에서 온 방문자에 대한 입국 제한을 부과했다. Adam Liptak, "Supreme Court Wipes Out Travel Ban Appeal," *The New York Times*, October 24, 2017 참고.
64. Miriam Jordan, "Trump Administration Says 200,000 Salvadorans Must Leave," *The New York Times*, January 9, 2018.
65. 국제적 반응에 대해서는 Laignee Barron, " 'A New Low' : The World Is Furious at Trump for His Remark About 'Shithole Countries,' " *Time*, January 12, 2018, http://time.com/5100328/shithole-countries-trump-reactions/ 참고.
66. Muzaffar Chishti, Sarah Pierce, and Jessica Bolter, "The Obama Record on Deportations: Deporter in Chief or Not?" Migration Policy Institute, January 26, 2017, www.migrationpolicy.org/article/obama-record-deportations-deporter-chief-or-not; Dara Lind, "Fewer Immigrants Are Being Deported Under Trump Than Under Obama," Vox.com, August 10, 2017, www.vox.com/policy-and-politics/2017/8/10/16119910/trump-deportations-obama 참고.
67. Dombrowski and Reich, "Does Donald Trump Have a Grand Strategy?" pp. 1023-26 참고.
68. "Trump Says Mexico 'Eventually' Will Pay for Border Wall," *Reuters.com*, April 23, 2017, www.reuters.com/aticle/us-usa-budget-trump-mexico/trump-says-mexico-eventually-will-pay-for-border-wall-idUSKBN17POQG 참고.
69. Julie Hirshfeld Davis, Sheryl Gay Stolberg, and Thomas Kaplan, "Trump Was Not 'Fully Informed' in 2016 Vows on Wall, Kelly Says," *The New York Times*, January 17, 2018 참고.
70. Lisa Friedman, "Syria Joins Paris Climate Accord, Leaving Only U.S. Opposed," *The New York Times*, November 7, 2017, www.nytimes.com/2017/11/07/climate/syria-joins-paris-agreement.html 참고.
71. Clare Jones and Sam Fleming, "G20 Drops Vow to Resist All Forms of Protectionism," *Financial Times*, March 18, 2017.
72. 트럼프는 "우리가 WTO에서 거의 모든 소송을 지고 있다."라고 잘못 주장했다. 실제로 미국은 제소당한 소송은 대체로 패소하기는 했지만 WTO에 제소한 소송의 승소율은 약 90퍼센트에 달했다. WTO가 편견이 있다는 증거라기보다 이런 패턴은 제소국이 승소할 가능성이 높을 때만 소송을 한다는 점을 보여주고 있다. Shawn Donnen, "Fears for Global Trade as Trump Fires First Shots to Kneecap WTO," *Financial Times*, November 9, 2017 참고.
73. Demetri Sevastopulo and Shawn Donnan, "Donald Trump Rejected China Steel

Offer That His Officials Backed," *Financial Times*, August 28, 2017 참고.
74. David Lawder, "U.S. Commerce Dept 'Self-Initiates' Dumping Probe of Chinese Aluminum," Reuters.com, November 28, 2017; www.reuters.com/article/us-usa-trade-china-aluminum/u-s-commerce-dept-self-initiates-dumping-probe-of-chinese-aluminum-idUSKBN1DS2S9; Robert Zoellick, "Trump Courts Economic Mayhem," *The Wall Street Journal*, January 7, 2018 참고.
75. John Cassaday, "Trump' s NAFTA Reversal Confirms the Globalists Are in Charge-For Now," *The New Yorker*, April 27, 2017, www.newyorker.com/news/john-cassidy/trumps-nafta-reversal-confirms-the-globalists-are-in-charge-for-now; Bill Scher, "Why Bannon Lost and Globalists Won," *Politico*, August 18, 2017, www.politico.com/magazine/story/2017/08/18/why-bannon-lost-globalists-won-215506 참고.
76. Ana Swanson and Thomas Kaplan, "Senate Panel Rejects Trump Nominee to Head Export-Import Bank," *The New York Times*, December 19, 2017.
77. "Full Text: Trump Davos Speech Transcript," *Politico*, January 28, 2018, www.politico.com/story/2018/01/26/full-text-trump-davos-speech-transcript-370861.
78. Damian Paletta, "Trump Insists 'Trade Wars are Good, and Easy to Win' after Vowing New Tariffs," *The Washington Post*, March 2, 2018.
79. Ana Swanson, "Peter Navarro, a Top Trade Skeptic, is Ascendant," *The New York Times*, February 29, 2018 참고.
80. Jim Tankersley and Natalie Kitroeff, "U.S. Exempts Some Allies from Tariffs, but May Impose Quotas," *The New York Times*, March 22, 2018 참고. 아울러 Ana Swanson and Kenneth P. Vogel, "Trump' s Tariffs Set off Storm of Lobbying," The *New York Times*, March 16, 2018; and Jack Ewing, "U.S. Allies Jostle to Win Exemptions from Trump Tariffs," *The New York Times*, March 9, 2018도 참고.
81. *National Security Strategy* (2017), p. 4.
82. Steven Erlanger, " 'Fake News,' Trump' s Obsession, Is Now a Cudgel for Strongmen," *The New York Times*, December 12, 2017 참고.
83. Barry R. Posen, "The Rise of Illiberal Hegemony: Trump' s Surprising Grand Strategy," *Foreign Affairs 97*, no. 2 (March/April 2018) 참고.
84. *National Security Strategy*, p. 41.
85. 틸러슨(Tillerson)에게 제출된 보고서는 브라이언 훅(Brian Hook) 선임 보좌관이 2017년 5월에 작성했고 〈폴리티코(Politico)〉에 2017년 12월에 유출되었다. www.politico.com/f/?id=00000160-6c37-da3c-a371-ec3f13380001에서 열람 가능하다.
86. Amanda Erickson, "Trump Rails Against Iran Over Its Human Rights Re cord. But He Spares Allies," *The Washington Post*, January 4, 2018.
87. "Press Statement: Peaceful Protests in Iran," U.S. Department of State, December 29, 2017, www.state.gov/r/pa/prs/ps/2017/12/276811.html 참고.
88. Alex Shashkevich, "U.S. Wants Peace, Stability in Syria, Secretary of State Rex Tillerson Says in Policy Speech at Stanford," *Stanford News*, January 18, 2018,

https://news.stanford.edu/2018/01/18/secretary-state-rex-tillerson-discusses-u-s-strategy-syria-stanford/ 참고.

89. "Donald Trump's Administration Is Promoting Democracy and Human Rights," *The Economist*, December 6, 2017 참고.

90. 회의에서 훈센(Hun Sen) 총리는 트럼프를 "내가 가장 존경하는 위대한 인물"이라고 언급했고, 그의 "불간섭 정책"을 찬양했으며 자신의 정부를 무너뜨리려고 하고 있다고 그가 비난한 미국 외교관들을 질책해달라고 촉구했다. 이에 대해 백악관은 "이 나라의 민주적 발전을 저해하는 최근의 조치에 대해 심각한 우려"를 표명했다. David Boyle, "Cambodian Strongman's Trump Outreach Falls Flat," *Voice of America News*, November 14, 2017, www.voanews.com/a/cambodia-strongman-trump-outreach-falls-flat/4114717.html 참고.

91. "Remarks by President Trump on the Strategy in Afghanistan and South Asia," August 21, 2017, www.whitehouse.gov/briefings-statements/remarks-president-trump-strategy-afghanistan-south-asia/; John Haltiwanger, "The Forever War: U.S. Military Now Has 15,000 Troops in Afghanistan and That Number Could Soon Increase," *Newsweek*, November 9, 2017, www.newsweek.com/forever-war-us-military-now-has-15000-troops-afghanistan-706573 참고.

92. Laura King, "No Nation-Building in Afghanistan? Easier Said Than Done, Experts Say," *Los Angeles Times*, August 22, 2017, www.latimes.com/nation/la-fg-afghanistan-nation-building-20170822-story.html 참고.

93. Susan Glasser, "Donald Trump's Year of Living Dangerously," *Politico* (January/February 2018)에서 인용.

94. Doyle McManus, "Trump Just Compared the U.S. Intelligence Community to Nazi Germany. Just Let That Sink In," *Los Angeles Times*, January 11, 2017; Cristiano Lima, "CIA Chief Called Trump Nazi Germany Comparison 'Outrageous,'" *Politico*, January 15, 2017, www.politico.com/story/2017/01/cia-brennan-trump-nazi-germany-233636 참고.

95. Philip Wagner, John Rucker, and Greg Mitchell, "Trump, in CIA Visit, Attacks Media for Coverage of His Inaugural Crowds," *The Washington Post*, January 21, 2017.

96. Eliot A. Cohen, "The Worst Secretary of State in Living Memory," *The Atlantic*, December 1, 2017 참고. 아울러 Julia Ioffe, "The State of Trump's State Department," *The Atlantic*, March 1, 2017; Roger Cohen, "The Desperation of Our Diplomats," *The New York Times*, July 28, 2017; Max Bergmann, "Present at the Destruction: How Rex Tillerson Is Wrecking the State Department," *Politico*, June 29, 2017, www.politico.com/magazine/story/2017/06/29/how-rex-tillerson-destroying-state-department-215319; Nicholas Burns and Ryan Crocker, "Dismantling the Foreign Service," *The New York Times*, November 27, 2017도 참고.

97. Bill Chappell, "'I'm the Only One That Matters,' Trump Says of State Dept. Job Vacancies," *NPR.org*, November 3, 2017, www.npr.org/sections/thetwo-way/2017/11/03/561797675/im-the-only-one-that-matters-trump-says-of-state-dept-

job-vacancies 참고.

98. 예를 들어 Eliot A. Cohen, "The Rudderless Ship of State," The Atlantic, February 14, 2017, www.theatlantic.com/politics/archive/2017/02/no-one-at-the-helm-of-the-ship-of-state/516591/; G. John Ikenberry, "The Plot Against American Foreign Policy: Can the Liberal Order Survive?" *Foreign Affairs*, 96, no. 3 (May/June 2017); Hal Brands, *American Grand Strategy in the Age of Trump* (Washington, DC: Brookings Institution, 2018) 참고. 〈뉴욕타임스〉와 〈워싱턴포스트〉의 비판적 입장은 James Warren, "Is the *New York Times* vs. the *Washington Post* vs. Trump the Last Great Newspaper War?" *Vanity Fair*, July 30, 2017, www.vanityfair.com/ news/ 2017/07/new-york-times-washington-post-donald-trump에서 설명되어 있다.

99. 예를 들어 Aaron David Miller and Richard Sokolsky, "Donald Trump's Foreign Policy Is 'America Only,' Not 'America First,'" *The Wall Street Journal*, January 24, 2017; Bret Stephens, "The Vertigo Presidency," *The Wall Street Journal*, March 6, 2017; Peggy Noonan, "Trump Is Woody Allen Without the Humor," *The Wall Street Journal*, July 27, 2017 참고.

100. Jen Kirby, "Trump Has Lowest Approval Rating of Any Modern President at the End of His First Year," *Vox.com*, December 21, 2017, www.vox.com/policy-and-politics/2017/12/21/16798432/trump-low-approval-december-first-year 참고.

101. 기업가로서 트럼프는 소위 "진실된 과장법(truthful hyperbole)"을 구사한 적이 있다고 시인했다. David Barstow, "Trump's Business Dealings Rely on Being Creative with the Truth," *The New York Times*, July 16, 2016 참고.

102. 예를 들면 2017년 6월 초에 백악관은 각료들과 백악관 최고위급 보좌관들이 트럼프에게 자신들이 놀라운 일을 하고 있으며 "트럼프를 모시고 일해서 축복받았다."라고 말하는 비디오를 올렸다. Julie Hirschfeld Davis, "Trump's Cabinet, with a Prod, Extols the 'Blessing' of Serving Him," *The New York Times*, June 12, 2017; Chris Cillizza, "Trump Just Held the Weirdest Cabinet Meeting Ever," *CNN.com*, June 13, 2017, www.cnn.com/2017/06/12/politics/donald-trump-cabinet-meeting/index.html 참고.

103. Julian Borger, "Rex Tillerson Says He Won't Quit but Doesn't Deny Calling Trump a 'Moron,'" *The Guardian*, October 4, 2017, www.theguardian.com/us-news/2017/oct/04/rex-tillerson-trump-moron 참고.

104. Glasser, "Donald Trump's Year of Living Dangerously"; Jonathan Swan and Mike Allen, "The Most Toxic Work Environment on the Planet," *Axios*, March 14, 2018, www.axios.com/the-most-toxic-working-environment-on-the-planet-1521061118-87211185-63b7-468b-aa1b-880f3dcaf524.html; Britt Peterson, "Donald Trump Is the Worst Boss in Washington," *The New York Times*, June 9, 2017; and Jeff Shesol, "A Year into the Trump Era, White House Turnover Is 'Off the Charts,'" *The New Yorker*, December 15, 2017, www.newyorker.com/news/news-desk/a-year-into-the-trump-era-white-house-staff-turnover-is-off-the-charts 참고.

105. Michael D. Shear and Maggie Haberman, "'There Will Always Be Change,' Trump Says as More Personnel Shake-Ups Loom," *The New York Times*, March 15, 2018; Associated Press, "Cabinet Chaos: Trump's Team Battles Scandal,

Irrelevance," March 14, 2018, www.nytimes.com/aponline/2018/03/14/us/ap-us-chaos-in-the-cabinet.html 참고.

106. 트럼프는 백악관에서 코미(Comey)를 독대한 직후 자신에 대한 "충성" 서약을 하지 않았고 선거 당시 러시아의 역할에 대한 수사 축소를 거부했다는 이유로 즉각 해임했다. 러시아가 선거에 개입한 정황에 대한 상세한 설명으로는 Osnos, David Remnick, and Joshua Yaffa, "Trump, Putin, and the New Cold War," *The New Yorker*, March 6, 2017; Greg Miller, Ellen Nakashima, and Adam Entous, "Obama' s Secret Struggle to Punish Russia for Putin' s Election Assault," *The Washington Post*, June 23, 2017이 있다.

107. 이런 사건에 대한 유용한 설명은 Philip Bump, "An Interactive Guild to Key Moments in the Trump Russia Investigation," *The Washington Post*, July 19, 2017, www.washingtonpost.com/news/politics/wp/2017/07/19/an-interactive-timeline-of-key-moments-in-the-trump-russia-investigation/?utm_term=.04939963181b가 있다.

108. 후자에 대해서는 Micah Zenko, "Trump' s Russia Scandal Is Already Swallowing His Foreign Policy," *Foreign Policy*, June 6, 2017, http://foreignpolicy.com/2017/06/06/trumps-russia-scandal-is-already-swallowing-his-foreign-policy/ 참고.

109. 예를 들어 2018년 1월에 언론인인 마이클 울프(Michael Wolff)가 트럼프의 지적 수준과 심리적 안정성을 문제 삼으며 노골적으로 묘사한 『화염과 분노Fire and Fury: Inside the Trump White House』를 출간하자 백악관은 일단 이 책의 출간을 막으려고 했다. (그럼으로써 대중의 관심을 더욱 끌었다). 백악관은 그런 다음 전직 수석 전략가인 스티븐 배넌(Stephen Bannon)(울프의 내부 소식통 중 한 명)이 "해고되고 나서 정신을 잃었다."라는 성명을 발표했고, 트럼프는 트위터에 "나의 두 가지 가장 큰 장점은 심리적 안정성과 … 아주 똑똑하다는 점이다. … 나는 아주 성공적인 기업가였고, 톱 TV 스타에서 미국 대통령이 되었다. 그것도 한 번 만에 대통령이 되었다. 이 정도면 똑똑한 게 아니라 천재라고 불릴 자격이 있다. 그것도 아주 안정적인 천재다."라고 올렸다. 불행히도 이 트위터 메시지는 전파하려고 했던 내용과 완전히 배치되었고 울프의 책에서 묘사된 당혹스러운 일화에 신빙성을 더해줬다.

110. David Leonhard, Ian Prasad Philbrick and Stuart A. Thompson, "Trump' s Lies vs. Obama' s," The New York Times, December 14, 2017, www.nytimes.com/interactive/2017/12/14/opinion/sunday/trump-lies-obama-who-is-worse.html 참고.

111. Bess Levin, "Trump Openly Brags about Lying to Justin Trudeau' s Face," *Vanity Fair*, March 15, 2018, www.vanityfair.com/news/2018/03/trump-openly-brags-about-lying-to-justin-trudeaus-face 참고.

112. 이 점에 관해서는 Keren Yarhi-Milo, "After Credibility: American Foreign Policy in the Trump Era," *Foreign Affairs 97*, no. 1 (January/February 2018) 참고.

113. https://twitter.com/realdonaldtrump/status/914497877543735296 참고.

114. Steven Erlanger, "Trump' s Twitter Threats Put American Credibility on the Line," *The New York Times*, January 7, 2017에서 인용.

115. 이 두 통화의 녹취록은 2017년 7월에 유출되었고 www.washingtonpost.com/graphics/2017/politics/australia-mexico-transcripts/?utm_term=.07b5af8a2b68/에서 열람 가능하다.

116. "Donald Trump Hits Back at Theresa May after Re-Tweeting British Far-Right Group' s Anti-Muslim Videos," *The Telegraph*, November 30, 2017, www.telegraph.co.uk/news/2017/11/29/trump-shared-muslim-crimes-videos-tweeted-british-far-right/ 참고.

117. 칸(Khan)은 런던 시민들에게 테러 공격 이후 보안태세가 강화되더라도 놀라지 말아 달라고 말했다. 이런 발언의 문맥에서 벗어나서 트럼프는 "테러 공격으로 7명이 죽고 48명이 부상당했다. 런던 시장은 "놀랄 이유가 없다."라고 말했다!"라고 트위터에 올렸다. Martin Pengelly, "Donald Trump Berates London Mayor Over Response to Terror Attacks," *The Guardian*, June 4, 2017, www.theguardian.com/uk-news/2017/jun/ 04/trump-berates-london-mayor-sadiq-khan-terror-attacks 참고.

118. Stephen Castle and Austin Ramzy, "Trump Won' t Visit London to Open Embassy; His UK Critics Say He Got the Message," *The New York Times*, January 12, 2018 참고.

119. Porter, "Why U.S. Grand Strategy Has Not Changed" 참고

120. 2017년 1월에 백악관은 테레사 메이(Theresa May) 영국 총리의 철자를 잘못 적은 보도자료를 배포했다. 4월에는 백악관 공보국장인 션 스파이서(Sean Spicer)가 시리아의 바시르 알-아사드가 히틀러는 "화학무기를 쓰지 않았기 때문에" 히틀러보다 더 나쁘다고 말했다. 그런 말을 한지 얼마 안 되어서 윌버 로스(Wilbur Ross) 상무장관은 인터뷰 과정에서 트럼프의 사우디 방문이 현지에서 반대시위가 없기 때문에 성공적일 것이라고 말했으나, 이 나라가 반대시위를 허용하지 않고 있다는 사실을 모르는 것처럼 보였다.

121. Nicole Lewis and Kristine Phillips, "The Trump White House Keeps Mixing Up the Names of Asian Countries and Their Leaders' Titles," *The Washington Post*, July 10, 2017, www.washingtonpost.com/news/the-fix/wp/2017/07/08/white-house-press-office-misidentifies-japanese-prime-minister-abe-as president/?utm_term=.fe4eafac8774 참고.

122. 이 첩보는 ISIS에 관한 매우 민감한 첩보로서 이 테러단체 내부에서 이중간첩으로 활동하는 이스라엘 요원에 의해 입수되었다. Carole E. Lee and Shane Harris, "Trump Shared Intelligence Information in Meeting with Russians in Oval Office," *The Wall Street Journal*, May 16, 2017; Jack L. Goldsmith, "Bombshell: Initial Thoughts on the Washington Post' s Game-Changing Story," *Lawfare*, May 15, 2017, https://lawfareblog.com/bombshell-initial-thoughts-washington-posts-game-changing-story 참고.

123. Jeffrey Kucik, "The TPP' s Real Value-It' s Not Just About Trade," *The Hill*, December 7, 2016, http://thehill.com/blogs/pundits-blog/foreign-policy/309088-the-tpps-real-value-its-not-just-about-trade; Robert D. Blackwill and Theodore Rappleye, "Trump' s Five Mistaken Reasons for Withdrawing from the Trans-Pacific Partnership," *Foreign Policy*, June 22, 2017, http://foreignpolicy.com/2017/06/22/trumps-five-mistaken-reasons-for-withdrawing-from-the-trans-pacific-partnership-china-trade-economics/ 참고.

124. 이 사건에 관해서는 E. A. Crunden, "Trump, Tillerson Offer Conflicting Statements

on Qatar Crisis Within 90 Minutes," *ThinkProgess.org*, June 9, 2017, https://thinkprogress.org/qatar-tillerson-trump-saudi-incoherent-8d7e180d650d 참고; 아울러 Noah Feldman, "Fixing Trump' s Qatar Blunder (He' s Not Helping)," *Bloomberg View*, June 11, 2017도 참고.

125. 애델슨(Adelson)에게 해준 트럼프의 약속에 관해서는 Mark Landler, "For Trump, an Embassy in Jerusalem Is a Political Decision, Not a Diplomatic One," *The New York Times*, December 6, 2017 참고.

126. 미국과 이스라엘에 덧붙여 이 결의에 반대했던 나라는 미크로네시아, 나우루, 토고, 통가, 팔라우, 마셜 제도, 과테말라, 온두라스에 불과했다. 35개국이 기권했다. Nicole Gaouette, "Despite Haley Threat, UN Votes to Condemn Trump' s Jerusalem Decision," *CNN.com*, December 22, 2017, www.cnn.com/2017/12/21/politics/haley-un-jerusalem/index.html 참고.

127. Toluse Olorunnipa and Nick Wadhams, "Trump Moves Closer to a Presidency of One with Tillerson Firing," *Bloomberg News*, March 14, 2018, www.bloomberg.com/news/articles/2018-03-14/trump-moves-closer-to-presidency-of-one-with-tillerson-firing 참고.

128. 존 볼턴(John Bolton) 임명은 상당히 많은 논란과 우려를 자아냈으나, 현대 미국에서 주류에서 벗어난 인물은 아니다. 예일 대학교와 예일 로스쿨을 졸업했고 권위있는 워싱턴 로펌인 코빙턴&벌링(Covington & Burling)에서 근무했으며, 보수성향이지만 주류에 속하는 싱크탱크인 미기업연구소(AEI)에 선임연구원으로 수년간 몸담았다. 조지 W. 부시 대통령 시절 유엔대사를 지냈고 〈월스트리트저널〉, 〈뉴욕타임스〉, 〈포린폴리시〉에 "과격한" 성향의 글을 기고했다. Stephen M. Walt, "Welcome to the Dick Cheney Administration," *Foreign Policy*, March 23, 2018, http://foreignpolicy.com/2018/03/23/welcome-to-the-dick-cheney-administration/ 참고.

129. Joshua Keating, "John Bolton and Gina Haspel are the Consequences of Our Failure to Reckon with the Bush Years," *Slate*, March 23, 2018, https://slate.com/news-and-politics/2018/03/john-bolton-and-gina-haspel-are-the-consequences-of-our-failure-to-reckon-with-the-bush-years.html 참고.

130. "U.S. Trade Gap Highest Since 2012," https://tradingeconomics.com/united-states/balance-of-trade 참고. 트럼프의 통상정책에 관한 비판적 평가에 관해서는 Phil Levy, "2017: Trump' s Troubled Year in Trade Policy," *Forbes*, December 29, 2017, www.forbes.com/sites/phillevy/2017/12/29/2017-trade-year-in-review/#6f74ad7a482b 참고.

131. Ely Ratner, "Trump Could be Bumbling Into a Trade War with China," *The Atlantic*, March 22, 2018, www.theatlantic.com/international/archive/2018/03/trump-china-trade-war/556238/; Paul Krugman, "Bumbling into a Trade War," *The New York Times*, March 22, 2018.

132. Thomas L. Friedman, "Trump, Israel, and the Art of the Giveaway," *The New York Times*, December 6, 2017.

133. Evan Osnos, "Making China Great Again," *The New Yorker*, January 9. 2018 참고.

134. 시진핑과 푸틴이 대부분의 국가에서 좋은 평가를 못 받고 있다는 점에서 이런 결과

가 특히 충격적이다. "U.S. Image Suffers as Publics Around the World Question Trump Leadership," *Pew Research Center*, June 26, 2017, www.pewglobal.org/ 2017/ 06/26/u-s-image-suffers-as-publics-around-world-question-trumps-leadership/; "Publics Worldwide Unfavorable Toward Putin, Russia," *Pew Research Center*, August 16, 2017, www.pewglobal.org/2017/08/16/publics-worldwide-unfavorable-toward-putin-russia/ 참고.

135. Julie Ray, "World' s Approval of U.S. Leadership Drops to New Low," *Gallup News*, January 18, 2018, http://news.gallup.com/poll/225761/world-approval-leadership-drops-new-low.aspx?g_source=WORLD_REGION_WORLD WIDE&g_medium=topic&g_campaign=tiles 참고.

136. 5월의 NATO 정상회담 이후 메르켈 독일 총리와 크리스티아 프릴랜드(Chrystia Freeland) 캐나다 외교장관은 모두 미국에 대한 신뢰에 문제가 있고 보다 독자적으로 행동할 필요가 있다는 연설을 했다. James Masters, "Merkel Reiterates Call for Europe to Take Fate into Our Own Hands," *CNN.com*, May 31, 2017, atwww.cnn.com/2017/05/30/europe/ merkel-europe-fate-modi-india/index.html; and Paul Vieira, "Canada Says It Will Chart Own Course, Apart from U.S.," *The Wall Street Journal*, June 6, 2017, at www.wsj.com/articles/canada-says-it-will-chart-its-own-course-apart-from-u-s-1496780439. 참고.

137. Osnos, "Making China Great Again" 참고.

138. 클린턴의 매파적 성향과 군에 대한 습관적 경의 표시는 Mark Landler, "How Hillary Became a Hawk," *The New York Times Magazine*, April 21, 2016 참고.

139. 클린턴 대선 캠페인은 그다지 잘 운영되지 않았지만, 트럼프와 전현직 보좌진 간의 반목이나 배신에 미치는 수준은 아니었다.

140. Tom Nichols, "Trump' s First Year: A Damage Assessment," *The Washington Post*, January 19, 2018, www.washingtonpost.com/outlook/trumps-first-year-a-damage-assessment/2018/01/19/0b410f3c-fa66-11e7-a46b-a3614530bd87_story.html?hpid=hp_no-name_opinion-card-d%3Ahomepage%2Fstory&utm_term=.ade2121af895 참고.

07 미국 외교를 위한 더 나은 전략: 역외균형

1. 특히 러시아의 조지아와 우크라이나 개입은 NATO의 개입을 실질적으로 종료시켰다.
2. 피터 슉(Peter Schuck)은 *Why Government Fails So Often: And How It Can Do Better* (Princeton, NJ: Princeton University Press, 2014)에서 왜 정부가 일부 부문에서는 좋은 성과를 내면서 다른 부문에서는 성과가 형편없는지 설명하고 있다.
3. 그리하여 스티븐 브룩스(Stephen Brooks), 존 아이켄베리(John Ikenberry), 윌리엄 월포스(William Wohlforth) 등은 이라크전이 이례적 상황이며 반복될 가능성이 낮다고 주장한다. "Don' t Come Home America: The Case Against Retrenchment," *International Security* 37, no. 3 (Winter 2012/13), pp. 31-33 참고.
4. 특히 John J. Mearsheimer, *The Great Delusion: Liberal Dreams and International*

Realities (New Haven, CT: Yale University Press, 2018) 참고.

5. 2016년 4월 퓨 리서치 센터(Pew Research Center)가 실시한 여론 조사에 따르면 미국인 중 57퍼센트가 "미국이 자신의 문제를 다뤄야 하고 다른 나라들이 알아서 그들의 문제를 다루도록 해야 한다."라고 보았다. 41퍼센트는 미국이 세계 문제에 "너무 많이" 관여하고 있다고 보았다. 그리고 불과 27퍼센트만 미국이 "너무 조금 " 관여하고 있다고 보았다. Pew Research Center, "Public Uncertain, Divided Over America' s Place in the World," May 5, 2016, www.people-press.org/2016/05/05/public-uncertain-divided-over-americas-place-in-the-world/.
6. Michael C. Desch, "How Popular Is Peace?" American Conservative, November/December 2015 참고.
7. 똑같은 설문 조사에 따르면 "전 세계에 주둔하는 병력에 관한 감시와 책임 부과"를 의회에 부여하는 법안과 미국의 군사 원조 수혜국에 대해 제네바 협약을 준수하도록 요구하는 법안에 대한 지지 여론이 동일했다. "Press Release," Committee for Responsible Foreign Policy, January 2, 2018, http://responsibleforeignpolicy.org/wp-content/uploads/2018/01/Press-Release-OneFinal.pdf; James Carden, "A New Poll Shows the Public Is Overwhelmingly Opposed to Endless US Military Interventions," *The Nation*, January 9, 2018.
8. A. Trevor Thrall and Erik Goepner, "Millennials and U.S. Foreign Policy: The Next Generation' s Attitudes Toward Foreign Policy and War (and Why They Matter)," Washington, DC: CATO Institute, June 16, 2015, http://object.cato.org/sites/cato.org/files/pubs/pdf/20150616thrallgoepnermillennialswp.pdf 참고.
9. 클린턴의 기득권층 인사로 구성된 두터운 보좌진에 관해서는 Stephen M. Walt, "The Donald vs. the Blob," *Foreign Policy*, May 16, 2016, http://foreignpolicy.com/2016/05/16/the-donald-vs-the-blob-hillary-clinton-election/ 참고. 클린턴의 개입주의 성향에 관해서는 Mark Landler, "How Hillary Became a Hawk," *The New York Times Magazine*, April 21, 2016 참고.
10. 영국은 영국해협이 침공당할 뻔 한 적이 여러 차례 있었지만 미국은 지난 2세기가 넘게 한 번도 유사한 위협에 직면한 적이 없었다.
11. 미국 지도자들은 냉전기에 수십만 명의 미군을 유럽에 잔류시킬 의도가 없었으며 아이젠하워 대통령은 1950년대에 미군 수준을 감축시킬 수 있는 신뢰할 만한 방안을 모색했다. 그러나 결국 미국 지도자들은 미국의 NATO 파트너들이 홀로 소련에 맞서 균형을 잡을 수 없다고 결론 내렸다. Marc Trachtenberg, *A Constructed Peace: The Making of the European Settlement, 1945-1963* (Princeton, NJ: Princeton University Press, 1999) 참고.
12. GDP와 국방비 지출액에 관해서는 *The Military Balance, 2015-2016* (London: International Institute for Strategic Studies, 2016) 참고.
13. Barry R. Posen, "Pull Back: The Case for a Less Activist Foreign Policy," *Foreign Affairs* (January/February 2013).
14. 오사마 빈 라덴과 탈레반 둘 다 자신들의 고국에 외국군이 주둔하는 상황에 상당 부분 동기를 부여받았다는 사실을 떠올릴 필요가 있다.
15. 소련, 일본과 아주 가까이 있어서 결정적으로 중요한 위치에 있는 한국과 달리 인도차

이나반도는 산업이 강력한 지역도 아니고 소련 영토에 가까이 있지도 않다.

16. 아크바르 하셰미 라프산자니(Akbar Hashemi Rafsanjani) 이란 대통령과 모하메드 하타미(Mohammad Khatami) 이란 대통령은 1990년대에 반복해서 데탕트를 시도했다. 클린턴 행정부는 미약하나마 긍정적인 제스처로 답변했으나 이란의 구상은 클린턴이 AIPAC이 주도한 이란-리비아 제재법을 1996년에 지지하면서 좌절되었다. 새로운 이란의 구상은 2003년에 부시 행정부에 의해 거절당했고, 이어서 이란은 마흐무드 아흐마디네자드(Ahmadinejad)를 2005년에 대통령으로 선출했다. 아흐마디네자드의 공격적 신념 때문에 화해가 불가능해졌고, 진정한 대화는 오바마가 2008년에 당선되고, 하산 로하니(Hassan Rouhani)가 이란 대통령으로 당선된 2013년까지 일어나지 않았다. Trita Parsi, *Treacherous Alliance: The Secret Dealings of Israel, Iran, and the United States* (New Haven, CT: Yale University Press, 2007); John J. Mearsheimer and Stephen M. Walt, *The Israel Lobby and U.S. Foreign Policy* (New York: Farrar Straus & Giroux, 2007), pp. 286-91 참고.
17. Kurt H. Campbell, *The Pivot: The Future of American Statecraft in Asia* (New York: Twelve, 2016) 참고.
18. 향후 도래할 일들의 전조로서 시진핑 중국 주석은 2016년에 이란을 방문해서 이란과 17개의 개별 협정에 서명했다. 아울러 James Dorsey, "China and the Middle East: Venturing into the Maelstrom,"Working Paper No. 296, S. Rajaratnam School of International Studies, March 2016도 참고.
19. 일부 관찰자들은 이란이 이미 이 지역을 "지배"하고 있다고 주장하지만 이런 시각은 이란의 현재 역량이나 이 지역에서 발생하는 사건에 영향을 줄 수 있는 이란의 능력을 과장하고 있다. 시각이 교정된 유용한 분석은 Justin Logan, "How Washington Has Inflated the Iran Threat," *Washington Examiner*, August 4, 2015; John Bradshaw and J. Dana Stuster, "Iran Is Hardly on the March," *Defense One*, July 15, 2015, www.defenseone.com/ideas/2015/07/iran-hardly-march/117835/; and Thomas Juneau,"Iran' s Failed Foreign olicy: Dealing from a Position of Weakness," *Policy Paper*, Middle East Institute, May 2015, www.mei.edu/content/article/iran' s-failed-foreign-policy-dealing-position-weakness 참고.
20. 예를 들어 만약 미국의 국방비 지출이 GDP의 2.5퍼센트 수준이 된다면 국방부 예산이 약 4,250억 달러가 될 것이고, 그래도 세계 2위 군사대국인 중국의 두 배가 넘을 것이다.
21. 미국 외교정책이 군사화되었다는 지적에 대해서는 Rosa Brooks, *How Everything Became War and the Military Became Everything: Tales from the Pentagon* (New York: Simon & Schuster, 2016); Gordon Adams and Shoon Murray, eds., *Mission Creep: The Militarization of U.S. Foreign Policy* (Washington, DC: Georgetown University Press, 2014); Andrew Bacevich, *The New American Militarism: How Americans Are Seduced by War*, 2nd rev. ed. (New York: Oxford University Press, 2013) 참고.
22. Chas W. Freeman, "Militarism and the Crisis of American Diplomacy," *Epistulae*, No. 20, July 7, 2015.
23. 이 입장에 대해서는 Stephen M. Walt, "The Power of a Strong State Department,"

The New York Times, May 12, 2017 참고.

24. 파머스턴(Palmerston) 경이 1848년 영국 하원에서 "우리는 영원한 동맹도 없고 항구적인 적도 없다. 우리의 이익이 영원하고 항구적이며 이를 따르는 게 우리의 의무다."라고 했던 발언에서 차용했다.
25. 예를 들면 2014년 2월 주노르웨이 대사 상원 인준 청문회 당시 오바마 선거운동에 참여했던 호텔 업계 임원인 조지 추니스(George Tsunis)는 노르웨이에 가본 적이 한 번도 없다고 시인했고 노르웨이의 진보당을 소수 과격파라고 잘못 언급했다. (이 정당은 노르웨이 집권 연정의 일원이었다.) Juliet Eilperin, "Obama Ambassador Nominees Prompt an Uproar with Bungled Answers, Lack of Ties," *The Washington Post*, February 14, 2014 참고.
26. James Bruno, "Russian Diplomats Are Eating America' s Lunch," *Politico*, April 16, 2014, www.politico.com/magazine/story/2014/04/russias-diplomats-are-better-than-ours-105773 참고.
27. Secretary of State John Kerry, "Remarks to the Press," U.S. Department of State, Office of the Spokesperson, January 7, 2016.
28. Barton Gellman, *Contending with Kennan: Toward a Philosophy of American Power* (New York: Praeger, 1984), pp. 126-27 참고.
29. Nicole Gaouette, "Retired Generals: Don' t Cut State Department," CNN, February 27, 2017, www.cnn.com/2017/02/27/politics/generals-letter-state-department-budget-cuts/index.html. 국무부 재건 방향에 관한 제안 보고서로는 Stephen M. Walt, "The State Department Needs Rehab," *Foreign Policy*, March 5, 2018, http://foreignpolicy.com/2018/03/05/the-state-department-needs-rehab/ 참고
30. William J. Lynn, "The End of the Military-Industrial Complex," *Foreign Affairs*, November/December 2014 참고.
31. Barry Buzan, "Economic Structure and International Security: The Limits of the Liberal Case," *International Organization, 38* (Autumn 1984) 참고.
32. Mary Sarrotte, 1989: *The Struggle to Create Postwar Europe*, updated ed., (Princton, NJ: Princeton University Press, 2014) 참고.
33. Michael Glennon, *National Security and Double Government* (New York: Oxford University Press, 2014) 참고.
34. Richard Haass, "The Isolationist Temptation," *The Wall Street Journal,* August 5, 2016; Brooks, Ikenberry, and Wohlforth, "Don' t Come Home, America"; Robert Kagan, "Superpowers Don' t Get to Retire," *The New Republic*, May 26, 2014; Richard Fontaine and Michele Flournoy, "Beware the Siren Song of Disengagement," *The National Interest*, August 14, 2014; *Extending American Power: Strategies to Expand U.S. Engagement in a Competitive World Order* (Washington, DC: Center for a New American Security, 2016); Zbigniew Brzezinski, "Toward a Global Realignment," *The American Interest*, April 17, 2016; Kenneth M. Pollack, "Security and Public Order: A Working Group Report of the Middle East Strategy Task Force" (Washington, DC: The Atlantic Council, 2016); "Strengthening the Liberal World Order," White Paper, Global Agenda Council on

the United States, World Economic Forum, April 2016 참고.

35. 예를 들어 David Frum, "The Death Knell for America' s Global Leadership," *The Atlantic*, May 31, 2017, https://www.theatlantic.com/international/archive/2017/05/mcmaster-cohn-trump/528609/; G. John Ikenberry, "The Plot Against American Foreign Policy," *Foreign Affairs 96*, no. 3 (May/June 2017); Robin Wright, "Why Is Donald Trump Still So Horribly Witless About the World?" *The New Yorker*, August 4, 2017 참고.
36. *Extending American Power*, p. 14.
37. 선택적 관여는 Robert J. Art, *A Grand Strategy for America* (Ithaca, NY: Cornell University Press, 2004)에서 제기되었다.
38. 이런 입장에 대해서는 Edward D. Mansfield and Jack Snyder, *Electing to Fight: Why Emerging Democracies Go to War* (Cambridge, MA: MIT Press, 2005) 참고.
39. Glennon, *National Security and Double Government*, p. 118.
40. Mike Lofgren, *The Deep State: The Fall of the Constitution and the Rise of a Shadow Government* (New York: Viking 2016), pp. 269-77.
41. Patrick Porter, "Why U.S. Grand Strategy Has Not Changed: Power, Habit, and the Foreign Policy Establishment," *International Security 42*, no. 4 (Spring 2018) 참고.
42. 특히 John. J. Mearsheimer, *The Tragedy of Great Power Politics* (New York: W. W. Norton, 2013), chapter 9 참고.
43. 데이비드(David)와 찰스 코크(Charles Koch)의 광범위한 정치적 구상에 대해 어떻게 생각하건 간에 찰스 코크 연구소(Charles Koch Institute)는 역외균형론자나 "절제된 정책"을 주장하는 사람들을 고취시켰다. "Advancing American Security: the Future of U.S. Foreign Policy"에 나온 이 프로그램의 요약문을 www.charleskochinstitute.org/advancing-american-security-future-u-s-foreign-policy/에서 참고. 그럼에도 불구하고 자유주의 패권이나 혹은 이와 유사한 시각을 지지하는 단체들에게 지원되는 재정지원이 절제된 정책을 지지하는 사람들에게 제공되는 후원보다 여전히 많다.
44. Matthew A. Baum and Philip B. K. Potter, *War and Democratic Constraint: How the Public Influences Foreign Policy* (Princeton, NJ: Princeton University Press, 2015), p. 4 참고.
45. 2017년 현재 미국 외교정책에 관해 비개입주의를 지지하는 미국 내 주요 언론 칼럼니스트로서는 〈시카고 트리뷴(the Chicago Tribune)〉의 스티브 채프먼(Steve Chapman)과 〈보스턴 글로브(the Boston Globe)〉의 스티븐 킨저(Stephen Kinzer)에 불과하다. Stephen M. Walt, "America Needs Realists, Not William Kristol," *Salon.com*, January 16, 2008; and "What Would a Realist World Have Looked Like?" *Foreign Policy*, January 8, 2016 참고.
46. Michael C. Desch, "It' s Kind to Be Cruel: The Humanity of American Realism," *Review of International Studies 29* (2003); and idem, "America' s Illiberal Liberalism: The Ideological Origins of Overreaction in U.S. Foreign Policy," *International Security 32*, no. 3 (Winter 2007/08) 참고.